Das Ende der zivilisierten Stadt?

Manuel Eisner ist Assistenzprofessor an der Eidgenössischen Technischen Hochschule in Zürich. Er studierte in Zürich und London und hatte 1994/95 eine Gastprofessur an der Universität Lausanne; Autor mehrerer Monografien; Mitherausgeber der »Neuen Kriminalpolitik« sowie des »Kriminologischen Bulletins«.

Manuel Eisner

Das Ende der zivilisierten Stadt?

Die Auswirkungen von Modernisierung und urbaner Krise auf Gewaltdelinquenz

Campus Verlag
Frankfurt/New York

Die Deutsche Bibliothek – CIP-Einheitsaufnahme

Eisner, Manuel:
Das Ende der zivilisierten Stadt?: die Auswirkungen von
Modernisierung und urbaner Krise auf Gewaltdelinquenz /
Manuel Eisner. – Frankfurt/Main; New York: Campus Verlag, 1997
Zugl.: Zürich, Eidgenöss. Techn. Hochsch., Habil.-Schr., 1996
ISBN 3-593-35774-7 kart.

Das Werk einschließlich aller seiner Teile ist urheberrechtlich geschützt. Jede Verwertung
ist ohne Zustimmung des Verlags unzulässig. Das gilt insbesondere für Vervielfältigungen,
Übersetzungen, Mikroverfilmungen und die Einspeicherung und Verarbeitung in
elektronischen Systemen.
Copyright © 1997 Campus Verlag GmbH, Frankfurt/Main
Umschlaggestaltung: Atelier Warminski, Büdingen
Druck und Bindung: KM-Druck, Groß-Umstadt
Gedruckt auf säurefreiem und chlorfrei gebleichtem Papier.
Printed in Germany

Inhalt

Danksagung 9
Einleitung 11

Teil I: Die Entstehung städtischer Gewaltprobleme 23

1. Stadt und Gewalt: theoretische Perspektiven 24
   1.1 Gewalt als Reaktion auf soziale Spannungen 27
   1.2 Gewalt als Folge mangelnder sozialer Kontrolle 32
   1.3 Gewalt als Manifestation von Kulturkonflikt 36
   1.4 Gewalt als situatives Ereignis 39
   1.5 Täter versus Tat – Kontext versus Individuum:
       eine Zwischenbilanz 45

2. Die Zunahme urbaner Gewalt seit den 60er Jahren 49
   2.1 Der säkulare Rückgang von Gewalt 49
   2.2 Die Zunahme seit den 60er Jahren 56
   2.3 Gewalt und Urbanität heute 70

3. Die Folgen von Individualisierung und wirtschaftlicher
   Strukturkrise 74
   3.1 Modernisierung, Handlungsressourcen und Selbststeuerung 75
   3.2 Individualisierungsschub und wirtschaftlicher Strukturwandel:
       die Wende der 60er Jahre 81

4. Die Krise der Kernstädte 91

4.1	Das Paradigma städtischer Entwicklung seit den 60er Jahren	94
4.2	Die soziale Krise der Kernstädte	98
4.3	Der Funktionswandel der Stadtzentren	106

5. Determinanten der Zunahme von Gewalt: ein empirischer Test .. 108

5.1	Methodische Erwägungen	109
5.2	Ergebnisse	115
5.3	Zusammenfassung	122

Teil II: Täter, Opfer, Situationen: Gewalt in der Stadt heute ... 125

6. Die Stadt als Arena für Gewalt 128

6.1	Das situative Moment	128
6.2	Die zeitliche Dimension	132
6.3	Orte der Gewalt	135
6.4	Die Vermittlung zwischen Wohnort und Tatort	143
6.5	Urbane Funktionsräume und Gewalt	147
6.6	Die Beziehung zwischen Opfer und Täter	150
6.7	Zur situativen Logik von Gewalt	156

7. Gewalttäter im urbanen Kontext 158

7.1	Die Fragilisierung der Statuspassage	160
7.2	Geschlecht und Zivilstand	166
7.3	Die Marginalität städtischer Gewalttäter	169
7.4	Die ökologische Dimension: Gewalttäter im Kontext der urbanen Krise	177
7.5	Folgerungen	189

8. Die Opfer 191

8.1	Geschlecht und Alter	192
8.2	Sozialer Status	198
8.3	Viktimisierungsraten im urbanen Raum	201
8.4	Folgerungen	205

Teil III: Immigration, Drogen, Verkehr: Teilaspekte urbaner Gewalt ... 207

9. Die ethnische Dimension ... 208

9.1 Immigration, Integration und Assimilation – theoretische Fragen .. 211
9.2 Täter- und Opferraten: soziale Lage oder Nationalität? ... 217
9.4 Die ethnische Geschlossenheit von Gewalt ... 213
9.5 Folgerungen ... 228

10. Städtische Drogenmärkte und Strassenraub: das Beispiel Zürich ... 230

10.1 Drogenabhängigkeit und Gewaltdelinquenz ... 231
10.2 Raub im Umfeld der offenen Drogenszene ... 237
10.3 Zusammenfassende statistische Analysen ... 243
10.4 Fazit ... 251

11. Gewalt im Strassenverkehr ... 253

11.1 Die Ordnung des urbanen öffentlichen Raumes ... 254
11.2 Merkmale von Tätern, Opfern und Situationen ... 258
11.3 Kreuzung, Parkplatz, Fussgängerstreifen:
Kampfzonen der urbanen Öffentlichkeit ... 261

Schlusswort ... 271

Anhang

I   Die verwendeten Datenquellen ... 281
II Vor- und Nachteile prozessproduzierter Daten ... 289
III Opferbefragung und Polizeidaten im Vergleich ... 296

Anmerkungen ... 304
Literaturverzeichnis ... 314
Sachregister ... 341

Danksagung

Die vorliegende Arbeit wurde im Wintersemester 1996/97 von der Philosophischen Fakultät I der Universität Zürich als Habilitationsschrift angenommen. Mein erster Dank gilt hierbei meinen akademischen Lehrern Volker Bornschier und Marlis Buchmann. Ohne ihre langjährige Unterstützung und das Interesse, das sie meiner Arbeit entgegenbrachten, wäre dieses Buch nicht zustande gekommen.

Mehrere Personen haben Teile dieses Buches in verschiedenen Phasen der Ausarbeitung gelesen, kritisch kommentiert und mir wertvolle Hinweise zur Weiterarbeit gegeben. Besonders erwähnen möchte ich Klaus Boers, Felix Davatz, Kurt Imhof, Martin Killias, Marcel Niggli, Stefan Sacchi und Christian Schwarzenegger. Ihre Anregungen sind an vielen Stellen in die folgenden Seiten eingegangen, auch wenn ich manchmal ihrer Kritik zum Trotz an meinen eigenen Vorurteilen festgehalten habe.

Ein erheblicher Teil dieser Untersuchung beruht auf der empirischen Erhebung von polizeilich registrierten Gewaltdelikten im Kanton Basel-Stadt. Per-Olof Wikström danke ich für die Unterstützung bei der Konzeption der Basler Gewaltstudie und den freundschaftlichen Rat, den er mir im Verlauf der Untersuchung zuteil werden liess. Die Staatsanwaltschaft des Kantons Basel-Stadt hat freundlicherweise die Erlaubnis erteilt, die Polizeiprotokolle für eine wissenschaftliche Auswertung zu benutzen und in den Räumlichkeiten des Kriminalkommissariates zu arbeiten. Teile der Basler Untersuchung wurden vom Regierungsrat des Kantons Basel-Stadt finanziell unterstützt.

Teile dieses Buches sind auf der Grundlage eines Forschungsprojektes »Alltägliche Gewalt in Schweizer Städten« entstanden, das vom Schweizerischen Nationalfonds zur Förderung der Wissenschaftlichen Forschung finanziell unterstützt wurde. Felix Keller, Ruth Schmid, Patrik Manzoni und Denis Ribeaud haben an diesem Projekt mitgearbeitet. Bei den redaktionellen Abschlussarbeiten zu diesem Buch war mir die Mitarbeit von Nicole Graf eine wesentliche Hilfe.

Dank gebührt auch den Mitarbeitern und Mitarbeiterinnen der Sektion Rechtswesen und der Sektion Gesundheit des Bundesamtes für Statistik, den zuständigen Stellen kantonaler und städtischer Polizeikommandos sowie dem Zentralpolizeibüro der schweizerischen Bundesanwaltschaft dafür, dass sie meinem Datenhunger mit Nachsicht begegnet sind und meine Anfragen immer mit äusserstem Zuvorkommen beantwortet haben.

Der grösste Dank aber gebührt meiner Frau Ruth. Sie hat meine Arbeit über all die Jahre unterstützt, kritisiert, gelesen und korrigiert. Sie weiss, wie wichtig mir ihre Liebe und Unterstützung ist.

Einleitung

Städte mit wenig Kriminalität?

Im Jahre 1978 veröffentlichte Marshall B. Clinard eine bekannte Studie zur Kriminalität in der Schweiz, die den Titel "Cities with Little Crime" trug. In der Einleitung zu diesem Buch hielt Clinard seinen zentralen empirischen Befund fest: "Switzerland represents an exception to the general rule that a high crime rate accompanies a high degree of affluence, industrialization, and urbanization. Even in the largest Swiss cities crime is not a major problem." Hierdurch festigte er das bereits bestehende Bild eines Landes, das im Gegensatz zu nahezu allen anderen Industriestaaten kaum Kriminalität kenne, in dem eine öffentliche Besorgnis über Kriminalitätsprobleme unbekannt sei und in dem vor allem Gewaltkriminalität ausserordentlich selten sei. Unter den Ursachen für diesen Sonderfall hob Clinard den hohen Grad politischer Dezentralisierung, die ausgeprägte Selbstverantwortung des Bürgers, die intensive Integration und Konformität der Jugendlichen sowie Besonderheiten des schweizerischen Urbanisierungsprozesses hervor. Er argumentierte, das langsame Wachstum der Städte und das Fehlen eigentlicher Grossstädte habe bewirkt, dass die Bildung von Slums und die Entstehung delinquenter Subkulturen ausgeblieben sei. Zudem würden den schweizerischen Städten spezifische Merkmale von Urbanität wie Anonymität und Bindungslosigkeit fehlen. So wiesen auch Stadtbewohner ein hohes Ausmass an lokalen und regionalen Bindungen auf, was zu einer stärkeren Integration der schweizerischen Jugendlichen beitrage (Clinard 1978).

Inzwischen ist Gewaltkriminalität zu einem wichtigen Thema in den schweizerischen Medien, im Alltagsbewusstsein der Bevölkerung und im politischen Diskurs geworden. Eine Auswertung von Zeitungsarchiven belegt, dass schweizerische Zeitungen zu Beginn der 90er Jahre dem Thema »Kriminalität« etwa zehnmal mehr Raum einräumten als zu Beginn der 70er Jahre (Grüter, 1994). Ende 1993 rief der Vorsteher des Schweizerischen Justiz- und Polizeidepartementes, Bundesrat Arnold Koller, gar ein Jahr der »Inneren Sicherheit« aus, um der vermuteten Bedrohung der Schweiz durch Gewalt und Kriminalität zu begegnen, und im selben Jahr begannen die Vorbereitungen für ein Nationales Forschungsprogramm unter dem Titel »Gewalt im Alltag und organisiertes Verbrechen«.

Die Tatsache, dass Gewalt zu einem Brennpunkt der öffentlichen Diskussion geworden ist und dabei die »gewalttätige Stadt« im Mittelpunkt des Interesses steht, wirft vor dem Hintergrund des programmatischen Titels von Clinards Buch und der Bedeutungslosigkeit des Kriminalitätsproblems im öffentlichen Bewusstsein der frühen 70er Jahre Fragen auf: Handelt es sich bei der aktuellen Diskussion über städtische Gewalt um eine verzerrte Problemkonstruktion seitens der politischen Parteien und Medien? Hat Clinard seinerzeit die schweizerische Kriminalitätsproblematik falsch eingeschätzt, weil seine Perspektive von den Erfahrungen der USA geprägt war und ihm nur sehr lückenhafte Daten zur Verfügung standen (vgl. besonders Balvig, 1990)? Oder hat sich in der Tat die Situation in einer Weise verändert, dass besonders in den Städten eine im Vergleich zu den frühen 70er Jahre verschärfte Problemlage festzustellen ist?

Das Problem

Dass das seit 1989 rasch gestiegene Interesse von Zeitungsmedien und politischen Parteien starke Elemente einer »moral panic« (vgl. z. B. Cohen, 1980; Jenkins, 1992) mit ihrer besonderen Eigendynamik enthält, ist angesichts der Diskrepanzen zwischen massenmedialer Problemwahrnehmung und empirisch festgestellter Kriminalitätsentwicklung kaum von der Hand zu weisen (Grüter, 1994). Ebenso ist Balvig (1990) darin zuzustimmen, dass Clinard bei seiner Analyse des »Sonderfalls Schweiz« ein Stück weit vom schweizerischen Selbstbild beeinflusst wurde und die ihm verfügbaren Daten äusserst selektiv interpretiert hat.

Die Problematik erschöpft sich jedoch nicht in verzerrten Wahrnehmungen und Interpretationen. Vielmehr vertrete ich in diesem Buch die These, dass Clinard die schweizerische Gesellschaft zu einem Zeitpunkt – d.h. Ende der 60er Jahre bis Anfang der 70er Jahre – beobachtete, zu dem die Häufigkeit von Gewaltdelinquenz sowohl im Vergleich mit vorangehenden Epochen wie auch mit den folgenden Dekaden ein absolutes Minimum erreicht hatte. Seither ist es zu einer Reihe von Veränderungen gekommen, die zusammen *das Problem dieser Studie* ausmachen. *Erstens* zeigen alle verfügbaren empirischen Indikatoren, dass die Schweiz seit der Mitte der 60er Jahre einen Anstieg der Häufigkeit von

Einleitung 13

Gewaltdelikten erfahren hat, wenn auch je nach betrachteter Datenbasis ein unterschiedlich starkes Ausmass dieser Zunahme ausgewiesen wird. Dieser Entwicklung ist keine Besonderheit der Schweiz, sondern entspricht in ihren Grundzügen der Erfahrung anderer europäischer Staaten. *Zweitens* können unterschiedliche Muster des zeitlichen Verlaufs bei verschiedenen Formen von Gewalt festgestellt werden. Raubdelikte weisen die bei weitem stärksten Zunahme auf, Tötungsdelikte und Körperverletzungen sind deutlich weniger stark angestiegen und für sexuelle Gewalt kann aufgrund der verfügbaren Daten keine erhöhte Häufigkeit nachgewiesen werden. *Drittens* lassen die empirischen Evidenzen erkennen, dass die Entwicklung der Häufigkeit von Gewaltdelikten während der vergangenen 30 Jahre regional unterschiedlich verlaufen ist und insgesamt die stärksten Zunahmen in den städtisch geprägten Gebieten beobachtet werden können. Diese Entwicklung, die man sich als Scherenbewegung zwischen städtischen Zentren und den übrigen Regionen vorstellen kann, hat unter anderem dazu geführt, dass für die Gegenwart eine deutliche Konzentration von Gewaltproblemen in den Kernstädten beobachtet werden kann. *Zu klären, weshalb es seit den 60er Jahren zu Anstieg und Konzentration von Gewalt in den Städten gekommen ist und welche Ursachen heute für Gewaltdelinquenz im urbanen Raum verantwortlich sind, ist das zentrale Ziel dieser Arbeit.*

Hierbei analysiere ich die Schweizer Städte *als einen exemplarischen Fall*, an dem sich Entwicklungen, aktuelle Probleme und Ursachen von urbaner Gewalt ebensogut analysieren lassen, wie an anderen modernen Städten der westlichen Welt. Dies ist insofern keine Selbstverständlichkeit, als sich infolge der Rezeptionsgeschichte von Clinards Monographie die Sicht eingebürgert hat, die Schweiz und ihre Städte bildeten hinsichtlich ihrer Kriminalitätsbelastung einen Sonderfall, der nach einem theoretischen Ansatz verlangt, durch den diese Ausnahme erklärt werden könne. Ich werde im Verlauf des Buches eine Reihe von Gründen dafür anführen, dass hierzu kaum ein Anlass besteht. Zwar gibt es in verschiedener Hinsicht graduelle Unterschiede zu anderen europäischen Staaten, doch bewegen sich diese durchwegs im Rahmen von Differenzen, die sich zwischen nationalen Gesellschaften immer finden lassen. Weit stärker sind die Ähnlichkeiten, sowohl was die Häufigkeit von Gewaltdelikten, wie auch, was ihre räumliche Verteilung oder ihre Ursachen betrifft.

Drei theoretische Perspektiven

Meine Annäherung an die Frage nach den Ursachen städtischer Gewaltdelinquenz in der Schweiz ist durch drei theoretische Perspektiven geprägt, die nicht von vornherein selbstverständlich sind.

Erstens erachte ich es als unabdingbar, den Zusammenhang zwischen Gewalt und Urbanität in Gegenwartsgesellschaften im Rahmen einer *dynamischen Perspektive des sozialen Wandels* zu betrachten. Wie ich im Verlauf des Buches zeigen werde, führt eine Vernachlässigung dieser Dimension zu einer völlig irreführenden Vorstellung von der Bedeutung, die Urbanisierungsprozesse für Gewaltdelinquenz haben. Erst bei einer Berücksichtigung historischer Entwicklungen wird deutlich, dass die Konzentration von Gewalt in städtischen Gebieten keine universelle Gesetzmässigkeit, sondern ein spezifisches Phänomen moderner Gesellschaften ist, das sich vermutlich erst im Verlauf der zweiten Hälfte dieses Jahrhunderts herausgebildet hat. Zudem ist entgegen verbreiteter Vorstellungen der Prozess des Städtewachstums über lange Zeiträume nicht mit einer Zunahme, sondern vielmehr mit einer Abnahme von Gewalt einher gegangen. Die Berücksichtigung solcher Befunde hat tiefgreifende Implikationen für die Richtung der Theoriekonstruktion. So nehme ich in diesem Buch mit Entschiedenheit Abstand von der Vorstellung, zwischen Urbanität und Gewalt bestehe ein universeller und zwingender kausaler Zusammenhang. Zwar ist Gewaltdelinquenz tatsächlich in modernen Städten konzentriert, doch muss diese Beobachtung als Folge einer historisch spezifischen Entwicklungsdynamik der Städte interpretiert werden.

Mit dieser Position geht – zweitens – der Standpunkt einher, *dass eine ausschliesslich auf die Stadt und ihre räumliche Organisation fokussierte Analyse von Gewaltdelinquenz weder empirisch noch theoretisch angemessen ist*. Weder Städte noch Stadtteile können soziologisch sinnvoll als geschlossene Einheiten betrachtet werden. Sie sind vielmehr eingebettet in eine Vielzahl von globalen, nationalen und regionalen Austauschprozessen und Wechselwirkungen, die auf die jeweilige räumliche und soziale Struktur einer Stadt einwirken. Für eine Analyse von städtischer Gewalt sind daher zunächst räumlich unspezifische Wirkungszusammenhängen zu identifizieren, um anschliessend nach den räumlichen Konkretisierungen und Folgewirkungen solcher allgemeiner Prozesse zu fragen. Zwar bestehen meines Erachtens durchaus gute Gründe dafür, urbane Räume als analytische Einheiten zu betrachten – ich werde sogar argumentieren, dass es im Verlauf der vergangenen 30 Jahre eher zu einer Akzentuierung, denn zu einer Nivellierung der Unterschiede zwischen den Kernstädten und der Gesellschaft, die sie eingebettet sind, gekommen ist –, doch sind sie immer im Kontext gesamtgesellschaftlicher Prozesse und ihrer Folgewirkungen zu betrachten.

Eine dritte zentrale Perspektive betrifft die Frage des Verhältnisses zwischen den sozialen Bedingungen für die Entstehung von persönlichkeitsbezogenen, gewalttätigen Dispositionen und dem Auswirkungen situativer Kontexte für Gewalthandlungen. Der hiermit angesprochene Dualismus zwischen täterzentrierten und situationszentrierten Ansätzen bildete während der vergangenen 20 Jahre ein zentrales Debattierfeld besonders der anglo-amerikanischen Delinquenzsoziologie (für einen Überblick über die Debatte vgl. Miethe und Meier, 1994). In dieser Studie vertrete ich die Sicht, dass wir es beim Dualismus zwischen Täter und Situation mit einer soziologischen Scheinalternative zu tun haben. *Will man konkrete Gewalthandlungen und ihre Verteilung im sozialen Raum verstehen, so ist ein Handlungskonzept zugrundezulegen, das stabile Dispositionen ebenso wie situative Umstände in Rechnung stellt und beide Handlungsaspekte aufeinander bezieht.* Hinsichtlich der Betrachtung von Gewalt im urbanen Kontext bedeutet dies, dass die Stadt immer sowohl als ein sozialer Raum zu betrachten ist, der latente Handlungsdispositionen prägt, wie auch als eine Struktur von Situationen und Kontexten, in denen sich konkrete Handlungen eignen.

Diese drei Perspektiven scheinen zunächst in unterschiedliche Richtungen zu verweisen. Wie ich aber im Verlauf dieser Arbeit zu zeigen versuche, lässt sich durch ihre Integration eine theoretische Modellvorstellung des Zusammenhanges zwischen der Struktur moderner Städte und ihrer Gewaltdelinquenz entwickeln, die ein besseres Verständnis der vorgefundenen empirischen Regularitäten erlaubt. *Deren Kern bildet die Vorstellung, dass seit der Mitte der 60er Jahre und vor dem Hintergrund gesamtgesellschaftlicher Veränderungen eine sich kumulativ verstärkende krisenhafte Entwicklung der Städte beobachtet werden kann, die sowohl zu einer grösseren Dichte von Akteuren mit gewalttätigen Disposition wie auch zu einer Konzentration von potentiell gewaltsamen Situationen im urbanen Kontext geführt hat.*

Begriffliche Klärung: »Gewalt« und »Stadt«

Die vorliegende Studie beschäftigt sich mit *Gewaltdelinquenz im Sinne der strafrechtlich sanktionierten, intentionalen Ausübung oder Androhung von physischem Zwang durch eine oder mehrere Personen gegenüber anderen Personen.* Diese Eingrenzung des Gegenstandsbereichs schliesst einen bedeutenden Teil von Formen physischer Gewaltanwendung aus, wie auch immer man den Begriff »Gewalt« selber definieren will (zur Problematik des Gewaltbegriffs vgl. Röttgers, 1974; Galtung, 1975; Faber et al., 1982; Werbik, 1982; Arendt, 1985; Matz, 1986; Neidhardt, 1986; Dörner, 1990; Eisner, 1993a). So werde ich im folgenden weder die Problematik legitimer physischer Gewalt durch staatliche Instanzen noch organisierte Formen der gewaltsamen Konfliktaustragung wie Kriege, Bürgerkriege, Terrorismus, Anschläge etc. zum Forschungsgegenstand machen. Ebensowenig sollen Phänomene, welche in der Diskussion der vergangenen 30 Jahre unter Begriffen wie »strukturelle Gewalt«, »symbolische Gewalt«, »psychische Gewalt«, »Gewalt gegen Sachen« gefasst wurden, Gegenstand dieser Untersuchung bilden. Hieraus folgt nicht, dass solche Phänomene aus einer umfassenden Betrachtung von Gewalt von vornherein auszuschliessen wären. Doch vertrete ich die Meinung, dass Gewaltdelinquenz im engeren Sinne als ein Problembereich aufgefasst werden kann, der in sinnvoller Weise Gegenstand soziologischer Betrachtung sein kann.

Da ich im folgenden vorwiegend mit Daten der staatlichen Sanktionsinstanzen arbeite, ergibt sich notgedrungen die Aufgabe, den erwähnten Gewaltbegriff im Sinne einer Liste von strafrechtlich sanktionierten Straftatbeständen zu operationalisieren, zumal »Gewaltkriminalität« kein eigenständiger Begriff des Strafrechtes ist. Ich untersuche im wesentlichen drei Bereiche von strafbaren Handlungen: Alle im Schweizerischen Strafgesetzbuch unter dem Kapitel »Delikte gegen Leib und Leben« zusammengefassten Straftatbestände (vor allem: *vorsätzliche Tötung, Mord, Totschlag, schwere und einfache Körperverletzung, Tätlichkeit, Raufhandel*); den unter den Eigentumsdelikten subsummierten *Raub* unter teilweisem Einschluss des *Entreissdiebstahls* als Formen von Gewalt, bei der physischer Zwang zwecks Diebstahls von materiellen Gütern eingesetzt oder angedroht wird; sowie schliesslich *Vergewaltigung* und *sexuelle Nötigung* als zwei zentrale Formen sexueller Gewaltanwendung. An einigen Stellen werde ich zudem die Straftatbestände der *Nötigung* und der *Drohung* in die Betrachtung einbeziehen, wenn auch diese Delikte eher in den Grenzbereich der Gewaltdelinquenz gehören.

Unter dem Begriff der »Stadt« verstehe ich im folgenden in Anschluss an Wirth (1938) *grössere Siedlungen mit dichter, geschlossener Bebauung, ökonomischen, administrativen und kulturellen Zentrumsfunktionen, einer weitgehenden Abwesenheit von landwirtschaftlicher Produktion sowie einer grossen Heterogenität der Bevölkerung*. Allerdings steht jede soziologische Analyse von »Städten« vor dem Problem, vorgefundene administrative Einteilungen des geographischen Raumes mit den theoretischen Konzepten zur Überlappung zu bringen. Um dieses Problem zu lösen, werde ich im folgenden zwischen drei verschiedenen, allerdings aufeinander verweisenden Konzepten unterscheiden. Mit dem Begriff der »Kernstadt« bezeichne ich im folgenden jene politisch-administrativen Einheiten, die aufgrund statistischer Kriterien als »Stadt« qualifiziert werden und als historisch entstandene Gemeinden den inneren Bereich eines städtisch geprägten Gebietes bilden. Hingegen schliesst der Begriff der »städtischen Agglomeration« den weiteren geographischen Raum eines zusammenhängenden Gebietes von mehreren Gemeinden mit einer oder mehreren Kernzonen ein (zur statistischen Definition von »Agglomeration« in der Schweiz vgl. Frey, 1990). Schliesslich werde ich verschiedentlich von einer »Urbanitätsdimension« im Sinne eines Kontinuums sprechen. Dessen einen Pol bilden Regionen mit einem geringen Anteil von Beschäftigten im Primärsektor, einer hohen Dichte von Arbeitsplätzen und einem hohen Anteil der Wohnbevölkerung in städtischen Agglomerationen. Am anderen Pol befinden sich Regionen mit einem hohen Anteil von Beschäftigten im Primärsektor, einer geringen Dichte von Arbeitsplätzen und einem tiefen Anteil der Wohnbevölkerung in städtischen Agglomerationen. Dieses Kontinuum von hoher und tiefer Urbanität ist schliesslich vom Begriff der »Urbanisierung« zu unterscheiden, mit dem immer der historische Prozess des Städtewachstums gemeint ist.

Die Daten

In diesem Buch stütze ich mich vor allem auf eine Analyse von *prozess-produzierten Daten*. Hiermit werden Daten bezeichnet, die in irgendeiner Weise das Ergebnis der Tätigkeit staatlicher Instanzen sind. Für die folgenden Untersuchungen stehen vier Datenquellen im Mittelpunkt: Die Todesursachenstatistik, die Strafurteilsstatistik, verschiedene polizeiliche Kriminalstatistiken sowie eine detaillierte Erhebung und Auswertung von rund 1 100 polizeilich angezeigten Gewaltdelikten im Kanton Basel-Stadt. Qualitäten und Mängel dieser Daten können nach einer Vielzahl von Gesichtspunkten beurteilt werden. Dabei ist der Einwand naheliegend, dass prozess-produzierte Daten infolge der Tätigkeit von staatlichen Instanzen spezifischen Verzerrungen unterworfen sind und dass das gesamte Dunkelfeld nicht betrachtet werden kann. Diese Bedenken sind zwar berechtigt. Dennoch bestehen meines Erachtens gute Gründe dafür, mit prozess-produzierten Daten zu arbeiten und sie – mit der nötigen Vorsicht – als Evidenzen für Gewaltdelinquenz zu interpretieren. Dies bedingt allerdings, dass die verfügbaren Daten bezüglich ihrer Vorteile und Mängel kritisch betrachtet werden. Solche quellenkritischen und methodologischen Erörterungen sind ein zentraler Bestandteil jeder empirischen Arbeit im Bereich von Delinquenz und Gewalt. Um jedoch den Fluss der inhaltlichen Argumentation nicht allzusehr zu stören, habe ich mich entschlossen, diesen Problembereich in einem gesonderten *Anhang* darzulegen. Neben einer Übersicht über die verwendeten Daten kommen dort Aspekte der Dunkelzifferproblematik, der Selektion von Gewaltdelikten auf verschiedenen Ebenen der strafrechtlichen Kontrolle (Anzeigeerstattung, polizeiliche Registrierung, Verurteilung, etc.) und der Validität der verwendeten Daten zur Sprache.

Der Aufbau dieses Buches

Das vorliegende Buch ist in drei grössere Teile gegliedert. In Teil I entwickle einen gesellschaftstheoretischen Rahmen zur Interpretation des Zusammenhanges zwischen Gewaltdelinquenz und Stadtentwicklung im Kontext moderner Gesellschaften. In Teil II untersuche ich am Beispiel des Kantons Basel-Stadt Merkmale und Ursachen von städtischer Gewalt in der Gegenwartsgesellschaft. In Teil III schliesslich vertiefe ich die Analyse des Zusammenhanges zwischen urbanen Strukturmerkmalen und Gewaltdelinquenz anhand von drei inhaltlichen Teilbereichen.

Die Organisation von Teil I ist vom Ziel geleitet, ein Modell zur Erklärung von Gewalt in den Städten der Gegenwartsgesellschaft zu entwickeln, das den Stand der delinquenzsoziologischen Theoriebildung berücksichtigt, wichtigen empirischen Beobachtungen der Gewaltdelinquenz Rechnung trägt und allgemeine Modellvorstellungen über die Dynamik moderner Gesellschaften zu integrieren vermag. In *Kapitel 1* präsentiere ich einen knappen Überblick über zentrale delinquenzsoziologische Theorien und ihre Implikationen für die Frage des Zusammenhanges zwischen Urbanität und Gewalt. Dabei orientiere ich die Diskussion an zwei Problemen. Das erste bezieht sich auf die Frage nach dem Verhältnis zwischen Ansätzen, welche die Entstehung von gewalttätigen Dispositionen zu erklären versuchen, und Ansätzen, welche auf die Analyse gewalttätiger Situationen ausgerichtet sind. Das zweite Problem betrifft die Frage, ob räumliche Aggregate wie Städte oder Stadtteile ökologische Einheiten mit emergenten Merkmalen darstellen, oder ob man sich darauf beschränken kann, Eigenheiten von räumlichen Einheiten als Summe der Merkmale von Individuen zu betrachten. In Anschluss daran stelle ich erste Überlegungen zur Möglichkeit an, diese kontroversen Sichtweisen zu integrieren. *Kapitel 2* gibt einen gerafften Überblick darüber, was meiner Ansicht nach der erklärungsbedürftige empirische Sachverhalt ist. Anhand von empirischen Evidenzen begründe ich die Vorstellung, dass in einer säkularen Perspektive Städtewachstum eher mit einem Rückgang denn mit einer Zunahme von Gewalt einher gegangen ist. Hingegen sprechen die Daten für die Vorstellung, dass seit den 60er Jahren dieses Jahrhunderts die Häufigkeit der meisten Formen von Gewalt zugenommen habe und dass sich diese Zunahme auf die Kernstädte moderner Gesellschaften konzentriert habe. Zunahme und Konzentration von Gewaltdelinquenz in den Städten sind daher als ein historisch spezifisches Phänomen zu interpretieren. In den beiden folgenden Kapiteln entwickle ich ein theoretisches Modell, dass darauf ausgerichtet ist, Gewaltdelinquenz in den Städten von Gegenwartsgesellschaften unter Berücksichtigung der historischen Dynamik zu verstehen. In *Kapitel 3* liegt der Schwerpunkt bei einer Erklärung der Trendwende der 60er Jahre. Hierbei entwickle ich unter Rückgriff auf kontroll- und zivilisationstheoretische Argumente die These, dass der seither beobachtete Anstieg der Häufigkeit von Gewaltdelinquenz makrosoziologisch als negative Folgewirkung eines Individualisierungsschubes einerseits und ökonomischem Strukturwandel andererseits interpretiert werden kann. In *Kapitel 4* verknüpfe ich diese These mit stadtsoziologischen Überlegungen. Ich argumentiere, dass sich infolge der räumlichen Entwicklungslogik urbaner Grossräume die desintegrativen Effekte des Modernisierungsprozesses in wachsendem Ausmass in den Kernstädten konzentriert haben. Anhand empirischer Daten illustriere ich die Vorstellung, dass die modernen Kernstädte seit den 60er Jahren eine sich kumulativ verschärfende soziale Krise erfahren haben. Um die so gewonnenen Modellvorstellungen einem empirischem Test zu unterziehen, schliesse ich den ersten Teil mit einer statistischen Analyse der Determinanten der regionalen Verteilung von Gewaltdelinquenz in der Schweiz seit den 60er Jahren ab *(Kapitel 5)*.

Teil II hat zum Ziel, anhand einer detaillierten Analyse von rund 1 100 Gewaltdelikten, die im Kanton Basel-Stadt polizeilich registriert wurden, ein differenzierteres Bild städtischer Gewaltphänomene zu gewinnen und im Rahmen der zuvor entwickelten theoretischen Vorstellungen zu interpretieren. Die drei Kapitel entsprechen der Unterscheidung von Gewaltsituationen, Gewalttätern und Gewaltopfern. In *Kapitel 6* wende ich mich der situativen Dimension zu und frage, wann, wo, in welchen sozialen Kontexten und unter welchen situativen Umständen es zu Gewalthandlungen kommt. Die Analysen zeigen, dass sich städtische Gewalt räumlich und zeitlich ausserordentlich konzentriert ereignet. In diesem Zusammenhang schenke ich der Frage besondere Beachtung, inwieweit die höhere Häufigkeit von Gewaltdelinquenz in den Städten als eine Folge der

Konzentration besonderer Aktivitäts- und Situationsmuster in den Innenstädten interpretiert werden kann. *Kapitel 7* ist der Frage nach den sozialen Merkmalen der Täter gewidmet. Anhand von empirischen Analysen über Altersstruktur, soziale Bindungen und strukturelle Lage der Täter sowie sozialökologischen Analysen der Determinanten von Täterraten in den Wohnquartieren Basels vertiefe ich die These, dass soziale Marginalität und gesellschaftliche Desintegration als wichtige Ursachen für die Entstehung gewalttätiger Dispositionen zu betrachten sind. Die Frage, wer die Opfer städtischer Gewalt sind, diskutiere ich in *Kapitel 8*. Ich zeige, dass unterschiedliche städtische Bevölkerungsgruppen verschiedene Viktimisierungsprofile aufweisen und infolge der Besonderheiten von urbaner Gewalt in der Gegenwartsgesellschaft neue Risikogruppen entstanden sind.

Teil III des Buches enthält drei Kapitel, in denen ich Teilbereiche der städtischen Gewaltproblematik einer genaueren Betrachtung unterziehe. Das Ziel ist hier, ausgewählte Teilphänomene urbaner Gewalt empirisch eingehender zu analysieren und in vorangehenden Kapiteln entwickelte theoretische Überlegungen zu vertiefen. *Kapitel 9* ist ethnischen Aspekten gewidmet und untersucht sowohl Fragen nach der Über-, beziehungsweise Untervertretung von immigrierten Bevölkerungsgruppen unter den Opfern wie den Tätern als auch Fragen nach der Bedeutung ethnisch segregierter Beziehungsgefüge für ein Verständnis von städtischer Gewaltdelinquenz. Dabei untersuche ich unter anderem, inwieweit sich das Ausmass der Gewaltdelinquenz von Immigrierten als Folge von deren tiefer sozio-struktureller Lage und hoher sozialer Desintegration innerhalb der städtischen Gesellschaft interpretieren lässt und weshalb sich der überwiegende Teil der Gewaltdelinquenz von Immigrierten innerhalb von ethnisch geschlossenen Gruppen abspielt. In *Kapitel 10* beschäftige ich mich mit Strassenraub als einem spezifischen Teilbereich von Gewalt im öffentlichen Raum der Städte. Dabei liegt das Schwergewicht auf der Frage, welche Bedeutung der Drogenproblematik und ihrer Entwicklung seit Beginn der 80er Jahre für ein Verständnis dieser Manifestationsform von urbaner Gewalt zukommt. Anhand einer empirischen Analyse von Daten aus der Stadt Zürich prüfe ich, inwieweit Strassenraub in den Städten als Folge des Zusammenspiels zwischen den Standortqualitäten der Innenstädte für Drogenszenen, der grossen Dichte von potentiellen Opfern sowie historisch spezifischen Ausrichtungen der lokalen Drogenpolitik interpretiert werden kann. Ich beende die empirischen Analysen mit einer Untersuchung von Gewaltdelikten im Umfeld des städtischen Strassenverkehrs *(Kapitel 11)*. Anhand einer Detailanalyse der Eskalationsdynamik von situativen Konflikten in einem kleinen Teilbereich illustriere ich die Fruchtbarkeit einer

Perspektive, die städtische Gewalt als Folge der Wechselwirkung zwischen latenten aggressiven Dispositionen, der gesellschaftlichen Regulierung von Interaktionen und dem situativen Gefüge des urbanen Raumes konzipiert.

Wie in dieser Inhaltsübersicht sichtbar wird, entwickelt sich die Argumentation dieser Studie von sehr allgemeinen Betrachtungen über die Entstehung städtischer Gewaltprobleme vor dem Hintergrund gesellschaftlicher Modernisierungsdynamiken und Veränderungen der urbanen Gesellschaft über eine Analyse von Tätern, Opfern und Situationen in einer ausgewählten Schweizer Stadt anfangs der 90er Jahre hin zu Detailanalysen einzelner städtischer Gewaltphänomene. Dies ist ein absichtlich weit gespannter Bogen, aus dem sich sowohl wertvolle soziologische Einsichten wie auch spezifische Spannungsfelder ergeben. Allerdings werden aus meiner Sicht die möglichen Risiken, die im Spannungsfeld zwischen Theorie und Empirie, zwischen Makroprozessen und individuellen Handlungsweisen, zwischen langen historischen Dynamiken und gegenwärtigen Gewaltphänomenen angelegt sind, durch die Einblicke aufgewogen, die sich durch die breite Anlage der Studie eröffnen.

Teil I

Die Entstehung städtischer Gewaltprobleme

Im Mittelpunkt dieses Teils steht das Ziel, ein Modell zur Erklärung steigender Gewaltdelinquenz in den Schweizer Kernstädten zu entwickeln und es einer ersten empirischen Prüfung zu unterziehen. Die beiden ersten Kapitel schaffen hierzu die Grundlagen. In Kapitel 1 geht es darum, einen Überblick über die wichtigsten soziologischen Theorien von Gewaltdelinquenz zu vermitteln und ihre Implikationen für die Frage nach dem Zusammenhang zwischen Urbanität und Gewalt zu betrachten. In Kapitel 2 präsentiere ich empirische Grundlagen zu Entwicklung und Ausmass städtischer Gewaltdelinquenz in der Schweiz. In den beiden folgenden Kapitel entfalte ich das zentrale theoretische Argument, aufgrund dessen die Zunahme städtischer Gewalt als Ausdruck negativer Folgewirkungen von Individualisierung, ökonomischem Strukturwandel und veränderten Stadt-Umland-Beziehungen zu interpretieren ist. Ich schliesse diesen ersten Teil mit einer ersten empirischen Überprüfung des Modells für die Entwicklung von Gewaltdelinquenz im Vergleich der Kantone seit den 60er Jahren ab.

Kapitel 1

Stadt und Gewalt: theoretische Perspektiven

Jede Analyse, welche sich den Zusammenhang zwischen »Stadt« und Gewaltdelinquenz zum Gegenstand macht, beruht letztlich auf allgemeinen Modellannahmen über die sozialen Ursachen von Delinquenz. Dieses Kapitel hat zum Ziel, sozialwissenschaftliche Ansätze zur Erklärung von Delinquenz zu sichten und ihre Implikationen für den Zusammenhang zwischen urbanen Strukturen und Gewaltdelinquenz zu untersuchen.

Als die US-amerikanische Soziologin Ruth Kornhauser gegen Ende der 70er Jahre ihre vielbeachtete Kritik der damals gängigen delinquenzsoziologischen Theorieansätze publizierte, unterschied sie drei Grundmodelle, auf die letztlich alle soziologischen Ansätze zur Erklärung von Kriminalität zurückzubeziehen seien (Kornhauser, 1978; ähnlich Kaiser, 1989: 68). Diese drei Modelle bezeichnete sie als *Spannungstheorie*, *Kontrolltheorie* und *Subkulturtheorie*. *Spannungstheoretische Ansätze* erklären Kriminalität als Folge der Diskrepanz zwischen der ungleichen Verteilung von Ressourcen und den Erwartungshorizonten gesellschaftlicher Akteure. *Kontrolltheoretische Ansätze* verstehen Kriminalität als Folge mangelnder sozialer Kontrolle über das Verhalten von Sozietätsmitgliedern und fehlender Bindungen an eine Gesellschaft. *Kulturtheoretische Ansätze* schliesslich – zu denen Kornhauser auch den Labeling-Ansatz zählte – interpretieren Kriminalität als Folge des Konfliktes zwischen unterschiedlichen kulturell vermittelten Handlungsnormen.

Vor dem Hintergrund der jüngeren Diskussion fällt auf, dass alle drei von Kornhauser diskutierten Theorietraditionen als *täterzentrierte ätiologische Ansätze* zu betrachten sind. Delinquente Individuen bilden den Untersuchungsgegenstand und es wird danach gefragt, welche vorgängigen Sozialisationsprozesse deren Handlungsdisposition bewirkt haben (Brantingham und Brantingham, 1981a). Diese Ausrichtung auf die Person des Täters prägte lange das gesamte delinquenzsoziologische Denken. Sie muss heute um eine Gruppe von Ansätzen ergänzt werden, welche ihren Blick weniger auf die Person des Delinquenten als vielmehr auf die *situativen Bedingungen delinquenter Akte* richten. Das theoretische Problem dieser Perspektive lautet: Wie entstehen in einer Gesellschaft Situationen, welche delinquentes Handeln ermöglichen oder begünstigen? Auf die Bedeutung einer solchen Sichtweise hatte Sutherland (1947: 5) bereits in den späten 40er Jahren hingewiesen. In der Einleitung zu seinen bekannten "Principles of Criminologie" unterschied er *persönlichkeitsbezogene* und *situative* Erklärungen von Delinquenz und wies darauf hin, dass situative Ursachen möglicherweise wichtiger seien als persönlichkeitsbezogene Dispositionen. Obwohl in den 50er und 60er Jahren einige empirische Analysen zu situationsbezogenen Dimensionen von Delinquenz angestellt wurden (Morris, 1957; Jeffery, 1971; Newman, 1972), erfuhren situative Erklärungsansätze erst mit den einflussreichen Beiträgen von Cohen und Felson (1979; 1980; 1981) zur *kriminologischen Bedeutung veränderter Muster von Alltagsaktivitäten* breitere Anerkennung. Cohen und Felson argumentierten, dass die Fixierung auf die – wie auch immer soziologisch erklärbare – Täterpersönlichkeit in eine theoretische Sackgasse führe. Vielmehr müsse die *delinquente Handlung* selber in den Mittelpunkt gerückt werden und danach gefragt werden, welche gesellschaftlichen Strukturen diese Handlungen begünstigen oder verhindern. Während also ätiologische Theorieansätze die Entstehung normabweichender Verhaltensorientierungen für erklärungsbedürftig halten, bildet in situationsbezogenen Ansätzen das normverletzende Ereignis und dessen Situationsmerkmale den zentralen Gegenstand analytischer Überlegungen (vgl. Brantingham und Brantingham, 1984).[1]

Neben dieser Kontroverse ist eine zweite Debatte für unsere Fragestellung von zentraler Bedeutung. Sie kreist um die Frage nach der Bedeutung *sozialräumlicher Kontexte* für die Erklärung von Delinquenz (vgl. Byrne, 1986; Farrington et al., 1993). Dabei wurde die Problemstellung der klassischen Untersuchungen von Shaw und McKay (1929; 1969) über die Determinanten der Verteilung jugendlicher Delinquenter in den Stadtquartieren Chicagos während der späten 20er und frühen 30er Jahre wieder aufgenommen. Shaw und McKay hatten in ihren Analysen gezeigt, dass die Delinquenzraten verschiedener Stadtquartiere über die Zeit auch dann stabil blieben, wenn sich die Zusammensetzung der jeweiligen Bevölkerung fast vollständig veränderte. Shaw und McKay zogen hieraus den Schluss, dass Wohnquartiere *stabile überindividuelle Strukturen von sozialer Desorganisation* bilden, die prägend auf die Sozialisations- und Lebensbedingungen der dort lebenden Individuen wirken. Sie argumentierten also, dass räumliche Aggregate *emergente soziale Merkmale* aufweisen, die über die Summierung von Individualmerkmalen hinausgehen. Individuelles – konformes oder normabweichendes – Verhalten ist daher nach Shaw und

McKay als Folge von räumlich angeordneten sozialen Interaktionsgeflechten und Strukturmustern einzelner Stadtteile zu verstehen. Diese Schlussfolgerung wird von der *individualistischen Position* in dieser Debatte in Frage gestellt. Unterschiedliche Häufigkeiten von Tätern in sozialen Aggregatsgrössen (z. B. Stadtkreisen, Städten, Staaten) sind gemäss dieser Position nicht als Konsequenz von Merkmalen der Aggregate, sondern als Manifestation der Ungleichverteilung von Individualeigenschaften aufzufassen, welche sich infolge von Migrations- und Segregationsprozessen einstellt. In stadtsoziologischen Analysen wird in diesem Zusammenhang insbesondere auf die Funktionsweise des Wohnungs- und Bodenmarktes hingewiesen, vermittels derer sich Quartiere mit unterschiedlichen Zusammensetzungen der Wohnbevölkerung bilden (für einen Überblick vgl. die Beiträge in Farrington et al., 1993; Martens, 1993).

Die Unterscheidung zwischen *täter*orientierten und *tat*orientierten Ansätzen einerseits und zwischen *individualistischen* und *sozialökologischen* Perspektiven andererseits erlaubt eine Systematisierung von Ansätzen, die unterschiedliche Häufigkeiten von Gewaltdelinquenz in verschiedenen Raumeinheiten zu erklären versuchen (vgl. Tabelle 1.1).

Tabelle 1.1   *Theoretische Perspektiven zur Erklärung von Gewaltdelinquenz in räumlichen Aggregaten*

Erklärungsebene	*Individualistische Perspektive*	*Sozialökologische Perspektive*
Räumliche Verteilung von Personen mit gewalttätigen Dispositionen (≈ *ätiologische Ansätze*)	Personen werden durch Migration und Segregation unterschiedlich verteilt.	Merkmale von sozialen Aggregaten beeinflussen die Entstehung von Persönlichkeitsmerkmalen.
Räumliche Verteilung von Gewaltdelikten (≈ *situative Ansätze*)	Gewaltdelikte ereignen sich, wo Personen mit gewalttätigen Dispositionen mit potentiellen Opfern zusammentreffen.	Merkmale von situativen Kontexten beeinflussen die Wahrscheinlichkeit von Gewalthandlungen.

Zwei Grundperspektiven bewegen sich auf der Erklärungsebene der räumlichen Verteilung von *Personen mit gewalttätigen Dispositionen*. Individualistische Ansätze interpretieren unterschiedliche Merkmalshäufigkeiten als Nebenfolge von Migrations- und Segregationsprozessen. Demgegenüber müssen sozialökologische Ansätze erklären, wie in räumlichen Aggregaten emergente Strukturmerkmale entstehen und über welche sozialen Prozesse diese auf die Entstehung gewalttätiger Dispositionen einwirken. Entsprechend kann man auch auf der Erklärungsebene der räumlichen Verteilung von *Gewalthandlungen* zwischen einer individualistischen und einer sozialökologischen Perspektive unterscheiden. Dabei werden individualistische Ansätze zur Erklärung von Gewalt*handlungen* von der Prämisse ausgehen, dass sich Gewaltdelikte dort ereignen, wo Personen mit gewalttätigen Dispositionen mit potentiellen Opfern in einem gegebenen raumzeitlichen Ausschnitt zusammentreffen. Hingegen nehmen sozialökologische Ansätze zur Erklärung von Gewalthandlungen an, dass Situationen (z. B. ein Fussballstadion, eine menschenleere Strasse) als emergente Kontexte zu interpretieren sind, von denen Wirkungen ausgehen, welche nicht den einzelnen anwesenden Akteuren zugerechnet werden können.

Entlang dieser Unterscheidungskriterien werde ich im Folgenden einzelne Ansätze detaillierter betrachten. Ich skizziere zunächst die drei dominanten *täterorientierten* Theorietraditionen und wende mich dann den *situativen Ansätzen* zu.

1.1 Gewalt als Reaktion auf soziale Spannungen

Die Vorstellung, dass Armut und soziale Ungerechtigkeit eine wichtige Ursache für Kriminalität seien, gehört zu den klassischen Annahmen der Kriminologie (vgl. z. B. Bonger, 1905; Engels, 1909). Ansätze, welche dieser Grundvorstellung verpflichtet sind, werden üblicherweise unter dem Begriff der *Spannungstheorie* zusammengefasst.

Grundlage für viele spannungstheoretische Ansätze bildet die *Anomietheorie*, wie sie in den späten 30er Jahren von Merton (1938; 1968) entwickelt und in der Folge von anderen Autoren erweitert wurde (Dubin, 1959; Cloward und Ohlin, 1960; Opp, 1974). Hierbei wird Kriminalität als individuelle Reaktion auf Diskrepanzen zwischen gesellschaftlich vermittelten Erwartungen und den strukturell bedingten Möglichkeiten, diese Erwartungen auf legitimem Weg realisieren zu können, verstanden. Bekanntlich schloss Merton hiermit an den Anomiebegriff von Durkheim (1983; 1988) an. Allerdings gab er diesem eine andere theoretische Wendung. Für Durkheim lag das zentrale theoretische Problem in der *Einschränkung der Aspirationshorizonte der Gesellschaftsmitglieder*, die im Zustand der Anomie fehlt. Merton hingegen ging davon aus, dass in modernen demokratischen Gesellschaften Zielvorstellungen hinsichtlich der erwünschten Statuspositionen breit diffundiert sind. Folglich lag für ihn das theoretische Problem bei der Frage, in welcher Weise die *Mittel*, um akzeptierte Ziele auf legitimem Weg zu erreichen, strukturell unterschiedlich verteilt sind. Damit rückt soziale Ungleichheit in den Mittelpunkt des theoretischen Interesses. So liegt dem anomietheoretischen Modell die Vorstellung zugrunde, dass Unterschichtmilieus moderner Gesellschaften durch eine Spannung zwischen hoher Betonung von Werten wie Aufstieg, Wohlstand und Einfluss sowie geringen strukturellen Möglichkeiten, diese Ziele auf legitimem Weg zu erreichen, geprägt seien. Auf der Ebene von Individuen kann dies als Verletzung des *Ordnungsprinzips der Austauschgerechtigkeit* erlebt werden, welches Voraussetzung für regelkonformes Handeln ist. Gesellschaftliche Anomie – welche ein überindividuelles Merkmal von Gesellschaften ist – schlägt daher in Unterschichtmilieus in subjektiv perzipierte Ungerechtigkeit und *relative Deprivation* um (vgl. Gurr, 1970: 59ff). Soziale Ungleichheit erzeugt Entfremdung, Frustrationen und aufgestaute Aggressionen, die ihren Ausdruck in häufigen Konflikten einschliesslich einer hohen Häufigkeit krimineller Gewalt finden (vgl. Blau und Blau, 1982: 126).

Allerdings unterscheiden sich verschiedene Varianten des spannungstheoretischen Modells in Bezug auf die konkret vermuteten Wirkungszusammenhänge. So gehen unterschiedliche Formulierungen des Argumentes unter anderem in der Frage auseinander, ob *objektive Strukturen der Ungleichheit* (Blau und Blau, 1982; Zwicky, 1982; Messner und Tardiff, 1986), *Armut und ihre Folgen* (Messner, 1982; Williams und Flewelling, 1988), *wirtschaftliche Krisen und Arbeitslosigkeit* (Henry und Short, 1964; Brenner, 1986) oder die *subjektiv erfahrene Diskrepanz zwischen Erwartungshorizonten und erlangbaren Statuspositionen* (Landis und Scarpitti, 1965; Cernkovich, 1978; Segrave und Hastad, 1985; Agnew, 1992) zu sozialen Spannungen und Kriminalität führen.

Allen spannungstheoretischen Modellen liegt aber die Erwartung zugrunde, dass Unterschichtangehörige häufiger delinquent werden als Angehörige der Mittel- und Oberschicht. Dass dies tatsächlich so sei, war bis in die 60er Jahre unbestritten. Seither jedoch hat sich eine der zentralen empirischen Debatten um die Frage gedreht, inwiefern der Zusammenhang zwischen sozialer Lage und Delinquenz weniger ein realer Sachverhalt als vielmehr eine Folge selektiver Sanktionspraktiken der staatlichen Kontrollinstanzen sei. Man kann drei Ergebnisse dieser Auseinandersetzung festhalten. Erstens haben »self-report« Studien gezeigt, dass für *Kleinkriminalität* der Zusammenhang zwischen sozialer Lage und Delinquenz sehr gering ausgeprägt oder überhaupt nicht vorhanden ist.

Zweitens bestätigen Umfragedaten für *schwere Delinquenzformen* – und besonders für schwere Formen von Gewalt – den aus polizeilichen Quellen gewonnenen Befund, dass eine tiefere soziale Lage mit einer höheren Delinquenzwahrscheinlichkeit einhergeht (Straus, 1980; Braithwaite, 1981; Geissler, 1987; Gelles, 1987; Gelles und Strauss, 1988; Wahl, 1989; Albrecht et al., 1991; Albrecht und Howe, 1992).[2] Drittens ist durch neuere Forschungen zunehmend deutlich geworden, dass zwischen dem eigenen sozialen Status von (jugendlichen) Tätern und demjenigen der Eltern unterschieden werden muss. Während Zusammenhänge zwischen Delinquenz und dem sozialen Status *der Eltern* durchwegs gering sind, lassen sich schon in frühen Phasen der schulischen Sozialisation Zusammenhänge zwischen dem *eigenen erworbenen Status* und Delinquenz nachweisen (Thornberry und Farnworth, 1982; Stratenwerth und Bernoulli, 1983: 22; Killias, 1991a: 246; Albrecht und Howe, 1992). Dies ist ein Hinweis darauf, dass den Deprivationserfahrungen im Verlauf der jugendlichen Statuspassage und den damit verbundenen Belastungen im Sinne eines *stresstheoretischen Modells* (Lazarus und Folkman, 1984; Pearlin, 1989) eine wichtige Rolle bei der Erklärung jugendlicher Gewaltdelinquenz zukommt (vgl. z. B. Greenberg, 1979; Buchmann, 1983; Greenberg, 1985; Bornschier und Keller, 1994).

Marginalisierung, Deprivation und städtische Gewalt

Auf der Basis der spannungstheoretischen Grundvorstellung wurde eine Reihe von Modellen entwickelt, die spezifisch den Zusammenhang zwischen Strukturmerkmalen von Städten und Kriminalität zum Gegenstand haben. Ihr empirischer Ausgangspunkt ist die Beobachtung, dass sich sowohl im Vergleich zwischen Städten wie auch im Vergleich von Stadtquartieren unterschiedliche Häufigkeiten von Tätern feststellen lassen und dass solche unterschiedlichen Täterraten in den meisten Untersuchungen stark mit Indikatoren von Armut, tiefer durchschnittlicher Schichtzugehörigkeit und Deprivation korrelieren (Shaw und McKay, 1929; Frehsee, 1978; Schwind et al., 1978; Eisner, 1994a). Erklärungen dieses Zusammenhanges können nach Wikström (1991: 130) danach unterschieden werden, ob sie unterschiedliche Täterraten in individualistischer Perspektive als Nebenfolge der Funktionsweise des Wohnungsmarktes betrachten (1), oder ob sie von der Hypothese ausgehen, dass Städte insgesamt oder einzelne Stadtteile als soziale Strukturen mit emergenten Eigenschaften aufzufassen sind, die über die Aggregation von Individualeigenschaften hinaus einen Einfluss auf die Täterrate haben (2).

(1) Die *individualistische* Position innerhalb der spannungstheoretischen Perspektive betrachtet das empirische Faktum, dass zwischen Regionen, Städten oder Stadtteilen erhebliche Differenzen hinsichtlich der ökonomischen und sozialen Ressourcen ihrer Akteure bestehen, als eine Nebenfolge der Wirkungsweise marktwirtschaftlicher und staatlich beeinflusster Prozesse der Standortwahl von Individuen. Als Folge dieser Prozesse entstehen Gebiete, innerhalb derer Individuen ähnliche soziale Positionen aufweisen (vgl. z.B. Morris, 1957: 130; Baldwin und Bottoms, 1976; Bottoms, 1994). Dabei ist aber die blosse Tatsache der räumlichen Verteilung von Statusgruppen durch den Wohnungsmarkt insofern für das Verständnis der Entstehung delinquenter Dispositionen unwichtig, als soziale Ungleichheit und relative Deprivation ihre Wirkung unabhängig von der konkreten räumlichen Ausgestaltung entfalten.

(2) Die *ökologische* Position hingegen basiert auf der Prämisse, dass sich in räumlichen Aggregaten kollektive Strukturen widerspiegeln, welche über Individualmerkmale hinaus auf die Entstehung delinquenter Dispositionen wirken (vgl. Esser, 1988). Hierbei ist etwa an Unterschiede im Ausmass sozialer Ungleichheit, der räumlichen Segregation von Bevölkerungsgruppen oder des ungleichen Zuganges zu staatlichen Infrastrukturleistungen zu denken. So argumentieren beispielsweise Messner (1982) und Braithwaite (1979: 170ff), dass die räumliche Segregation zwischen sozialen Gruppen zum einen mit steigender sozialer Ungleichheit und zum anderen mit wachsender Stadtgrösse zunehme. Weil hohe räumliche Segregation den Ausschluss aus gesellschaftlichen Mobilitätskanälen födert und damit den legitimen Zugang zu gesellschaftlichen Zielen erschwert, begünstigt sie die Entstehung subkultureller Orientierungsmuster, welche dominante Wertorientierungen ablehnen.

Die wirtschaftliche Krise der Stadt als Ursache steigender Delinquenz

Weiterführende Modelle haben die Zunahme von urbaner Gewalt mit wirtschaftlichen und sozio-strukturellen Veränderungen der Städte im Verlauf der vergangenen 30 Jahre in Zusammenhang gebracht. So argumentiert Wilson (1987; vgl. auch: Wacquant und Wilson, 1989) mit Blick auf die Schwarzenghettos in den US-amerikanischen Innenstädten, dass strukturelle wirtschaftliche Veränderungen wie die *Verlagerung verarbeitender Wirtschaftssektoren aus den Städten,* der *Verlust an Arbeitsplätzen mit geringen Qualifikationsanforderungen* und die *Po-*

larisierung des Arbeitsmarktes in Hoch- und Tieflohnsegemente in Verbindung mit der Abwanderung der schwarzen Mittelschicht in die Vororte zu einer räumlichen Konzentration und gleichzeitigen Zunahme städtischer Armut geführt habe. Begleiterscheinungen des Anstiegs räumlich konzentrierter städtischer Armut seien eine steigende gesellschaftliche Isolation unterprivilegierter sozialer Gruppen, eine reduzierte Versorgung mit staatlichen Infrastrukturleistungen und ein Zusammenbruch integrativer sozialer Netzwerke sowohl auf familiärer wie auch auf nachbarschaftlicher Ebene (Wilson, 1987: 140ff). Im theoretischen Modell von Hagan (1994b; 1994a, vgl. Abbildung 1.1) führen diese Prozesse in den innerstädtischen Unterschichtquartieren zur Zerstörung von konventionellem kulturellem, sozialem und ökonomischem Kapital, deren Folgen die Zunahme von Drogenhandel, Eigentums- und Gewaltkriminalität sind (vgl. auch: Messner und Tardiff, 1986; Taylor und Covington, 1988).

Abbildung 1.1   *Modell der Auswirkungen sozialer Ungleichheit auf städtische Kriminalität nach Hagan (1994a)*

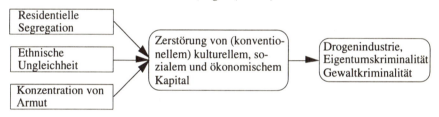

Die hiermit angesprochene Verbindung zwischen sozio-ökonomischem Wandel, Marginalisierung und städtischen sozialen Problemen wird in jüngster Zeit vermehrt auch im europäischen Kontext diskutiert. Dubet und Lapeyronnie (1994) beispielsweise argumentieren, dass sich im Verlauf der vergangenen 20 Jahre in den *französischen Vorstädten* ein von Armut, Gewalt und Kriminalität geprägtes Milieu dauerhafter gesellschaftlicher Marginalisierung gebildet habe, dessen Kluft zur integrierten Gesellschaft sich fortwährend vergrössere. Als zentrale Ursachen hierfür führen sie zum einen den wirtschaftlichen Strukturwandel mit der Folge wachsender Massenarbeitslosigkeit und zum anderen die Auflösung einer sozial und politisch integrierenden Arbeiterklasse an (für Deutschland vgl. Eisenberg und Gronemeyer, 1993).

1.2 Gewalt als Folge mangelnder sozialer Kontrolle

Kontrolltheoretische Ansätze gehen von der Frage aus: »Was hält einige Menschen davon ab, delinquente Handlungen zu begehen?« Hintergrund dieser Frage ist die unmittelbar plausible Annahme, kriminelle Handlungen seien – darin von anderen Handlungen nicht zu unterscheiden – entweder intrinsisch (»es macht Spass«) oder extrinsisch (»es ist einträglich«) lohnend (Menard et al., 1993). Infolge dieser »natürlichen Motivation« für Kriminalität sei zu erwarten, dass im Sinne eines Nutzenkalküls rational handelnde Individuen Delikte begehen, es sei denn, irgendwelche Kräfte hindern sie daran (vgl. z.B. Niggli, 1994). Daher bildet die Vorstellung, dass *das Ausmass gesellschaftlicher Kontrollen* die zentrale Variable zur Erklärung von Devianz bildet, die gemeinsame Grundlage aller kontrolltheoretischen Ansätze (für Überblicke vgl. Kornhauser, 1978; Vold und Bernard, 1986; Shoemaker, 1990).[3] In Zusammenhang mit Gewalt von Männern gegen Frauen im familiären Kontext haben Gelles und Strauss (1988) die Basisprämisse kontrolltheoretischer Ansätze mit der Formulierung "because they can" auf einen kurzen Nenner gebracht.

Allerdings bestehen innerhalb dieses Paradigmas unterschiedliche Vorstellungen darüber, welche *Ebenen von Kontrolle* für die Erklärung von Delinquenz ausschlaggebend seien. So lassen sich kontrolltheoretische Modelle unter anderem danach klassifizieren, ob äusseren Kontrollinstanzen (soziale Kontrolle im eigentlichen Sinn) oder verinnerlichter Selbstkontrolle (Moral), staatlich-formellen Kontrollinstanzen (Polizei, Schule) oder informeller sozialer Kontrolle (Familie, Freunde, Quartiergemeinschaft), eher strafenden (Busse, Gefängnis, Tadel) oder eher belohnenden (Bindungen, Zugehörigkeit) Sanktionen Priorität für die Ausformung stabiler konformer Handlungsorientierungen eingeräumt wird.

In der einflussreichsten Variante des kontrolltheoretischen Paradigmas, der "social control theory" von Hirschi (1969) steht die Einbindung des Individuums in die Gesellschaft auf vier verschiedenen Ebenen im Mittelpunkt, die Hirschi als *attachment, commitment, involvement* und *belief* bezeichnet.

Von zentraler Bedeutung ist zunächst die *Intensität emotionaler Beziehungen* zu den Eltern oder äquivalenten primären Bezugspersonen ("attachment to parents or to other meaningful persons"). Der erfolgreiche Aufbau emotional stützender Eltern-Kind-Beziehungen schon in frühen Sozialisationsphasen ist wichtig, weil hierdurch gesellschaftlich legitime Rollenmuster vermittelt werden (Buchmann, 1983), weil Ressourcen für die Bewältigung von belastenden Lebensereignissen (Krämer, 1992) sowie Orientierungsschwierigkeiten im Verlauf der jugendlichen Statuspassage (Heintz, 1968) erworben werden und weil hierdurch die Fähigkeit zu *Empathie* als Voraussetzung für die Sensibilität gegenüber dem Leiden anderer erlangt wird (Glueck und Glueck, 1950; McCord et al., 1959; Mantell, 1978; Albrecht et al., 1991).

Eine zweite Ebene bildet das Ausmass der subjektiv empfundenen *Hinwendung auf konventionelle gesellschaftliche Ziele* ("commitment to conventional goals"). Sie ist konzeptionell eng verwandt mit der dritten Ebene, welche Hirschi als die *Einbindung in konventionelle Aktivitäten* in Beruf und Freizeit ("involvement in conventional activities") bezeichnet (vgl. Krohn und Massey, 1980). Die Bedeutung dieser beiden Ebenen ist vor dem Hintergrund von Grundannahmen über Nutzenkalküle als handlungsleitende Prozesse unmittelbar verständlich. Sofern rational handelnde Individuen konventionelle Ziele hoch bewerten, ihnen wichtig erscheinende konforme Tätigkeiten ausüben *und* sie Sanktionen für normverletzende Handlungen antizipieren, welche einen Verlust konformer Lebensbereiche zur Folge hätten, müssten sie sich aus bindungstheoretischer Sicht konform verhalten. Oder einfacher: Je mehr man durch illegales Handeln zu verlieren hat, desto eher wird man es unterlassen.

Schliesslich führt Hirschi den *Glauben an die Richtigkeit von gesellschaftlichen Moral- und Wertvorstellungen* ("belief in social rules") als vierte wichtige Bindungsebene an. Allerdings weist Hirschi (1969: 23ff) selbst darauf hin, dass der fehlende Glaube an die moralische Gültigkeit von Normen kontrolltheoretisch nur schwer zu erklären ist. Denn *wenn* in einer Gesellschaft – wie das die Kontrolltheorie voraussetzt – nur ein gemeinsames Wertesystem existiert und *wenn* alle sozialen Kontrollen auf die Vermittlung dieses Wertesystems ausgerichtet sind, dann ist schwierig einzusehen, woher Unterschiede in der subjektiven Beurteilung von Normen stammen sollen. Hirschi behilft sich hier mit der wenig überzeugenden These, mangelnder Glaube an die moralische Gültigkeit von Normen könne sich spontan, ohne teleologischen Grund, einstellen.[4]

Implikationen für urbane Gewalt: Gesellschaftliche Desorganisation und Kriminalität

Der theoretische Ansatz von Hirschi ist eine betont mikrosoziologische Perspektive innerhalb des kontrolltheoretischen Paradigmas. Daneben existieren aber auch makrosoziologische Ansätze zur kontrolltheoretischen Erklärung von Delinquenz. Die *Zivilisationstheorie* von Elias (1976) etwa interpretiert die allmähliche Eindämmung von Gewalt seit dem Mittelalter als Folge eines Prozesses, bei dem die Entstehung des staatlichen Gewaltmonopols zusammen mit der Ausbreitung des Kapitalismus zu wachsender Selbstkontrolle der Individuen geführt habe (vgl. auch Chesnais, 1992; Lagrange, 1993; Rousseaux, 1993; Franke, 1994; Eisner, 1995a). Ich komme auf diesen Ansatz später zurück (Kapitel 3, S. 75ff) und möchte hier besonders auf die *Theorie der sozialen Desorganisation* hinweisen, da sie sozialökologische Prozesse innerhalb von Städten besonders hervorhebt. Dieser theoretische Ansatz wurde im Verlauf der 20er und 30er Jahre von Shaw und McKay an der Universität Chicago entwickelt (Shaw und McKay, 1929; Shaw, 1966; Park et al., 1967; Shaw und McKay, 1969).[5] Die Chicagoer Soziologen beobachteten, dass in allen US-amerikanischen Städten beträchtliche Unterschiede in der Verteilung der Wohnsitze jugendlicher Delinquenter bestehen. Während die Aussenquartiere jeweils die niedrigsten Täterraten aufwiesen, nahmen die Raten gegen das Stadtzentrum kontinuierlich zu und erreichte in den heruntergekommenen Gebieten unmittelbar um die Stadtmitte jeweils das Maximum. Dies führte Shaw und McKay zu der Annahme, dass die Entstehung delinquenter Dispositionen mit den desintegrierenden Auswirkungen von Städtewachstum und Industrialisierung zusammenhänge (vgl. Abbildung 1.2).

Abbildung 1.2 *Das Modell von Shaw/McKay zur Erklärung der Kriminalität in amerikanischen Innenstädten*

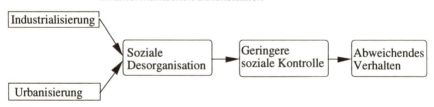

Sie argumentierten, dass durch Industrialisierung die Nachfrage nach ungelernten Arbeitskräften steigt, welche in die urbanen Zentren einwandern und dort zum Städtewachstum beitragen. Urbanisierung verursacht steigende *Arbeitsteilung* und Spezialisierung, was gleichzeitig die Ausbildung gruppenspezifischer und manchmal konfligierender kultureller Normen begünstigt. Durch die beschleunigte *soziale Mobilität* werden Primärbeziehungen seltener und es wird generell schwieriger, stabile soziale Beziehungen aufrecht zu erhalten. Ausserdem verfügen die vom Land eingewanderten Arbeitskräfte über soziale Kenntnisse und Normen, die im Stadtleben von geringem Nutzen sind und damit Orientierungslosigkeit hervorrufen. Solchermassen gestiegene *soziale Desorganisation* bewirkt – so wurde argumentiert – einen Rückgang sowohl der internen wie auch der externen sozialen Kontrolle. Dadurch steigen die Chancen, dass sich ein Individuum abweichend verhält. Dieser Prozess ist allerdings nicht in allen Stadtteilen gleich akzentuiert. Er wird besonders dort erwartet, wo die Frequenz des Wohnungswechsels hoch ist, wo viele verschiedene Kulturen unvermittelt aufeinander treffen und wo stabile Primärbindungen selten sind. Zentral an dieser Argumentation ist, dass soziale Desorganisation nicht als ein Merkmal von Individuen aufgefasst wird, sondern als Eigenschaft räumlich begrenzter sozialer Strukturen.

Sampson und Groves (1989) haben in jüngerer Vergangenheit die Problemstellung der Desorganisationstheorie von Shaw und McKay wieder aufgenommen und ein erweitertes Modell der Auswirkungen urbaner Strukturbildung auf die Entstehung delinquenter Dispositionen entwickelt (vgl. auch Wikström, 1991; Bursik und Grasmick, 1993).

Abbildung 1.3   Modell der Wirkungen sozialer Desorganisation auf Kriminalität nach Sampson und Groves (1989)

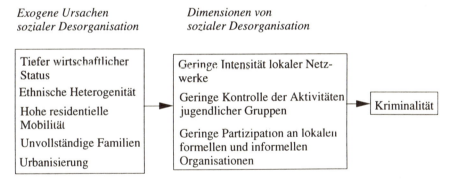

Die beiden Autoren entwickeln zunächst einen empirisch gut einsichtigen Begriff der *gesellschaftlichen Desorganisation*. Sie verstehen darunter die mangelnde Befähigung eines Quartiers oder Stadtteils, die für die Bewohner wichtigen *gemeinsamen Werte* zu erzeugen und *soziale Kontrolle* über ihr Territorium auszuüben. Dabei lassen sich drei Dimensionen unterscheiden: Zum ersten hängt das Ausmass der sozialen Desorganisation davon ab, ob eine Quartiergemeinschaft *soziale Kontrolle* über jugendliche Gruppierungen ausüben kann. Das Argument beruht auf der in vielen Studien belegten Vorstellung, dass sich delinquente Aktivitäten aus unbewachten Jugendgruppierungen entwickeln. Ein zweiter Aspekt ist die *Intensität lokaler Beziehungsnetze*. Intensive Beziehungsnetze wirken in zweierlei Hinsicht präventiv bezüglich der Belastung durch Kriminalität: Sie erhöhen die Intensität der Kontrolle über das Verhalten von Fremden und machen es diesen daher schwieriger, unbemerkt Aktivitäten in einem Quartier zu entfalten. Ausserdem wirken intensive lokale Netzwerke auf die soziale Kontrolle über die Jugendlichen in einem Quartier. Ein dritter direkter Faktor, der auf die Delinquenz in einem Quartier wirkt, ist die Fähigkeit zur *Interessenorganisation* im kleinräumigen Rahmen. Sie ermöglicht es, sich etwa gegen die Entstehung devianter Gruppierungen zur Wehr zu setzen oder Massnahmen gegen Delinquenz zu organisieren.

Diese drei Wirkfaktoren sind nun im Ansatz von Sampson an die bereits von Shaw und McKay identifizierten Ausgangsvariablen *niedriger sozio-ökonomischer Status, ethnische Heterogenität* und *hohe Frequenz des Wohnungswechsels* zurückgebunden, wobei Sampson und Groves zusätzlich das Ausmass der Auflösung von Familien hinzuziehen: Erstens beeinflusst der niedrige sozioökonomische Status eines Quartiers die Fähigkeit, soziale Kontrolle und Integration zu erzeugen: Möglichkeiten der informellen Kontrolle der Jugendlichen fehlen und Freizeitangebote sind seltener. Zum zweiten hat eine hohe Häufigkeit des Wohnungswechsels in einem Quartier einen direkten Einfluss auf das Ausmass der Anonymität, schwächt die Möglichkeiten für die Entstehung lokaler Netzwerke und trägt damit ebenfalls zu einer Reduktion der sozialen Kontrolle bei. Drittens führt eine hohe ethnische Heterogenität zu einer Segmentierung der Interaktionsmuster und kann daher Kommunikation und Interaktion verhindern. Sampson führt viertens das Argument der Auflösung familiärer Integration als unabhängig wirkenden Faktor hinzu. Auslöser hierfür war eine empirische Analyse in Städten der USA, für die Sampson zeigen konnte, dass die Anzahl von Familien mit alleinerziehenden Eltern einen bedeutenden – und von anderen Faktoren unabhängigen – Einfluss auf das Ausmass an jugendlicher Delinquenz hatte.[6]

1.3 Gewalt als Manfestation von Kulturkonflikt

Neben dem spannungstheoretischen und dem bindungstheoretischen Ansatz bilden *kulturtheoretische Modelle* die dritte grosse Gruppe von sozialwissenschaftlichen Versuchen, Kriminalität und Gewalt zu erklären. Die zentrale Eigenheit kulturtheoretischer Ansätze besteht darin, dass die Entstehung von Gewalt nicht als Folge des *Mangels kohäsiver Kräfte* verstanden wird, sondern als Ergebnis von gesellschaftlich vermittelten Lernprozessen.

Ausgangspunkt dieses Modells ist die Überlegung, dass die Neigung zu gewalttätigem Handeln ebenso wie alle anderen Handlungsintentionen durch *Lernprozesse* erworben werden muss (Sellin, 1938; Sutherland und Cressey, 1974). Die Wahrscheinlichkeit, dass ein Individuum gewalttätig wird, ist also davon abhängig, ob es Werte und Normen übernommen hat, die derartige Handlungsweisen unter kulturell definierten Umständen positiv sanktionieren. Gesellschaftlich problematisch werden solche Handlungsdispositionen aus kulturtheoretischer Sicht erst dann, wenn in einer Gesellschaft unterschiedliche kulturelle Kodes aufeinander treffen oder einzelne Gruppen versuchen, ihr Normensystem gegen konkurrierende Normensysteme durchzusetzen.

Davon ausgehend, dass Selbstkontrolle und Gewaltverzicht die dominante Norm im Binnenraum moderner Gesellschaften bilden, haben Wolfgang und Ferracuti (1967b) den Begriff der »Subkultur der Gewalt« geprägt. Er bezeichnet die Existenz von kulturellen Milieus in modernen Gesellschaften, in welchen physisch gewalttätiges Handeln durch Belohnungen – z. B. Freundschaften, Achtung, Ehrfurcht – normativ unterstützt wird, so dass in bestimmten Situationen nicht-gewalttätiges Verhalten zu einer negativ sanktionierten Abweichung wird (Wolfgang und Ferracuti, 1967a: 279). Dabei kommt nach Horowitz (1974) subkulturellen Konzepten von männlicher Ehre und ihrer Kränkung eine zentrale Bedeutung zu (vgl. Messner, 1983; Simpson, 1985). Sie bilden verinnerlichte Orientierungshorizonte, die Lebensstile und Verhaltensdispositionen in Konfliktsituationen beeinflussen (vgl. Kennedy und Baron, 1993).

Rein kultursoziologischen Ansätzen wie etwa demjenigen von Wolfgang und Ferracuti wurde zu Recht vorgehalten, dass die Frage, warum sich überhaupt *Subkulturen der Gewalt* bilden, nur ungenügend bedacht wurde (vgl. Kornhauser, 1978). Allerdings ist die pauschale Kritik an kultursoziologischen Modellen nur teilweise gerechtfertigt, da verschiedene Ansätze die Frage nach den strukturellen Voraussetzungen für die Bildung subkultureller Milieus von Gewalt zu einem zentralen Gegenstand theoretischer Überlegungen gemacht haben. So haben etwa Cohen (1965) sowie Cloward und Ohlin (1960) Modelle entwickelt, welche delinquente Subkulturen als kollektive Reaktion von männlichen Jugendlichen der städtischen Unterschicht auf fehlende Aufstiegsmöglichkeiten und die geringe Zugänglichkeit der dominanten Kultur interpretieren. Damit verlieren zwar kultursoziologische Ansätze ihren Anspruch, *Basistheorien* für die Entstehung von Gewalt zu sein. Sie sind aber insofern von zentraler Bedeutung, als sie Modelle für die Vermittlung zwischen strukturellen Makrogrössen und individuellem (Gewalt)handeln bereitstellen.

Implikationen für urbane Gewalt

Die Existenz von Normvorstellungen, welche in definierten Situationen physische Gewalt legitimieren, ist in der kulturtheoretischen Perspektive eine wesentliche Voraussetzung für Gewaltkriminalität. Zur Erklärung höherer Gewaltkriminalität in Städten argumentieren kulturtheoretische Ansätze daher, dass im urbanen Milieu bessere Bedingungen für die Ausdifferenzierung subkultureller Normen und Orientierungen bestehen.

Einen neueren stadtsoziologischen Ausgangspunkt bildet die *Urbanismustheorie* von Fischer (1984). Er argumentiert, dass eine der zentralen Voraussetzungen für die Entwicklung von Subkulturen eine ausreichend grosse Gruppe von Personen mit ähnlichen Interessen und Orientierungen ist. Die Erfüllung dieser Voraussetzung ist wiederum abhängig von der schieren Grösse der Bevölkerung einer Stadt, da erst in grossen Städten die kritische Masse für die Ausdifferenzierung von subkulturellen Gruppen erreicht wird. Im Gegensatz zum Bild einer anonymen, kulturell eingeebneten und anomischen Stadt, wie es noch Wirth (1938) gezeichnet hatte, sieht Fischer (1984: 35f) den primären Effekt von Stadtgrösse in der Ermöglichung subkultureller Differenzierungen.

Auf struktureller Ebene entspricht diesem Argument, dass mit steigender Grösse der Städte die räumliche Segregation verschiedener Bevölkerungsgruppen zunimmt (Hwang und Murdock, 1985; Friedrichs, 1995: 79ff). Solche gegen aussen geschlossenen Wohnquartiere können nun die Entstehung und Perpetuierung von Subkulturen fördern und Prozesse der sozialen Integration verhindern. Damit steigen aber auch die Möglichkeiten für die Ausbildung *devianter* Subkulturen, in denen sich Wertorientierungen bilden können, die häufig auch explizit als Gegenkulturen gegen die dominante Kultur artikuliert werden (Wolfgang und Ferracuti, 1967a; Curtis, 1975).

Der These, dass sich in grossen Städten eher Subkulturen erhalten oder bilden können, kommt auch in Zusammenhang mit *Migrationsprozessen* eine Bedeutung zu. So ist denkbar, dass Angehörige immigrierender Populationen vom dominanten Kulturmuster im Zielland abweichende Einstellungen und Normen hinsichtlich der Legitimität physischer Gewalt aus ihren Herkunftsländern mitbringen. Solche abweichenden Vorstellungen über die Legitimität von physischer Gewalt mögen beispielsweise mit anderen Rechtstraditionen oder Lernprozessen infolge von kriegerischen Konflikten in den Herkunftsländern zusammenhängen.[7] Bei ausgeprägter räumlicher Segregation in den Städten des Ziellandes können sich dann subkulturelle Orientierungsmuster mit Prozessen der sozialen Schliessung (Weber, 1972) verbinden und zu dauerhaften Gewaltsubkulturen führen.

1.4 Gewalt als situatives Ereignis

Gemeinsames Merkmal der bislang diskutierten Modelle ist, dass die Persönlichkeit des Täters die zentrale Ebene der theoretischen Erklärung bildet. Gefragt wird nach Sozialisation, Deprivation, Frustration etc. in früheren Lebensphasen, um daraus Rückschlüsse auf die Wahrscheinlichkeit gewalttätigen Handelns zu ziehen. Nach Brantingham und Brantingham (1981a) beschäftigen sich solche Theorien mit den "origins of criminal motivation". Hingegen ist das Gewaltereignis selbst kaum Gegenstand von Überlegungen. Hieraus ergeben sich theoretische und empirische Leerstellen.

Auf theoretischer Ebene ist zu vermerken, dass der gewalttätige – oder in anderer Weise delinquente – homo sociologicus der täterzentrierten Kriminalitätstheorien zwar mit verschiedensten Dispositionen, Konflikten, Spannungen oder kulturell erworbenen Einstellungen ausgerüstet ist, aber nicht befähigt ist, eine konkrete Handlung in einer Situation auszuführen. Die bislang angesprochenen Ansätze enthalten keine theoretischen Instrumente, um Ort, Zeit und Kontext einer Gewalthandlung vorherzusagen. Entsprechend liegt ätiologischen Kriminalitätstheorien die Prämisse zugrunde, dass das Verständnis des Phänomens »Kriminalität« gleichbedeutend sei mit der Identifikation von »Tätern«. Demgegenüber machen situative Ansätze geltend, dass Theorien über Täter (theories of offenders) nur einen Teil des Phänomens abzudecken vermögen. Die delinquenten Ereignisse, ihre Lokalisation in Zeit und Raum ebenso wie die Opfer selbst bilden gemäss dieser Kritik einen ebenso legitimen Gegenstand kriminalsoziologischer Forschung (vgl. z.B. Bottoms, 1993: 68ff). Auf empirischer Ebene ist darauf hinzuweisen, dass Gewaltereignisse in ausserordentlich starkem Ausmass zeitlich und räumlich konzentriert anfallen (vgl. Wikström, 1985; Sherman et al., 1989; Eisner, 1993a). Dies bedeutet, dass auch Individuen mit gewalttätigen Dispositionen während des weit überwiegenden Teils ihrer Alltagspraxis völlig konform und unauffällig zu handeln fähig sind. Nur in spezifischen situativen Konstellationen ereignet sich Gewalt und nur dort scheinen disponierende Persönlichkeitsmerkmale im Sinne der Selektion von Handlungsalternativen wirksam zu werden. Dies wirft die Frage auf, welche Bedeutung Situationen für das Verständnis von Gewaltereignissen zukommt.

Ansätze, welche diese Art von Fragen zum Gegenstand haben, fasse ich unter dem Begriff »situative Ansätze« zusammen. Ihr gemeinsamer Ausgangspunkt ist die scheinbar triviale Feststellung, dass alles menschliche Handeln in Situationen stattfindet (Cooley, 1922; Mead, 1934; Goffman, 1982). Situationen lassen sich hierbei definieren als diejenigen Ausschnitte der Wirklichkeit, die als unmittelbar erfahrbare Anordnungen von Dingen und Akteuren auf das Handeln von Subjekten einwirken (vgl. Birkbeck und LaFree, 1993; Schulze, 1993: 48). Ich unterscheide im Folgenden drei Forschungsrichtungen, die sich mit situativen Aspekten von Gewaltdelinquenz beschäftigt haben: *Gelegenheitstheoretische Ansätze*, welche delinquente Handlungen als Folge von situationsbezogenen Nutzenkalkülen verstehen; *Interaktionistische und sozialpsychologische experimentelle Ansätze,* welche die situationalen Auslöser von Aggression in den Mittelpunkt stellen und den Ansatz der *"environmental criminology"*, der die Struktur der bebauten Umwelt in den Mittelpunkt rückt.

Gelegenheitstheoretische Ansätze: "life-style model" und "routine activity approach"

Die Gelegenheitstheorie greift in theoretischer Hinsicht auf die *klassische* Schule der Kriminologie (Beccaria), zurück, welche ihrerseits ein Produkt der Aufklärung ist (für einen Überblick vgl. Killias, 1991a: 287ff; Lamnek, 1993: 62ff). Deren Grundlage war ein hedonistisches Menschenbild, das Handlungen als Ergebnis des Strebens nach Vermeidung von Unlust und der Suche nach Lust konzipierte. Entsprechend wurden Delikte als Ergebnis von Handlungssituationen betrachtet, die durch – subjektive perzipierte – niedrige Wahrscheinlichkeit von Sanktionen, geringe Sanktionsschwere und einen hohen Nutzen aus dem Handlungserfolg gekennzeichnet sind.

Sowohl das "life-style model" (Hindelang et al., 1978) wie auch der "routine activity approach" (Cohen und Felson, 1979) haben diese Perspektive wieder aufgenommen. Dabei können beide Ansätze als zwei Betrachtungen derselben Problematik aufgefasst werden (vgl. Maxfield, 1987). Das "life-style-model" geht von empirischen Befunden aus Opferbefragungen aus und interpretiert das Risiko, Opfer von Delikten zu werden, als Funktion von unterschiedlichen Lebensstilen (vgl. z.B. Killias, 1992). Der "routine activity approach" betrachtet kriminelle Handlungen als Ergebnis von Gelegenheitsstrukturen, die das Resultat von historisch spezifischen Formen der gesellschaftlichen Strukturierung des Alltagshandelns sind. Ich beschränke mich hier auf eine Darstellung des "routine activity approach" (vgl. Cohen und Felson, 1979; Felson und Cohen, 1980; Felson, 1987; 1994).

Dessen Grundannahme lautet, dass Veränderungen von Alltagsaktivitäten die Wahrscheinlichkeit von kriminellen Handlungen dadurch verändern, dass sie drei zentrale Ursachen für das Zustandekommen einer delinquenten Handlung beeinflussen. Nämlich: 1) Die Gegenwart motivierter Täter ("motivated offenders"), 2) geeignete Opfer oder materielle Ziele ("suitable targets") und 3) die Abwesenheit von sozialer Kontrolle ("absence of capable guardians"). Allerdings richtet sich das theoretische Interesse des "routine activity approach" in erster Linie auf die Elemente zwei und drei (Anwesenheit geeigneter Ziele und Abwesenheit von Instanzen der sozialen Kontrolle), während das Vorhandensein delinquenter Dispositionen als gegeben und weitgehend konstant betrachtet wird. Veränderungen im »Angebot« potentieller Opfer oder – im Falle von Eigentumsdelikten – potentieller Ziele und im Ausmass situationsspezifischer sozialer Kontrolle sind also die zentralen Parameter, welche die Umsetzung von Dispositionen in illegale Handlungen ermöglichen. Dabei interessieren sich Cohen und Felson in erster Linie dafür, in welcher Weise Veränderungen der räumlich-zeitlichen Organisation von alltäglichen Aktivitäten im Gefolge des sozialen und ökonomischen Wandels zur Zunahme von delinquenten Gelegenheiten geführt haben.

In "Crime and Everyday Life" hat Felson (1994) auf anschauliche Weise ein Modell der Auswirkungen städtischen Strukturwandels auf delinquente Gelegenheiten entwickelt und ausformuliert. Sein Ausgangspunkt bilden die Modellvorstellungen von Amos Harvey (1950; 1971) über die Auswirkungen von technologischem Wandel auf den Prozess der Stadtentwicklung und die hiermit verbundenen Veränderungen von Alltagsaktivitäten. Er argumentiert, dass sich mit der Durchsetzung des Automobils als Massenverkehrsmittel, der steigenden Suburbanisierung und der Verdrängung von kleineren Geschäften durch grosse Einkaufszentren im Grünen ein Typus von Urbanität verbreitet habe, den er als »divergierende Metropole« bezeichnet. Dieser Urbanitätstyp ist nach Felson durch eine hohe »Dispersion« alltäglicher Aktivitäten gekennzeichnet, was sich in häufiger Abwesenheit vom eigenen Haushalt, selteneren Interaktionen mit Nachbarn, grossen öffentlichen, aber monofunktionalen Flächen (z.B. Strassen, Parkplätzen, Einkaufszentren), einer Segregation von Alltagsaktivitäten nach

Kriterien von Schichtzugehörigkeit und Alter sowie einer grossräumigen Trennung zwischen Arbeitsort und Wohnort äussert. Dieser Prozess hat zu einer allmählichen Zerstörung eines feinmaschigen Netzes informeller sozialer Kontrolle, welches auf der Identifikation mit lokalen Gemeinschaften beruhte, geführt und und damit die Zunahme von Eigentums- und Gewaltkriminalität begünstigt.

Interaktionistische und sozialpsychologische Ansätze

Der theoretische Ansatz von Cohen und Felson verbindet ein strategisches Handlungsmodell mit makrosoziologischen Vorstellungen über Veränderungen der Rahmenbedingungen für das Nutzenkalkül zweckrationaler Akteure. Allerdings teilt der so konzipierte »homo oeconomicus delinquens« alle Vor- und Nachteile eines auf strategische Kalküle reduzierten Handlungsmodells (vgl. Habermas, 1985). Dieses bietet möglicherweise eine hinreichend präzise Modellierung von instrumentellen Delikten (besonders Eigentumsdelikte mit oder ohne Einsatz von Gewalt), ist aber weniger geeignet, emotional-expressive Formen von Delinquenz (z.B. Schlägereien, Körperverletzungen, Vandalismus) zu erklären. Dieses Defizit liesse sich allenfalls mit Überlegungen von Wikström (1990a: 22ff) beheben. Er erweitert den "routine activity approach" insofern, als er »Streitigkeiten begünstigende Begegnungen und Beziehungen« ("encounters and environments liable to provoke friction") sowie »Streitigkeiten begünstigende persönliche Beziehungen« ("relationships liable to provoke friction") als zusätzliche Situationsdimensionen einführt. Allerdings enthält dieser Vorschlag ein tautologisches Element (da gewalttätige Konflikte mit Konflikten erklärt werden) und bleibt insgesamt wenig konkretisiert.

Hingegen liefern sowohl *interaktionistische* wie auch *sozialpsychologische* Ansätze Erklärungselemente für ein besseres Verständnis der Mikrodynamik von gewaltsamen Konflikten. Während hierbei für Untersuchungen in der Tradition des symbolischen Interaktionismus charakteristisch ist, dass Forschungsergebnisse einen tiefen Generalisierungsanspruch haben und deskriptive Zielsetzungen stärker im Mittelpunkt stehen als die Entwicklung allgemeiner Modelle, haben sozialpsychologische Studien eine Reihe von situativen Korrelaten von gewalttätigem Verhalten identifiziert (für eine Literaturübersicht vgl. Birkbeck und LaFree, 1993). Ich möchte auf drei Aspekte kurz hinweisen: Einmal bestehen nach extensiver Forschung starke Hinweise darauf, dass *situationsbezogene Frustrationen*, besonders wenn sie als absichtlich herbeigeführt perzipiert werden, die Wahrscheinlichkeit von aggressiven Verhaltensweisen erhöhen (Averill, 1982; Geen, 1990). Zum zweiten zeigen experimentelle Studien, dass *als aggressiv wahrgenommene Reize* wie verbale Angriffe oder Beleidigungen, Kleidungsstücke oder die Gegenwart von Waffen zu einer höheren Wahrscheinlichkeit von Gewalt beitragen (Birkbeck und LaFree, 1993). Schliesslich unterscheiden sich Situationen in Bezug auf die *Gegenwart von Inhibitoren von Gewalt*. So ist etwa bekannt, dass sich in Situationen mit einer hohen Betonung ausdifferenzierter und emotional neutralisierter Rollenerwartungen seltener Gewalt ereignet als in Situationen, mit diffusen und emotionalisierten Rollenkonfigurationen (Goldstein, 1994).

Zur Beantwortung der Frage nach den Effekten urbanen Strukturwandels auf Gewaltdelinquenz können diese mikrosoziologischen Ansätze allerdings nur beschränkt beitragen. Hierzu wären theoretische Modelle nötig, welche Veränderungen von situativen Mikrostrukturen mit makrosoziologischen Wandlungsprozessen in Zusammenhang bringen.

"Environmental Criminology" und die Bedeutung der physischen Umwelt

Während sich die soziologisch informierte Strömung der Gelegenheitstheorie in erster Linie den Effekten veränderter Lebensstile zuwandte, entwickelte sich parallel dazu seit den frühen 70er Jahren ein Forschungsbereich, der die Struktur der gebauten urbanen Umwelt in den Mittelpunkt rückte. Dieser Ansatz wird von soziologischen Diskussionen nur am Rande gestreift, hat aber einen festen Platz in sozialgeographischen und raumplanerischen Modellen. Er postuliert, dass Faktoren wie die Gestaltung von Gebäuden, Unterführungen oder Parks einen Einfluss auf die Wahrscheinlichkeit von Gewaltdelikten haben. Allerdings können raumplanerisch-architektonische Überlegungen nur begrenzt entweder täterzentrierten Ansätzen oder situativen Ansätzen zugeordnet werden. So existieren sowohl Modellvorstellungen, welche Effekte der Siedlungsgestaltung auf die *Sozialisationsbedingungen von Jugendlichen* und die Entstehung delinquenter Dispositionen postulieren wie auch Ansätze, welche von der Annahme ausgehen, dass sich durch die architektonische Gestaltung des physischen Raumes *situative Kontexte* verändern und damit Einfluss auf die Wahrscheinlichkeit von Gewaltdelinquenz genommen wird.

Einen häufig zitierten Ausgangspunkt bildet die Arbeit des Architekten *Oskar Newman,* der das Konzept des »defensible space« im Jahre 1972 entwickelte (Newman, 1972; Newman und Franck, 1981). Es besagt, dass die Chancen für die Begehung eines kriminellen Aktes von der physischen Umgebung und den Einstellungen von Bewohnern gegenüber dem sozialen Raum abhängig sind. Anhand eines Vergleiches zweier benachbarter Überbauungen in New York, welche durch eine soziostrukturell weitgehend ähnliche Wohnbevölkerung, aber ein unterschiedliches architektonisches Design charakterisiert waren, glaubte Newman zeigen zu können, dass Elemente wie die *Stockwerkhöhe*, die *Möglichkeiten von visueller Kontrolle über den Siedlungsraum* und die *Ausrichtung der Wohnungen auf gemeinsam genutzte Räume* einen entscheidenden Effekt auf die Häufigkeit von Vandalismus und Eigentumsdelikte haben, da die bauliche Struktur in unterschiedlicher Weise soziale Kontrolle über besiedeltes Territorium erlaubt (vgl. auch Franck und Paxson, 1989).

Obwohl die Untersuchungen von Newman verschiedentlich wegen methodologischer Mängel kritisiert wurden (vgl. z.B. Merry, 1981), gewannen sie rasch eine grosse Anhängerschaft, weil sie einen raumplanerischen Schlüssel zur Bekämpfung von Kriminalität zur Verfügung zu stellen schienen. So entwickelte sich in den 70er Jahren im angelsächsischen Raum eine raumplanerisch-städtebauliche Bewegung, die unter dem Namen "Crime Prevention through Environmental Design" bekannt wurde (Jeffery, 1971; Clarke und Mayhew, 1980; Brantingham und Brantingham, 1981b; Bynum, 1982; Brantingham und Brantingham, 1984; Evans und Herbert, 1989).[8] Im deutschsprachigen Raum haben in den letzten Jahren architektonisch-raumplanerische Ansätze besonders in Zusammenhang mit Gewalt gegen Frauen im öffentlichen Raum eine ausserordentliche Popularität erlangt (Gysin und Reynolds, 1991; Siemonsen und Zauke, 1991; Brauen und Baldenweg, 1992; Österreichisches Ökologie–Institut für angewandte Umweltforschung, 1992; Frauenlobby Städtebau, 1993; Zerbe et al., 1993).

Neben dieser situationszentrierten Perspektive wird aber auch die Frage diskutiert, ob die Siedlungsgestaltung Einflüsse auf die Entstehung delinquenter Dispositionen habe. Ausgehend von Kritik städtischer Entwicklungsdynamiken in den 60er und 70er Jahren (vgl. z.B. Jacobs, 1961; Mitscherlich, 1976) wurde hierbei die Grundthese entwickelt, dass die Entstehung monofunktionaler Siedlungsräume, die Eintönigkeit moderner Vorstadtsiedlungen und die planerische Vernachlässigung kommunikativer Bedürfnisse in Vorstadtsiedlungen zu Isolation und Anonymität geführt habe, der die Sozialisationsprozesse von Jugendlichen nachhaltig störe und die Bildung von Jugendbanden begünstige (vgl. z.B. Peyrefitte, 1977; Frehsee, 1978; Bundeskriminalamt, 1979; Rolinski, 1980). Beispielsweise fand Frehsee (1978) in seiner Analyse der Jugenddelinquenz in Kiel Zusammenhänge zwischen räumlichen Merkmalen wie der Eigentumsstruktur oder der Stockwerkhöhe und dem Ausmass der Jugenddelinquenz. Allerdings ist aus soziologischer Perspektive sofort der Einwand naheliegend, hierin äusserten sich weniger die Effekte baulich-architektonischer Strukturen, als vielmehr das Resultat von Strukturen sozialer Ungleichheit und Deprivation. In eine solche Richtung deuten etwa die Befunde von Rolinski (1980), die zeigten, dass weniger die bauliche Struktur als vielmehr die Stuktur und Funktionsweise von Nachbarschaften für Unterschiede im Ausmass jugendlicher Delinquenz ausschlaggebend sind.

1.5 Täter versus Tat – Kontext versus Individuum: eine Zwischenbilanz

Ausgangspunkt der hier diskutierten Ansätze war die Feststellung, dass die Frage nach den Ursachen räumlich unterschiedlicher Gewalthäufigkeiten von zwei Grundproblemen geprägt ist: einerseits von der Spannung zwischen täterorientierten Theorien und situativen Theorien, und andererseits von der Auseinandersetzung zwischen sozialökologischen und individualistischen Modellen. Ich möchte hier einige Aspekte dieser Problematik nochmals aufnehmen, ohne allerdings zunächst die Frage nach inhaltlichen Modellen zu diskutieren.

Die Frage, ob eher Individualfaktoren oder ökologische Faktoren für die Erklärung von Kriminalität zentral seien, ist seit einigen Jahren zu einem zentralen Thema der Kriminologie geworden (Farrington et al., 1993; Bottoms, 1994). Allerdings scheint mir besonders die angelsächsische Debatte darunter zu leiden, dass die Frage, aufgrund welcher Kriterien die Trennungslinie zwischen individualistischen und ökologischen Erklärungsansätzen zu ziehen sei, nur ansatzweise diskutiert wird. Insbesondere bleibt zumeist unklar, ob sich der Begriff »ökologischer Aspekte« ausschliesslich auf Merkmale geographischer Raumeinheiten (z.B. Stadtquartiere, Städte, Regionen, Länder) bezieht oder ob darunter jegliches soziale System zu fassen sei, das als *Kontext* Effekte auf ein soziales System geringerer Ausdehnung oder auf ein Individuum hat.

Dabei erweckt die Diskussion zwischen Vertretern von Kontexttheorien und Vertretern von Individualtheorien häufig den Anschein, als handle es sich bei »Kontexten« und »Individuen« um zwei ontologisch unterschiedliche Bereiche gesellschaftlicher Realität. Ich vermute, dass zur Überwindung dieses Dualismus Handlungsmodelle hilfreich sein könnten, wie sie etwa im Rahmen des *strukturtheoretischen Individualismus* (Boudon, 1980; Coleman, 1986; Esser, 1988) oder der Strukturierungstheorie von Anthony Giddens (1988) entwickelt wurden. In leichter Abwandlung eines von Hartmut Esser (1988; 1993) entwickelten Schemas möchte ich hierbei von folgendem Ablaufschema der Wechselwirkung zwischen Handlungen, Handlungsdispositionen und Kontexten ausgehen (vgl. Abbildung 1.4).

Abbildung 1.4   *Grundmodell des Verhältnisses zwischen Kontext, Handlungsdisposition und Handlung nach Esser (1988)*

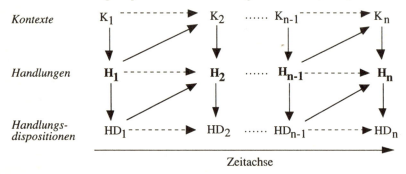

Nach Esser kann man sich die Alltagspraxis gesellschaftlicher Akteure als zeitlich eindeutig geordnete Sequenz von Handlungen $H_1 - H_n$ vorstellen. Dabei kann jede Handlung zu einem Zeitpunkt t_1 als durch zwei Ebenen beeinflusst gedacht werden: Zum einen werden Handlungen durch Kontexte (in der Welt existierende Strukturen von Akteuren, Erwartungen, Organisationen) beeinflusst, zum anderen werden Handlungen durch Handlungsdispositionen (im Sinne stabiler, auf Kontexte bezogener Intentionen) des Akteurs beeinflusst. Jede Handlung hinterlässt wiederum in doppelter Hinsicht Spuren. Sie führt auf der Ebene des Akteurs selbst entweder zu einer Veränderung oder einer Bestätigung bestehender Handlungsdispositionen. Auf der Ebene von Gesellschaft bildet die Handlung und ihre Folgen ein Element des Kontextes für die Handlungen anderer Akteure. Entsprechend enthält das vorgestellte Ablaufschema die Vorstellung, dass soziale Kontexte zu verstehen sind als die Aggregatsfolge vergangener Handlungen von Akteuren und ihren (intendierten oder nicht-intendierten) Folgen. Folgt man diesem Ablaufschema, dann wird erkennbar, dass *Dispositionen, Kontexte und Handlungen* als Manifestationen derselben Logik sozialer Prozesse verstanden werden können.

Natürlich gilt dieses Ablaufschema auch für den Fall, dass die zu einem aktuellen Zeitpunkt beobachtete Handlung eine *Gewalthandlung* ist. Genau wie für den allgemeinen Fall einer beliebigen Handlung kann eine Gewalthandlung als Ergebnis des Zusammenwirkens von erworbenen Handlungsdispositionen und den in einer Situation wirksam werdenden Kontextbedingungen verstanden werden. Hierbei ist unter dem Begriff »Kontext« nicht nur die sich einem Individuum unmittelbar sensorisch erschliessende Umgebung zu verstehen. Vielmehr ist davon auszugehen, dass die sich einem Akteur unmittelbar erschliessende Situation ebenso ein Ergebnis vielfältiger struktureller Wirkungszusammenhänge ist wie dessen Handlungsdisposition, die als Ergebnis einer Unzahl von vergangenen Kontext–Handlungsdisposition–Handlung Sequenzen aufgefasst werden kann.

Eine solche Perspektive bringt den Dualismus zwischen individualistischen und ökologisch-kontextuellen Ansätzen zumindest für soziologische Fragestellungen zum Verschwinden. Sie zeigt nämlich, dass Handlungen soziologisch nur als Folge des Einflusses von gegenwärtigen Kontexten oder als Folge von Handlungsdispositionen, die ihrerseits eine Verfestigung vergangener Kontexteffekte darstellen, verstanden werden können. Natürlich bleibt dabei sowohl denkbar, dass Handlungsdispositionen durch geerbte Persönlichkeitsmerkmale beeinflusst werden, wie auch, dass sich Handlungsdispositionen »autopoietisch« (Luhmann, 1984) innerhalb eines psychischen Systems verändern. Allerdings sind dies nicht mehr Teile soziologischer Fragestellungen, sofern man Soziologie als die Wissenschaft von sozialen Prozessen versteht.

Damit ist zwar eine Modellvorstellung gefunden, die den Dualismus zwischen Kontext und Individuum auflöst. Dies beantwortet aber weder die Frage, welche Kontexte für die Entwicklung von Handlungsdispositionen massgebend sind noch die Frage, ob räumlich fixierte Kontexte im Sinne von Städten, Stadtteilen oder Wohnquartieren einen Einfluss auf Dispositionen haben. Ich kann beide Fragen hier nicht abschliessend beantworten, möchte aber zwei Überlegungen anfügen.

Zum einen scheint mir das von Martens (1993) entwickelte ökologische Modell des Sozialisationsprozesses zur Erklärung von Delinquenz hilfreich. Er konzipiert den Prozess des Erwerbs von Handlungsdispositionen im Verlauf der Sozialisation als einen Vorgang, an dem Kontexte auf Mikroebene (Vater, Mutter, Geschwister), auf Mesoebene (privates Beziehungsnetz der Eltern, Arbeitssituation der Eltern, Spielkameraden etc.) und auf Makroebene (nationale und internationale Wirtschaftsstruktur, Sozialpolitik, kulturelle Wandlungsprozesse, etc.) beteiligt sind. Eine solche Vorstellung ist nicht nur theoretisch plausibel, sondern sie trägt auch empirischen Befunden Rechnung, welche etwa Zusammenhänge zwischen familiären Erziehungsstilen und lokalen sozialen Netzwerken von Eltern (vgl. z.B. Wahl, 1989), zwischen nationalen sozialpolitischen Strategien und Familienstrukturen (vgl. z.B. Fux, 1994), zwischen Folgewirkungen lokaler Verkehrspolitiken und Interaktionsmustern von Kindern und Jugendlichen (vgl. z.B. Degen-Zimmermann et al., 1992) nachweisen.

Zum anderen scheint mir die Vorstellung sinnvoll, dass Kontexte in unterschiedlichem Ausmass territorial-geographisch gebunden sein können. So sind beispielsweise politische Rahmenbedingungen fast immer Kontexte, für welche sich eine räumlich fixierte Extension angeben lässt, welche durch die Grenzen der politischen Einheit definiert ist. Hingegen bildet für Kinder und Jugendliche »Familie« einen Kontext, der bei Umzugsbewegungen oder Migration mitwandert und daher nur auf Zeit territorial gebunden ist. Persönliche Netzwerke schliesslich sind zwar nicht notwendigerweise auf ein Quartier oder einen Stadtteil beschränkt, sind aber ebensowenig beliebig einem geographischen Transfer zugänglich.

Kapitel 2

Die Zunahme urbaner Gewalt seit den 60er Jahren

Wir haben im ersten Kapitel gesehen, dass verschiedene theoretische Ansätze über die gesellschaftlichen Ursachen von Gewalt zu unterschiedlichen soziologischen Bildern der Stadt und ihrer Bedeutung für ein Verständnis von Gewalt führen: In spannungstheoretischen Ansätzen wird die Stadt als ein räumlich dichtes Gefüge von Ungleichheiten gezeichnet. Aus kontrolltheoretischer Perspektive ist der Zerfall sozialintegrativer Strukturen das Kennzeichen für moderne Urbanität. Subkulturtheorien betrachten Städte als ein Muster von miteinander konfligierenden Kulturen, während für situative Ansätze das besondere der Stadt in der Art von Situationen, Handlungen und Begegnungen liegt. In den folgenden Kapiteln werde ich auf diese Theorieansätze zurückkommen. Zuvor ist es aber notwendig, einige zentrale empirische Grundlagen zur Gewaltdelinquenz in der Schweiz vorzustellen. Sie sollen ein erstes Bild der Gewaltproblematik in den Schweizer Städten vermitteln und Orientierungslinien für weitere theoretische Überlegungen schaffen. Ein besonderes Gewicht lege ich auf die *länger- und mittelfristige Entwicklung von Gewaltdelinquenz*. Dabei geht es mir vor allem darum, die gegenwärtige Problematik vor dem Hintergrund einer zeitlichen Perspektive zu beleuchten und die daraus gewonnenen Erkenntnisse für weitere theoretische Überlegungen fruchtbar zu machen.

2.1 Der säkulare Rückgang von Gewalt

Als Clinard 1978 seine Studie über Delinquenz in Schweizer Städten publizierte, ging er von einem Modell aus, das anomietheoretische und modernisierungstheoretische Annahmen miteinander verknüpfte (ähnlich: Zehr, 1976; Shelley, 1981). Es besagt im Kern, dass Modernisierung zusammen mit Urbanisierung unausweichlich einen Anstieg der Kriminalität bewirke. Dies deshalb, weil der säkulare Prozess der Modernisierung und das Wachstum der Städte zu steigender Anomie, einem Zerfall sozialer Bindungen und sozialer Integration sowie wachsender individueller Desorientierung führe. Dieses Bild der Stadt als Erzeugerin von Gewalt und Amoralität prägt viele ältere wie auch neuere sozialwissenschaftliche Analysen zu den Auswirkungen von Modernisierung und Urbanisierung (vgl. Szabo, 1960; 1968; Clinard, 1964; Zehr, 1976; Shelley, 1981; 1986; Kaiser, 1990; van Dijk, 1995). Es wird durch eine Tradition sozialwissenschaftlichen Denkens genährt, welche die Stadt als Vorreiterin einer Zerfallsdynamik interpretiert, die durch den *Niedergang intimer Kommunikationsnetze* (Clinard, 1974), *Oberflächlichkeit* (Simmel, 1903), *Anonymität* (Wirth, 1938), *Anomie* (Merton, 1938) und *Vereinsamung* (Riesman, 1950) gekennzeichnet ist. Dieses kulturpessimistische Bild ist begleitet von einer idealisierenden Konzeption ländlich-gemeinschaftlicher Strukturen, in denen infolge enger sozialer Kontrolle und persönlicher Kontakte Kriminalität und Gewalt kaum in Erscheinung trete (zur Diskussion der »Stadtkritik« in ideologiekritischer Perspektive vgl. Oswald, 1966).

Vor dem Hintergrund dieser These ist die Frage von Bedeutung, ob im europäischen Kontext *Urbanisierung* tatsächlich jener zentrale Prozess gewesen ist, der die Bedingungen für soziale Kontrolle gemindert, soziale Desorganisation erhöht, Gelegenheiten für delinquente Handlungen geschaffen und dadurch zu einem Anstieg von Gewaltdelinquenz geführt hat. Dabei reicht es nicht aus, Beobachtungen von *neueren* Entwicklungen zu verallgemeinern und als universelle Gesetzmässigkeit zu deklarieren (ähnlich: Thome, 1992). Vielmehr ist zu prüfen, ob die These eines direkten Zusammenhanges zwischen Urbanisierung und Kriminalität auch der Überprüfung an *historischem* Material standhält. Ich kann hier auf die inzwischen breite Literatur zur historischen Kriminalitätsforschung nicht im Einzelnen eingehen, doch sei auf die Diskussionen der Forschungsbefunde bei Gurr (1981), Thome (1992), Chesnais (1981; 1992) sowie Spierenburg und Johnson (1996) hingewiesen. Deren Befunde lassen sich kurz in vier Punkten zusammenfassen:

Erstens münden quantifizierende historische Untersuchungen mit grosser Einmütigkeit in die Feststellung, dass in weiten Teilen des mittelalterlichen und frühmodernen Europa die Häufigkeit von Tötungsdelikten um ein Vielfaches häufiger gewesen sein muss als heute, wobei die meisten Schätzungen der Homizidrate im Bereich zwischen 10 und 30 pro 100 000 Einwohner liegen (Beattie, 1974; Becker, 1976; Hanawalt, 1976; Hammer, 1978; Stone, 1983; Henry, 1984; Spierenburg, 1985; 1996; Österberg und Lindström, 1988; Naeshagen, 1995). Dies ist hier insofern bemerkenswert, als in allen vorindustriellen

Gesellschaften die städtische Bevölkerung nur einen verschwindend geringen Anteil der Gesamtbevölkerung ausmachte.

Zweitens bestehen einzelne lückenhafte Evidenzen dafür, dass die lange Periode zwischen dem Ausgang des Spätmittelalters und dem industriellen »takeoff« in einer Reihe von europäischen Staaten durch einen allmählichen Rückgang der Häufigkeit von Tötungsdelikten geprägt war, der allerdings immer wieder von Phasen steigender Gewaltdelinquenz unterbrochen gewesen ist (Gurr, 1981; Lagrange, 1993; Naeshagen, 1995; Spierenburg, 1996). Gurr (1981) betrachtet diesen langfristigen Rückgang als Evidenz für "a manifestation of cultural change in Western society, especially the growing sensitization to violence and the development of increased internal and external controls on aggressive behavior".

Durch empirische Daten weit besser belegt ist hingegen – drittens – die Beobachtung, dass es während grosser Teile des 19. Jahrhunderts und bis zur Mitte des 20. Jahrhunderts zu einem andauernden und ausgeprägten Rückgang der Häufigkeit von Gewaltdelikten gekommen ist (Ferdinand, 1967; Gurr et al., 1977; Gatrell, 1980; Chesnais, 1981; 1992; Gurr, 1981; Archer und Gardner, 1984; Eisner, 1984; 1995a; Killias, 1991a).[1] Dieser Prozess ist für Staaten wie Italien, Frankreich, England und Wales, Schweden, Finnland und die Schweiz gut belegt und scheint aufgrund neuerer Forschungen auch für die USA tendenziell zuzutreffen (Gurr, 1989; Eckberg, 1995).

Schliesslich zeigen sozialökologische Studien der räumlichen Verteilung von Gewaltdelikten um 1900 in den *USA*, in *Frankreich, Italien* und dem *Deutschen Reich*, dass noch vor 90 Jahren häufige Gewaltdelinquenz eher eine Erscheinung ländlicher Regionen als ein städtisches Problem gewesen ist (Lane, 1980; Chesnais, 1981: 60ff; Johnson, 1990; 1995). Dies ist im Grunde keine neue Beobachtung. Bereits Durkheim (1983; 1991) hatte um die Jahrhundertwende beobachtet, dass Tötungsdelikte sowohl in Italien wie auch in Frankreich primär ein Phänomen agrarisch-traditioneller Regionen waren und daraus die Verallgemeinerung abgeleitet: »Wo die Gesellschaft so festgefügt ist, dass es nur zu einer wenig entwickelten Individuation kommen kann, hebt die Intensität der Kollektivzustände den Grad der Leidenschaften im allgemeinen; man kann sogar sagen, dass der Schauplatz nirgendwo günstiger ist für die Entwicklung, speziell der zum Mord führenden Leidenschaften« (Durkheim, 1983: 419).

Der Rückgang der Homizidraten in der Schweiz

Die Möglichkeiten, längerfristige Entwicklungen der Gewaltdelinquenz in der Schweiz bis zurück ins 19. Jahrhundert zu untersuchen, sind durch die im Vergleich zu neueren Perioden bescheidenen Datengrundlagen eingeschränkt. Die einzige Datenquelle, welche als gute Grundlage für eine Beurteilung längerfristiger Entwicklungen der *Gewaltdelinquenz* gelten kann, sind die Zählungen von Tötungsopfern in der *Schweizerischen Todesursachenstatistik*. Sie enthält seit ihren Anfängen im Jahr 1877 Daten über die Zahl der Opfer von Tötungsdelikten, die nach Alter, Geschlecht und (für Teilperioden) Wohnkanton und -gemeinde der gestorbenen Opfer unterteilt sind (Killias, 1991a; Storz, 1991). Immerhin vermitteln diese Daten wichtige Einblicke in die Dynamik der schwersten Form von Gewaltdelinquenz.

Abbildung 2.1   Raten der Opfer von Tötungen (pro 100 000), 1877–1994, gleitende 5-jährige Mittelwerte

Quelle: Bundesamt für Statistik (Hrsg.). Todesursachenstatistik. Eigene Berechnungen aufgrund von unpublizierten Tabellen.

Abbildung 2.1 zeigt die zeitliche Entwicklung der Homizidraten über den Zeitraum von 1879 bis 1992 (durch die Glättung mit einem gleitenden Mittelwert von 5 Jahren fallen die äussersten beiden Beobachtungen weg). Es überwiegt eine rückläufige Entwicklung, die vom Beginn der Beobachtungsreihe bis um die Mitte der 60er Jahre angedauert hat und nur in den späten 1880er Jahren sowie den späten 1920er Jahren von Perioden des Anstieges unterbrochen wurde.[2] Seit der Mitte der 60er Jahre hingegen ist die Entwicklung der Homizidraten in eine Phase ansteigender Häufigkeiten getreten, die im Wesentlichen bis in die Gegenwart währt.

Wie Studien über langfristige Entwicklungen in anderen europäischen Staaten belegen, ist dieser *U-förmige säkulare Trend* mit einem Tiefpunkt zwischen den 30er und den 60er Jahren dieses Jahrhunderts das vorherrschende Muster in Europa sowohl für den Verlauf von Eigentums- wie auch denjenigen von Gewaltdelikten (Chesnais, 1981; Gurr, 1981; von Hofer, 1991; Eisner, 1995a). Dieser Trend ist für die Frage nach den Zusammenhängen zwischen Urbanisierung und Gewaltdelinquenz von einigem Interesse, da in den Zeitraum zwischen 1877 und 1970 zwei Perioden raschen Städtewachstums und beschleunigten urbanen Strukturwandels fallen (Koch, 1992). Die erste Periode liegt in den Jahren zwischen 1890 und dem Ersten Weltkrieg und wird häufig als »Phase der Vergrossstädterung« angesprochen. Ein zweiter Wachstumsschub der Städte – nun allerdings mit Schwerpunkt in den Agglomerationen ausserhalb der Kernstädte – begann in den frühen 50er Jahren und stand in Zusammenhang mit der Hochkonjunktur der Nachkriegsära. Allerdings ging weder die Epoche der Vergrossstädterung zwischen 1890 und dem Ersten Weltkrieg noch der von der europäischen Nachkriegskonjunktur getragene städtische Expansionsschub zwischen den späten 40er Jahren und der Mitte der 60er Jahre mit einer Zunahme der Tötungsdelikte einher. Vielmehr deutet der Datenverlauf darauf hin, *dass gerade Phasen des raschen Städtewachstums von einem besonders ausgeprägten Rückgang der Häufigkeit der Tötungsdelikte begleitet waren*. Obwohl diese zeitliche Parallele keine Kausalschlüsse im engeren Sinne zulässt, unterstützt sie doch die bereits bei Durkheim (1983; 1991) und Elias (1976) formulierte Vermutung, dass in der historischen Erfahrung Urbanisierungs- und Modernisierungswellen auch als *Zivilisierungswellen* verstanden werden können (für empirische Evidenzen vgl. auch Archer und Gardner, 1984; Bennett, 1991).

Das Bild der Entwicklung bis zur Mitte der 1960er Jahre kann weiter differenziert werden, wenn man die Daten getrennt nach Geschlecht und Alter der Opfer betrachtet. Dabei lässt sich zum einen beobachten, dass sich das Verhältnis zwischen *erwachsenen* männlichen und weiblichen Tötungsopfern von rund

5:1 in den 1870er Jahren zu etwa 1:1 in den 50er und 60er Jahren dieses Jahrhunderts verringert hat, was bedeutet, dass der Gesamtrückgang in erster Linie eine Folge der rückläufigen Häufigkeit von *männlichen* Tötungsopfern war.³ Killias (1991a: 126) hat vorgeschlagen, diese Entwicklung als Folge einer sinkenden Bedeutung vormoderner *Ehrvorstellungen* zu interpretieren und die Vermutung geäussert, dass im 19. Jahrhundert Ehrenhändel in ihren verschiedenen Manifestationsformen ein häufiger Anlass für Duelle oder andere gewalttätige Konflikte gewesen sein mögen (vgl. auch Vogt und Zingerle, 1994).

Zum zweiten ist ein deutliches Absinken der Häufigkeit von *Tötungen von Säuglingen und Kleinkindern* festzustellen. Während zwischen 1880 und 1889 der Anteil der Opfer im Alter von unter 12 Jahren am Total aller Tötungsopfer noch 34 Prozent ausmachte, betrug deren Anteil zwischen 1970 und 1979 noch rund 8 Prozent. Entsprechend ging die Opferrate für Kinder im Alter von bis zu 14 Jahren von etwa 3,5 Fällen auf 100 000 altersgleiche Personen zwischen 1877 und 1890 in zwei Schüben (1880–1920 und 1940–1970) deutlich zurück und betrug in den 70er Jahren dieses Jahrhunderts noch rund 0,8 Ereignisse bezogen auf 100 000 Einwohner, wobei hier keine Unterschiede zwischen männlichen und weiblichen Opfern festzustellen sind (Killias, 1991a: 123). Auch dieser Prozess entspricht in seinen Grundzügen der gesamteuropäischen Entwicklung (Chesnais, 1981: 111ff). Er ist in erster Linie eine Folge der gewachsenen emotionalen Wertschätzung von Säuglingen und Kleinkindern (vgl. z. B. Ariès, 1960; Hettlage, 1992), die ihrerseits in Zusammenhang mit dem Rückgang der allgemeinen Kindersterblichkeit, dem gestiegenen Wohlstand und veränderten Familienmodellen (Höpflinger, 1986) steht.

Tötungsdelikte: vom ländlichen zum städtischen Phänomen

Für einzelne Perioden sind Daten zur Häufigkeit von Tötungsdelikten in den Kantonen verfügbar, so dass sich die Frage überprüfen lässt, inwieweit Tötungsdelikte in historischer Perspektive ein *urbanes Phänomen* darstellen. Abbildung 2.2 zeigt die Häufigkeit der Homizidraten gemäss der Schweizerischen Todesursachenstatistik in den beiden Perioden 1901–1910 und 1980–1990 nach dem Anteil der Beschäftigten im Primärsektor, welcher als Approximation einer Urbanitätsdimension gelten kann. Die Daten lassen erkennen, dass um die Jahrhundertwende ein *positiver* Zusammenhang zwischen dem Anteil der Beschäftigten im Agrarsektor und der Homizidrate festzustellen ist (r = +0,53).

Die Trendwende der 60er Jahre

Abbildung 2.2   *Homizidraten und Beschäftigte im Primärsektor, 1901–1910 und 1981–1990, nach Kantonen*

a) 1901–1910

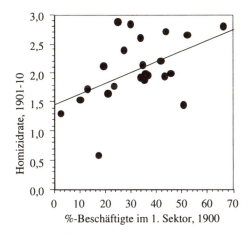

b) 1981–1990

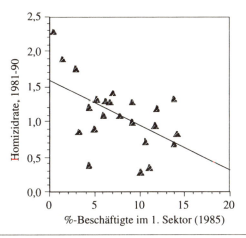

Quellen: Opfer von Tötungsdelikten, 1901–1910: Eidgenössisches Statistisches Bureau (1928). Ehe, Geburt und Tod in der schweizerischen Bevölkerung während der Jahre 1901–1920 (Reihe: Schweizerische Statistische Mitteilungen, 10, Heft 4). Bern: Röschi, Vogt&Co. Opfer von Tötungsdelikten, 1980–1990: Unpublizierte Tabellen der Schweizerischen Todesursachenstatistik. Beschäftigte im 1. Sektor 1900: Volkszählung der Schweiz, verschiedene Jahrgänge. Beschäftigte im 1. Sektor 1985: Eidgenössische Betriebszählung 1985.

Die bereits damals städtisch-industriell geprägten Kantone Basel-Stadt (Homizidrate = 1,32 pro 100 000 Einwohner), Genf (= 1,55) und Zürich (= 2,12) wiesen deutlich tiefere Raten von Tötungsdelikten auf als ländliche Regionen wie etwa das Wallis (Homizidrate = 2,80 pro 100 000 Einwohner), Uri (= 2,71) oder Freiburg (= 2,65). Die niedrigste Häufigkeit von Tötungsdelikten hatte zu Beginn des Jahrhunderts der hoch industrialisierte, aber nicht urban geprägte Kanton Glarus mit einer Rate von 0,60. Betrachtet man dieselbe Merkmalskombination 80 Jahre später, so zeigt sich, dass sich nun der Zusammenhang umgekehrt hat und sich eine negative Korrelation von –0,55 zwischen dem Anteil der Beschäftigten im Primärsektor und der Homizidrate feststellen lässt. Die Kantone Basel-Stadt (Homizidrate = 2,28 pro 100 000 Einwohner), Genf (= 1,89) und Zürich (= 1,75) weisen jetzt die höchsten Homizidraten aller Kantone auf, während Uri (Homizidrate = 0,29 pro 100 000 Einwohner), das Wallis (= 0,34) und Zug (= 0,37) in den 80er Jahren die drei Kantone mit den geringsten Häufigkeiten von Tötungsdelikten sind.

Die regionale Verteilung von Tötungsdelikten hat also im Verlauf des 20. Jahrhunderts eine Art Wanderbewegung erfahren. Während zu Beginn des Jahrhunderts Tötungsdelikte noch primär mit ländlich-agrarischen Strukturen verknüpft waren, sind sie heute in urban geprägten Regionen deutlich häufiger.

2.2 Die Zunahme seit den 60er Jahren

Die Daten der Todesursachenstatistik weisen einen Anstieg der Homizidhäufigkeit seit der Mitte der 60er Jahre aus, der sich hinsichtlich Ausmass und zeitlicher Dauer von früheren Phasen zunehmender Homizidraten (1888–1893 und 1924–1932) deutlich abhebt. Zwischen der Mitte der 60er Jahre und den frühen 90er Jahren beträgt die Zunahme rund 110 Prozent, wobei besonders die Jahre 1968–73, 1978–83 und 1988–91 durch einen starken Anstieg auffallen.[4] Es wird im Folgenden darum gehen, diese Entwicklung etwas genauer zu betrachten. Eine wichtige Frage lautet hierbei, ob eine Zunahme auch bei anderen Indikatoren für die Häufigkeit von Gewalt nachgewiesen werden kann.

Die Zunahme der Tötungsdelikte

Die Daten der Todesursachenstatistik erlauben für die jüngere Vergangenheit Auswertungen nach einer Reihe verschiedener Kriterien. Ich betrachte im Folgenden vier Aspekte, die für die weitere Diskussion von Belang sind: Geschlecht, Alter, Nationalität und Wohnort der Opfer von Tötungsdelikten. Allerdings muss man sich bei einer Analyse der Daten vor Augen führen, dass Tötungsdelikte in der Schweiz wie in den meisten modernen Gesellschaften ausserordentlich seltene Ereignisse sind. Zwischen 1960 und 1993 etwa lag die jahresdurchschnittliche Zahl der Tötungsopfer bei rund 65 Personen, was etwa einem Promille aller Todesfälle in einem Jahr entspricht. Dies bedingt, dass die verfügbaren Daten jeweils über mehrere Jahre aggregiert werden müssen, um statistisch interpretierbare Aussagen nach Kriterien wie Alter, Geschlecht oder Region zu ermöglichen.

Wie bereits erwähnt, war zwischen dem letzten Drittel des 19. Jahrhunderts und der Mitte der 60er Jahre dieses Jahrhunderts vor allem die Rate der *männlichen* Tötungsopfer rückläufig. Veränderungen in der normativen Regelung von konfliktträchtigen Interaktionen zwischen Männern liefern hierfür eine plausible Erklärung. Hiervon ausgehend lässt sich fragen, wie sich die nach Geschlecht getrennten Homizidraten seit der Mitte der 60er Jahre verändert hat. Tabelle 2.1 zeigt die Entwicklung der *geschlechtsspezifischen* Homizidraten seit 1960 für vier Teilperioden.

Tabelle 2.1   Homizidraten nach Geschlecht des Opfers, 1960–1994

Periode	Geschlecht des Opfers		Verhältnis m/f
	männlich	weiblich	
1960–69	0,61	0,71	87:100
1970–79	0,83	0,86	96:100
1980–89	1,22	1,16	106:100
1990–94	1,63	1,24	131:100
Zunahme	179 %	83 %	

Anmerkung: $\chi^2 = 9{,}35$, df = 3, $p < 0{,}05$.
Quelle: Eigene Berechnungen aufgrund von unpublizierten Tabellen der schweizerischen Todesursachenstatistik.

Sie macht deutlich, dass es im Verlauf der vergangenen 30 Jahre zu einer *Umkehr des säkularen Entwicklungstrends* gekommen ist. Zwischen den 60er Jahren und den frühen 90er Jahren ist die Rate der männlichen Tötungsopfer rund doppelt so stark gestiegen wie diejenige der weiblichen Tötungsopfer. Da nach wie vor beinahe alle Tötungsdelikte von Männern ausgeübt werden, ist also davon auszugehen, dass Konflikte zwischen Männern einen bedeutenden Teil der Zunahme ausmachen. Daher liegt die Hypothese nahe, dass nicht so sehr innerfamiliäre Tötungsdelikte – welche vorwiegend weibliche Opfer treffen –, als vielmehr *ausserfamiliäre* Delikte – deren Opfer zumeist männlichen Geschlechts sind – überproportional stark angestiegen sind (vgl. Wikström, 1985; Godenzi, 1993; Reiss und Roth, 1993: 77). Dies kann zwar anhand der schweizerischen Daten nicht direkt belegt werden. Doch sprechen für diese Interpretation empirische Befunde aus mehreren Studien (Daly und Wilson, 1988; Gabrielsen et al., 1992; Wikström, 1992), die für verschiedene Länder nachweisen, dass der überwiegende Teil der Zunahme von Tötungsdelikten seit den 60er Jahren *ausserhalb* des familiären Bereiches stattgefunden hat.

Ebenso wie die Daten über das Geschlecht vermitteln die Angaben zum *Alter von Tötungsopfern* wichtige Hinweise auf Veränderungen relativer Viktimisierungsrisiken bei dieser schwersten Form von Gewaltdelinquenz. Abbildung 2.3 zeigt die Entwicklung der altersspezifischen Homizidraten nach 10-Jahres-Altersklassen für die Perioden 1960–79 und 1980–94.

Die Daten lassen erkennen, dass Säuglinge im Alter bis zum vollendeten ersten Altersjahr nach wie vor das höchste Risiko haben, Opfer eines Tötungsdeliktes zu werden. Allerdings sind Kindstötungen über die Zeit zwischen den 60er Jahren und den 80er Jahren stark rückläufig. In diesem Bereich setzt sich also der oben erwähnte säkulare Trend fort. Hingegen ist bereits für Kinder im Alter zwischen 1 und 9 Jahren sowie für die Altersgruppe der 10–19-Jährigen ein leichter Anstieg der Homizidraten seit den 60er Jahren festzustellen. Besonders bemerkenswert sind aber Verschiebungen in der Altersstruktur der *erwachsenen Opfer* von Tötungsdelikten. Während in den 60er und 70er Jahren das Risiko, Opfer eines Tötungsdeliktes zu werden, mit zunehmendem Alter leicht anstieg, aber insgesamt sehr flach verteilt war, ist seit den 80er Jahren bei allen Altersgruppen zwischen 20 und unter 60 Jahren eine deutliche Erhöhung zu beobachten, wobei die Zunahme *bei den 20- bis 40-jährigen* Opfern am ausgeprägtesten ausfällt.[5]

Abbildung 2.3 Homizidraten nach Altersgruppe der Opfer, 1960–1994

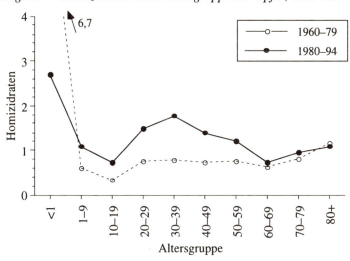

Quelle: Bundesamt für Statistik (Hrsg.). Todesursachenstatistik. Eigene Berechnungen aufgrund von unpublizierten Tabellen.

Eine dritte Ebene, auf welcher die Daten der Todesursachenstatistik Aussagen über Veränderungen relativer Viktimisierungsrisiken seit Beginn des Anstieges der Homizidraten gegen Ende der 1960er Jahre erlauben, betrifft die *Nationalität der Opfer.* Dabei fasse ich alle Opfer ausländischer Nationalität zusammen (für detailliertere Auswertungen nach Staatsangehörigkeit vgl. Kapitel 9, S. 218ff). Abbildung 2.4 zeigt die Entwicklung der jeweiligen Viktimisierungsraten seit 1970. Sie lassen eine deutliche Scherenbewegung erkennen. Während für Schweizer und Schweizerinnen das Viktimisierungsrisiko seit 1970 nur um insgesamt 74 Prozent gestiegen ist, hat für die ausländische Wohnbevölkerung das Risiko, Opfer eines Tötungsdeliktes zu werden, um rund 245 Prozent zugenommen. Heute ist Homizidrate für Personen ausländischer Nationalität gut doppelt so hoch liegt wie diejenige für Schweizer und Schweizerinnen.

Dies wirft die Frage auf, ob sich im Anstieg der Homizidraten bei der ausländischen Wohnbevölkerung ein exogener kultureller Effekt niederschlägt, indem mehr Personen aus Kontexten mit einer hohen Homizidrate in die Schweiz immigriert sind, oder ob er endogen als Folge einer veränderten strukturellen Lage der ausländischen Wohnbevölkerung zu interpretieren ist. Dies muss später noch ausführlicher diskutiert werden. Bereits hier sei aber vermerkt, dass angesichts der Tatsache, dass die Immigration vor allem in die grösseren Städte der Schweiz erfolgt, Wechselwirkungen zwischen den Kontextbedingungen im urbanen Lebensraum und Gewaltdelinquenz von Bedeutung sein mögen.[6]

Abbildung 2.4   Homizidraten nach Nationalität der Opfer, 1969–1993, gleitende 3-jährige Mittelwerte

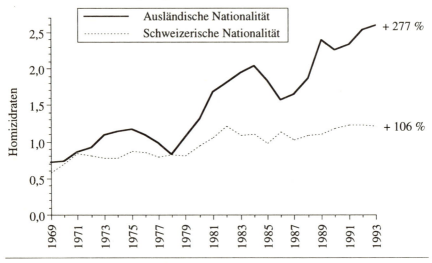

Quelle: Bundesamt für Statistik (Hrsg.). Todesursachenstatistik. Eigene Berechnungen aufgrund von unpublizierten Tabellen.

Eine vierte Dimension betrifft regional unterschiedliche Entwicklungen. Wie ich oben gezeigt habe, wiesen die urbanen Regionen noch zu Beginn des Jahrhunderts eine *tiefere* Homizidrate auf als die übrige Schweiz. Tötungsdelikte waren primär in den ländlichen Regionen der Schweiz häufig, während sich die Städte durch einen hohen Grad an Zivilität auszeichneten. Diese »zivilisatorische Schere« zwischen Stadt und Land scheint sich in den anschliessenden 50 Jahren vor allem dadurch geschlossen zu haben, dass sich die Häufigkeit von Tötungsdelikten in ländlichen Regionen derjenigen in den städtischen Regionen angeglichen hat. Wir können diesen Prozess als allmähliche Diffusion des ursprünglich urbanen, auf hoher Selbstkontrolle und grosser sozialer Integration beruhenden Gesellschaftstypus verstehen. Als Folge dieser Entwicklung bestanden um die Mitte der 60er Jahre kaum mehr Unterschiede in der Häufigkeit von Tötungsde-

Die Trendwende der 60er Jahre 61

likten entlang des Stadt-Land Kontinuums. So zeigt Abbildung 2.5, dass in der Dekade 1960–69 die jahresdurchschnittlichen Homizidraten der fünf grössten Schweizer Städte (Zürich, Basel, Genf, Bern und Lausanne) recht genau im Bereich derjenigen der Schweiz insgesamt lagen.

Seither ist es jedoch zu einer völligen Umkehr des für die vorangehenden 90 Jahre kennzeichnenden Musters gekommen. Seit den 60er Jahren hat sich mit jeder Dekade der Abstand zwischen den Homizidraten der grossen Städte und denjenigen der übrigen Schweiz vergrössert. Während ausserhalb der grossen Städte die Homizidraten zu Beginn der 90er Jahre um etwa 80 Prozent über denjenigen der 60er Jahre lagen, betrug die Zunahme im Durchschnitt der fünf grössten Schweizer Städte 162 Prozent. Einzige Ausnahme von diesem Trend bildet die kleinste der fünf Schweizer Grossstädte – Lausanne –, wo die Rate der Tötungsdelikte mit einer Zunahme von 67 Prozent in geringerem Ausmass als im gesamtschweizerischen Durchschnitt gestiegen ist.[7]

Abbildung 2.5   Homizidraten in fünf Schweizer Städten und der übrigen Schweiz, 1960–1994, gleitende 3-jährige Mittelwerte

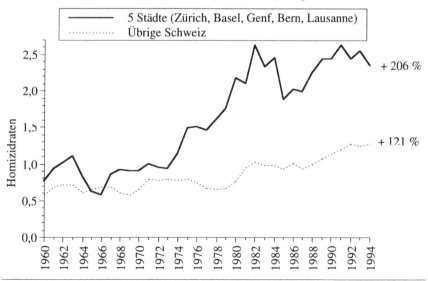

Quelle: Bundesamt für Statistik (Hrsg.). Todesursachenstatistik. Eigene Berechnungen aufgrund von unpublizierten Tabellen.

Die 60er Jahre bilden also auch insofern eine Wendemarke, als erstmals seit der zweiten Hälfte des 19. Jahrhunderts eine *Auffälligkeit der Städte* im Sinne einer überdurchschnittlichen Häufigkeit von Tötungsdelikten festgestellt werden kann. Besonders in den Kernstädten ist es zu einer starken Zunahme der Zahl der Tötungsopfer gekommen.

Die Entwicklung der Strafurteile seit 1961

Es ist im folgenden zu prüfen, ob sich eine steigende Konzentration von Gewaltdelikten auch für andere Bereiche bestätigen lässt. Allerdings stösst eine Analyse dieser Frage auf Grenzen der empirischen Nachweisbarkeit, da in der Schweiz neben den Daten der Todesursachenstatistik nur eine Datenquelle existiert, die *gesamtschweizerisch* Informationen zur längeren Entwicklung der Gewaltdelinquenz enthält, nämlich die *Strafurteilsstatistik* (zur Datenproblematik vgl. Anhang I). Sie wirft als Datenquelle eine Reihe von Problemen auf. Dies nicht nur, weil Strafurteile generell als letzte Stufe eines vielschichtigen Selektionsprozesses eine grosse »Entfernung« zu den Gewaltdelikten selber haben, sondern auch, weil durch den stufenweisen Ausschluss der Strafurteile gegen Minderjährige (unter 20 Jahre) aus der Erfassung im Verlauf der 70er Jahre die Statistik eindeutig unvollständig ist. Es ist aber darüber hinaus wahrscheinlich, dass diese Datenquelle infolge (vermutlich) sinkender Aufklärungsquoten und eines im europäischen Kontext gut belegten Trends zu sinkender Punitivität – der sich beispielsweise in häufigeren Verfahrenseinstellungen und in zunehmender Verwendung informeller Sanktionen äussert – die »realen« Zunahmen unterschätzt (Kaiser, 1989; Heinz und Storz, 1992; Kaiser et al., 1992; Kuhn, 1993). Unter Berücksichtigung dieser Problemfelder ist es nicht sinnvoll, diese Datenquelle zur Beurteilung *absoluter* Häufigkeiten zu verwenden. Wenn man aber davon ausgeht, dass a) die in der Zeitdimension auftretenden Verzerrungen der Daten (z.B. durch Ausschluss minderjähriger Täter) jeweils gesamtschweizerisch wirksam wurden und b) die regionalen Verzerrungen (z.B. durch unterschiedliche Traditionen der Rechtsprechung) eine grosse zeitliche Konstanz aufweisen, dann kann man die Daten der Strafurteilsstatistik wenigstens dazu verwenden, Abschätzungen *relativer* Entwicklungstrends bei verschiedenen Deliktgruppen vorzunehmen und innerhalb von Deliktgruppen Abschätzungen *relativer* Veränderungen in verschiedenen räumlichen Kontexten vorzunehmen.

Ich beginne mit einer Betrachtung auf gesamtschweizerischer Ebene. Tabelle 2.2 zeigt die Raten der ausgesprochenen Strafurteile für sechs Gruppen von Gewaltdelikten über den Zeitraum 1961 bis 1994.

Tabelle 2.2   Zeitliche Entwicklung der wichtigsten Straftatbestände; Verurteilungen, 1961–1994, pro 100 000 der Bevölkerung

	(1) Schwere Gewalt	(2) Leichte Gewalt	(3) Raub	(4) Nötigung Drohung	(5) Sexuelle Gewalt	(6) Total
1961–65	0,81	16,2	1,76	3,54	2,60	24,8
1966–70	0,60	13,4	1,82	3,21	2,57	21,6
1971–75	0,79	14,5	2,32	3,65	2,46	23,7
1976–80	1,00	15,7	3,41	4,76	1,89	26,7
1981–85	1,16	18,2	5,39	6,52	2,16	33,4
1986–90	1,28	18,2	5,49	7,94	1,98	34,9
1991–94	1,43	18,9	6,49	10,40	1,99	39,2
Δ 66/70 bis 91/94	+138,3 %	+41,0 %	+256,6 %	+224,0 %	–22,6 %	+81,4 %

Anmerkungen:
(1) Schwere Gewalt: StGB Art. 111 (Vorsätzliche Tötung), 112 (Mord), 113 (Totschlag) und 122 (Schwere Körperverletzung).
(2) Leichte Gewalt: StGB Art. 123 (Einfache Körperverletzung), 126 (Tätlichkeit) und 133 (Beteiligung an einem Raufhandel).
(3) Raub: StGB Art. 139 (Raub).
(4) Nötigung und Drohung: StGB Art. 180 (Drohung) und 181 (Nötigung).
(5) Sexuelle Gewalt: StGB Art. 187 (Notzucht, bis 31.9.92), bzw. 190 (Vergewaltigung, nach neuem Strafgesetzbuch, seit 1.10.92), Art. 188 (Nötigung zu einer anderen sexuellen Handlung).

Die verfügbaren Daten über die Strafurteile wegen *schwerer Gewaltdelikte* (Tötungen und schwere Körperverletzungen) bestätigen im langfristigen Trend das Muster, welches bereits bei den Tötungsziffern gefunden wurde. Nachdem in der zweiten Hälfte der 60er Jahre ein Minimum mit rund 0,6 Verurteilungen pro 100 000 Einwohner erreicht war, steigt die Datenreihe bis auf einen Wert um 1,4 im Jahre 1985 an und stabilisiert sich in diesem Bereich. Die Zunahme konzentriert sich auf die Zeit von 1969 bis 1981. Bei den Verurteilungen wegen *leichten Gewaltdelikten* ist hingegen kaum eine Zunahme zu konstatieren. Auf einen

Rückgang der Verurteilungen bis 1966 folgte ein bis in die Gegenwart andauernder Trend leicht steigender Verurteilungsziffern, wobei jedoch eine Stabilisierung im Verlauf der 80er Jahre zu beobachten ist.

Bei weitem am stärksten war der Anstieg der Verurteilungsraten bei den *Raubdelikten (StGB Art. 139)*. In den 1980er Jahren lagen die durchschnittlichen jährlichen Häufigkeiten um 200 Prozent höher als im Verlauf der 1960er Jahre. Die Phase des stärksten Anstieges fiel in die 70er Jahre und seit etwa 1982 kann eine Stabilisierung – zwischen 1986 und 1991 ein leichter Rückgang – der Verurteilungen wegen Raubes beobachtet werden. Eine starke Zunahme im Verlauf der vergangenen 30 Jahre ist auch bei den ausgesprochenen Urteilen wegen *Drohung (StGB Art. 180) und Nötigung (StGB Art. 181)* zu registrieren. Hier beträgt die Steigerung rund 122 %. Beide Straftatbestände treten relativ selten isoliert auf. Häufig sind sie assoziiert mit Delikten wie Raub (StGB Art. 139), Erpressung (StGB Art. 156), Notzucht (StGB Art. 188, altes Strafgesetzbuch) oder Gewalt und Drohung gegen Behörden und Beamte (StGB Art. 286).

Die einzige Gruppe von Straftatbeständen, welche über unseren Beobachtungszeitraum einen sinkenden Trend aufweist, ist die Häufigkeit von Verurteilungen wegen *sexueller Gewalt* (StGB Art. 187 und 188). Der statistisch ausgewiesene Rückgang beträgt hier rund 20 Prozent. Welche Bedeutung diesem Datenverlauf zukommt, ist infolge der grossen Dunkelziffer weitgehend unklar (Schwarzenegger, 1991).[8]

Diese Befunde erlauben eine Einschätzung relativer Entwicklungen verschiedener Gewaltphänomene. Die gesamtschweizerisch stärkste Zunahme erfolgte bei den räuberischen Formen von Gewalt, gefolgt von den ebenfalls einen *instrumentellen* Einsatz von Gewalt indizierenden Drohungen und Nötigungen. Die Häufigkeit der Strafurteile wegen schweren Delikten gegen Leib und Leben hat sich etwa verdoppelt, was fast genau der Zunahme der Homizidraten um rund 110 Prozent seit der Mitte der 60er Jahre entspricht. Weniger stark angestiegen sind die Strafurteile wegen einfachen Körperverletzungen und Tätlichkeiten, wobei sich hier möglicherweise eine vermehrte Tendenz zur Verfahrenseinstellung im Bagatellbereich ausgewirkt hat. Keine Hinweise auf eine Zunahme bestehen bei Vergewaltigungen und sexuellen Nötigungen.

Stadt-Land-Unterschiede: Die Scherenbewegung seit den 60er Jahren

Die Fragestellung dieser Untersuchung legt es nahe, die verfügbaren Strafurteilsstatistiken auch bezüglich der Frage zu untersuchen, ob sie die vermutete

Tendenz rascher steigender Gewaltdelinquenz in städtischen Regionen bestätigen. Eisner (1993a: 56ff) hat diese Frage detailliert für verschiedene Gruppen von Gewaltdelikten und drei Regionstypen untersucht, so dass ich mich hier auf eine Zusammenfassung der wichtigsten Ergebnisse beschränke. Sie zeigen, dass sich für alle Gruppen von Gewaltdelikten eine stärkere Zunahme der Strafurteile in städtisch geprägten Kantonen nachweisen lässt als in städtisch/ländlich gemischten oder vorwiegend ländlichen Kantonen. Diese Unterschiede sind besonders deutlich für Raub, einfache Körperverletzungen und Tätlichkeiten sowie Nötigung und Drohung, während sich bei schweren Delikten gegen Leib und Leben sowie bei sexueller Gewalt geringere Unterschiede ergeben. Tabelle 2.3 fasst die zentralen Ergebnisse für die einzelnen Deliktgruppen zusammen. Sie zeigen, dass in den städtisch geprägten Kantonen Zürich, Basel-Stadt, Basel-Landschaft und Genf die Rate der Strafurteile wegen Gewaltdelikten (trotz Ausschlusses der Jugendkriminalität) innert etwa 20 Jahren insgesamt um durchschnittlich etwa 115 Prozent zugenommen hat, während in der übrigen Schweiz die Zunahme nur rund 40 Prozent betrug.

Tabelle 2.3   *Veränderung der Strafurteilsraten in städtischen Ballungsräumen und der übrigen Schweiz*

Deliktgruppe[a]	Veränderung zwischen 1961/70 und 1985/94	
	Grossstädtische Regionen[b]	Übrige Schweiz
Schwere Körperverletzungen und Tötungen	+91 %	+82 %
Einfache Körperverletzungen und Tätlichkeiten	+76 %	+11 %
Raub	+278 %	+178 %
Nötigung und Drohung	+217 %	+153 %
Vergewaltigung und sexuelle Nötigung	+6 %	−31 %
Alle Gewaltdelikte	+114 %	+40 %

[a] Für die erfassten Straftatbestände siehe Tabelle 2.2.
[b] Summe der Strafurteile in den Kantonen Basel-Stadt, Basel-Landschaft, Genf und Zürich.

Zur genaueren Beschreibung dieser Scherenbewegung zeigt Abbildung 2.6 die Entwicklung der Strafurteilsraten im Vergleich zwischen den auf der Ebene von Kantonsdaten isolierbaren drei grossstädtischen Regionen der Schweiz und der übrigen Schweiz. Hierbei wurden die Daten zwecks besserer Vergleichbarkeit auf der Basis der Durchschnittswerte zwischen 1965 und 1969 indexiert. Der Kurvenverlauf lässt erkennen, dass die Phase stark unterschiedlicher Zunahmen besonders auf den Zeitraum zwischen 1975 und 1985 fällt, während es seither zu einer Stabilisierung des Abstandes zwischen den beiden Indikatoren kommt.[9]

Abbildung 2.6   *Indexierte Entwicklung der Raten der Strafurteile für Gewaltdelikte*

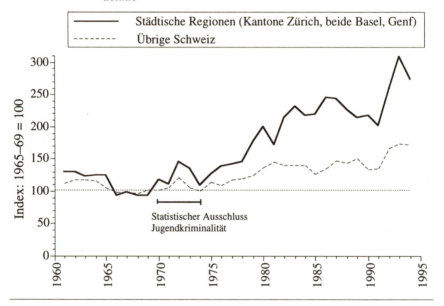

Quelle: Bundesamt für Statistik, Sektion Rechtswesen (Hrsg.). Ausgesprochene Strafurteile. Eigene Berechnung aufgrund von unpublizierte Tabellen.

Polizeilich registrierte Gewaltdelinquenz in den fünf grössten Schweizer Städten seit 1961

Wie bereits erwähnt, existieren auf gesamtschweizerischer Ebene Daten über polizeilich registrierte Delikte erst seit 1982. In einigen grösseren Schweizer Städten haben lokale Behörden jedoch bereits in den 60er Jahren begonnen, Zählungen der angezeigten Delikte vorzunehmen. Diese Daten sind nur teilweise publiziert und mussten zum grössten Teil durch Anfragen bei den Behörden zusammengestellt werden. Hierdurch wurde es möglich, für die fünf grössten Schweizer Städte ein empirisches Bild der Entwicklung der Gewaltdelinquenz zu erhalten, das eine wichtige Ergänzung zur Information der Strafurteilsstatistiken und der Todesursachenstatistik bildet (vgl. Abbildung 2.7).

Zu berücksichtigen ist allerdings, dass die polizeilichen Daten infolge eines wahrscheinlichen Ausbaus der statistischen Erfassungsintensität die Zunahme der Gewaltdelinquenz überschätzen.[10] Da es hier aber weniger um präzise Messung als vielmehr um eine Beurteilung von mittelfristigen Entwicklungstrends geht, kann eine gewisse Ungenauigkeit durchaus in Kauf genommen werden. Ich beschränke mich auf vier Deliktgruppen im Kernbereich der Gewaltdelinquenz, nämlich »Tötungsdelikte«, »Körperverletzungen«, »Raub« und »Vergewaltigung«. Bei einer Interpretation der Daten ist im Weiteren von Belang, dass ich, wie üblich, die Kriminalitätsraten als die Zahl der Delikte bezogen auf 100 000 Einwohner berechnet habe. Dies führt – wie ich später noch ausführlicher diskutieren werde (vgl. Kapitel 6, S. 143ff) – zu Verzerrungen, da weder alle Täter noch alle Opfer im geographischen Raum der Städte leben. Insbesondere ist in Betracht zu ziehen, dass sich zwischen 1970 und 1990 die Bevölkerung der grössten Schweizer Stadtgemeinden um etwa 20 Prozent verringert hat, während sich gleichzeitig die Zahl der Pendler aus den Vorstädten ständig erhöht hat. Welche Auswirkungen dies auf die innerstädtischen Kriminalitätsraten hat, werde ich in Kapitel 6 ausführlicher diskutieren.

Die Darstellung der *Tötungsdelikte* basieren auf den bereits erwähnten Daten der Todesursachenstatistik. Wegen der geringen jährlichen Fallzahlen wurden für die Darstellung 5-jährige gleitende Mittelwerte berechnet. Trotz dieser Glättung verbleiben erhebliche kurzfristige lokale Schwankungen. Insgesamt wird aber deutlich, dass mit Ausnahme von Lausanne in allen Schweizer Grossstädten ein ansteigender Trend überwiegt, der – wie bereits oben erwähnt – im Durchschnitt der fünf Städte in einer Zunahme um rund 200 Prozent resultiert.

Raubdelikte sind jene Form von Gewalt, deren Häufigkeit in den Schweizer Städten am weitaus stärksten angestiegen ist. In jenen vier Städten, die über Daten bis zurück in die 60er Jahre verfügen, lassen sich Zuwachsraten (zwischen den späten 60er und den frühen 90er Jahren) von zwischen 800 und 4 400 Prozent errechnen. Diese hohen Prozentwerte beruhen natürlich – wie in der Abbildung sichtbar wird – auf einem statistischen Basiseffekt, da in den 60er Jahren besonders Strassenraub nahezu unbekannt gewesen ist.[11]

Abbildung 2.7 *Polizeilich registrierte Gewaltdelikte in den fünf grössten Schweizer Städten*

Legende:
— ● — Zürich
— ♦ — Basel
— ▲ — Bern
---◊--- Genève
---△--- Lausanne

a) Tötungsdelikte (nur vollendete, gleitende 5-jährige Mittelwerte)

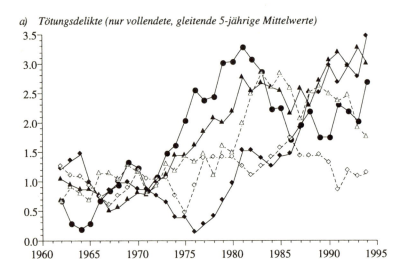

b) Raub

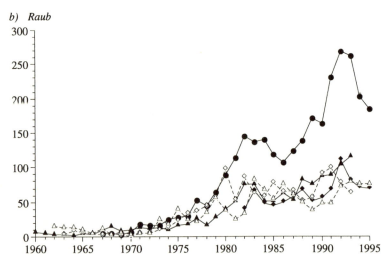

Abbildung 2.7 Polizeilich registrierte Gewaltdelikte in den fünf grössten Schweizer Städten (Fortsetzung)

c) Alle Körperverletzungen

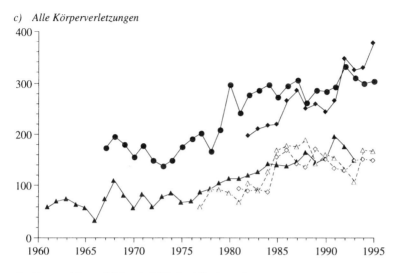

d) Vergewaltigung (gleitende 3-jährige Mittelwerte)

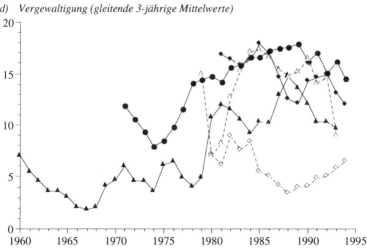

Quelle: Tötungsdelikte: Todesursachenstatistik der Schweiz, besondere Auswertung. Alle übrigen Ergebnisse beruhen auf Umfragen bei den lokalen Polizeibehörden, die mir freundlicherweise die ihnen verfügbaren Daten zur Verfügung gestellt haben.

Auffällig sind übereinstimmende kurzfristige Konkunkturen in den Städten. Auf den Anstieg der 70er Jahre folgte eine Beruhigung in der ersten Hälfte der 80er Jahre. Nach einer erneuten Zunahme in den späten 80er Jahren lässt sich in den letzten Jahren erneut eine Phase eher rückläufiger Tendenzen ausmachen. Die besondere Entwicklung von Raub rechtfertigt es, auf diesen Gewaltbereich im Rahmen eines eigenen Kapitels (vgl. Kapitel 10) ausführlicher zu sprechen zu kommen. Dabei wird sich zeigen, dass der Drogenproblematik eine entscheidende Bedeutung zum Verständnis dieser Manifestationsform von Gewalt zukommt.

Daten über polizeilich registrierte *Körperverletzungen und Tätlichkeiten* sind nur für die Städte Zürich und Bern seit den 60er Jahren verfügbar. Seit den frühen 70er Jahren zeigen beiden Datenreihen einen relativ stetigen Anstieg um etwa 100 Prozent, ein Trend, der durch die kürzeren Zeitreihen der anderen Städte gut bestätigt wird. Auch für polizeilich registrierte *Vergewaltigungen* sind nur für die Städte Zürich und Bern etwas längere Zeitreihen verfügbar. Im Gegensatz zu den gesamtschweizerischen Daten der Strafurteilsstatistik, welche ich oben diskutiert habe, zeigen sie eine gewisse Zunahme während der 70er Jahre bis zum Beginn der 80er Jahre. Hingegen sind seither keine eindeutigen Trends feststellbar.

2.3 Gewalt und Urbanität heute

Trotz einzelnen regionalen Abweichungen lässt sich festhalten: Die Städte der Schweiz haben in den vergangenen 30 Jahren einen deutlichen Anstieg von Gewaltdelinquenz erfahren. Diese Zunahme war in der Regel stärker als die entsprechende Entwicklung ausserhalb der Kernstädte. Die Situation der Gegenwart entspricht infolgedessen weitgehend dem Bild, das die Alltagsvorstellungen prägt: Gewaltdelikte sind in städtischen Kontexten häufiger als in ländlichen Kontexten und die Delinquenzrate nimmt mit steigender Stadtgrösse zu. Tabelle 2.4 zeigt die entsprechenden Daten für drei Formen von Gewalt (Tötungsdelikte einschliesslich Versuche, Körperverletzungen, Raub und Entreissdiebstahl) in 11 Schweizer Städten gegen Ende der 80er Jahre.

Die Städte sind nach ihrer Bevölkerungszahl aufsteigend geordnet, um den Zusammenhang zwischen Stadtgrösse und Gewalthäufigkeit zu veranschaulichen. Für alle hier untersuchten Formen von Gewalt weist Zürich die mit Abstand höchsten Delinquenzraten auf. Die übrigen Städte folgen in der Regel nach

Massgabe ihrer Bevölkerungszahl, wenn auch der Zusammenhang keineswegs einheitlich ist. Die mittlere Delinquenzrate ausserhalb der betrachteten 11 Städte ist deutlich tiefer als im Durchschnitt der Städte selber.

Tabelle 2.4 *Delinquenzraten in elf Schweizer Städten sowie der übrigen Schweiz, 1986-1991*

	Tötungsdelikte (inkl Versuch)	Körperverletzung	Raub und Entreissdiebstahl	Bevölkerung
Zürich	7,33	170,8	320,4	350 000
Basel	4,89	133,4	134,5	193 000
Genève	5,18	90,6	186,2	162 000
Bern	4,44	104,6	189,3	134 000
Lausanne	2,56	98,7	100,6	125 000
Winterthur	4,31	35,7	23,1	86 000
St. Gallen	3.39	36,7	132,4	80 000
La-Chaux-de-Fonds	1,40	(keine Daten)	57,6	36 000
Fribourg	3,47	83,8	89,2	34 000
Neuchâtel	2.56	(keine Daten)	90,0	32 000
Chur	2.89	49,1	38,2	30 000
Übrige Schweiz	*1,88*	*35,7*	*21,8*	

Quellen: Zürich, Bern, Basel, Winterthur: Publizierte Kriminalitätsstatistiken. Übrige Städte: Daten zur Verfügung gestellt durch die lokalen und kantonalen Polizeibehörden.

Die Schweizer Städte im internationalen Vergleich

Welche Information liefern die hier gezeigten Daten schliesslich bezüglich Clinards (1978) Hypothese, die Schweizer Städte seien hinsichtlich der Kriminalitätsbelastung ein internationaler Sonderfall? Hierzu lässt sich zunächst feststellen, dass die Untersuchungen in »Cities with Little Crime« zu einem Zeitpunkt angestellt wurden – zu Beginn der 70er Jahre –, als sich tatsächlich in der Schweiz sowohl im Vergleich mit vorherigen historischen Perioden wie auch im Vergleich mit den folgenden Jahrzehnten ausserordentlich wenig Gewaltkriminalität ereignete. Stimmt diese Beobachtung aber auch heute noch? Tabelle 2.5 zeigt Daten zu polizeilich registrierten Tötungsdelikten, Körperverletzungen und Tätlichkeiten sowie Raubüberfällen und Entreissdiebstählen in zehn europäischen Städten, wobei der Vergleich mit Schweden schon deshalb von besonderem Interesse ist, weil es von Clinard häufig als negatives Kontrastbeispiel zur Schweiz angeführt worden war.

Tabelle 2.5   Kriminalitätsraten für einige Städte in Schweden und Schottland (um 1990) und der Schweiz (1986–93)

	Bevölkerung	Tötungen (vollendete)	Körperverletzung und Tätlichkeit	Raub und Entreissdiebstahl	Vergewaltigung
Schottland					
Glasgow	733 000	5,2	1 416	347[a]	16,8[b]
Edinburgh	440 000	2,3	862	135[a]	16,4[b]
Aberdeen	215 000	1,4	1 243	41[a]	12,8[b]
Dundee	170 000	2,3	811	60[a]	12,8[b]
Schweden					
Stockholm	672 000	3,9	1 138	337	35,1[c]
Göteborg	432 000	2,8	762	201	34.7[c]
Malmö	233 000	4,3	983	235	33,9[c]
Schweiz					
Zürich	347 000	3,7	280	357	23,1[b]
Basel	199 000	2,0	284	152	20,1[b]
Genève	167 000	3,6	100	169	26,1[c]

Quelle: Eisner und Wikström (1996).
[a] Die Daten für Schottland schliessen nur Raub ein.
[b] Ohne »Nötigung zu einer anderen sexuellen Handlung«.
[c] Einschliesslich »Nötigung zu einer anderen sexuellen Handlung«.

Die Gruppierung der Daten weicht hier von derjenigen in Tabelle 2.4 ab, um eine möglichst gute internationale Vergleichbarkeit zu gewähren (Eisner und Wikström, 1996). Insgesamt deuten die Daten in Tabelle 2.5 an, dass die Schweizer Städte gemessen an ihrer Einwohnergrösse durchaus im europäischen Durchschnitt liegen. Auffällig sind allenfalls die hohen Raten für Raub und Entreissdiebstahl sowie die tiefen Raten für Körperverletzungen und Tätlichkeiten. Wie ich in Kapitel 9 argumentieren werde, ist die relativ starke Belastung der Schweizer Städte mit räuberischen Formen von Gewalt primär eine Folge der im internationalen Vergleich besonders virulenten Drogenproblematik und der Beschaffungskriminalität von marginalisierten Drogenabhängigen. Die geringen Häufigkeiten für polizeilich registrierte Körperverletzungen und Tätlichkeiten in Schweizer Städten mögen eine Folge der im internationalen Vergleich lückenhaften Registrierungspraxis der schweizerischen Polizei sein (Eisner und Wikström, 1996). Zumindest ein Teil der Unterschiede ist jedoch als Ausdruck einer real geringeren Häufigkeit dieser Form von Gewaltausübung zu betrachten. So bestätigen Befunde der Opferbefragungen im Rahmen des International Crime Survey (van Dijk et al., 1991) wie auch international vergleichende Daten zu selbstberichteter Delinquenz (Junger-Tas et al., 1994), dass in der schweizerischen Gesellschaft Körperverletzungen und Tätlichkeiten tatsächlich eher seltener als in anderen europäischen Staaten sind. Um so überraschender ist es auf den ersten Blick, dass die Häufigkeit von Tötungsdelikten in Schweizer Städten wiederum weitgehend im Bereich vergleichbarer anderer europäischer Städte liegt. Allerdings kann diese Anomalie leicht durch die grosse Verbreitung von Schusswaffen in der Schweiz erklärt werden. Sie führt dazu, dass Gewalttaten häufiger zu einem Tötungsdelikt führen, da das Risiko einer tödlichen Verletzung bei Schusswaffen ungleich höher ist als bei anderen Waffen.

Aufgrund der vorliegenden Daten drängt sich der Schluss auf, *dass die Annahme, die Schweiz bilde einen kriminologischen Sonderfall, insgesamt nicht haltbar ist.* Die Entwicklung in der Schweiz seit der Mitte der 60er Jahre entspricht sowohl hinsichtlich des zeitlichen Ablaufs wie auch bezüglich der Unterschiede zwischen einzelnen Gewaltbereichen den Erfahrungen anderer europäischer Staaten (Dolmén, 1988; Gartner, 1990; Schwind et al., 1990; Eisner, 1995a). Ebenso überwiegen in Bezug auf das Stadt-Land-Gefälle und das heutige Niveau städtischer Kriminalitätsraten die Ähnlichkeiten mit den übrigen europäischen Ländern weit mehr als die Unterschiede. Damit sei nicht behauptet, dass keinerlei nationalen Besonderheiten bestehen, doch bewegen sie sich im Bereich der üblichen Differenzen zwischen nationalen Gesellschaften.

Kapitel 3

Die Folgen von Individualisierung und wirtschaftlicher Strukturkrise

Die empirischen Befunde, die ich im vorigen Kapitel erläutert habe, sind von grosser Tragweite für meine Überlegungen in den beiden folgenden Kapiteln. Sie bilden Leitplanken, welche den Spielraum für ein theoretisches Modell des Zusammenhanges zwischen Stadt und Gewalt in Gegenwartsgesellschaften einschränken.

Erstens wurde deutlich, dass für eine Analyse der Gewaltproblematik in den Schweizer Städten kein besonderer theoretischer Ansatz entwickelt werden muss, der nationale Eigenheiten in den Mittelpunkt rückt. Sowohl hinsichtlich der lang- und mittelfristigen zeitlichen Entwicklung, der regionalen Verteilung sowie der relativen Häufigkeit von Gewaltdelinquenz liegt die Schweiz in der Bandbreite der Erfahrungen anderer europäischer Länder. Diese Beobachtung ist für die theoretischen Überlegungen insofern wichtig, als sie Hinweise auf das erforderliche Generalisierungsniveau liefert. Wir müssen zum Verständnis des Anstieges der städtischen Gewaltdelinquenz seit der Mitte der 60er Jahre Prozesse in Betracht ziehen, welche die *Gesellschaften der westlichen Welt insgesamt* betroffen haben. Hierdurch werden Besonderheiten nationaler Gesellschaften wie etwa politische Traditionen, Eigenheiten der Immigrationsdynamik oder kulturelle Charakteristika nicht generell aus der Betrachtung ausgeschlossen. Jedoch kommt ihnen in einem theoretischen Erklärungsmodell eher ein subsidiärer Stellenwert zu.

Zweitens hat sich gezeigt, dass um die Mitte der 60er Jahre eine historische Phase beginnt, die durch eine ansteigende Tendenz in der Häufigkeit von Gewaltdelikten geprägt ist. Diese Entwicklung ist umso bemerkenswerter, als sie mit einem sehr langfristigen Trend rückläufiger Häufigkeit von individueller Gewalt in den vorangehenden 100 Jahren kontrastiert. Dadurch wird eine theoretische Perspektive nahegelegt, die ein *besonderes Augenmerk auf die gesell-*

schaftlichen, wirtschaftlichen und kulturellen Strukturveränderungen der 60er Jahre und deren mögliche Bedeutung für ein Verständnis der Gewaltproblematik richtet.

Schliesslich wurde deutlich, dass die Konzentration von Gewalt in den Städten in einer längerfristigen historischen Perspektive eine *Anomalie* darstellt. Das Wachstum der Städte hat in der Regel nicht zu einer Zunahme von Gewalt geführt und in früheren Epochen scheint keine Tendenz zu höherer Gewalthäufigkeit in den Städten bestanden zu haben (Thome, 1992; Johnson, 1995). Zu Beginn dieses Jahrhunderts waren Tötungsdelikte in den ländlichen Kantonen der Schweiz eher häufiger als in den städtisch geprägten Kantonen und noch in der Mitte der 1960er Jahre waren die Homizidraten in den fünf grössten Städten genau gleich hoch wie in der übrigen Schweiz. Die *Konzentration von Gewalt in den urbanen Zentren der Gegenwart ist eher als epochenspezifischer Ausnahmefall* denn als universelle Regularität in der Entwicklung der westlichen Gesellschaft zu betrachten.

Die Argumentation der beiden folgenden Kapitel ist darauf ausgerichtet, diesen Beobachtungen Rechnung zu tragen. In diesem Kapitel wende ich mich zunächst der Frage zu, weshalb die Mitte der 60er Jahre dieses Jahrhunderts einen Wendepunkt in der Dynamik der Gewalthäufigkeit bildet. Eine solche Einbettung der Frage nach den Ursachen für städtische Gewalt in einen breiteren Kontext ist deshalb notwendig, weil Städte keine isolierten und klar abgegrenzten Einheiten moderner Gesellschaften bilden. Erst aus einer gesamtgesellschaftlichen Perspektive lässt sich ein adäquateres Bild der innerurbanen Entstehungsbedingungen für Gewalt gewinnen. Wie ein entsprechendes theoretisches Modell aussehen könnte, werde ich in Kapitel 4 zeigen. Es interpretiert die Konzentration und den Anstieg von Gewaltdelikten in den Städten moderner Gesellschaften als Folge eines *historisch spezifischen Paradigmas des urbanen Strukturwandels*, durch das in den Kernstädten *sowohl die Zahl motivierter Täter wie auch die Zahl von Gewalt begünstigenden situativen Kontexten zugenommen habe*.

3.1 Modernisierung, Handlungsressourcen und Selbststeuerung

Eine beträchtliche Zahl empirischer Untersuchungen deutet darauf hin, *dass die Ausübung von physischer Gewalt bis in die jüngere Vergangenheit vor allem mit agrarisch-traditionellen Sozialstrukturen verknüpft gewesen ist und dass in dy-*

namischer Perspektive der Prozess des Städtewachstums eher mit einer Abnahme denn mit einer Zunahme der Gewaltkriminalität einher gegangen ist. Theoretische Modelle, die in mechanistischer Weise Gewaltphänomene als direkte Folge von Urbanisierung betrachten (vgl. Kapitel 1), können daher als empirisch widerlegt betrachtet werden. In diesem Sinne schliesst auch Thome (1992: 218) auf der Basis einer Diskussion der historischen Kriminalitätsforschung, dass sich die »Annahme einer Kausalkette, die von Urbanisierung über soziale Desorganisation zu höherer Kriminalität führt, nach dem jetzigen Forschungsstand nicht halten lasse«.

Mehr empirische Plausibilität hat hingegen ein *zivilisationstheoretisches Modell*, wie es von Elias (1976; 1987; 1992) entwickelt worden ist. Dieses Modell stellt eine Variante des kontrolltheoretischen Paradigmas zur Erklärung von Gewaltdelinquenz dar. Elias interpretiert die westliche Modernisierungsdynamik und die Verbreitung spezifisch moderner Formen der Vergesellschaftung (funktional spezifische soziale Rollen, hohe Interaktionsdichte mit Fremden, Orientierung an marktvermittelten Prozessen) als Teil eines *Zivilisationsprozesses*, der den Ausbruch von Gewalt *seltener* werden lässt. Dessen Grundlage bildet eine Tendenz zu steigenden Niveaus von »Selbstkontrolle« oder »Selbstdisziplin«. Hiermit meint Elias die Neigung, heftige Affekte zu kontrollieren, Handlungen auf komplexere und entferntere Zwecke auszurichten und Empathie auch gegenüber entfernteren Gruppen und Individuen zu empfinden (Elias, 1976; 1992). Diese säkulare Dynamik lässt sich verstehen als Folge des Zusammenwirkens (a) der im Zuge der Entstehung des modernen Staates erzwungenen Monopolisierung legitimer Gewaltausübung (Elias, 1976), (b) der steigenden Nachfrage nach Sicherheit und Disziplinierung seitens des an der Abwicklung von Märkten interessierten Bürgertums (Bornschier, 1988; Foucault, 1992 [1975]) sowie (c) der zunehmenden Orientierung an einer methodisch-rationalen Lebensführung, die unter anderem vom asketischen Protestantismus genährt wurde (Weber, 1920).

Selbststeuerung als Vermittler zwischen Disposition und Situation

Dieses Modell ist von besonderem Interesse, weil es erlaubt, Annahmen über makrosoziologische Strukturveränderungen mit mikrosoziologischen Vorstellungen über Determinanten von Gewalthandlungen zu verknüpfen. Man kann hierbei an der einfachen Feststellung ansetzen, dass Delinquenz generell und Gewaltdelinquenz im besonderen *Handlungen* sind, die von Einzelnen oder in

Gruppen in *Situationen* ausgeführt werden.[1] Der Begriff der »Selbststeuerung«, welche ich den autoritär konnotierten Begriffen »Selbstdisziplin«, beziehungsweise »Selbstkontrolle« vorziehe, bezieht sich nun genau auf dieses Spannungsverhältnis zwischen Situation und Individuum. So kann »Selbststeuerung« als zentrale Ressource von Individuen verstanden werden (vgl. Elias, 1976: 337), die gleichzeitig Handlungen im Fluss von Situationen restringiert und zu Handlungen befähigt (Giddens, 1988). Fähigkeiten der Selbststeuerung vermitteln also zwischen dem Fluss von Situationen, denen sich Akteure ausgesetzt finden, und den latenten Dispositionen der Akteure, wobei man Selbstwertgefühl als jene bewertende Dimension betrachten kann, die sich als Ergebnis erfolgreicher Selbststeuerung in Situationen einstellt.

Selbststeuerung umfasst in der hier verwendeten Bedeutung eine *emotionale* Komponente (die Fähigkeit, Affekte situationsadäquat zu kontrollieren und eine Form von expressiver Rationalität zu erreichen), eine *strategische* Komponente (die Fähigkeit, reflexiv Probleme und Herausforderungen zu bewältigen, ≈ instrumentelle Rationalität) und eine *normative* Komponente (die Fähigkeit, gemäss internalisierten Normen auch in Gegenwart von Anreizen, dies nicht zu tun, zu handeln, ≈ Gewissen). Für alle drei Aspekte von Selbststeuerung wurde in verschiedenen Untersuchungen nachgewiesen, dass sie mit Delinquenz und Gewalt verknüpft sind (Reiss, 1951; Miller, 1958; Kaiser, 1989; Gottfredson und Hirschi, 1990; Kerschke-Risch, 1993; Caspi et al., 1994; Farrington, 1994; Lösel und Bliesener, 1994; Nagin und Paternoster, 1994; Junger et al., 1995).

Die Wahrscheinlichkeit, dass sich eine Person konform verhält, hängt daher sowohl von der Art der Situationen, denen sie begegnet, wie auch von ihren stabilen Persönlichkeitsmerkmalen ab. Sie ist das Ergebnis des Verhältnisses zwischen *Modus* und *Ausmass* an Selbststeuerung, über die ein Individuum als persönliche Ressource *verfügt,* und der Art von situativen Kontexten, denen sich ein Individuum im Alltag ausgesetzt sieht.

Selbststeuerung und Sozialstruktur

Während das Konzept »Ausmass an Selbststeuerung« eine quantitative Dimension anspricht, beinhaltet die Vorstellung von »Modus der Selbststeuerung« die Idee, dass Gesellschaften in verschiedenen historischen Epochen und für verschiedene Handlungsbereiche unterschiedliche Modi von Selbststeuerung institutionell ausgestalten, durch Sanktionssysteme absichern und als Handlungserwartungen an Akteure herantragen.[2] Während man situative Kontexte und die in ihnen angelegten Handlungserwartungen als »Nachfrageseite« betrachten kann, bilden Kontrolldispositionen die »Angebotsseite« von Selbststeuerung. Für beide Aspekte ist die Annahme plausibel, dass sie durch gesellschaftliche Makrostrukturen beeinflusst werden.

Abbildung 3.1 Selbststeuerung als gesellschaftlich produzierte und konsumierte Ressource in modernen Gesellschaften

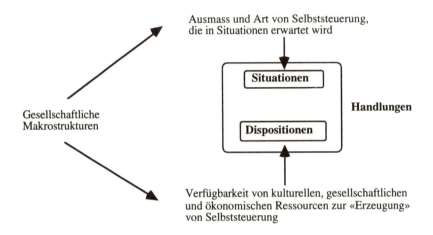

Hinsichtlich der »Nachfrageseite« hat bereits Elias (1976) im Rahmen seiner Theorie des Zivilisationsprozesses argumentiert, dass Art und Ausmass an erwarteter Selbstkontrolle von Strukturierungsprinzipien einer Gesellschaft abhängig sind. Er hob hervor, dass sowohl die Geburt des modernen Staates wie auch die Verbreitung von Märkten zu einem Anstieg erforderlicher Niveaus von Selbststeuerung zur Handlungskoordination geführt haben. Generell ist anzunehmen, dass erwartete Muster von Selbststeuerung sich entlang mehrerer zentraler Dimensionen gesellschaftlicher Strukturen unterscheiden.

Mit Durkheim (1988) und Elias (1976) kann man erwarten, dass Gesellschaften mit einem hohen Grad an *funktionaler Differenzierung* nicht nur mehr Selbstkontrolle erfordern, sondern auch auf einen Modus der Selbststeuerung abgestellt sind, der von persönlichen Beziehungen abstrahiert (vgl. auch Tönnies). Mit Simmel (1903) und Wirth (1938) kann man vermuten, dass anonyme städtische Kontexte mehr auf abstrakte Normen abgestellte Selbstkontrolle erfordern als ländliche Kontexte. Forschungen im Bereich der Arbeitssoziologie legen die Annahme nahe, dass qualifizierte Arbeit mehr Selbstkontrolle erfordert als unqualifizierte Arbeit und dass für Arbeit im Dienstleistungssektor, die vor allem kommunikative Fähigkeiten betont, *reflexive Modi der Selbststeuerung* eine grössere Bedeutung haben als für eher manuelle Arbeiten. Schliesslich lässt sich vor dem Hintergrund von Theorien über Individualisierungsprozesse die Hypothese formulieren, dass Gesellschaften mit einer grösseren Vielfalt von denkbaren Lebensläufen und einer grossen Varietät von nicht-zugeschriebenen Lebensstilen elaboriertere Modi der Selbststeuerung verlangen als Gesellschaften mit hochgradig standardisierten Lebensläufen und auf Zuschreibung basierenden Lebensstilen (vgl. z.B. Berger, 1986; Buchmann, 1989).

Hinsichtlich der »Angebotsseite« nehme ich an, dass Selbststeuerung als *eine gesellschaftlich produzierte Ressource, bzw. als soziales und kulturelles Kapital* betrachtet werden kann, die Individuen in verschiedenem Ausmass und in unterschiedlicher Ausprägung zur Verfügung steht (Elias, 1976; Bourdieu, 1985; 1988). Mit dieser Überlegung nehme ich die *spannungstheoretische Argumentation* auf, welche Gewalt und Delinquenz als eine Folge von Ressourcenmangel interpretiert. Dieser theoretische Ansatz macht die Vorstellung einsichtig, dass Selbstkontrolle als Persönlichkeitsressource gesellschaftlich vermittelt wird. So kann man annehmen, dass Gesellschaften mit ausdifferenzierten Sozialisationsinstanzen den Erwerb von komplexeren Formen der Selbststeuerung eher ermöglichen als Gesellschaften mit wenig differenzierten Sozialisationsinstanzen. Insbesondere ist kaum kontrovers, dass formale Bildung eine zentrale Bedeutung für die Vermittlung jener Formen von Selbstkontrolle spielt, die in einer Gesellschaft insgesamt und auf dem Arbeitsmarkt im Besonderen nachgefragt werden (Durkheim, 1963). Hinsichtlich der latenten Grundlagen für flexible und situationsadäquate Formen von Selbstkontrolle lässt die Forschung zur frühkindlichen Sozialisation kaum Zweifel darüber offen, dass der Aufbau emotionaler Bindungen und die Vermittlung von primärer Vertrautheit eine zentrale Rolle zur Herausbildung eines stabilen Selbstkonzeptes spielt (Bowlby, 1958; Bischof, 1985). Dieser Zusammenhang ist insofern an gesellschaftliche Makrostrukturen zurückgebunden, als starke Hinweise dafür bestehen, dass Familien mit mehr kulturellem, sozialem und ökonomischem Kapital bessere Chancen haben, ihren Kindern jene Ressourcen der Selbststeuerung zu vermitteln, die für eine erfolgreiche Bewältigung von Handlungsalternativen und Problemen benötigt werden (Rosenberg, 1965; Rosenberg und Pearlin, 1978). Die Forschung zu sozialer Desintegration und sozialer Desorganisation schliesslich weist darauf hin, dass hoch integrierte soziale Strukturen durch die Erzeugung von Netzwerken sozialer Bindungen bei ihren Mitgliedern eher Selbstkontrolle hervorbringen als desintegrierte gesellschaftliche Strukturen (Ritsert, 1980; Wilson, 1987; Wahl, 1989; 1990; Sampson und Laub, 1993).

Im Allgemeinen kann man davon ausgehen, dass moderne Gesellschaften über Anpassungsprozesse und Rückkoppelungen jene Formen der Selbststeuerung »produzieren«, die auf die jeweiligen Erfordernisse der Lebensführung abgestimmt sind. Dabei sind Steigerungen der Anforderungen an Niveaus der Selbstkontrolle in der Entwicklung moderner Gesellschaften nicht die Ausnahme, sondern die Regel. Sie wurden in historischer Perspektive durch die gesellschaftliche Produktion von institutionellen Arrangements, welche den Erwerb erhöhter Selbststeuerungskapazitäten nicht nur ermöglichten, sondern auch erzwangen, beantwortet. Hierzu gehört die Diffusion eines Familienideals, das privatistisch auf den Zusammenhalt durch emotionale Bindungen ausgerichtet und funktional an der Erziehung der Kinder orientiert war (Stone, 1977; Höpflinger, 1986; Hettlage, 1992), die Verallgemeinerung und Verlängerung der Schulpflicht mit ihren disziplinierenden Wirkungen, die Durchsetzung bürokratisierter und vertraglich geregelter Arbeitsverhältnisse sowie die Formalisierung individueller oder kollektiver Konflikte im Rahmen rechtsstaatlicher Arrangements.

Im Rahmen dieser theoretischen Argumentation ist plausibel, dass der *Stadt* und ihrer historischen Entfaltung eine kausale Bedeutung zum Verständnis des Rückganges von individueller Gewalt zukommt. So hat einerseits die europäische Stadt des Mittelalters in beträchtlichem Ausmass – kraft ihrer früh erworbenen Qualität als eigenständiger Rechtsraum (Weber, 1972: 743) – zur frühen Intensivierung formaler Staatsgewalt beigetragen. Zudem ist in Betracht zu ziehen, dass die von den Städten ausgehende Intensivierung des Handels einen starken Anreiz zur *Produktion von Sicherheit* im Sinne eines Protektionsfaktors gegeben hat (Bornschier, 1988). Häussermann und Siebel (1994: 363) weisen darauf hin, dass »der revolutionäre Schwurverbund der Stadtbürger und die marktförmige Organisation der städtischen Ökonomie [...] die Stadt des europäischen Mittelalters neben der protestantischen Ethik zur zweiten Quelle okzidentaler Rationalität« machen. Schliesslich spricht für diese Überlegung, dass die Entstehung und Ausbreitung jener formalen Kontrollinstanz, die heute unter dem Begriff »Polizei« bekannt ist, ihre früheste Verbreitung in den Städten erfahren hat (Lane, 1980). In diesem Sinne argumentiert Lane (1968), dass "over a long term urbanization had a settling, literally a civilizing, effect on the population involved".[3]

3.2 Individualisierungsschub und wirtschaftlicher Strukturwandel: die Wende der 60er Jahre

Elias ging in seiner Theorie des Zivilisationsprozesses von der Vorstellung aus, steigende Fähigkeiten der Selbststeuerung seien linear mit der gesellschaftlichen Modernisierungsdynamik verknüpft. In dieser Version führt das zivilisationstheoretische Modell zur Erwartung eines einheitlich sinkenden Trends der Häufigkeit von Gewaltdelikten. Wie im vorigen Kapitel gezeigt wurde, sprechen jedoch verschiedenste Indikatoren dafür, dass seit der Mitte der 60er Jahre in nahezu allen westlichen Gesellschaften eine deutliche Zunahme von individueller Gewalt beobachtet werden kann. Gurr (1981; 1989) verwendet daher zur Charakterisierung des säkularen Verlaufs der Häufigkeit von Gewaltdelinquenz das Bild einer *rechtsschiefen U-Kurve mit einem langen absteigenden Ast und einem kürzeren ansteigenden Ast*. Im Rahmen der bisher geführten Argumentation führt diese Beobachtung zur Frage, *ob und wie der Anstieg von Gewalt als Folge einer Diskrepanz zwischen höheren Anforderungen an sozial adäquate Selbststeuerung und einem Schwinden der kulturellen, gesellschaftlichen und ökonomischen Ressourcen zur Erzeugung von Selbststeuerung interpretiert werden kann.*

Um dieser Frage nachzugehen, wende ich mich nochmals der Entwicklung der Homizidraten in der Schweiz zwischen 1930 und 1990 zu und vergleiche sie mit der Entwicklung einiger relevanter gesellschaftlicher Makroindikatoren (vgl. Abbildung 3.2). Solche Parallelisierungen sind keine Belege für Kausalzusammenhänge. Sie indizieren aber zeitliche Entsprechungen, welche Hinweise auf den Fortgang der theoretischen Überlegungen vermitteln können. Insbesondere zeigen sie, dass die Trendwende der Gewaltdelinquenz um die Mitte der 60er Jahre in auffälliger Weise mit *tiefgreifenden Strukturveränderungen* in zentralen Bereichen der schweizerischen Gesellschaft koinzidiert.

Die ersten beiden Datenreihen »Suizidrate« und »Scheidungsrate« können als Indikatoren für *individualisierte Konfliktverarbeitung* interpretiert werden und wurden bereits von Durkheim als Ausdruck von Anomie verstanden. Beiden Indikatoren ist ein markanter Trendbruch in der Mitte der 60er Jahre gemeinsam, der präzis mit der Trendwende der Entwicklung der Homizidraten zusammenfällt. Die Suizidraten sanken parallel zu den Homizidraten von den frühen 30er Jahren bis um die Mitte der 60er Jahre, stiegen dann bis um 1980 wieder deutlich an, sind aber seither im Gegensatz zu den Homizidraten wieder rückläufig (vgl. hierzu besonders Bornschier, 1988).

Abbildung 3.2 Parallelisierungen von sechs Makroindikatoren mit dem Verlauf der Homizidraten (Alle Zeitreihen wurden zur besseren Vergleichbarkeit Z-standardisiert)

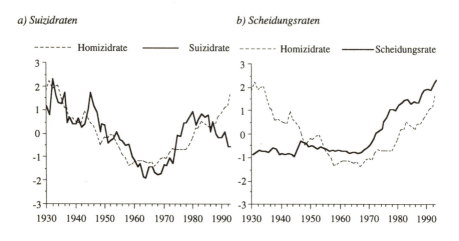

a) Suizidraten

b) Scheidungsraten

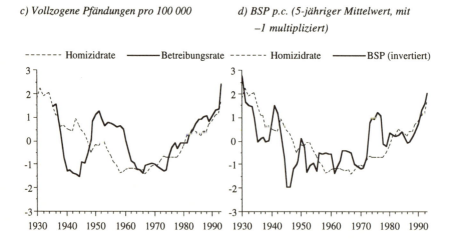

c) Vollzogene Pfändungen pro 100 000

d) BSP p.c. (5-jähriger Mittelwert, mit −1 multipliziert)

Individualisierung und Strukturkrise 83

Abbildung 3.2 Parallelisierungen von sieben Makroindikatoren mit dem Verlauf der Homizidraten (Fortsetzung)

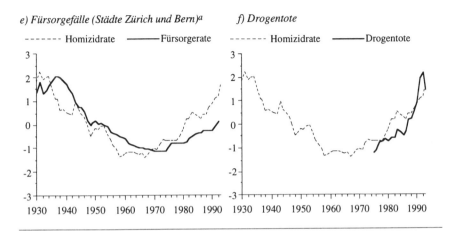

Quellen: Suizidraten, Scheidungsraten, Vollzogene Pfändungen, Drogentote: Statistisches Jahrbuch der Schweiz, verschiedene Jahrgänge. BSP p.c. bis 1948: Maddison (1982). BSP p.c. ab 1948: Bundesamt für Statistik (Hrsg.). Langfristige Reihen der Nationalen Buchhaltung der Schweiz, Bern 1992. Raten der fürsorgerisch unterstützten Personen. Statistische Jahrbücher der Stadt Zürich und der Stadt Bern, verschiedene Jahrgänge.

[a] Es existieren keine gesamtschweizerischen Daten zur Zahl der fürsorgerisch unterstützten Personen in der Schweiz. Die Daten beziehen sich auf die Raten in den Städten Zürich und Bern. Eine Diskontinuität der Berner Datenreihe 1961/62 wurde angeglichen.

Die Scheidungsraten waren zwischen 1930 und 1967 weitgehend stabil und gingen dann in einen stark ansteigenden Trend über. Fügt man diesen Daten noch die Entwicklung der Häufigkeit von unkonventionellen Formen der politischen Aktivierung bei (Kriesi et al., 1981; Zwicky, 1993), die als Indikator für politische Konflikte interpretiert werden können und welche ebenfalls einen ausgeprägten Anstieg seit der zweiten Hälfte der 60er Jahre zeigen, so verdichtet sich der Eindruck, seit der Mitte der 60er Jahre sei die *Intensität und Häufigkeit von Konflikten in unterschiedlichsten Formen und auf verschiedenen Ebenen* weitgehend parallel angestiegen. Dies legt eine Sichtweise nahe, welche Gewaltdelinquenz als *eine von verschiedenen Formen der Konfliktartikulation* interpretiert (Coser, 1956; Henry und Short, 1964; Coser, 1968; Simmel, 1972 [1907]). Zu fragen ist dann danach, welche sozialen Prozesse dazu führen, dass verschiedene Akteure die erfahrenen Spannungen in unterschiedlicher Weise artikulieren (vgl. hierzu Bornschier, 1988; Nollert, 1992).

Die beiden nächsten Indikatoren beziehen sich auf die langfristige *wirtschaftliche Entwicklung*. Der erste Indikator misst die Zahl der vollzogenen Pfändungen pro 100 000 Einwohner in der Schweiz und ist seit 1935 verfügbar. Dieser Indikator kann als relativ direktes Mass für ökonomische *relative Deprivation* interpretiert werden und korrespondiert über lange Zeiträume gut mit Konjunkturen der Kriminalitätsentwicklung (Eisner, 1984; 1992a). Besonders nach 1950 ist eine ausgeprägte Parallelität zwischen der Entwicklung der Pfändungsraten und derjenigen der Homizidraten zu beobachten. Der zweite Indikator zeigt die (mit gleitenden 5-jährigen geometrischen Mittelwerten geglättete) Entwicklung der Zuwachsraten des Bruttosozialproduktes per capita in der Schweiz. Dabei sind die Daten zur besseren Übersicht mit −1 multipliziert, so dass tiefe Werte ein hohes Wachstum und hohe Werte ein geringes Wachstum anzeigen. Aufgrund der Parallelisierung wird deutlich, dass der langfristige U-förmige Trend im Bereich der Gewaltdelinquenz auf wirtschaftlicher Ebene mit dem langen Zyklus des Wirtschaftswachstums korrespondiert, welcher zwischen 1945 und der zweiten Hälfte der 60er Jahre durch ein überdurchschnittliches Wachstum von rund 5 Prozent pro Jahr geprägt war. Den Beginn des Endes dieser Prosperitätsphase markiert die tiefe Wirtschaftskrise zu Beginn der 70er Jahre, welche in eine Phase mit deutlich geringeren Wachstumsraten des Bruttoinlandproduktes und tiefen Krisen jeweils zu Beginn der Dekaden (1981/83 und 1991/93) führt (vgl. Abbildung 3.2d).

Die letzten beiden Indikatoren (Abbildung 3.2e und 3.2f) messen Aspekte der *Entwicklung von Randgruppen* in der schweizerischen Gesellschaft. Zu den Zahlen der fürsorgerisch unterstützten Personen ist anzumerken, dass der Indikator mangels gesamtschweizerischer Datengrundlagen auf Daten aus den beiden Städten Zürich und Bern beruht. Es ist allerdings anzunehmen, dass hiermit der wesentliche Trendverlauf der Rate jener Personen, welche einer staatlichen Fürsorge bedürfen, im Wesentlichen abgebildet wird. Er zeigt, dass nach einem Maximum der Fürsorgefälle nach der Weltwirtschaftskrise der 30er Jahre deren Zahl bis zu Beginn der 70er Jahre relativ kontinuierlich – mit einem geringen Anstieg kurz nach Kriegsende – gesunken ist und seither wieder einen beträchtlichen Anstieg erfahren hat. Wiederum besteht im langfristigen Trend eine hohe Koinzidenz mit dem Verlauf der Homizidraten. Eine in Hinblick auf die Delinquenzentwicklung zentrale Randgruppenproblematik bilden die marginalisierten und verelendeten Drogenabhängigen. Die Zahl der Gestorbenen wegen Konsums von illegalen Drogen ist ein guter Indikator zur Entwicklung dieser Randgruppe (aber nicht für die Entwicklung der Prävalenz von Drogenkonsum insgesamt, vgl. Eidgenössische Betäubungsmittelkommission – Subkommission »Drogenfragen«, 1983). Entsprechende Daten existieren erst seit 1975 (1971 wurde in der Schweiz der erste Drogentote registriert). Sie entwickeln sich weitgehend parallel zur Zunahme der Homizidraten.

Dass all dies zeitlich koinzidiert, ist aus der hier vorgeschlagenen Perspektive weder ein blosser historischer Zufall noch dürfen selbstverständlich die beobachteten Parallelitäten als Kausalzusammenhänge interpretiert werden. Vielmehr sind sie ein Hinweis darauf, dass die zweite Hälfte der 60er Jahre in der Schweiz – aber nicht nur hier – eine *Epochenschwelle* bildet, deren Bedeutung weit über die Studentenunruhen hinausgeht. Insbesondere ist die zeitliche Parallele zwischen Homizidraten und anderen Indikatoren für gesellschaftliche Desintegration (z.B. Selbstmorde, Scheidungen, fürsorgerisch unterstützte Personen, marginalisierte Drogenabhängige) ein Hinweis darauf, dass in der makrosoziologischen Tradition von Durkheim (1983), Merton (1938) und Henry und Short (1964) Phänomene ausserhalb des engeren Bereichs der Delinquenz mit im Blick zu behalten sind. So ergibt sich aus den obigen Beobachtungen der Befund, dass die Mitte der 60er Jahre als eine Wendemarke interpretiert werden kann, die eine lange Periode steigender gesellschaftlicher Integration und sinkender Niveaus individualisierter oder kollektiver Manifestationsformen von Konflikt von einer Phase trennt, in der auf verschiedensten Ebenen eine *Zunahme von Friktionen* beobachtet werden kann. Dies ist keine neue Feststellung. Vielmehr haben verschiedene Beobachter der gesellschaftlichen Dynamik diese Trendwende erkannt und begrifflich einzufangen versucht. Je nach betrachtetem Wirklichkeitsausschnitt ist dabei die Rede von der »Risikogesellschaft« (Beck, 1986), von der »narzisstischen Gesellschaft« (Lasch, 1978), von der »Postmoderne« (Harvey, 1990), vom »disorganized capitalism« (Lash und Urry, 1987) oder schlicht von einem »Wertewandelsschub« (Klages, 1993). Die Referenz auf einen Epochenbruch während der 60er Jahre bleibt sich immer die Gleiche.

Um die hiermit angesprochenen Vorstellungen mit der Beobachtung steigender Häufigkeit von Gewaltdelinquenz zu verknüpfen, unterscheide ich zwei zentrale Dimensionen des gesellschaftlichen Wandlungsschubes seit den 60er Jahren (vgl. Abbildung 3.3). Eher kultursoziologisch orientierte Analysen betonen Veränderungen, die sich unter den von Beck (1986; 1993; 1994) geprägten Begriff des »*Individualisierungsschubes*« subsumieren lassen. »Individualisierungsschub« meint hierbei zum einen die beschleunigte *Auflösung traditionellgemeinschaftlicher Vergesellschaftungsformen* und die verstärkte *Freisetzung des Individuums aus alltagsweltlichen Konformitätszwängen*. Hiermit geht zum anderen eine fundamentale Transformation des modernen Menschenbildes in Richtung auf *höhere Betonung von Autonomie, Selbstverwirklichung und Reflexivität als Identitätsdimensionen* einher (Beck, 1986; Giddens, 1991; Heitmeyer und Sander, 1992; Taylor, 1992; Beck, 1993; Heitmeyer, 1994; Buchmann und Eisner, 1997). Demgegenüber betonen struktursoziologisch orientierte Ansätze die Mitte der 60er Jahre einsetzenden ökonomischen Veränderungen, welche sich als *Schubphase der ökonomischen Transformation* verstehen lassen. In dieser Perspektive wird betont, dass die Periode seit den späten 60er Jahren durch global beschleunigte technologische und arbeitsorganisatorische Umstellungen mit gleichzeitig verlangsamtem Wirtschaftswachstum und steigender Arbeitslosigkeit charakterisiert sei (Bornschier, 1988; Goldstein, 1988; Foray und Freeman, 1993). Obwohl beide Transformationsschübe zeitlich eng koinzidieren, ist es angebracht, sie als getrennte, aber miteinander in Wechselwirkung tretende Wandlungsprozesse zu verstehen.

Abbildung 3.3   Modell der makrosoziologischen Ursachen der Zunahme der Gewaltdelinquenz seit der Mitte der 60er Jahre

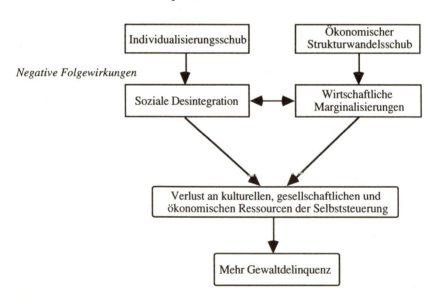

Für eine Analyse der Wirkungen der beiden Makroprozesse auf Gewaltdelinquenz ist im Weiteren zwischen den durch sie verursachten Umwälzungen insgesamt und ihren *negativen Folgewirkungen* zu unterscheiden. Sowohl Individualisierungsschub als auch ökonomische Transformation haben sowohl positive wie auch negative Effekte auf moderne Gesellschaften. In unserem Zusammenhang steht aber besonders die Frage im Mittelpunkt, wie sich die *negativen* Folgewirkungen von beschleunigter Individualisierung und ökonomischer Transformation derart miteinander verschränken, dass sie einen Anstieg von Gewaltdelinquenz begünstigen. Diese Frage kann durch folgende Überlegungen beantwortet werden.

Die These, dass Individualisierungsprozesse als latente Ursache für steigende Gewaltdelinquenz zu betrachten seien, kann als eine *Variante des kontroll- und bindungstheoretischen Ansatzes* betrachtet werden. Ihre Prämisse lautet, dass die Dynamik wachsender Individualisierung seit den 60er Jahren ein Ausmass angenommen hat, dass sich zunehmend *Desintegrationserscheinungen* manifestieren, die ihrerseits die Wahrscheinlichkeit gewaltförmigen Verhaltens begünstigen. Heitmeyer (1992; 1994; 1995) hat diese These in einer Reihe von Publikationen ausformuliert. Er versteht unter *Desintegration* Auflösungsprozesse entlang von drei Dimensionen, nämlich (a) den Beziehungen zu anderen Personen oder Institutionen, (b) der faktischen Teilhabe an gesellschaftlichen Institutionen sowie (c) der Verständigung über gemeinsame Wert- und Normvorstellungen. Allerdings hat eine beschleunigte Individualisierung nicht ausschliesslich negative Folgewirkungen. Vielmehr ist zunächst hervorzuheben, dass die Auflösung hergebrachter und dem Einzelnen fraglos vorgegebener Milieus der Lebenswelt wie etwa das urbane Arbeitermilieu, die an steigenden Scheidungsraten ablesbare Entsakralisierung sozialer Institutionen, die Subjektivierung sozialer Normen und Werte sowie die Betonung von Autonomie als Leitideal von sozialer Identität Fortsetzungen einer säkularen Bewegung sind, in der starre hierarchische Strukturen abgebaut werden und emanzipatorische Potentiale frei gesetzt werden.

Allerdings verschärfen sich in Phasen beschleunigter gesellschaftlicher Modernisierung die Risiken, dass sich in erhöhtem Masse negative Folgeerscheinungen einstellen. Dies ist hinsichtlich der Auswirkungen des Individualisierungsschubes zumindest auf drei Ebenen anzunehmen: Zum einen bedeutet der Zuwachs an individueller Gestaltbarkeit von Zugehörigkeiten und Identifikationen auch, dass die Selbstverständlichkeit und Verlässlichkeit sozialer Bindungen abnimmt. Für die moderne Gesellschaft wird daher in den Worten von Beck und Beck-Gernsheim (1994: 19) die »Bastelbiographie« charakteristisch, »die – je nach Konjunkturverlauf, Bildungsqualifikation, Lebensphase, Familienlage, Kohorte – gelingen oder in eine Bruch-Biographie umschlagen kann.« Die Entinstitutionalisierung von sozialen Zugehörigkeiten bewirkt dabei, dass soziale Integration in steigendem Masse nur noch jene erreicht, welche sich im Kreis der gesellschaftlichen Kerngruppen bewegen, während in der Peripherie sozial desintegrierte Randgruppen wachsen, in denen sich diejenigen finden, die an den Risiken der individualisierten Lebensführung gescheitert sind.

Zum zweiten ist die Bewältigung von Statuspassagen (besonders von der Kindheit ins Erwachsenenalter), die Herausbildung einer gesicherten Identität und die Gestaltung von Lebensentwürfen in individualisierten Gesellschaften abhängig von ähnlich stark gesteigerten Fähigkeiten der *Selbststeuerung*. Paradoxerweise kann nun aber die gewachsene Betonung des modernen Menschen als autonomes, selbstbewusstes und eigenständiges Individuum die Bildung stabiler Identitäten erschweren und neue Ungleichheiten erzeugen (Lasch, 1978; Heitmeyer und Sander, 1992; Keupp, 1992; Glass, 1993). Was nämlich für diejenigen, die dank hohen Bildungsressourcen, sicheren Arbeitsplätzen und sozialen Kontakten Zugang zur Kerngruppe moderner Gesellschaften haben, als Zugewinn von Freiheit und Ablösung von überkommenen Traditionen erscheint, wird für jene, denen die entsprechenden sozialen Ressourcen fehlen, zu einer Quelle der Orientierungslosigkeit und der Isolation (mit direktem Bezug zur Kriminalitätsentwicklung vgl. Haferkamp, 1987). Dies schlägt um so direkter in ein negatives Selbstbewusstsein um, als der Individualisierungsschub nachhaltig Möglichkeiten zur kollektiven Deutung sozialer Ungleichheiten zerstört hat (Wahl, 1989: 157ff). Es ist daher durchaus anzunehmen, dass trotz Bildungsexpansion und weitgehender Aufrechterhaltung des Sozial- und Wohlfahrtsstaates wachsenden Segmenten der modernen Gesellschaften jene Ressourcen fehlen, die den Aufbau einer stabilen, den Anforderungen moderner Gesellschaften gerecht werdenden Identität ermöglichen. Schliesslich hat die Subjektivierung von Werten und Normen Folgewirkungen auf die Bereitschaft, dem universellen Gewaltverbot Folge zu leisten. Wo das Individuum mehr Spielraum für freie Entscheidungen über die Geltung sittlicher Normen hat, ist *Gewaltverzicht* nur dann zu erwarten, wenn in Kommunikation die universelle Geltung dieser Norm immer aufs Neue bestätigt wird. Dabei erhöht jedoch die Fragmentierung moderner Gesellschaften die Wahrscheinlichkeit, dass sich beispielsweise in jugendlichen Subkulturen Normen bilden, in denen der dominante Code des Gewaltverzichts zumindest teilweise ausgeschaltet wird.

Diese negativen Folgewirkungen des Individualisierungsschubes verstärken sich nun unter dem Einfluss der *wirtschaftlichen Dynamik*. Die Enttraditionalisierung sozialer Beziehungsgefüge, die Fragilisierung von Identitäten und die Subjektivierung von Werten und Normen stellen ein Potential von Desintegration bereit, dessen Realisierung in Gestalt faktischer Randlagen durch die negativen Begleiterscheinungen der epochalen ökonomischen Transformation seit den 60er Jahren begünstigt wird. Je nach ideologischem und theoretischem Standpunkt des Autors wurden diese wirtschaftlichen Umwälzungen mit Begriffen wie »Postindustrialismus« (Bell, 1973), »Spätkapitalismus« (Mandel, 1973) oder »Postfordismus« (Hirsch und Roth, 1986) auf den Punkt gebracht. Sie umfassen sowohl eine qualitative wie auch eine quantitative Komponente. In qualitativer Hinsicht stehen hierbei die Diffusion der Mikroelektronik als neuer Basistechnologie sowohl im Industrie- wie auch im Dienstleistungssektor, die damit einhergehenden Automations- und Rationalisierungsschübe, die Flexibilisierung des Arbeitsmarktes, der Abbau von Arbeitsplätzen im Industriesektor und die Dualisierung des Arbeitsmarktes in Hoch- und Tieflohnsegmente im Mittelpunkt (Bell, 1973; Lash und Urry, 1987; Bornschier, 1988; Harvey, 1990). Quantitativ entspricht dieser Entwicklung ein seit der Erdölkrise von 1973 deutlich verlangsamtes Wirtschaftswachstum mit wiederkehrenden tiefen Rezessionen, eine sich über die Krisen kumulativ erhöhende Arbeitslosigkeit und die Entstehung verbreiteter Armutsphänomene im Zentrum der modernen Gesellschaften selbst.

Die Transformationen hatten in mindestens dreierlei Hinsicht Auswirkungen auf die Entstehung gesellschaftlicher Randlagen. *Erstens* sind mit der langfristigen Verlangsamung des wirtschaftlichen Wachstums seit den frühen 70er Jahren die Chancen gesunken, dass Erwartungen über die Teilhabe am wirtschaftlichen Output erfüllt werden. Während in der aussergewöhnlichen Prosperitätsphase der Nachkriegszeit potentielle Verteilungskonflikte sowohl dadurch entschärft wurden, dass vieles in naher Zukunft erwerbbar erschien und zum anderen die Immigrationsprozesse infolge von Unterschichtung die Statusstruktur der schweizerischen Gesellschaft in die Höhe hoben, sind mit der Verlangsamung des Wirtschaftswachstums die Chancen für die Entstehung *relativer Deprivation* deutlich gestiegen. *Zweitens* bestehen deutliche Evidenzen, dass die ökonomische Dynamik in Verschränkung mit der Aufweichung des Sozialvertrages (Bornschier, 1988) eine *Zunahme von Ungleichheiten* nach sich gezogen hat. Buchmann und Sacchi (1995) etwa schätzen, dass zwischen 1972 und 1988 der Anteil der Steuerpflichtigen, welche über ein Realeinkommen von weniger als 30 000 Franken verfügten um rund 8 Prozent zugenommen habe. Dies ist um so bemerkenswerter, als in der gleichen Periode das durchschnittliche Bruttoinlandprodukt per capita um rund 13 Prozent gestiegen ist. *Drittens* waren die Effekte der tiefen Rezessionen der frühen 70er, 80er und 90er Jahre nicht auf blosse konjunkturelle Abschwächungen beschränkt, sondern haben regelmässig zu tiefgreifenden Transformationen der Wirtschaftsstrukturen geführt. Dabei wurden im Zuge der technologische Umwälzungen bestehende Fähigkeitspotentiale entwertet, die schulischen und beruflichen Ausbildungskriterien für den Zugang zu qualifizierten Arbeitsplätzen modifiziert und zuvor bestehende Mobilitätskanäle verschüttet. Insgesamt wurden hierdurch Teilen der Gesellschaft genau jene Ressourcen entzogen, welche in einem hoch individualisierten Kontext Grundlage für die Entwicklung gesellschaftlich adäquater Fähigkeiten der Selbststeuerung bilden.

Kapitel 4
Die Krise der Kernstädte

Die Überlegungen im vorigen Kapitel galten in erster Linie dem Ziel, die säkulare Entwicklung von individueller Gewalt und vor allem die Wende der 60er Jahre aus einer makrosoziologischen Perspektive zu interpretieren. Dabei standen gesamtgesellschaftliche Trends im Mittelpunkt. Die Frage, warum es im Verlauf der vergangenen 30 Jahre zur Konzentration von Gewaltphänomenen in den Städten gekommen sei, blieb hingegen ausgeblendet. Das Ziel dieses Kapitels besteht darin, die damit angesprochene *ökologische Dimension* in die bisherigen Argumente zu integrieren. Hierbei baue ich auf der eben entwickelten These auf, dass die Wechselwirkungen zwischen gesellschaftlichen Desintegrationsprozessen und wirtschaftlichen Marginalisierungen ein Erklärungsmodell für den Anstieg von Gewaltphänomenen seit den späten 60er Jahren bilden. Beide Prozesse sind jedoch nicht räumlich unspezifisch aufgetreten. Vielmehr standen sie in Wechselwirkung mit räumlichen Dynamiken, die zu einer wachsenden Konzentration der Folgeprobleme sozialen Wandels in den Städten geführt haben.

Eine solche Betrachtungsweise erlaubt es, die bisherigen Überlegungen mit stadtsoziologischen Modellannahmen in Verbindung zu bringen. So wird in der Stadtsoziologie seit längerem die These diskutiert, es habe seit der Mitte der 60er Jahre eine Transformation der urbanen Gesellschaften stattgefunden, die als eigentliche *Krise der Städte* zu bezeichnen sei (Mitscherlich, 1976; Schubert, 1981; Friedrichs, 1985a; Wilson, 1987; Goldsmith und Blakely, 1992; Sassen, 1994; Wehrli-Schindler, 1995). Trotz Verschiedenheiten der Argumentation im Einzelnen lässt sich hierbei eine gemeinsame Grundlage identifizieren. Sie besteht in der Vorstellung, dass sich die Folgeprobleme des gesellschaftlichen Wandels zunehmend in den Kernstädten konzentrieren. Um den Prozess, welcher zu einer Verdichtung sozialer Problemlagen mit der Folge steigender Gewaltdelinquenz geführt hat, analytisch zu erfassen, führe ich das Konzept von *Paradigmen städtischer Entwicklung* ein (Krätke, 1991). Mit diesem Begriff sollen historisch spezifische Verknüpfungen technologischer, wirtschaftlicher, politischer und gesellschaftlicher Rahmenbedingungen bezeichnet werden, welche für eine bestimmte historische Phase den räumlichen und sozialen Strukturwandel von Städten bestimmen. Paradigmen städtischer Entwicklung haben in soziologischer Perspektive primär einen *Filtereffekt* (Oswald, 1966). Sie transformieren räumlich unspezifische Veränderungen einer Gesellschaft in räumlich-zeitlich lokalisierbare Wanderungsbewegungen, Verlagerungen von Standortpräferenzen und Veränderungen von Mustern von Alltagshandlungen.

Abbildung 4.1   Modell des Zusammenhanges zwischen Stadtentwicklung und Gewaltkriminalität seit den 60er Jahren

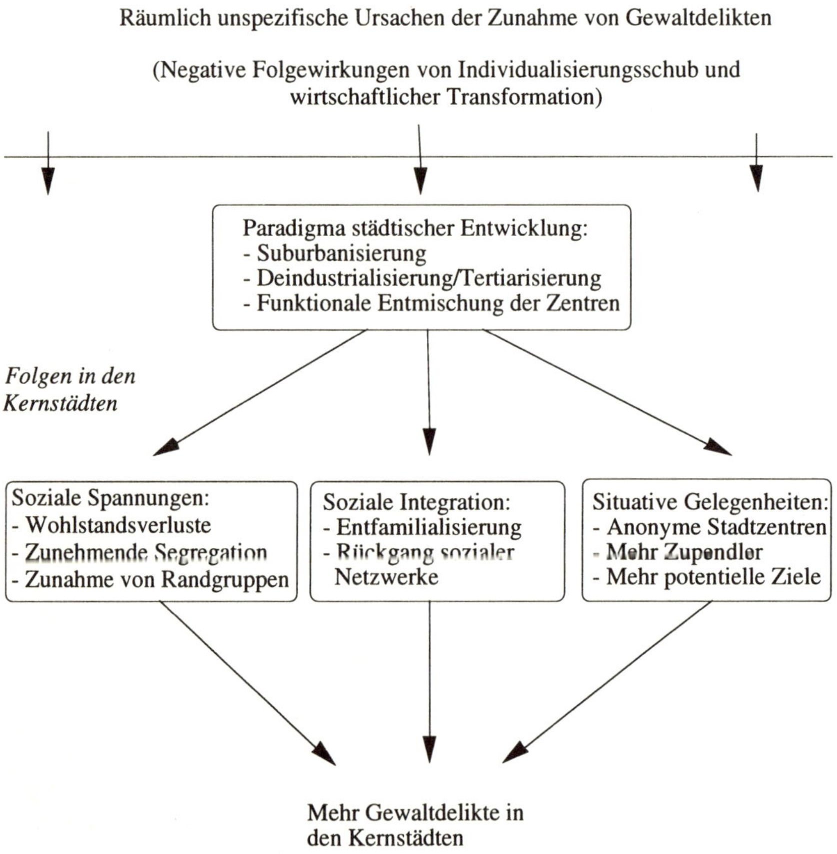

Räumlich unspezifische Ursachen der Zunahme von Gewaltdelikten

(Negative Folgewirkungen von Individualisierungsschub und wirtschaftlicher Transformation)

Paradigma städtischer Entwicklung:
- Suburbanisierung
- Deindustrialisierung/Tertiarisierung
- Funktionale Entmischung der Zentren

Folgen in den Kernstädten

Soziale Spannungen:
- Wohlstandsverluste
- Zunehmende Segregation
- Zunahme von Randgruppen

Soziale Integration:
- Entfamilialisierung
- Rückgang sozialer Netzwerke

Situative Gelegenheiten:
- Anonyme Stadtzentren
- Mehr Zupendler
- Mehr potentielle Ziele

Mehr Gewaltdelikte in den Kernstädten

Abbildung 4.1 vermittelt einen Überblick über das theoretische Modell, das ich im Folgenden ausführen werde. Ausgangspunkt ist der zivilisations- und kontrolltheoretische Rahmen, welcher die Zunahme von Gewaltdelinquenz als Ausdruck der negativen Folgewirkungen von gesellschaftlicher Individualisierung und wirtschaftlicher Transformation während der vergangenen drei Dekaden interpretiert. Diese räumlich unspezifischen Prozesse werden durch das Paradigma städtischer Entwicklung in ökologische Dynamiken umgeformt. Im Vordergrund stehen hierbei *Suburbanisierung, funktionale Entmischung* und *Entindustrialisierung* als Kernelemente des städtischen Wandels seit der Mitte der 60er Jahre (Franz, 1984). Sie sind als die vermittelnden Kräfte zu betrachten, die gesamtgesellschaftliche Entwicklungen in ökologische Veränderungen transformiert haben. Dies hat auf drei Ebenen Auswirkungen auf die Kernstädte.

Als Folge von selektiven Wanderungen und Deindustrialisierung kommt es erstens zu *Wohlstandsverlusten* und einer steigenden Segregation beruflich wenig qualifizierter sowie marginalisierter Bevölkerungsgruppen. In den Städten konzentrieren sich zunehmend diejenigen, denen die sozialen, wirtschaftlichen und kulturellen Ressourcen zur Bildung stabiler Identitäten und sozial adäquater Selbststeuerung fehlen. Zweitens führt die Abwanderung von Mittelschichtfamilien in die Agglomeration und der durch ökonomischen Strukturwandel mitbedingte Zerfall integrativer Netzwerke in den städtischen Unterschichtquartieren zu einer allmählichen *sozialen Desintegration der Gesellschaft der Kernstädte*. Drittens bewirken Suburbanisierung und funktionale Entmischung der Stadtzentren, dass die innerstädtischen Gebiete in wachsendem Ausmass *grossräumige Zentrumsfunktionen* nicht nur im Bereich des Erwerbslebens, sondern auch für Konsum- und Vergnügungsaktivitäten erhalten. Während die wachsende soziale Desorganisation der Kernstädte eine Zunahme von motivierten potentiellen Tätern erwarten lässt, erzeugen erhöhte Zentrumsfunktion und funktionale Entmischung der Innenstädte ein situatives Milieu, das zu einem Anstieg von delinquenten Gelegenheiten in den Innenstädten führt.

Dieses Argument ist im Folgenden differenzierter darzustellen und anhand von empirischen Daten zu belegen. Dabei wird die Gewaltproblematik selbst nur am Rande zur Sprache kommen. Im Mittelpunkt steht vielmehr der Nachweis, dass für die vergangenen 30 Jahre tatsächlich von einer *sozialen Krise der Städte* gesprochen werden kann.

4.1 Das Paradigma städtischer Entwicklung seit den 60er Jahren

Gegen Analysen, welche sich die »Stadt« und ihre Organisationsformen des Sozialen zum Gegenstand machen, wird häufig eingewendet, dass es im Zuge der Verallgemeinerung städtisch-industrieller Lebensweisen zu einer Einebnung von Stadt-Land-Unterschieden gekommen sei und verschiedenen Siedlungstypen keinerlei soziologische Relevanz mehr zukomme (Sombart, 1907; Pahl, 1968; Häussermann und Siebel, 1994). Im Gegensatz zu dieser Sichtweise vertrete ich die These, dass das Paradigma urbanen Strukturwandels, welches den Städtewandel seit etwa 1960 geprägt hat, zu einer *Verstärkung* der sozialen Unterschiede zwischen den Kernstädten und ihrem Umland geführt hat. *Suburbanisierung, funktionale Entmischung* und *Deindustrialisierung* sind die zentralen allgemeinen Prozesse, die hinter diesen Veränderungen stehen.

Suburbanisierung und funktionale Entmischung

Suburbanisierung bezeichnet die Verlagerung von Wohnorten aus den Kernstädten in das städtische Umland bei gleichzeitiger Reorganisation der Verteilung von verschiedenen Nutzungen im gesamten städtischen Gebiet mit der Folge zunehmender Distanzen zwischen Arbeitsplätzen und Siedlungsräumen (Friedrichs, 1980: 170). Ihre Anfänge können in der Schweiz bis ins frühe 20. Jahrhunderts zurückverfolgt werden (Rossi, 1979). Als Massenphänomen setzte sie jedoch erst mit der Massenautomobilisierung der schweizerischen Gesellschaft gegen Ende der 50er Jahre ein (Frey, 1990). Sie führte zur Bildung grossräumiger *Agglomerationen*, innerhalb derer die Bevölkerung der Kernstädte nur noch einen Bruchteil der gesamten Agglomerationsbevölkerung ausmacht. Tabelle 4.1 illustriert diesen Prozess für die fünf grössten Städte der Schweiz anhand einiger zentraler Indikatoren.

Während in einer ersten Phase der Suburbanisierung die Kernstädte noch ein – allerdings geringes – Bevölkerungswachstum aufwiesen, setzte seit Beginn der 60er Jahre (Genf seit 1962, Zürich seit 1963, Bern seit 1964, Basel und Lausanne seit 1969) ein deutlicher Rückgang der Bevölkerungszahl ein, der sich allerdings in der Mitte der 80er Jahre verlangsamt hat (vgl. Wehrli-Schindler, 1995: 12ff)[1]. Stärker noch als die Wohnbevölkerung insgesamt ist aber mit durchschnittlich rund 17 Prozent die *erwerbstätige* Wohnbevölkerung gesunken. Dieser Rückgang der Bruttoerwerbsquote deutet an, dass besonders die Kernstatusgruppen, das heisst die im dominanten Komplex des gesellschaftlichen Lebens voll integrierten Erwerbstätigen (vgl. Bornschier und Keller, 1994), einen sinkenden Anteil der städtischen Gesellschaft stellen.

Tabelle 4.1 *Soziodemographische Indikatoren der Stadtentwicklung, 1960–1990*

(Indexierte Durchschnittswerte der Städte Zürich, Basel, Genf, Bern und Lausanne)

	Jahr				
	1960	1970	1980	1990	Veränderung
Wohnbevölkerung der Kernstädte	100,0	100,1	88,8	88,5	−11,5 %
Erwerbstätige Wohnbevölkerung	100,0	100,6	85,6	83,3	−16,7 %
Beschäftigte am Arbeitsort	100,0	114,6	114,5	116,5	+16,5 %
Erwerbstätige Zupendler	100,0	185,2	254,6	325,5	+225,5 %
Zum Vergleich					
Wohnbevölkerung der Agglomeration[a]	100,0	117,7	137,3	153,9	+53,9 %

[a] Gesamte Agglomerationen gemäss laufender Abgrenzung.
Quelle: Volkszählung der Schweiz, verschiedene Jahrgänge.

Die Tatsache, dass die Wohnbevölkerung der Kernstädte seit den frühen 60er Jahren abgenommen hat, bedeutet allerdings nicht, dass der säkulare Prozess des Städtewachstums zum Stillstand gekommen wäre (vgl. Bassand et al., 1988). Vielmehr hat er sich seit den 60er Jahren in immer weiter vom Stadtzentrum entfernte Regionen verlagert. Zentrale Ursache sind Wanderungsbewegungen, bei denen Wohnorte in immer entferntere Regionen verlagert wurden, aber der Bezug zur Kernstadt durch Arbeitsplatz und Nutzung der kernstädtischen Zentrumsfunktionen im Konsumbereich beibehalten blieb. Eine Folgewirkung ist der rasche Anstieg der *Pendlerbewegungen* zwischen den Agglomerationsgemeinden und den Kernstädten.

Suburbanisierung ist eng mit *funktionaler Entmischung der Städte* verknüpft. Der Begriff bezieht sich auf die räumliche Entflechtung verschiedener Aktivitätsbereiche innerhalb des gesamten urbanen Siedlungsraumes, wobei die Trennung von *Wohnfunktionen, Arbeitsfunktionen, Konsumfunktionen* und *Vergnügungsfunktionen* im Mittelpunkt steht. Deren sichtbarster Ausdruck ist die Polarität zwischen den Stadtzentren, die fast ausschliesslich Arbeitsplätze und Konsumflächen beherbergen, und den Einfamilienhaussiedlungen in den Agglomerationsgemeinden.

Suburbanisierung und funktionale Entmischung können zusammenfassend als Folgewirkung von vier gesellschaftlichen Kräftefeldern interpretiert werden (Friedrichs, 1980: 170ff; Franz, 1984; Flückiger und Muggli, 1985; Frey, 1990; Dürrenberger et al., 1992). Erstens schuf die rasche *Verbreitung des Automobils* seit den 50er Jahren die technologischen Voraussetzungen für eine zuvor völlig undenkbare grossräumliche Trennung verschiedener Aktivitätsfelder für grosse Teile der Bevölkerung. Zweitens führte die *wirtschaftliche Prosperität* zu einem raschen Anstieg des Bedarfs an Wohnfläche pro Person und zu steigenden Chancen, den Wunsch nach einem Eigenheim im Grünen zu realisieren (Güller et al., 1990). Da der wachsende Flächenbedarf für Wohnfunktionen in den weitgehend bebauten Kernstädten nicht befriedigt werden konnte, kam es zu einer Verlagerung der Wohnstandorte ins Umland der Kernstädte. Beide Dynamiken erhielten – drittens – ihre konkrete Ausgestaltung in Form einer Konzentration von Arbeitsplätzen in den Stadtzentren und einer fortwährenden Verlagerung von Wohnorten in immer zentrumsfernere Regionen durch die *Logik des Bodenmarktes,* die durch veränderte Transportmöglichkeiten und -kosten wie auch durch politisch-rechtlich gesetzte Nutzungsordnungen in Gestalt von Bauzonen modifiziert wird (Dürrenberger et al., 1992). Schliesslich haben alle drei Prozesse eine *negative Eigendynamik* in Gang gesetzt, indem sie die Standortqualität der Kernstädte besonders für Wohnbedürfnisse von Familien gemindert haben und damit zusätzliche Migrationen nach sich gezogen haben (vgl. Häussermann und Siebel, 1978; Frey, 1990).

Deindustrialisierung

Als dritte Dimension ist auf die beschleunigte *Deindustrialisierung* und das Aufkommen der »postindustriellen Gesellschaft« hinzuweisen. Die mit diesem Begriff angesprochene Umlagerung des Beschäftigungssystems vom verarbeitenden Sektor zum Dienstleistungssektor mitsamt ihren Ursachen und Folgewirkungen haben alle westlichen Gesellschaften in ähnlicher Weise erfahren (Touraine, 1972; Bell, 1973; Bornschier, 1988). Allerdings waren hiervon die Städte in weit überdurchschnittlichem Ausmass betroffen. Tabelle 4.2 zeigt die *Entwicklung der Arbeitsplätze* in den Kernstädten der Schweiz gemäss den Daten der eidgenössischen Betriebszählungen für Industriesektor und Dienstleistungssektor. Sie macht deutlich, dass die Städte Genf, Lausanne und Zürich zwischen 1965 und 1991 rund die Hälfte der Arbeitsplätze im Industriesektor verloren haben. Im Gegenzug zum fast völligen Verschwinden von Arbeitsplätzen im Industriesektor ist die Zahl der städtischen Arbeitsplätze im *Dienstleistungssektor* zwischen 1965 und 1990 um zwischen 65 und 98 Prozent angestiegen. Allerdings ging diese Zunahme der Arbeitsplätze kaum mit einem Erhöhung der im Dienstleistungssektor beschäftigten *Wohnbevölkerung der Kernstädte* einher. Vielmehr wurde der überwiegende Teil der neu entstandenen Arbeitsplätze durch Pendler besetzt, deren Wohnorte oft weit ausserhalb der eigentlichen Kernstädte lagen.

Tabelle 4.2   Arbeitsplätze im 2. und 3. Sektor, fünf Kernstädten sowie der übrigen Schweiz

a) Arbeitsplätze im 2. Sektor

	Zürich	Basel	Genf	Bern	Lausanne	Übrige Schweiz
1965	125 500	67 400	44 600	44 400	28 500	1 131 900
1975	86 500	59 100	29 600	33 800	16 200	937 600
1985	74 700	52 000	24 600	30 700	15 200	954 800
1991	66 500	53 500	20 100	27 700	13 700	972 600
Δ 1965–1991	–47,1 %	–20,6 %	–54,8 %	–37,5 %	–51,9 %	–14,1 %

b) Arbeitsplätze im 3. Sektor

	Zürich	Basel	Genf	Bern	Lausanne	Übrige Schweiz
1965	158 600	69 700	64 800	61 200	49 600	840 800
1975	223 300	96 300	96 300	88 900	62 900	807 200
1985	260 300	105 700	118 600	105 300	74 600	957 000
1991	290 300	114 900	124 300	121 000	82 000	1 024 800
Δ 1960–1991	+83,0 %	+64,8 %	+91,9 %	+97,7 %	+65,1 %	+21,9 %

Quelle: Bundesamt für Statistik (Hrsg.). Eidgenössische Betriebszählung, verschiedene Jahrgänge.

Diese Daten lassen erkennen, dass der ökonomische Strukturwandel seit den 60er Jahren weitgehend die Gestalt einer Transformation der wirtschaftlichen Verhältnisse der Kernstädte hatte, während viele andere Regionen gleichsam auf einem langsamen Dampfer die Wirrnisse der »dritten industriellen Revolution« durchschifften. Dies ist ein wichtiger Befund für meine weitere Argumentation. Geht man nämlich davon aus, dass rascher wirtschaftlicher Strukturwandel soziale Kosten in Gestalt der Entwertung von bestehendem Fähigkeitskapital, von Marginalisierungen ganzer Erwerbsgruppen und der Schwächung sozialintegrativer Strukturen nach sich zieht (vgl. z.B. Siegenthaler, 1978; 1981), so drängt sich der Schluss auf, dass sich diese Folgelasten in erster Linie in den Kernstädten der schweizerischen Gesellschaft manifestiert haben.

4.2 Die soziale Krise der Kernstädte

Die Auswirkungen von Agglomerationsbildung und wirtschaftlichem Strukturwandel beschränken sich nicht auf die zunehmende räumliche Trennung verschiedener Aktivitätsbereiche und die Verschiebung der wirtschaftlichen Basis der Städte. Vielmehr haben beide Dynamiken gesellschaftliche Folgewirkungen nach sich gezogen, die als *soziale Krise der Kernstädte* bezeichnet werden können. Ihre zentralen Merkmale sind ein allmählicher *Wohlstandsverlust*, eine sich verstärkende *Polarisierung* der Bevölkerungsstruktur, eine zunehmende *Entfamilialisierung* der Kernstädte, eine wachsende *Konzentration von Randgruppen* sowie eine steigende Segregation wenig integrierter ausländischer Bevölkerungsgruppen (Hamm, 1977; 1982; Friedrichs, 1985a; 1985b; Naroska, 1988). Zur Kennzeichnung dieser Entwicklung spricht man seit den 80er Jahren von der »A-Stadt«, in der Alte, Arme, Alleinstehende, Arbeitslose, Auszubildende, Ausländer und Aussteiger dominieren (Franz, 1984; Frey, 1990).

Sinkender Wohlstand der Bevölkerung der Kernstädte

Wie ich eben gezeigt habe, ist im Verlauf der vergangenen 30 Jahre die industrielle Basis der Städte weitgehend weggebrochen. Obwohl neue Arbeitsplätze im Tertiärsektor entstanden sind, hat diese Dynamik gravierende Folgekosten in Gestalt der Entwertung bestehender Fähigkeitskapitale, steigender Arbeitslosigkeit und bleibendem Ausschluss beträchtlicher Bevölkerungssegmente aus dem Arbeitsmarkt nach sich gezogen. Dieser Prozess stand in Wechselwirkung mit der Dynamik der Stadtentwicklung, welche sich im Wegzug einkommensstarker sowie beruflich und sozial integrierter Bevölkerungsgruppen geäussert hat. Als Folge beider Entwicklungen hat die Bevölkerung der Schweizer Kernstädte im Verlauf der vergangenen Dekaden einen relativen, teilweise aber sogar einen absoluten Wohlstandsverlust erfahren.

Die Krise der Kernstädte

Tabelle 4.3 zeigt Daten zur *Entwicklung der Reineinkommen* gemäss der Steuerstatistik der eidgenössischen Steuerverwaltung. Ich vergleiche die Entwicklung der (inflationsbereinigten) ausgewiesenen Reineinkommen (d. h. vor Abzug von Freibeträgen) pro steuerpflichtige Person in den fünf Schweizer Grossstädten mit derjenigen in den entsprechenden Agglomerationsgürteln auf der Basis des Gebietsstandes von 1980. Hieraus wird ersichtlich, dass im Durchschnitt der Kernstädte das Reineinkommen zwischen 1971 und 1990 nur um rund 5,6 Prozent zugenommen hat, während der Einkommenszuwachs in den Agglomerationsgemeinden rund doppelt so hoch gewesen ist. Entsprechend ist auch die Differenz zwischen den Durchschnittseinkommen der Städte und denjenigen der Agglomerationsgürtel relativ kontinuierlich angestiegen.

Tabelle 4.3 *Reineinkommen pro steuerpflichtige Person, Kernstädte und Agglomerationsgürtel, ausgewählte Jahre*

(Durchschnitt der Städte Zürich, Basel, Genf, Bern und Lausanne)

	Reineinkommen pro steuerpflichtige Person[a]		
	5 Kernstädte	Agglomeration[b]	*Differenz*[c]
1971	32 400	37 600	*+16,0 %*
1974	27 000	31 700	*+17,4 %*
1978	31 000	37 000	*+19,4 %*
1983	32 400	38 500	*+18,8 %*
1988	34 200	41 800	*+22,2 %*
1990	34 200	42 000	*+22,8 %*
Δ 1971–1990	+5,6 %	+11,7 %	

[a] Reineinkommen der steuerpflichtigen Personen, Normalfälle und Sonderfälle in Franken von 1971.
[b] Alle Agglomerationsgemeinden der 5 Kernstädte gemäss Agglomerationsgrenzen 1980.
[c] Höheres Reineinkommen der Agglomerationsgemeinden im Vergleich zu den Kernstädten.
Quelle: Steuerstatistik der Schweiz.

Es bestehen Indizien dafür, dass die hier gezeigten Durchschnittswerte das Ausmass an Wohlstandsverlusten grosser Teile der Bevölkerung der Kernstädte deutlich *unterschätzen*. Studien von Bauer und Spycher (1994) sowie von Buchmann und Sacchi (1995) haben gezeigt, dass in der Schweiz seit der Mitte der 70er Jahre ein *Anstieg der Einkommensungleichheit* beobachtbar ist, wobei insbesondere sinkende Einkommensanteile der untersten 20 Prozent der Einkommensbezüger festgestellt wurden. Vermutlich haben daher beträchtliche Teile der städtischen Bevölkerung seit den frühen 70er Jahren nicht nur einen relativen, sondern auch einen absoluten Wohlstandsverlust erfahren. Dies kommt in den Durchschnittswerten nur bedingt zum Ausdruck, weil gleichzeitig durch Prozesse der Gentrifizierung soziale Gruppen in höheren beruflichen Positionen (Führungskräfte, Techniker, hochbezahlte Spezialisten) in einzelne zentrumsnahe Stadtquartiere zugewandert sind (Dangschat, 1988).

Tabelle 4.4   Sozioprofessionelle Lage der Haushalte in Städten und Agglomerationen, 1990

	Zürich			Basel		
	Sozioprofessionelle Lage			Sozioprofessionelle Lage		
	hoch	mittel	tief	hoch	mittel	tief
Kernstadt	24,0 %	59,2 %	16,8 %	20,1 %	58,2 %	21,7 %
Agglomeration	22,7 %	63,3 %	14,0 %	19,6 %	64,7 %	15,7 %
Differenz	*+1,3 %*	*–4,1 %*	*+2,8 %*	*+0,5 %*	*–6,5 %*	*+6,0 %*

	Genf			Bern		
	Sozioprofessionelle Lage			Sozioprofessionelle Lage		
	hoch	mittel	tief	hoch	mittel	tief
Kernstadt	28,2 %	47,4 %	24,5 %	21,5 %	62,8 %	15,7 %
Agglomeration	25,7 %	53,9 %	20,5 %	19,6 %	69,8 %	11,5 %
Differenz	*+2,5 %*	*–6,5 %*	*+4,0 %*	*+2,5 %*	*–6,6 %*	*+4,2 %*

	Lausanne		
	Sozioprofessionelle Lage		
	hoch	mittel	tief
Kernstadt	22,0 %	54,5 %	23,5 %
Agglomeration	21,5 %	56,3 %	22,2 %
Differenz	*+0,5 %*	*–1,8 %*	*1,3 %*

Quelle: Zusammenfassung der Daten zur sozioprofessionellen Schichtzugehörigkeit der Haushalte nach Wehrli-Schindler (1995: 34f), basierend auf der Volkszählung 1990.
Hoch: Oberes Management, freie Berufe, Selbständige, Akademiker.
Mittel: Intermediäre Berufe, qualifizierte manuelle und nicht-manuelle Berufe.
Tief: Ungelernte Angestellte und Arbeiter, Arbeitslose.
(nicht berücksichtigt: Nicht zuteilbare Erwerbstätige, in Ausbildung stehende, andere).

Tabelle 4.4 vergleicht die Kernstädte mit den umliegenden Agglomerationen nach der sozioprofessionellen Lage des Haushaltsvorstandes aufgrund der Volkszählungsdaten 1990. Die Daten machen deutlich, dass die Kernstädte heute durch eine *stärkere Polarisierung der sozio-professionellen Lage der Wohnbevölkerung* geprägt sind als die umliegenden Agglomerationen. Sie weisen sowohl einen höheren Anteil *hoher* sozioprofessioneller Kategorien (Oberes Management, Freie Berufe, Selbständige, Akademiker) wie auch von tiefen sozioprofessioneller Kategorien (ungelernte Arbeiter und Angestellte sowie Arbeitslose aus. Die Bedeutung dieser Daten für ein Verständnis der städtischen Gewaltproblematik besteht im Nachweis, dass tatsächlich bedeutende Gruppen der städtischen Gesellschaft einen relativen und absoluten Verlust an ökonomischen Ressourcen erfahren haben. Wohlstandsverlust, Entwertung von Fähigkeitskapital, sozialer Abstieg und zunehmende Bedrohung durch Arbeitslosigkeit haben in den Städten ein latentes Gewaltpotential geschaffen, das durch gesellschaftliche Desintegrationsprozesse zusätzlich verstärkt wird.

Soziale Desintegration in den Kernstädten

Ökonomische Deprivationen sind nur eine Seite jener gesellschaftlichen Dynamik, welche die Wahrscheinlichkeit für Verunsicherungen, defizitäre Prozesse der Identitätsbildung und gewalttätige Dispositionen hat ansteigen lassen. Die andere Seite bildet die soziale und *kulturelle Dynamik wachsender Desintegration*, die sich in einem Abbau verbindlicher und tragfähiger sozialer Netze, reduzierter Teilhabe an gesellschaftlichen Institutionen und mangelnder Verfügbarkeit integrierender Weltbilder, Wert- und Normvorstellungen äussert. Solche Prozesse manifestieren sich innerhalb der städtischen Gesellschaft beispielsweise in Gestalt des Schwindens quartierbezogener und familiärer Netzwerke, welche sowohl als Instanzen sozialer Kontrolle wie auch als Integrationsfaktor wirken können, in Form steigender Segregation von Immigrierten, was zu sinkenden Chancen für Integrations- und Assimilationsprozesse führt, sowie in der Auflösung einer sozial und politisch integrierenden Arbeiterkultur, die einen wesentlichen Beitrag zur Zivilität der Stadt des 20. Jahrhunderts geleistet hat.

Ein Aspekt dieser Dynamik lässt sich relativ gut anhand von Daten zur *Entwicklung der Haushaltsstruktur* nachzeichnen (vgl. Tabelle 4.5a bis 4.5c).

Tabelle 4.5   *Veränderungen der Haushaltsstruktur in fünf Kernstädten und der übrigen Schweiz, 1960–1990*

a) Einpersonenhaushalte

	In Prozent aller Haushaltungen		
	5 Städte[a]	Übrige Schweiz	*Differenz*
1960	20,1 %	11,6 %	*+8,5 %*
1970	30,2 %	15,9 %	*+14,3 %*
1980	44,2 %	24,3 %	*+19,9 %*
1990	47,6 %	28,1 %	*+19,5 %*

b) Familienpaare mit Kindern

	In Prozent aller Haushaltungen		
	5 Städte[a]	Übrige Schweiz	*Differenz*
1960	28,6 %	36,4 %	*–7,8 %*
1970	26,5 %	40,0 %	*–13,5 %*
1980	21,1 %	39,7 %	*–18,6 %*
1990	18,1 %	34,3 %	*–16,2 %*

c) Alleinerziehende Elternteile

	In Prozent der Familienhaushaltungen mit Kindern		
	5 Städte[a]	Übrige Schweiz	*Differenz*
1960	12,3 %	9,9 %	*+2,4 %*
1970	13,5 %	8,6 %	*+4,9 %*
1980	19,1 %	9,5 %	*+9,6 %*
1990	21,0 %	9,1 %	*+11,9 %*

[a] Zürich, Basel, Genf, Bern, Lausanne.
Quelle: Eigene Berechnungen auf der Basis der Volkszählung der Schweiz, verschiedene Jahrgänge.

Der Anteil von *Einpersonenhaushaltungen* ist im Durchschnitt der fünf grössten Schweizer Städte (Zürich, Basel, Genf, Bern, Lausanne) von rund 20 Prozent im Jahre 1960 auf knapp 48 Prozent im Jahre 1990 gestiegen. Jeder zweite städtische Haushalt besteht heute also aus einer einzelnen Person. Hingegen machten 1960 *Familienhaushaltungen mit Kindern* noch rund 29 Prozent der Gesamtzahl aller Haushaltungen aus, womit ihr Anteil nur geringfügig unter demjenigen der übrigen Schweiz (36 Prozent) lag. Seither haben alle fünf grossstädtischen Zentren der Schweiz einen andauernden deutlichen Wanderungsverlust von Familienpaaren mit Kindern erfahren, der nicht annähernd durch Familienneugründungen in den Städten selbst ausgeglichen wurde. Demgegenüber ist in den urbanen Zentren der *Anteil alleinerziehender Elternteile* (am Gesamt aller Familienhaushaltungen) von rund 12 Prozent auf 21 Prozent gestiegen. Vergleicht man diese Daten, welche sich jeweils auf die Kernstädte beziehen, mit den entsprechenden Kennwerten für die gesamte übrige Schweiz, so wird überall eine ausgeprägte Scherenbewegung sichtbar. Die Kernstädte unterscheiden sich hinsichtlich zentraler Parameter der Bevölkerungsstruktur in wachsendem Ausmass von der Gesamtgesellschaft, in die sie eingebettet sind.

Diese Entwicklung ist Folge und Ausdruck verschiedener Prozesse, die hier nicht im Einzelnen zu untersuchen sind. Jedenfalls zeigen Analysen von Migrationsprozessen zwischen Kernstädten und Umland, dass Entscheide über Wohnorte in zunehmendem Masse alters- und lebenslaufspezifischen Präferenzen folgen (Eisner und Güller, 1992). Wanderungsgewinne verzeichnen die Kernstädte vor allem bei jungen, unverheirateten Berufstätigen und Auszubildenden.[2] Starke Wanderungsverluste hingegen ergeben sich bei der Gruppe der 30 bis 39jährigen, jener Altersgruppe also, bei der sich durch Familiengründung die Wohnortpräferenzen verändern und durch wachsende Einkommen die Chancen steigen, sich den Wunsch nach einem Eigenheim im Grünen zu erfüllen. Solche räumlichen Spiegelungen der Normalbiographie von integrierten Mittelschichtangehörigen erzeugen gesellschaftliche Filtereffekte, indem all jene, deren Lebenslauf vom Normalmuster abweicht, in den Kernstädten zurückbleiben.

Eine weitere Dimension, entlang der sich eine Verschärfung sozialer Entmischungsprozesse durch selektive Wanderungen beobachten lässt, betrifft die Entwicklung der *ausländischen Wohnbevölkerung in den Kernstädten der Schweiz*. Den Hintergrund bildet die Immigration ausländischer Arbeitskräfte seit den 50er Jahren im Gefolge der Hochkonjunktur, welche zu einem Anstieg der ausländischen Wohnbevölkerung der Schweiz von rund 6 Prozent im Jahre 1950 auf rund 19 Prozent im Jahre 1973 geführt hat (Hoffmann-Nowotny, 1973). Wie Tabelle 4.6 zeigt, unterscheidet sich noch um 1960 der ausländische Bevölkerungsanteil in den Schweizer Grossstädten kaum von demjenigen im Durchschnitt der übrigen Schweiz. Auch noch 10 Jahre später, zu Beginn der 70er Jahre, weisen die Grossstädte der Schweiz nur einen geringfügig überdurchschnittlichen Anteil der ausländischen Wohnbevölkerung auf. Hingegen ist in den letzten 20 Jahren eine ausgeprägte *Verschärfung der räumlichen Segrega-*

tion der ausländischen Wohnbevölkerung in den Kernstädten festzustellen (für die BRD ähnlich Esser, 1985: 142).

Tabelle 4.6 Anteil der ausländischen Wohnbevölkerung an der Gesamtbevölkerung, 1960–1990

	Anteil ausländische Wohnbevölkerung		
	Fünf Städte	Übrige Schweiz	*Differenz*
1960	13,6 %	10,0 %	*+3,6 %*
1970	20,3 %	16,6 %	*+4,3 %*
1980	20,6 %	13,8 %	*+6,8 %*
1990	27,4 %	16,5 %	*+10,9 %*

Quelle: Eigene Berechnung. Grundlage: Volkszählung der Schweiz, verschiedene Jahrgänge.

Diese Entmischungsdynamik setzt sich innerhalb der Städte fort. Beispielsweise ist in den Unterschichtquartieren Basels (Clara, Matthäus und Klybeck) der Anteil der ausländischen Wohnbevölkerung zwischen 1960 und 1990 von rund 12 auf 42 Prozent gestiegen und in einzelnen städtischen Schulhäusern sind heute Ausländeranteile von über 70 Prozent nicht aussergewöhnlich. Diese Dynamik lässt für einzelne Stadtquartiere den Begriff der »Ghettoisierung« als durchaus angebracht erscheinen. Welche Auswirkungen dies für ein Verständnis der städtischen Gewaltproblematik hat, soll später genauer untersucht werden (vgl. Kapitel 10).

Zunahme von Randgruppen

Die Wechselwirkung zwischen ökonomischen Krisensymptomen, sozialer Desintegration und Migrationen zwischen Städten und Umland haben dazu geführt, dass *soziale Gruppen an der Peripherie moderner Gesellschaften* steigende Anteile der urbanen Gesellschaft ausmachen. Daten zur Entwicklung der Zahl der *fürsorgerisch unterstützten Personen* bieten eine Möglichkeit, diese Dynamik anhand einer quantifizierten Grösse zu beobachten (Höpflinger und Wyss, 1994).[3] Abbildung 4.2 zeigt die entsprechenden Daten für die vier grössten Schweizer Städte. Obwohl die einzelnen Verlaufsmuster durch Veränderungen der Erfassungskriterien und der internen Organisation der Fürsorgestellen beeinflusst werden, wird deutlich der gemeinsame langfristige Trend erkennbar. Jede wirtschaftliche Rezession (1973–75, 1981–83 und seit 1989) hat einen treppenförmigen Anstieg der fürsorgerisch unterstützten Personen nach sich gezogen, ohne dass es jedoch in den dazwischenliegenden Prosperitätsphasen wieder zu einem Abbau gekommen wäre.

Abbildung 4.2   Rate der fürsorgerisch unterstützten Personen in vier Schweizer Städten, 1960–1993

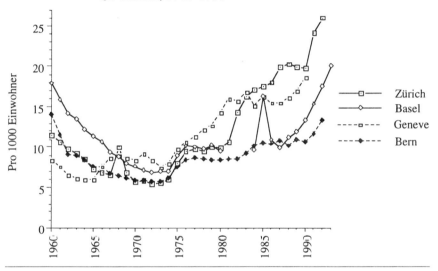

Quelle: Statistische Jahrbücher der Städte Zürich und Bern sowie der Kantone Genf und Basel-Stadt.

Auch dieser Prozess ist die Folge der Wechselwirkung von sozio-ökonomischen Strukturveränderungen in den Städten selbst mit den Auswirkungen selektiver Migration. Der rasche ökonomische Strukturwandel hat in den Rezessionsphasen Arbeitslosigkeit und den bleibenden Ausschluss eines Teils der Arbeitskräfte aus dem Arbeitsmarkt begünstigt (Naroska, 1988). Dabei spielen Disparitäten zwischen den infolge der Umstrukturierung der Wirtschaft neu nachgefragten und den angebotenen Qualifikationen auf den städtischen Arbeitsmärkten eine wichtige Rolle (Friedrichs, 1985b). Deren Effekte wurden durch selektive Migration verstärkt, da sozial integrierte Bevölkerungsgruppen die Kernstädte verlassen haben und Randgruppen zugewandert sind.

Eine besonders zu erwähnende Randgruppe in den Kernstädten der Schweiz bilden *marginalisierte Drogenabhängige*. Dabei ist zunächst der Hinweis wichtig, dass hinsichtlich des Kontaktes mit Drogen und der Entstehung von Drogenabhängigkeit kaum Unterschiede zwischen urbanen und nicht urbanen Regionen bestehen (Sieber und Angst, 1981; Sieber, 1988; Killias et al., 1994). Die Drogenproblematik selbst hat ihren Entstehungsort nicht in den Städten. Hingegen tritt die Problematik von Drogenszenen und marginalisierten Drogenabhängigen konzentriert in den Kernstädten der Schweiz zutage. Dies ist zum einen eine Folge der Standortqualitäten der Innenstädte als Umschlagplätze vor allem von harten Drogen (Eisner, 1992b). Zum anderen spielt eine Rolle, dass der anonyme städtische Kontext für Drogenabhängige ähnlich wie für andere Randgruppen infolge der geringeren sozialen Kontrolle ein präferiertes Milieu bildet.

4.3 Der Funktionswandel der Stadtzentren

Ich habe bisher die Kernstädte in ihrer Funktion als Lebensraum für die dort wohnhafte Bevölkerung betrachtet. Wie ich in der Diskussion allgemeiner theoretischer Ansätze gezeigt habe, vermag eine solche Perspektive eine Erklärung zur Entstehung latenter gewalttätiger Dispositionen zu liefern. Allerdings habe ich im Rahmen der Diskussion auch deutlich gemacht, dass wir für ein Verständnis von Gewalt *situative Kontextbedingungen* mit berücksichtigen müssen. Aus einer solchen Perspektive interessiert das Paradigma städtischen Strukturwandels weniger hinsichtlich seiner Auswirkungen auf die Lebens- und Sozialisationsbedingungen der Bevölkerung, als vielmehr in Bezug auf die *Strukturierung von Alltagsinteraktionen und -situationen*. Eine besondere Bedeutung kommt hierbei der Entstehung weitgehend entvölkerter und ausschliesslich als Arbeitsplatz oder Konsum- und Vergnügungsfunktionen dienender innerstädtischer Viertel zu.

Zwar kann ein gewisser Bevölkerungsrückgang in den Stadtzentren bis ins 19. Jahrhundert zurückverfolgt werden. Doch bildet die Zeit nach dem Zweiten Weltkrieg insofern einen Wendepunkt, als erst damals die Wohnbevölkerung in diesen Gebieten gegen Null zu tendieren begann, sich die Konzentration sowohl der Arbeitsplätze wie auch der Konsum- und Vergnügungsorte in den Stadtzentren erheblich beschleunigt hat und durch das Automobil die grossflächige Entflechtung verschiedener Lebensfunktionen möglich wurde. Die Entstehung eigentlicher Citygebiete hat in verschiedener Hinsicht Auswirkungen auf den Zusammenhang zwischen Urbanität und Gewaltdelinquenz.

Citygebiete, die weit über die Stadtgrenzen hinaus Zentrumsfunktionen erfüllen, haben zunächst Auswirkungen auf Ausmass und Richtung von Mobilitätsströmen, wobei uns hier besonders Freizeitmobilität in Zusammenhang mit abendlichen Vergnügungsaktivitäten interessiert. Sie führen dazu, dass die Stadtzentren abends und besonders an Wochenenden Begegnungs- und Vergnügungsort für das gesamte städtische Agglomerationsgebiet sind. Mit wachsender Zahl von anwesenden Personen in den Innenstädten steigt aber auch die Zahl von Interaktionen, die potentiell konflikt- und gewaltträchtig sind. Es ist also schon infolge der grossen Zahl von Personen, die täglich aus den Agglomerationen in die Stadtzentren zu Arbeits-, Konsum- oder Vergnügungszwecken strömen, zu erwarten, dass selbst unter der Annahme rein stochastisch sich ereignender Gewaltdelikte eine räumliche Konzentration in den Zentrumsgebieten beobachtet werden kann.

Darüber hinaus kann man aber vermuten, dass eine wachsende Zahl von Personen in den Citygebieten bei gleichzeitig fast völligem Verschwinden der Wohnbevölkerung *Aggregatseffekte* nach sich zieht (vgl. Felson, 1994). Insbesondere ist die Annahme vertretbar, dass durch die Entstehung monofunktionaler Citygebiete, die Entfamilialisierung des städtischen Raumes und das Verschwinden kleinerer Läden und Dienstleistungsbetriebe die Dichte informeller sozialer Kontrolle, welche sich gleichsam als Nebenfolge der Aktivitäten der in einem Quartier lokal ansässigen Bevölkerung einstellt, deutlich abgenommen habe (Sampson, 1986; Davidson, 1989; Davidson und Locke, 1992). Solche Prozesse sind besonders für Gewalt im öffentlichen Raum von Bedeutung. So wissen wir aus einer Reihe von Untersuchungen, dass für Gewaltdelikte gegen unbekannte Personen (Raub, Entreissdiebstahl, Formen von Tätlichkeiten und Körperverletzungen) hohe Anonymität und eine geringe Chance der Identifikation des Täters im Nutzenkalkül von Gewalttätern eine Rolle spielen (Davidson, 1989; Beanninger, 1991; Vogel, 1992). Besonders für Strassenraub und Entreissdiebstähle ist die Annahme plausibel, dass motivierte Täter bevorzugt Räume aufsuchen, in denen sich sowohl viele potentielle Opfer aufhalten wie auch die Möglichkeiten zur anschliessenden Flucht infolge der Anonymität besonders vielfältig sind. In dem Ausmass, in dem der Prozess der Citybildung die Entstehung solcher Kontexte begünstigt hat, mag er zum Anstieg städtischer Gewalt im öffentlichen Raum beigetragen haben.

Kapitel 5

Determinanten der Zunahme von Gewalt: ein empirischer Test

In den beiden vorangehenden Kapiteln habe ich ein theoretisches Modell entfaltet, um Entwicklung und räumliche Verteilung von Gewaltdelinquenz in modernen Gesellschaften zu interpretieren. Es basiert auf der Vorstellung, dass die negativen Folgewirkungen von Individualisierungsschub und wirtschaftlichem Strukturwandel als strukturelle Ursachen der seit den 60er Jahren steigenden Gewaltdelinquenz anzusehen seien. Diese Annahme habe ich mit der sozialökologischen Vorstellung verknüpft, dass das Paradigma städtischer Entwicklung dazu geführt habe, dass sich diese negativen Folgewirkungen primär in den Kernstädten konzentriert haben. Zusammen mit deren verstärkter Zentrumsfunktion habe dies bewirkt, dass sich der Anstieg von Gewaltdelinquenz in erster Linie in den urban geprägten Regionen konzentriert hat.

In diesem Kapitel unterziehe ich diese Thesen einer ersten empirischen Überprüfung. Dabei arbeite ich mit Daten, welche räumlich auf der Ebene der 26 Kantone der Schweiz aggregiert sind. Zur Messung von Gewaltdelinquenz verwende ich drei Informationsquellen: Homizidraten gemäss der schweizerischen Todesursachenstatistik, Raten der ausgesprochenen Strafurteile sowie Raten der polizeilich registrierten Gewaltdelikte. Da die zur Diskussion stehenden Daten ausschliesslich in Form von *räumlichen Aggregaten* verfügbar sind, muss sich die empirische Analyse auf die Überprüfung von Hypothesen beschränken, die Unterschiede in der Häufigkeit von Gewaltdelinquenz mit Differenzen auf der Ebene gesellschaftlicher Kontexte in Zusammenhang bringen. Die Hypothesen lauten:

1. Aufgrund der Argumentation, dass die negativen Folgewirkungen verstärkter Individualisierung und die hierdurch ausgelösten sozialen *Desintegrationsprozesse* eine Zunahme von Gewaltdelinquenz bewirken, ist zu erwarten, dass Gewaltdelikte in hochgradig individualisierten Kontexten häufiger sind als

in Kontexten, welche sich durch eine hohe Verhaltensregulierung infolge von sozialer Kontrolle auf familiärer, gemeinschaftlicher und gesellschaftlicher Ebene auszeichnen. Ebenso ist zu erwarten, dass im Zeitverlauf jene Kontexte einen höheren Anstieg der Gewaltdelinquenz aufweisen, welche sich durch ein hohes Niveau der Individualisierung auszeichnen.

2. Vor dem Hintergrund der *spannungstheoretischen* Argumentation, dass Gewaltdelinquenz eine Folge der negativen Auswirkungen des *wirtschaftlichen Strukturwandels* mitsamt den ökonomischen Stagnationserscheinungen sei, ist zu erwarten, dass Gewaltdelikte in jenen Regionen häufiger sind, in denen es zu einem hohen Verlust an Arbeitsplätzen und einer unterdurchschnittlichen wirtschaftlichen Dynamik gekommen ist.

3. Schliesslich kann man aus *gelegenheitstheoretischer* Perspektive erwarten, dass Kontexte mit einem hohen Zustrom von Pendlern und einer grossen Dichte von Alltagsaktivitäten mehr Gewaltdelikte aufweisen, als Kontexte, die zwar Wohnfunktionen haben, aus denen aber Alltagsaktivitäten in wachsendem Ausmass ausgelagert werden.

5.1 Methodische Erwägungen

In den folgenden Analysen schätze ich ähnliche Regressionsmodelle für drei Gruppen von Gewaltindikatoren, die auf je unterschiedlichen Messungen beruhen. Eine solche Replikation für verschiedene Messungen der abhängigen Variablen hat den Vorteil, dass sich die Validität der Ergebnisse weit besser beurteilen lässt. Dies ist gerade im Delinquenzbereich wegen der Probleme hinsichtlich der Datenqualität von Bedeutung. Denn jede dieser Datenquellen unterliegt je spezifischen Verzerrungen. Gelingt eine Replikation von Modellen über verschiedene Indikatorebenen, so kann man mit grösserer Sicherheit davon ausgehen, dass die Ergebnisse nicht die Folge von Idiosynkrasien der Datenquellen sind, sondern tatsächliche soziale Zusammenhänge widerspiegeln.

Die drei verwendeten Indikatorengruppen zur Messung von kantonalen Unterschieden in der Häufigkeit von Gewaltdelinquenz sind:

1. *Homizidraten* der Kantone in den Dekaden 1970–79 und 1980–89 auf der Basis der Daten der Todesursachenstatistik.
2. *Veränderungen der Raten der ausgesprochenen Strafurteile* wegen Gewaltdelikten zwischen den Dekaden 1960–69 und 1970–79 sowie zwischen 1970–79 und 1980–89.

3. *Raten der polizeilich registrierten Gewaltdelikte* im Durchschnitt der Jahre 1990–93 für die Deliktgruppen »Raub und Entreissdiebstahl«, »Körperverletzung und Tötung«, »Vergewaltigung« sowie das Gesamttotal der erwähnten Delikte.

Dass die Daten der Strafurteilsstatistik in den folgenden Analysen in der Form von Differenzen zur vorangehenden Dekade gemessen werden, hat einen methodischen und einen theoretischen Grund. In methodischer Hinsicht ist davon auszugehen, dass die kantonalen Daten der Strafurteilsstatistik in hohem Ausmass durch regionale Traditionen der Rechtsprechung beeinflusst werden. Dies bedeutet, dass ein Vergleich absoluter Niveaus nur wenig Aussagekraft besitzt. Hingegen kann man vermuten, dass solche regionale Traditionen über die Zeit relativ stabil bleiben. Zu- oder Abnahmen der Strafurteilsraten über die Zeit mögen daher tatsächliche Entwicklungen eher widerspiegeln, als absolute Niveaus. Auf theoretischer Ebene ist eine Überprüfung der Modellannahmen für Veränderungen über die Zeit deshalb interessant, weil hierdurch dem dynamischen Aspekt des zugrundeliegenden Modells Rechnung getragen wird.

Das Problem unterschiedlicher Grössen der Kantone

Ein besonderes Problem bei der empirischen Arbeit mit Daten, welche auf Kantonsebene aggregiert sind, sind die ausgeprägten Unterschiede in der Bevölkerungsgrösse. Während der kleinste Halbkanton (Appenzell-Innerrhoden) nur rund 14 000 Einwohner hat, ist der Kanton Zürich mit rund 1,1 Millionen Einwohnern fast 80mal grösser. Das bedeutet, dass in kleinen Kantonen die Gewaltindikatoren erst bei einer Aggregation über mehrere Jahre stabilere Werte annehmen. Für die folgenden Analysen wurden daher sowohl die Homizidraten wie auch die Strafurteilsraten über die Dekaden 1960–69, 1970–79 und 1980 89 aggregiert. Zudem wurden die beiden kleinen Paare von Halbkantonen (Appenzell-Innerrhoden und Appenzell Ausserrhoden sowie Ob- und Nidwalden) jeweils zu einer Beobachtung zusammengefasst, so dass nun die Bevölkerungsgrösse der kleinsten Beobachtung (Kanton Uri) rund 33 000 Personen beträgt. Allerdings führt die weiterhin beträchtliche Varianz der Bevölkerungsgrösse zu Problemen bei der Schätzung von Regressionsgleichungen mit konventionellen OLS-Verfahren, da die Varianz der Fehlerterme im Regressionsmodell nicht zufallsverteilt ist, sondern systematisch mit der Kleinheit der Kantone variiert. Dieses Problem ist unter dem Fachbegriff der *Heteroskedastizität* bekannt (Berry und Feldman, 1985). Um für solche Daten Regressionsgleichungen zu schätzen, werden üblicherweise Verfahren wie »Generalized-Least-Square« Regressionen oder »Weighted-Least-Square« Regressionen eingesetzt. Hierbei erhalten Beobachtungen mit einer erwarteten hohen Varianz des Fehlertermes ein geringeres Gewicht als Beobachtungen mit einer geringen Varianz des Fehlertermes. Bei räumlich aggregierten Daten, wie sie hier vorliegen, existiert eine »natürliche« Quelle unterschiedlicher Fehlervarianz in Gestalt der *Bevölkerungsgrösse* (Hanushek und Jackson, 1977). So ist unmittelbar plausibel, dass die Varianz des Messfehlers (etwa für die Strafurteilsraten) bei kleinen Kantonen grösser ist als bei grossen Kantonen. Durch Berücksichtigung der Bevölkerungsgrösse als Gewichtungsvariable können daher effiziente Schätzungen der Regressionen vorgenommen werden.[1]

In diesem Zusammenhang ist auf ein zweites Problem hinzuweisen, für das allerdings keine befriedigende Lösung gefunden werden konnte. Wegen des Phänomens des ökologischen Fehlschlusses – Zusammenhänge auf der Ebene von aggregierten Raumeinheiten müssen nicht notwendigerweise auf Zusammenhängen auf der Ebene der Individuen beruhen (Robinson, 1950; Hammond, 1973; Esser, 1988) – gilt für statistische Analysen mit räumlich aggregierten Daten das Desiderat, dass die Aggregatseinheiten hinsichtlich der untersuchten Merkmale möglichst homogen sein sollten (Langbein und Lichtman, 1978). Dieses Kriterium kann für die Schweizer Kantone, welche teilweise verschiedenste Regionstypen vereinen, nicht als erfüllt gelten. Das bedeutet, dass für die folgenden Modelle ein ökologischer Fehlschluss nicht ausgeschlossen ist. Allerdings können in den Analysen zur Gewaltdelinquenz im Kanton Basel-Stadt, welche ich in den Kapiteln 6 bis 9 darstelle, die hier nur auf Aggregatsebene betrachteten Zusammenhänge auf auch auf der Ebene von Individuen untersucht werden. Dies wird es erlauben, der Frage nach der Kohärenz zwischen Analyseebenen nachzugehen.[2]

Gepooltes Sample und das Problem der Autokorrelation

Die Fragestellung der Untersuchung und die geringe Zahl von Beobachtungen zu einem gegebenen Zeitpunkt (23 Gebietseinheiten)[3] legen es nahe, die Modelle zur Erklärung der Homizidraten sowie der Veränderungen der Strafurteilsraten für die beiden Teilperioden 1970–79 und 1980–89 gemeinsam zu schätzen. Dieses Zusammenlegen mehrerer Beobachtungsperioden führt zu einem Untersuchungsdesign, das als *gepoolte Regression* bezeichnet wird. Bei solchen Regressionsmodellen sind mögliche autoregressive Effekte zu berücksichtigen, da

Beobachtungen zum Zeitpunkt t von denjenigen in der vorherigen Zeitperiode t-1 abhängig sein können (Sayrs, 1988). Eine Prüfung ergab, dass weder die Homizidraten noch die Veränderungen der Strafurteilsraten über die beiden Teilperioden hoch miteinander korreliert sind. Dennoch wurde für alle Regressionsmodelle mit gepooltem Sample die Durbin-Watson-Statistik berechnet, die als Kennwert für das Ausmass von Autokorrelation in den Residuen gilt. Da diese durchwegs im akzeptierten Bereich lag, habe ich auf den Einschluss eines autoregressiven Terms verzichtet.

Eine Faktoranalyse der Modellvariablen

Die folgenden Analysen zielen darauf ab, die Effekte von »Individualisierung«, »wirtschaftlicher Krise« und »Zentralität« auf Gewaltdelinquenz zu schätzen. Es stellt sich daher die Frage, wie die erklärenden Variablen zu konstruieren sind. Das hier gewählte Vorgehen besteht darin, eine Reihe von Einzelindikatoren zu erheben und mit Hilfe einer Faktoranalyse zu Dimensionen zusammenzufassen. Die verwendeten Einzelindikatoren sind:

1. Durchschnittliche *Haushaltungsgrösse*, 1970 und 1980
2. Anteil *Einpersonenhaushalte*, 1970 und 1980
3. Anteil Personen im *Alter zwischen 0 und 19 Jahren*, 1970 und 1980
4. Anteil *alleinerziehende Elternteile* am Total aller Familien, 1970 und 1980
5. Veränderung *Volkseinkommen/capita*, 1970–80 und 1980–90
6. Veränderung der Zahl der *Beschäftigten am Arbeitsort*, 1970–80 und 1980–90
7. Bilanz der *interkantonalen Pendler* pro 100 000 Einwohner, 1970 und 1980
8. *Arbeitsplätze* pro 1000 Einwohner, 1970 und 1980

Alle Indikatoren beruhen auf Daten der Schweizerischen Volkszählungen, die vom Bundesamt für Statistik publiziert werden. Eine Hauptkomponentenanalyse ergab drei Faktoren mit einem Eigenwert > 1, die zusammen 91 Prozent der Gesamtvarianz aufklären.

Auf dem ersten Faktor laden die vier Einzelindikatoren für »Individualisierung«. Der zweite Faktor mit den Variablen »%-Veränderung der Zahl der Arbeitsplätze« und »%-Veränderung des Pro-Kopf-Einkommens« widerspiegelt eine Dimension der »wirtschaftlichen Krise« und der dritte Faktor mit den Variablen »Bilanz der interkantonalen Pendler« und »Arbeitsplätze pro 100 000

Einwohner« kann als Indikator für die »Zentralität« eines Kontextes interpretiert werden.

Tabelle 5.1   Hauptkomponentenanalyse der Modellvariablen, schiefwinklige (oblimin) Rotation, N=46

	Individualisierung	Wirtschaftliche Krise	Zentrumsfunktion	h^2
Haushaltungsgrösse	**−1,01**c	0,03	0,07	0,95
Einpersonenhaushalte[a]	**0,99**	0,07	−0,02	0,96
Alter 0-19 Jahre	**−0,93**	0,10	−0,08	0,74
Alleinerziehende Elternteile[a]	**0,79**	0,07	0,10	0,97
Δ-Einkommen per capita	−0,04	**0,95**	0,20	0,87
Δ-Arbeitsplätze	0,07	**0,86**	−0,28	0,89
Interkantonale Pendlerbilanz[b]	−0,01	0,04	**0,99**	0,96
Arbeitsplatzdichte	0,18	-0,07	**0,86**	0,95
Erklärte Varianz	56,2 %	22,9 %	11,9 %	

[a] Logarithmiert.
[b] Quadratwurzel zur Bereinigung der Schiefe.
[c] Bei schiefwinkliger Rotation sind die Faktorladungen nicht auf den Wertebereich −1 bis +1 beschränkt, vgl. Kim und Mueller (1978).

Die Hauptkomponenten wurden sowohl mit Hilfe einer orthogonalen wie auch mit Hilfe einer schiefwinkligen Rotation eruiert. Dabei zeigte die schiefwinklige Rotation eine Korrelation von r = 0,50 zwischen der Zentralität eines Kontextes und dem Grad der Individualisierung. Technisch bedeutet das, dass die Ergebnisse der schiefwinkligen Rotation beibehalten wurden (vgl. Tabelle 5.1). Inhaltlich kann man daraus schliessen, dass individualisierte Kontexte häufig auch einen hohen Zentralitätsgrad aufweisen.[4]

Kontrollvariablen

Für alle unten diskutierten Modelle wurden mögliche Effekte von weiteren Variablen geprüft. Es wurden fünf Kontrollvariablen berücksichtigt. Mit dem »Anteil der Personen im Alter zwischen 20 und 35 Jahren« wurde überprüft, ob die Altersstruktur der Wohnbevölkerung einen Einfluss auf das Ausmass der

Gewaltdelinquenz habe. Eine zweite Kontrollgrösse betraf die ethnische und kulturelle Heterogenität eines Kontextes, die durch den »Anteil der ausländischen Wohnbevölkerung« gemessen wurde. Mit dem Indikator »Einkommensungleichheit« wurde eine Dimension von sozialen Spannungen gemessen, die Zwicky (1982) in einer früheren Untersuchung zur Erklärung von Unterschieden der Gewaltdelinquenz verwendet hatte. Die Rate der »Gestorbenen wegen Alkoholismus und Leberzirrhose« interpretiere ich als Indikator für Unterschiede im Ausmass des Alkoholkonsums. Die Rate der »Strafurteile wegen Verstössen gegen das Betäubungsmittelgesetz« schliesslich kann als grober Indikator für das Ausmass von Drogenproblemen betrachtet werden.

Kontrollvariablen (Kurzbezeichnung in Klammern)

1. Anteil Personen im Alter zwischen 20 und 35 Jahren, 1970 und 1980 (Alter 20–35).
2. Anteil Ausländer an der Wohnbevölkerung, 1970–75 und 1980–85 (Heterogenität).
3. Einkommensungleichheit, Gini-Index der steuerbaren Reineinkommen, 1977/78 und 1987/88 (Ungleichheit).
4. Gestorbene wegen Alkoholismus und Leberzirrhose, pro 100 000 Einwohner, 1970–75 und 1980–85 (Alkoholismus).
5. Strafurteile wegen Verstössen gegen das Betäubungsmittelgesetz, 1970–75 und 1980–85, pro 100 000 Einwohner (Drogenprobleme).

Vorgehensweise

Die Überprüfung der Hypothesen erfolgte in einem dreistufigen Verfahren. Zunächst wurde ein *Basismodell* geschätzt, welches die drei Variablen des Ausgangsmodells (Individualisierung, wirtschaftliche Krise, Zentralität) enthält. In einem zweiten Schritt wurden mögliche Effekte von *Kontrollvariablen* geprüft. Nichtsignifikante Variablen wurden schrittweise aus dem Modell eliminiert. Variablen mit signifikanten Effekten wurden beibehalten. Dabei ergaben sich bei einzelnen Modellen *Multikollinearitätsprobleme*. Insbesondere weisen die Indikatoren »Heterogenität« und »Drogenprobleme« Korrelationen im Bereich von r = 0,60 mit den Modellvariablen »Individualisierung« und »Zentralität« auf. Aufgrund der wachsenden Konzentration von gesellschaftlichen Randgruppen in urbanen Kontexten ist dies zwar zu erwarten. Doch verhindern die Multikollinearitäten in einigen Fällen die Schätzung stabiler Modellgleichungen.[5] Wo dies der Fall ist, wird hierauf wird in den Anmerkungen zu den Gleichungen hingewiesen. In einem dritten Schritt wurde überprüft, ob die linearen Effekte durch *periodenspezifische Interaktionseffekte* ergänzt werden müssen. Dabei erhielt entsprechend den üblichen Konventionen die erste Periode (1970–79) den Wert 0 und die zweite Periode den Wert 1.[6] Interaktionseffekte zeigen an, dass sich die Zusammenhänge zwischen erklärenden und abhängigen Variablen in den beiden Teilperioden 1970–79 und 1980–89 unterscheiden. Ein positiver Interaktionsparameter bedeutet, dass der Effekt der Basisvariablen in der zweiten Beobachtungsperiode grösser ist als in der ersten, während ein negativer Parameter einen über die beiden Perioden sinkenden Einfluss andeutet.

5.2 Ergebnisse

Homizidraten im Kantons- und Zeitvergleich

Ich beginne mit einer Darstellung der Ergebnisse für die durchschnittlichen Homizidraten der Kantone in den beiden Perioden 1970–79 und 1980–89 (Tabelle 5.2).

Die Parameter des Ausgangsmodells zeigen, dass die Homizidraten in jenen Kontexten hoch sind, welche sich durch ein hohes Niveau der Individualisierung sowie eine ausgeprägte Zentrumsfunktion auszeichnen. Hingegen hat die wirtschaftliche Konjunktur eines Kontextes keinen Effekt auf die Höhe der Homizidraten. Die Prüfung von Kontrollvariablen ergab für keinen der potentiellen alternativen Einflussfaktoren einen signifikanten Effekt. Weder die ethnische und kulturelle Heterogenität eines Kontextes noch soziale Ungleichheit oder Alkoholprobleme haben bei Berücksichtigung der Modellvariablen einen Einfluss auf die Höhe der Homizidraten in den beiden Dekaden.

Hingegen zeigt die Überprüfung der Stabilität der Zusammenhänge über die beiden Teilperioden einen Interaktionseffekt für den Indikator der Individualisierung. So haben Unterschiede im Individualisierungsgrad in der zweiten beobachteten Teilperiode – den 80er Jahren – deutlich höhere Auswirkungen auf Unterschiede in der Höhe der Homizidraten als in der ersten Teilperiode. Die erklärte Varianz steigt durch Einschluss eines Interaktionseffektes zwischen Individualisierung und Zeitperiode um rund sieben Prozentpunkte. Dieser Befund lässt sich dahingehend interpretieren, dass sich der Zusammenhang zwischen Gewalt und gesellschaftlicher Desintegration in individualisierten Kontexten über die Zeit verstärkt hat.

*Tabelle 5.2   Modell der Determinanten der Homizidraten im Kantonsvergleich
(WLS-Regressionen mit gepooltem Sample)*

(β-Koeffizienten)

	Ausgangsmodell	Prüfung von Kontrollvariablen	Gesamtmodell mit Interaktionen
Modellvariablen			
Individualisierung	0,74**	0,75**	0,39*
Wirtsch. strukturkrise	0,07 (n.s.)	(n.s.)	– –
Zentrumsfunktion	0,59**	0,60**	0,67**
Kontrollvariablen			
Alter 20–35	– –	(n.s.)	– –
Alkoholismus	– –	(n.s.)	– –
Ungleichheit	– –	(n.s.)	– –
Heterogenität	– –	(n.s.)	– –
Drogenprobleme	– –	(n.s.)	– –
Interaktionen			
Individualisierung*Zeit	– –	– –	0,48**
R^2	47,7 %	48,4 %	55,2 %
N =	(48)	(48)	(48)

Signifikanzen: + < 0,1; * < 0,05; ** < 0,01.
– – = Im Modell nicht berücksichtigt.
(n.s.) = Aus dem Modell ausgeschlossen, da keine signifikanten Effekte festgestellt wurden.

Strafurteile im Kantons- und Zeitvergleich

In einem zweiten Schritt wurden die Modellannahmen für *Veränderungen der Strafurteilsraten* in einem kantonalen Kontext überprüft. Da hier auf der Seite der Prädiktorvariablen Niveaudaten und auf der Seite der abhängigen Variablen Differenzen zur Vorperiode verwendet wurden, bedeuten signifikante Parameter, dass ein Zusammenhang zwischen den Merkmalen eines Kontextes und der Zu- oder Abnahme der Strafurteilsraten besteht. Zunächst wurde ein Modell für die Gesamtsumme aller Strafurteile wegen Gewaltdelikten geschätzt. Tabelle 5.3 präsentiert die Ergebnisse.

Tabelle 5.3 Modell der Zunahme der Strafurteile im Kantonsvergleich (WLS-Regressionen mit gepooltem Sample)

(β-Koeffizienten)

	Ausgangsmodell	Prüfung von Kontrollvariablen	Gesamtmodell mit Interaktionen
Modellvariablen			
Individualisierung	0,48**	0,49**	0,48*
Wirtsch. strukturkrise	0,06 (n.s.)	(n.s.)	– –
Zentrumsfunktion	0,72**	0,72**	0,53**
Kontrollvariablen			
Heterogenität	– –	(n.s.)a	– –
Alter 20–35	– –	(n.s.)	– –
Alkoholismus	– –	(n.s.)	– –
Ungleichheit	– –	(n.s.)	– –
Drogenprobleme	– –	(n.s.)a	– –
Interaktionen			
Individualisierung*Zeit	– –	– –	0,34+
R^2	40,1 %	41,1 %	44,3 %
N =	(46)	(46)	(46)

Signifikanzen: + < 0,1; * < 0,05; ** < 0,01.
– – = Im Modell nicht berücksichtigt.
(n.s.) = Aus dem Modell ausgeschlossen, da keine signifikanten Effekte festgestellt wurden.
a An Stelle des hier beibehaltenen Modells ist auch ein Modell möglich, welches die Zunahme der Strafurteile als Folge von *ethnischer Heterogenität* und *Drogenproblemen* spezifiziert. Die erklärte Varianz dieses alternativen Modells ist praktisch identisch mit derjenigen des hier beibehaltenen Modells. Dieses Ergebnis illustriert die Schwierigkeit, auf der Aggregatsebene von Kantonen zwischen den Effekten von allgemeinen Strukturdimensionen und denjenigen spezifischer Problemkonzentrationen zu unterscheiden.

Das Basismodell für die *Veränderung der Raten der Strafurteile* entspricht fast genau demjenigen für die Homizidraten. Die Raten der Strafurteile haben in jenen Kontexten am stärksten zugenommen, welche durch einen hohen Grad der Individualisierung und eine hohe Zentralität gekennzeichnet sind. Allerdings sind hier im Gegensatz zu den Homizidraten die Effekte von Zentralität grösser als diejenigen von Individualisierung. Dies ist insofern plausibel, als sich bei den Strafurteilen geographische Pendler- und Mobilitätsströme stärker auswirken als bei den Homizidraten, deren Zählung auf dem Wohnort der Opfer basiert. Der Einschluss von Kontrollvariablen brachte Multikollinearitätsprobleme zutage. So zeigt sich, dass anstelle des in Tabelle 5.3 dargestellten Modells auch ein Modell spezifizierbar ist, in dem die Effekte von »Individualisierung« und »Zentrumsfunktion« durch Effekte von »Heterogenität« und »Drogenproblemen« substituiert werden. Dabei bleibt die erklärte Varianz praktisch unverändert. Inhaltlich heisst dies, dass ethnische Heterogenität und Drogenprobleme in derart starkem Ausmass in individualisierten Kontexten mit Zentrumsfunktionen konzentriert sind, dass alternative Modelle kaum gegeneinander abgewogen werden können. Für den Entscheid, die Variablen des Basismodells beizubehalten, war ausschlaggebend, dass diese allgemeinere gesellschaftliche Dimensionen messen.

Eine Überprüfung von zeitabhängigen Effekten ergab, dass wiederum – wie bei den Homizidraten – Individualisierung in der zweiten Teilperiode einen stärkeren Effekt auf die Zunahme der Strafurteile ausübt als in der Periode der 70er Jahre. Dies unterstützt die These, dass sich im Anstieg der Gewaltdelinquenz die zunehmenden negativen Folgeerscheinungen gesellschaftlicher Desintegration in hoch individualisierten Kontexten äussern. Allerdings ist der Anstieg der erklärten Varianz gegenüber dem linearen Modell mit rund drei Prozentpunkten relativ bescheiden.

Polizeilich registrierte Gewalt im Kantonsvergleich

Schliesslich habe ich die Hypothesen nochmals für die Raten der *polizeilich registrierten Gewaltdelikte* in der Periode 1990–93 überprüft. Tabelle 5.4 zeigt die durchschnittlichen Raten der polizeilich registrierten Delikte in den Kantonen im Zeitraum von 1990 bis 1993.

Auf der Seite der Prädiktorvariablen wurde mit Hilfe einer Hauptkomponentenanalyse für das Volkszählungsjahr 1990 überprüft, ob die Unterscheidung der drei Dimensionen »Individualisierung«, »wirtschaftliche Krise« und »Zentralität« auch für den Beginn der 90er Jahre möglich ist (Tabelle 5.5).

Determinanten der Zunahme von Gewalt 119

Tabelle 5.4 Mittlere Raten polizeilich registrierter Gewaltdelikte in den Kantonen der Schweiz, 1990–1993

	Tötungsdelikte	Körperverletzung	Raub & Entreissdiebstahl	Vergewaltigung[a]
Zürich	4,94	85,65	155,10	18,47
Bern	2,38	41,06	52,57	10,29
Luzern	2,61	31,26	67,67	7,68
Uri	1,45	30,52	7,27	10,17
Schwyz	1,99	24,73	10,82	6,63
Ob- und Nidwalden	1,22	31,35	14,25	6,51
Glarus	2,60	35,06	11,69	5,19
Zug	1,44	13,28	12,99	5,20
Fribourg	1,18	43,67	17,00	3,54
Solothurn	2,50	36,34	89,64	9,36
Basel-Stadt	4,11	148,38	184,87	29,29
Basel-Landschaft	2,59	11,66	31,84	3,67
Schaffhausen	1,38	105,03	25,83	13,77
Beide Appenzell	0,77	22,27	9,98	2,30
St. Gallen	2,28	18,95	42,06	6,55
Graubünden	1,52	55,30	16,96	4,96
Aargau	2,33	47,29	31,86	13,20
Thurgau	1,90	45,20	22,36	11,42
Ticino	4,52	16,29	41,70	4,43
Vaud	1,93	35,51	27,93	5,78
Valais	2,42	79,27	23,69	7,93
Neuchâtel	2,15	55,79	40,93	11,34
Genève	2,03	88,71	98,35	6,29
Jura	1,12	62,50	13,47	7,49

[a] Bezugsgrösse weibliche Bevölkerung.
Quelle: Eigene Berechnungen, Grunddaten mitgeteilt von der Bundesanwaltschaft.

Die Ergebnisse zeigen wiederum jene drei Faktoren, welche bereits für die 70er und die 80er Jahre gefunden wurden. Allerdings hat im Modell für die 90er Jahre der nunmehr an dritter Stelle rangierende Faktor »wirtschaftliche Krise« nur noch einen Eigenwert von 0,75. Ein Beibehalten der Faktorlösung mit drei Dimensionen widerspricht daher der konventionellen Faustregel, dass nur Faktoren mit einem Eigenwert von > 1 beibehalten werden sollen. Es ist dadurch legitimiert, dass hierdurch die oben beschriebenen Modelle nochmals für die 90er Jahre überprüft werden können.

Tabelle 5.5   *Faktoranalyse der Modellvariablen für die 90er Jahre, N=24*

	Individualisierung	Zentrumsfunktion	Wirtschaftliche Krise	h^2
Haushaltungsgrösse	**–0,93**	–0,26	–0,21	0,97
Alleinerziehende Elternteile	**0,92**	0,20	0,10	0,91
Altersgruppe 0–19jährige	**–0,91**	–0,34	–0,09	0,94
Einpersonenhaushalte	**0,88**	0,37	0,19	0,95
Arbeitsplatzdichte	0,38	**0,90**	–0,03	0,95
Pendlerbilanz	0,48	**0,85**	–0,04	0,95
Δ-Arbeitsplätze	–0,31	–0,02	**–0,91**	0,93
Δ-Einkommen p.c.	0,05	0,65	**–0,66**	0,86
R^2	63,6 %	20,2 %	9,4 %	

Auf der Seite der Kontrollvariablen wurde der wenig reliable Indikator »Strafurteile wegen Verstössen gegen das Betäubungsmittelgesetz« durch einen Indikator ersetzt, der aus der Summe der Z-Skores der »Rate der Drogentoten« und der »Anzeigenrate wegen wiederholten Heroinkonsums« besteht. Die beiden Variablen korrelieren mit r = 0,90.

Bei der Prüfung der Hypothesen wurde wiederum von einem Modell ausgegangen, welches die drei Modellvariablen einschliesst. In einem zweiten Schritt wurden mögliche Effekte der Kontrollvariablen überprüft und schliesslich alle nicht-signifikanten Variablen aus der endgültigen Gleichung ausgeschlossen. Tabelle 5.6 zeigt die Ergebnisse für die akzeptierten Modelle. Die fünf Modelle zur Erklärung der aggregierten Raten der polizeilich registrierten Gewaltdelinquenz im Kantonsvergleich bestätigen weitgehend die bereits gefundenen Zusammenhänge. Betrachtet man zunächst das Modell für die *Gesamtsumme aller Gewaltdelikte*, so üben wiederum Individualisierung und Zentrumsfunktion die stärksten Effekte aus. Allerdings ist die präsentierte Lösung hinsichtlich des Einflusses der Variablen »Drogenprobleme« instabil. So kann die Variable »Individualisierung« durch die Variable »Drogenprobleme« substituiert werden, wobei die erklärte Gesamtvarianz identisch bleibt. Im Gegensatz zu den bisher überprüften Modellen zeigt sich aber bei den polizeilich registrierten Delikten ein Effekt der *wirtschaftlichen Strukturkrise*, der auch durch die Ergebnisse für Körperverletzungen und Vergewaltigungen unterstützt wird. Das bedeutet, dass die Zahl der polizeilich registrierten Gewaltdelikte in jenen Kontexten, die im Verlauf der 80er Jahre ein geringes Wirtschaftswachstum aufwiesen, höher ist als in jenen Kontexten, die durch ein hohes Wachstum gekennzeichnet waren.

Tabelle 5.6   Modelle für die Rate polizeilich registrierter Gewaltdelikte, 1990–1993

(β-Koeffizienten)

	Alle Gewaltdelikte[a]	Tötungen	Raub	Körperverletzung	Vergewaltigung
Modellvariablen					
Individualisierung	0,56**[b]	0,52**	(n.s.)	0,44**	0,31*[b]
Wirtsch. krise	0,24*	(n.s.)	(n.s.)	0,41**	0,55**
Zentrumsfunktion	0,54**	0.36*	0,20+	0,46**	0,44**
Kontrollvariablen					
Alter 20–35	(n.s.)	(n.s.)	(n.s.)	(n.s.)	(n.s.)
Alkoholismus	(n.s.)	(n.s.)	(n.s.)	(n.s.)	(n.s.)
Ungleichheit	(n.s.)	(n.s.)	(n.s.)	(n.s.)	(n.s.)
Drogenprobleme	(n.s.)[b]	(n.s.)	0,80**	(n.s.)	(n.s.)[b]
Heterogenität	(n.s.)	(n.s.)	(n.s.)	(n.s.)	
R^2	73,8 %	38,4 %	78,5 %	55,6 %	69,6 %
=	(24)	(24)	(24)	(24)	(24)

Signifikanzen: $+ < 0.1$; $* < 0.05$; $** < 0,01$.

a Der Gesamtindikator für Gewaltdelikte wurde hier als Summe der *standardisierten* Einzelindikatoren berechnet, so dass schwere und seltene Delikte gleich stark berücksichtigt werden wie häufige Delikte.

b Sowohl die Gleichung für den Gesamtindikator der Gewaltdelikte wie auch für Vergewaltigungen sind hinsichtlich des Einflusses von *Drogenproblemen* instabil. Bei beiden Gleichungen kann bei praktisch gleichbleibender erklärter Gesamtvarianz der Indikator »Individualisierung« durch den Indikator »Drogenprobleme« substituiert werden.

Für die Raten der *polizeilich registrierten Tötungsdelikte,* welche im Gegensatz zu den oben diskutierten Daten der Todesursachenstatistik versuchte Tötungen einschliessen und ausserdem auf dem Tatortprinzip (während die Daten der Todesursachenstatistik auf dem Prinzip des Wohnorts der Opfer basieren) beruhen, kann das Modell für die 70er und 80er Jahre nochmals bestätigt werden. *Die Rate der polizeilich registrierten Tötungsdelikte* in den 90er Jahren ist in erster Linie vom Grad der Individualisierung eines Kontextes und in zweiter Linie von dessen wirtschaftlicher Zentralität abhängig.

Auch hinsichtlich der *Raubdelikte* ergibt sich eine gute Übereinstimmung des obigen Modells mit den Befunden zur Entwicklung der Strafurteile seit den 70er Jahren. Erneut zeigt sich, dass die Konzentration von Drogenproblemen der bestimmende Faktor für Unterschiede in der Häufigkeit von Raubdelikten ist. Es bestätigt sich also, dass die Entwicklung der Drogenproblematik von entscheidender Bedeutung für Zunahme und räumliche Konzentration von Raubdelikten ist.

Das Modell zur Anpassung der Raten der polizeilich registrierten *Körperverletzungen* entspricht fast genau demjenigen, welches für die Gesamtrate aller Gewaltdelikte gefunden wurde. Körperverletzungen werden in jenen Kontexten häufig registriert, in denen ein hoher Grad der Individualisierung, ein geringes Wirtschaftswachstum und eine hohe Zentrumsfunktion zusammentreffen. Im Gegensatz zum oben diskutierten Modell zur Erklärung der Veränderung der Raten der Strafurteile wegen Delikten gegen Leib und Leben kann jedoch kein Effekt des Ausländeranteils oder des Ausmasses der Drogenproblematik gefunden werden. Nochmals bestätigt wird das allgemeine Modell für die Raten der polizeilich registrierten *Vergewaltigungen*.

5.3 Zusammenfassung

In den vorangehenden Kapiteln habe ich ein Interpretationsraster entwickelt, um den Anstieg von städtischer Gewaltdelinquenz seit der Mitte der 60er Jahre zu verstehen. Zum Abschluss des ersten Teils resümiere ich die zentralen Argumente und die bisherigen Befunde.

Ausgangspunkt bildet die Vorstellung, dass das Ausmass der Diskrepanz zwischen gesellschaftlich vermittelten Anforderungen an Fähigkeiten der instrumentellen, normativen und emotionalen Selbststeuerung und der Verfügbarkeit von kulturellen, gesellschaftlichen und wirtschaftlichen Ressourcen zum Aufbau von sozial adäquater Selbststeuerung von zentraler Bedeutung für die Wahrscheinlichkeit von Gewalt sind. Der Anstieg dieser Diskrepanz wurde durch zwei miteinander verknüpfte, aber voneinander unabhängige Makroprozesse bewirkt. Auf kultureller Ebene diffundierte seit der Mitte der 60er Jahre ein Modell der Identitätskonstruktion, das Selbstverwirklichung, Selbstreflexion und Autonomie ein grösseres Gewicht einräumt. Der damit einhergehende Individualisierungsprozess hat spezifisch moderne Integrationsmuster – man denke etwa an die klassenorientierte Arbeiterkultur – aufgelöst und erhöhte Risiken erzeugt, am Ideal des selbstbewussten, autonomen Subjektes zu scheitern. Die ebenfalls um die Mitte der 60er Jahre einsetzende ökonomische Transformation der westlichen Gesellschaften ist der zweite Makroprozess, der zum Anstieg von Gewalt beigetragen hat. Rascher Abbau der industriellen Basis, verlangsamtes Wirtschaftswachstum und ungleiche Verteilung der Folgelasten haben für beträchtliche Teilgruppen in modernen Gesellschaften zu einer Marginalisierungsdynamik geführt, die sich als Mangel jener ökonomischen, sozialen und kulturellen Ressourcen äussert, welche die Bildung stabiler, auf die Erfordernisse moderner Lebensführung abgestimmter Fähigkeiten der Selbststeuerung unterstützen.

Im Weiteren habe ich diese Vorstellung mit stadtsoziologischen Argumenten verknüpft. Die zentrale These lautet, dass die Desintegrationserscheinungen der modernen Gesellschaft infolge der spezifischen Form der Stadtentwicklung seit den 60er Jahren in besonders ausgeprägter Weise in den Kernstädten zutage treten. Suburbanisierung, Deindustrialisierung und funktionale Entmischung haben gemäss dieser Modellannahme dazu geführt, dass es in den Kernstädten zu einer sozialen Krise gekommen sei, die sich in Form von Wohlstandsverlusten, einer Zunahme von Randgruppen und einem Abbau integrativer Netzwerke manifestiert hat. Gleichzeitig hat das Paradigma städtischer Entwicklung zu einer Zunahme situativer Gelegenheiten für Gewalt im öffentlichen Raum geführt.

Diese Vorstellungen auf der Makroebene von Aggregatsdaten einer ersten Überprüfung zu unterziehen, war Ziel dieses Kapitels. Die Analysen haben gezeigt, dass die Häufigkeit von Gewaltdelikten systematisch mit zwei Strukturdimensionen verknüpft ist: einer Dimension der gesellschaftlichen Individualisierung und einer Dimension der Zentralität. Den Zusammenhang mit der ersten Dimension interpretiere ich als Ausdruck der Folgelasten von Individualisierungsprozessen, welche erhöhte Risiken der sozialen Desintegration erzeugen. Dabei ergaben sich Hinweise darauf, dass spezifische Randgruppen in urbanen Kontexten wie Drogenabhängige und beruflich wenig qualifizierte Immigrierte jene Segmente der modernen Gesellschaft sind, bei welchen sich Desintegrationsprozesse besonders ausgeprägt äussern. Um die Bedeutung dieser spezifischen Randgruppen genauer beurteilen zu können, werde ich zwei Kapitel im dritten Teil dieser Untersuchung der ethnischen Dimension von Gewaltdelinquenz sowie der Drogenproblematik widmen (Kapitel 9 und 10). Den Zusammenhang mit der zweiten Dimension interpretiere ich gelegenheitstheoretisch. Infolge der Konzentration von Zentrumsfunktionen nehmen Pendlerströme in die Innenstädte und ihre Vergnügungsviertel zu, was zu einem Anstieg delinquenter Gelegenheiten in diesen Kontexten führt. Für den dritten theoretisch postulierten Faktor, die negativen Folgewirkungen wirtschaftlicher Transformationen, waren bisher die Belege widersprüchlich, indem nur für die Verteilung der polizeilich registrierten Gewaltdelikte in den 90er Jahren ein Effekt dieser Dimension nachgewiesen werden konnte.

TEIL II

TÄTER, OPFER, SITUATIONEN: GEWALT IN DER STADT HEUTE

In den bisherigen Analysen habe ich auf hoher Aggregationsebene die zeitliche Entwicklung von Gewaltdelinquenz sowie deren regionale Verteilung betrachtet. In den folgenden Kapiteln richte ich den Blick auf Gewaltphänomene und ihre Zusammenhänge innerhalb eines städtischen Raumes zu Beginn der 1990er Jahre. Empirische Grundlage bildet ein Datensatz von rund 1 100 im Kanton Basel-Stadt polizeilich registrierten Gewaltdelikten, die mit Hilfe eines Erhebungsbogens erfasst und für statistische Analysen aufbereitet wurden.

Diese Daten erlauben es, eine Reihe von Zusammenhängen zwischen der Struktur moderner Städte und Gewaltdelinquenz genauer zu untersuchen, die mit den bisher diskutierten Daten nur in groben Zügen erschlossen werden konnten. Zum ersten werde ich Gewaltereignisse als konkret in Raum, Zeit und sozialen Interaktionen lokalisierte Handlungen betrachten und mich mit der Frage beschäftigen, welche Bedeutung die Struktur alltäglicher Aktivitätsmuster für Gewaltdelinquenz im urbanen Kontext hat (Kapitel 6). Zum zweiten wende ich mich der Frage zu, welchen sozialen Ort Gewalttäter in der modernen städtischen Gesellschaft einnehmen und durch welche Strukturmerkmale sich unterschiedliche Täterraten von Stadtquartieren erklären lassen (Kapitel 7). Um zu klären, welche Bevölkerungsgruppen in welchem Ausmass vom Anstieg städtischer Gewalt betroffen sind, richte ich schliesslich den Blick auf die Opfer urbaner Gewalt (Kapitel 8). Insgesamt ergibt sich hieraus ein weit differenzierteres Bild städtischer Gewaltdelinquenz, als in den bisherigen Ausführungen möglich war.

Der Kanton Basel-Stadt besteht administrativ aus den drei Gemeinden Basel, Riehen und Bettingen, die zusammen ein städtisches Gebiet mit rund 200 000 Einwohnern bilden. In der Dreiländer-Agglomeration Basel lebt unter Einschluss der französischen und deutschen Gebiete etwa eine halbe Million Einwohner,

Einwohnern bilden. In der Dreiländer-Agglomeration Basel lebt unter Einschluss der französischen und deutschen Gebiete etwa eine halbe Million Einwohner, was sie nach Zürich und zusammen mit Genf zur zweitgrössten städtischen Region der Schweiz macht. Hinsichtlich der sozialstrukturellen Veränderungen seit den 60er Jahren (Agglomerationsbildung, funktionale Entmischung, Polarisierung der städtischen Wohnbevölkerung, Entfamilialisierung, Zunahme von Randgruppen, Umbau der ökonomischen Basis) entspricht die Entwicklung in Basel weitgehend derjenigen in den übrigen Schweizer Kernstädten.

Auch die Zunahme der Gewaltdelinquenz stimmt weitgehend mit derjenigen anderer Schweizer Grossstädte überein. Gemäss den Daten der Todesursachenstatistik stieg die Homizidrate von 0,76 in den 60er Jahren über 1,72 in den 70er Jahren auf 2,52 pro 100 000 Einwohner in den 80er Jahren. Die Daten der Strafurteilsstatistik zeigen eine Verfünffachung der Urteile wegen Raub (von 2,1 Urteilen pro 100 000 Einwohner in den 60er Jahren auf 12,1 Urteile in den 80er Jahren) und einen geringeren Anstieg der Strafurteile wegen Körperverletzungen (von 20,5 auf 33,9 Urteile pro 100 000 Einwohner) und sexueller Gewalt (von 1,8 auf 3,3 Urteile pro 100 000 Einwohner). Die Kriminalitätsraten gemäss der seit 1982 verfügbaren Statistik der polizeilich registrierten Delikte wurden bereits in Abbildung 2.7 (S. 68f) gezeigt. Sie lassen über den Beobachtungszeitraum eine stabile Häufigkeit von Tötungsdelikten und Vergewaltigungen erkennen, während Körperverletzungen und besonders Raub und Entreissdiebstahl einen ansteigenden Trend aufweisen. Auch dies ist in den Grundzügen jene Entwicklung, die bereits weiter oben als charakteristisch für die Dynamik der Gewaltproblematik in den Schweizer Städten beschrieben wurde.

Die Daten

Empirischen Schwerpunkt der folgenden drei Kapitel bilden rund 1 100 Anzeigeprotokolle, die Polizei des Kantons Basel-Stadt in Zusammenhang mit Gewaltdelikten, welche sich im Gebiet des Kantons ereignet haben, erstellt hat. Für die Wahl des Kantons Basel-Stadt als Analyseeinheit war in erster Linie der forschungspraktische Grund ausschlaggebend, dass die dortige Staatsanwaltschaft alle Polizeiprotokolle nach Deliktgruppen geordnet in gut zugänglicher Weise archiviert hat. Einzelheiten zum Datensatz und zur Erhebungsmethode finden sich in Anhang I (S. 284ff). Ich beschränke mich daher auf drei Anmerkungen. *Erstens*: Die Erhebung schloss insgesamt rund 45 Variablen ein, die mit Hilfe eines standardisierten Erhebungsbogens aus den Anzeigetexten erschlossen werden protokolle für Informationen über Aspekte wie Tatmotive, Vorgeschichte der Tat etc. zu verwenden. *Zweitens*: Basis der Erhebung waren alle 1991 polizeilich registrierten Gewaltdelikte. Als Gewaltdelikte erfasst wurden vollendete und versuchte Tötungsdelikte, Körperverletzungen und Tätlichkeiten, Raub und Entreissdiebstahl sowie Vergewaltigung und sexuelle Nötigung. Um für die seltenen Deliktgruppen eine ausreichende Zahl von Beobachtungen zu erhalten, wurden Tötungsdelikte über einen Zeitraum von neun Jahren (1983–1991) und sexuelle Gewaltdelikte über einen Zeitraum von fünf Jahren (1987–1991) erhoben. Wo ich zusammenfassende Analysen über alle Deliktgruppen vorgenommen habe, wurden in der Regel (auf Ausnahmen wird hingewiesen) die Daten auf ihre jeweiligen jährlichen Anteile umgewichtet. *Drittens*: Die Daten können nach drei unterschiedlichen Kriterien ausgewertet werden: nach der Zahl der Täter (wobei Mehrfachtäter immer nur einfach gezählt werden), nach der Zahl der Opfer (wobei mehrere Opfer bei einem Delikt auch entsprechend berücksichtigt werden) sowie nach der Zahl der Delikte (wobei ich ein Delikt als eine Anzeige definiere, unabhängig davon, wie viele Opfer oder Täter in einer Anzeige erfasst wurden). Je nach Auswertungskriterium unterscheidet sich die Zahl von Beobachtungen. Das jeweils verwendete Kriterium ergibt sich in der Regel aus der Untersuchungsfrage.

Kapitel 6

Die Stadt als Arena für Gewalt

Das Grundmodell dieser Arbeit beinhaltet unter anderem die These, dass zur Erklärung der Zunahme und Konzentration von Gewalt in den Kernstädten sowohl die situativen Besonderheiten des städtischen Raumes wie auch die Bedingungen für die Entstehung gewalttätiger Dispositionen zu berücksichtigen seien. Ich wende mich in diesem Kapitel zunächst der situativen Dimension zu. Damit nehme ich die Frage auf, in welcher Weise gestiegene Zentrumsfunktionen der Kernstädte, Verlagerungen von Alltagsaktivitäten sowie spezifische situative Charakteristika des urbanen Raumes zu einem Verständnis der städtischen Gewaltproblematik beitragen können. Dabei verbindet sich die beschreibende Aufgabe, ein differenziertes Bild der räumlichen, zeitlichen und sozialen Kontexte von Gewaltereignissen zu vermitteln, mit dem analytischen Ziel, vermutete Zusammenhänge zwischen Besonderheiten des urbanen Raumes und dem Auftreten von Gewalt empirisch weiter auszuleuchten.

6.1 Das situative Moment

Seit Cohen und Felson (1979; Felson und Cohen, 1980; Felson, 1987) den "routine activity approach" entwickelt haben, gehört es zum gängigen Repertoire der Delinquenzsoziologie, zwischen der Betrachtung der Täter, der Opfer und der situativen Umstände zu unterscheiden. Diese Unterscheidung wurzelt in der Vorstellung, dass Gewaltdelikte *Handlungen* sind, welche als Ergebnis des Zusammentreffens von motivierten Tätern mit ihren Opfern in einem bestimmten situativen Kontext interpretiert werden können (Brantingham und Brantingham, 1981a; 1981b; 1984; Bottoms und Wiles, 1992; Bottoms, 1994; Miethe und Meier, 1994). Sie entspricht einem *interaktionistischen Handlungsmodell,* welches Handlungen als Ergebnis *sowohl* von persönlichkeitsbezogenen Dispositionen *als auch* von Situationen betrachtet (Goffman, 1959; Kenrick und Fun-

der, 1988; Krahé, 1990). Lewin (1935; 1936) hat diese Idee bereits in den 30er Jahren auf die bekannte Formel
Handlung = f(Person, Situation)
gebracht, wobei unter dem Konzept »Situation« die anwesenden Drittpersonen, deren Handlungen sowie die räumlichen und sozialen Arrangements gemeint sind, welche den unmittelbaren Wirklichkeitsausschnitt eines handelnden Subjektes ausmachen. Allerdings besteht in der Delinquenzsoziologie Uneinigkeit darüber, ob eher der Disposition eines Handelnden oder eher dem situativen Kontext Vorrang für das Verständnis einer Handlung zukommt.[1] Die Antwort hierauf kann aus meiner Sicht nicht in einer apriorischen Festlegung bestehen. Vielmehr scheint mir der von Gabor (1986: 88f) und Goldstein (1994) formulierte Gedanke hilfreich, dass deren relativer Einfluss entlang eines Kontinuums variiert. An dessen einem Ende befinden sich sehr aggressive Personen, die in fast jeder Situation eine hohe Bereitschaft haben, gewalttätig zu handeln. Das andere Ende bilden Situationen mit einem hohen Konfliktgehalt und/oder einem starken Einfluss von Drittpersonen (z.B. Autoritäten), unter deren Wirkung Akteure mit sehr unterschiedlichen Persönlichkeitsmerkmalen geneigt sein mögen, Gewalt gegen andere auszuüben (vgl. hierzu etwa die berühmten Experimente von Milgram, 1974).

Sicherlich kann aber die Frage nach der Bedeutung situativer Momente nur geklärt werden, wenn unter theoretischen Gesichtspunkten expliziert wird, *welche* Aspekte einer Situation Auswirkungen auf die Wahrscheinlichkeit einer Gewalthandlung haben sollen. Allerdings steht bislang eine solche theoretische Integration der vielen Einzelbefunde zu situativen Korrelaten von Gewalt weitgehend aus. Immerhin ist es möglich, die bisherigen Befunde heuristisch zu drei Einflussbündeln zusammenzufassen (vgl. etwa die Literatur bei Birkbeck und LaFree, 1993; Baron und Richardson, 1994: 127ff; Goldstein, 1994).

Zwei dieser Faktoren werden im Rahmen des "routine activity approach" hervorgehoben. Die eine Komponente kann als *situative soziale Kontrolle* bezeichnet werden ("capable guardians"). Hiermit sind all jene Situationselemente gemeint, welche die Wahrscheinlichkeit erhöhen, dass ein Täter an seiner Tat gehindert oder hierfür zur Rechenschaft gezogen werden kann. Beispiele sind etwa die Anwesenheit von sanktionsbemächtigten Dritten (Lehrer, Arbeitgeber etc.), von Personen, die den potentiellen Täter identifizieren können (Nachbarn, Bekannte, das Opfer selbst), oder Charakteristika des Ortes, die eine Intervention durch Dritte wahrscheinlich machen (offener Platz, Beleuchtung etc.). Allerdings rückt der "routine activity approach" aus meiner Sicht allzusehr soziale Kontrolle im Sinne von personalisierter »Überwachung« in den Mittelpunkt.

Daneben ist im Blick zu behalten, dass situative soziale Kontrolle im weiteren Sinne auch durch eine Vielzahl anderer Prozesse wie eine hohe Strukturierung von Interaktionen, ein grosses Ausmass an spezifischen, ausdifferenzierten Rollenerwartungen, eine hohe Formalisierung von Konfliktlösungsmustern oder Abhängigkeit von marktvermittelten Austauschprozessen erzeugt wird (Ross, 1908; Meier, 1982).

Die zweite Komponente wird im "routine activity approach" als "availability of suitable targets" bezeichnet. Etwas allgemeiner kann man von *situativen Anreizen und Gelegenheiten* sprechen und damit all jene Situationselemente bezeichnen, welche eine Gewalthandlung für einen motivierten potentiellen Täter als attraktiv erscheinen lassen. Ihre Bedeutung ist für instrumentelle Gewalt unmittelbar einsichtig. So zeigen etwa ethnographische Untersuchungen von Strassenräubern in Amsterdam (Vogel, 1992), dass Aspekte wie der vermutete Wert der Beute und Charakteristika des Opfers (hohes Alter, Tourist etc.) ins Nutzenkalkül der Täter eingehen. Aber auch für bestimmte Formen von Körperverletzungen (z. B. Schlägereien) ist anzunehmen, dass motivierte Täter aktiv bestimmte Opfergruppen (Mitglieder einer gegnerischen Gruppe, Angehörige einer ethnischen Minderheit etc.) suchen. Hingegen ist es für emotional-expressive Formen von Gewalt, die aus einer Konfliktsituation heraus entstehen, weniger sinnvoll, eine zielorientierte Suche nach geeigneten Situationen zu unterstellen.

Entsprechend lässt sich festhalten, dass die beiden bisher genannten Einflussfakoren zwar wichtig sind, jedoch besonders für Gewalt allzusehr das Bild eines rational kalkulierenden Akteurs zeichnen. Sie sind zumindest um eine dritte Komponente zu ergänzen, die man als *Konfliktivität der Interaktion* bezeichnen kann (vgl. ähnlich Wikström, 1985; 1991). Hierunter verstehe ich all jene verbalen oder non-verbalen Äusserungen, Gesten oder Symbole, die in einer Interaktion Kränkungen, Beleidigungen oder Aggressionsbereitschaft signalisieren. Solche kommunikativen Zeichen versehen Situationen mit konfliktiven Bedeutungen, durch welche die Wahrscheinlichkeit steigt, dass aggressive »scripts« – d. h. verinnerlichte Handlungsmuster – aufgerufen und in Gewalthandlungen umgesetzt werden (Huesmann, 1988; Huesmann und Eron, 1989). Offen bleibt hiermit allerdings, weshalb bestimmte Situationen emotionalisierte konfliktive Interaktionen eher begünstigen als andere.

Wie angedeutet, ist für verschiedene Formen von Gewalt ein unterschiedlich grosser Einfluss der drei Situationsaspekte zu erwarten. Um dies zu verdeutlichen, kann man auf die zwar nicht unproblematische, aber heuristisch brauchbare Unterscheidung zwischen *expressiv-emotionaler* und *instrumenteller* Gewalt zurückgreifen (McClintock, 1963, vgl. Tabelle 6.1). Als *expressiv* werden

Formen von Gewalt bezeichnet, bei denen die Gewaltausübung selbst eine Art von Ziel darstellt und welche sich in der Regel aus irgendeiner Form von vorangehendem Konflikt entwickeln. Der überwiegende Teil von Tötungsdelikten, Körperverletzungen und Tätlichkeiten kann hierunter subsumiert werden.

Tabelle 6.1   *Vermuteter relativer Einfluss von Situationsdimensionen auf die Wahrscheinlichkeit von Gewalthandlungen*

	Expressive Gewalt	Instrumentelle Gewalt
Situative soziale Kontrolle	+	+ +
Situative Anreize	−	+
Konfliktive Interaktion	+ +	−

Anmerkung: ++ = starker Effekt; + mittlerer Effekt; - kein Effekt.

Für diese Gruppe von Gewaltdelikten ist plausibel, dass die Konfliktivität der Interaktion die wichtigste situative Einflussgrösse darstellt, wobei natürlich weiter zu klären wäre, unter welchen Bedingungen emotionalisierte konfliktive Interaktionen und deren Eskalation wahrscheinlich werden. Dem Ausmass von situativer sozialer Kontrolle messe ich eine etwas geringere Bedeutung zu. Denn obwohl anzunehmen ist, dass beispielsweise die Gegenwart von sanktionsbemächtigten Dritten expressive Gewalt weniger wahrscheinlich macht, vermute ich, dass in einer hoch emotionalisierten Konfliktsituation ein auf längere Dauer angelegtes Kostenkalkül – z.B. die Berücksichtigung einer allfälligen späteren Anzeige – die Wahrscheinlichkeit einer Gewalthandlung nur bedingt beeinflusst. Schliesslich ist schon im Begriff der expressiven Gewalt die Vorstellung angelegt, dass instrumentelle Anreize für diese Form von Gewalt ein unbedeutendes Situationselement darstellen.

Als *instrumentell* hingegen gelten jene Gewaltanwendungen, bei denen die Ausübung physischen Zwangs in erster Linie Mittel zum Zweck ist (Wikström, 1991: 188; Schneider, 1993: 85ff). Dies trifft besonders für Vergewaltigungen und Raubdelikte zu. Obwohl das Ausmass rationaler Planung nicht überschätzt werden sollte, bestehen gute Gründe dafür, situationsbezogene soziale Kontrolle als ein zentrales Moment im Handlungskalkül von motivierten potentiellen Tätern aufzufassen. Besonders für Raub ist zu erwarten, dass situative Anreize ein zweites Element des Handlungskalküls bilden. Hingegen gehen instrumenteller Gewalt nur selten emotionalisierte konfliktive Interaktionen als handlungsauslösende Situationen voraus.

Situative Dimensionen von Gewaltdelinquenz

Vor dem Hintergrund dieser Überlegungen wäre es sicherlich wünschbar, die erwähnten situativen Dimensionen direkt empirisch zu erfassen. Allerdings sind die untersuchten Anzeigeprotokolle hierzu ungeeignet, da sie aus offenkundigen Gründen kaum systematisierbare Informationen über Situationsdefinition und -wahrnehmung des Täters enthalten. Hingegen finden sich in den Polizeiprotokollen regelmässig Angaben über eine Reihe von Situationselementen, welche auf den *äusseren Kontext* der Gewalthandlung verweisen und dadurch mittelbare Hinweise auf das situative Moment von Gewalthandlungen geben. In den folgenden Analysen rücke ich vier Dimensionen in den Mittelpunkt, welche anhand der Anzeigeprotokolle relativ vollständig durch quantifizierbare Grössen eruiert werden können.

- Eine *zeitliche Dimension* der Lokalisierung von Gewalthandlungen in der Abfolge von vorherrschenden Aktivitätsmustern,
- eine *geographische Dimension* der Lokalisation von Gewalt in Termini von Raumkoordinaten oder Stadtquartieren,
- eine *funktionale Dimension*, auf der Gewaltdelikte bestimmten Funktionsräumen des urbanen Raumes zugeordnet werden können, und
- eine *relationale Dimension* der Beziehung zwischen Täter und Opfer.

Wie im Folgenden deutlich werden wird, bestehen zwischen diesen Dimensionen Beziehungen, welche es erlauben, typische situative Konstellationen von urbaner Gewalt zu identifizieren und unter analytischen Gesichtspunkten weiter zu betrachten.

6.2 Die zeitliche Dimension

Gewaltdelikte sind in vielfältiger Weise auf den zeitlichen Rhythmus von Alltagsaktivitäten bezogen, wobei ich mich auf eine Betrachtung der wochen- und tageszeitlichen Schwankungen der Delikthäufigkeit beschränke. Im Wesentlichen lassen sich *zwei Grundmuster* unterscheiden (vgl. Abbildung 6.1).

Die Stadt als Arena für Gewalt   133

Abbildung 6.1   *Wochenzeitliche Häufigkeit von Gewaltdelikten, gleitende 3-gliedrige Mittelwerte*

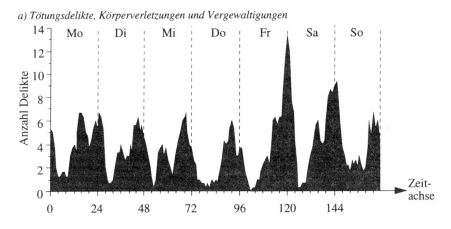

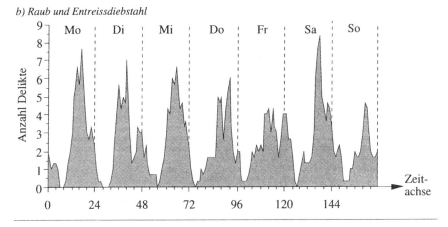

Anmerkung: Häufigkeiten der jeweils angefangenen Stunde zugeordnet.

Das erste prägt in ähnlicher Weise die zeitliche Variation der Häufigkeit von *Tötungsdelikten, Körperverletzungen und Tätlichkeiten sowie Vergewaltigungen und sexuellen Nötigungen.*[2] Sie haben die geringste Häufigkeit in den Morgenstunden, steigen im Verlauf des Tages allmählich an und erreichen nachts die maximale Häufigkeit. Unter der Woche wird die grösste Delikthäufigkeit kurz vor Mitternacht erreicht, an Wochenenden etwa zwei Stunden später. An Freitagen und Samstagen werden mehr Delikte begangen als unter der Woche und an Sonntagen. In den Nächten von Freitag auf Samstag und von Samstag auf Sonntag (jeweils 20^{00} Uhr bis 03^{59} Uhr, entsprechend 9,5 Prozent der Wochenstunden) ereignen sich rund 22 Prozent aller Gewaltdelikte dieser Gruppe. Ein zweites Muster zeitlicher Variation ist für *Raubüberfälle und Entreissdiebstähle* charakteristisch. Sie sind ebenfalls in den frühen Morgenstunden selten, werden im Verlauf des Tages häufiger und erreichen die grösste Häufigkeit in den frühen Abendstunden (zwischen 16^{00} und 20^{00} Uhr). Im Gegensatz zur ersten Gruppe sind Raub und Entreissdiebstahl nicht auf die Wochenenden konzentriert.

Um diese Befunde soziologisch fruchtbar zu machen, kann man von der Feststellung ausgehen, dass sich das städtische Alltagsleben in Gestalt unterschiedlicher Aktivitätstypen entfaltet, die entlang von Tageszeiten und Wochentagen voneinander getrennt sind und in grober Annäherung als *Arbeitsaktivitäten, Konsumaktivitäten, häusliche Aktivitäten* und *Vergnügungsaktivitäten* bezeichnet werden können (Blass, 1980; Herz, 1980). Arbeitsaktivitäten beginnen üblicherweise zwischen 8 und 9 Uhr und enden um 17 Uhr. Mit dem Rhythmus der Arbeitsaktivitäten ist ein Zustrom von Beschäftigten in die Arbeitsplatzregionen im Zentrum der Stadt verbunden, welche sich nach Ende der Arbeitszeit wieder entleeren. Konsumaktivitäten beginnen mit dem Öffnen der meisten Geschäfte um 9^{00} Uhr und enden mit Ladenschluss um 18^{30} Uhr. Vergnügungsaktivitäten beginnen ähnlich wie gemeinsame häusliche Aktivitäten zumeist in den frühen Abendstunden und mögen besonders an Wochenenden bis in den frühen Morgen dauern.

Die Parallele zwischen der zeitlichen Ordnung von Aktivitätsbereichen und der Gewalthäufigkeit legt die Vermutung nahe – die durch weitere Befunde dieses Kapitels zusätzlich gestützt wird –, dass sich die erste Gruppe von Gewaltdelikten (Tötungen, Körperverletzungen, Vergewaltigungen) vor allem *im Kontext von nächtlichen Vergnügungsaktivitäten oder von abendlichen und nächtlichen häuslichen Aktivitäten* ereignet. Hingegen finden diese Delikte kaum während der Arbeits- und Konsumaktivitäten zur Tageszeit statt. Dieser Befund ist insofern theoretisch bedeutsam, als sich vor dem Hintergrund der allgemeinen Überlegungen argumentieren lässt, dass im Bereich der Arbeitssphäre ein hoher Grad der Strukturierung von Aktivitäten, eine ausgeprägte soziale Kontrolle sowie die Formalisierung von Interaktionen dazu beitragen, dass Konflikte äusserst selten die Form physischer Gewalt annehmen. Hingegen bildet die Verbindung von geringer situativer Strukturierung, tiefer sozialer Kontrolle, hoher Konfliktbereitschaft und Alkoholkonsum im Bereich von Vergnügungsaktivitäten ein Umfeld, in dem es mit weit grösserer Wahrscheinlichkeit zu Gewalt kommt.

In diesem Zusammenhang ist ein Vergleich der Basler Daten mit entsprechenden Informationen aus Stockholm aufschlussreich (Wikström, 1985: 159). Zwar bestehen grosse Ähnlichkeiten, doch ist auffällig, dass der Anteil der Delikte, die nachts und an Wochenenden begangen werden, in Basel geringer ist als in Stockholm. Während sich dort rund 59 Prozent der Gewaltdelikte nachts (d.h. zwischen 20^{00} und 3^{59}) ereignen, liegt der entsprechende Anteil in Basel bei nur 51 Prozent, und während in Stockholm Freitage und Samstage 42 Prozent der Gewaltereignisse auf sich vereinigen, sind es in Basel nur 34 Prozent. Im Vergleich der Städte ist für Basel also das relativ *geringe* Ausmass bemerkenswert, in dem Gewaltdelikte auf die Nächte des Wochenendes konzentriert sind. Dies ist ein Anhaltspunkt dafür, dass in verschiedenen Gesellschaften Vergnügungsaktivitäten in unterschiedlichem Ausmass mit Gewalt verknüpft sein mögen. So ist etwa denkbar, dass in der schwedischen Alltagskultur exzessiver Alkoholkonsum und eine erhöhte Bereitschaft zu situativen Konflikten in stärkerem Ausmass mit innerstädtischen Vergnügungsaktivitäten am Wochenende verknüpft ist als in der schweizerischen Alltagskultur.

Vor dem Hintergrund situativer Überlegungen und später ausführlicher diskutierter Befunde über die wichtigsten Opfergruppen lässt sich auch plausibel erklären, warum Entreissdiebstähle und Raubüberfälle eher in den späten Nachmittagsstunden verübt werden. Diese Form instrumenteller Gewalt wird während jener Tageszeiten am häufigsten ausgeübt, während derer sich eine maximale Zahl potentieller Opfer (d.h. alte Personen und männliche Jugendliche, vgl. Kapitel 8) auf offener Strasse aufhält und infolge der grossen Dichte von Passanten gute Chancen für ein rasches »Untertauchen« bestehen.[3] Das zeitliche Verlaufsmuster dieser Gruppe von Gewaltdelikten steht daher in Einklang mit der These, dass die Täter bei instrumenteller Gewalt ein situatives Nutzenkalkül anstellen, in dem die »Verfügbarkeit« potentieller Opfer, hohe Anonymität und gute Fluchtmöglichkeiten die zentralen Parameter darstellen.

6.3 Orte der Gewalt

Kartographische Darstellungen haben eine lange Tradition in der empirischen Kriminalitätsforschung. Deren Nutzen wird je nach zugrunde gelegtem theoretischem Modell sehr unterschiedlich beurteilt. So ist aus der Perspektive der "environmental criminology", die baulichen Strukturen ein grosses Gewicht zur Erklärung von Kriminalität beimisst, eine exakte geographische Vermessung des Tatortes bereits ein für sich wichtiger wissenschaftlicher Befund (vgl. Brantingham und Brantingham, 1981a; 1981b; Bottoms und Wiles, 1992; 1994). Demgegenüber gehe ich davon aus, dass der geographische Raum nur in Verbindung mit seinem gesellschaftlichen Bedeutungsgehalt von soziologischem Interesse ist (Werlen, 1988). Einer kartographischen Darstellung kann daher bloss die Funktion zukommen, Hinweise auf den Zusammenhang zwischen der Lokalisation von Gewalthandlungen und derjenigen von bestimmten Aktivitätsmustern zu liefern, dessen volle Bedeutung sich aber erst in Verbindung mit weiteren, genuin soziologischen situativen Dimensionen erschliesst.

Um die folgenden Darstellungen verständlich zu machen, zeigt Abbildung 6.2 eine einfache Übersicht über die räumlich-funktionale Struktur des Kantons Basel-Stadt.

Abbildung 6.2   Räumliche Struktur des Kantons Basel-Stadt – Übersicht

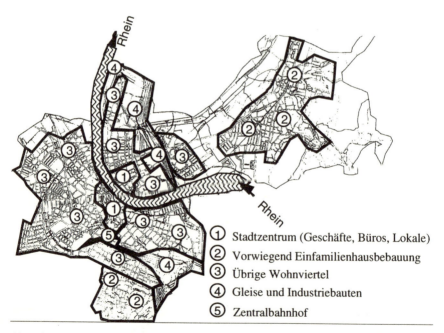

① Stadtzentrum (Geschäfte, Büros, Lokale)
② Vorwiegend Einfamilienhausbebauung
③ Übrige Wohnviertel
④ Gleise und Industriebauten
⑤ Zentralbahnhof

Anmerkung: Nicht gekennzeichnete Gebiete sind Wiesen, Wälder oder Einzelgebäude.

Die Stadt wird durch den Rhein in zwei Stadtteile – »Grossbasel« links des Rheins und »Kleinbasel« rechts des Rheins – unterteilt. Das Stadtzentrum erstreckt sich über beide Seiten des Rheins und beherbergt wie alle modernen Innenstädte im Wesentlichen Ladengeschäfte, Büroräume sowie Vergnügungsmöglichkeiten (Restaurants, Bars, Kinos, Theater etc.). Die beiden Teile der Innenstadt sind durch die »Rheinbrücke« miteinander verbunden. Um das Stadtzentrum verteilen sich die wichtigsten städtischen Wohnviertel, die durch Blockrandbebauungen oder andere Formen relativ dichter Überbauung geprägt sind. Im nordöstlichen sowie im südlichen Teil des Kantons liegen zwei Wohngebiete, die durch Einfamilienhaussiedlungen geprägt sind. Der Rheinhafen am östlichen Ufer des Rheinausflusses mit den angrenzenden Industrie- und Gleisanlagen sowie das östlich an den »Zentralbahnhof« angrenzende Gebiet bilden die beiden grossen industriell genutzten Flächen des Kantons. Im nordöstlichen Teil des Kantons schliesslich befinden sich die einzigen grösseren Gebiete, welche nicht überbaut sind und als Grünflächen oder Wald genutzt werden.

Hiervon ausgehend lässt sich nun die kartographische Verteilung der polizeilich registrierten Gewaltdelikte betrachten. Die Darstellung beruht auf einer Auswertung der Tatorte nach einem Hektarraster, bei der die Fläche der Kreise innerhalb einer kartographischen Darstellung proportional zur Zahl der Delikte ist. Zur besseren Übersicht kommt in jeder einzelnen Karte ein anderer Massstab zur Anwendung. Abbildungen 6.3a bis 6.3d zeigen die geographische Verteilung der Tatorte für die vier Gruppen von Gewaltdelikten (Tötungsdelikte, Körperverletzung und Tätlichkeit, Raub und Entreissdiebstahl, Vergewaltigung und sexuelle Nötigung). Abbildungen 6.3e und 6.3f kontrastieren die räumliche Verteilung von Delikten, die sich Privaträumen zugetragen haben, mit derjenigen von Delikten, die sich im öffentlichen Raum (einschliesslich Restaurants, Bars etc.) ereignet haben.

Die kartographische Darstellung der *Tötungsdelikte* ist nur begrenzt aufschlussreich. Immerhin ist erkennbar, dass sich die meisten Tötungsdelikte in den innerstädtischen Wohnbezirken ereignen, wobei sich eine gewisse Konzentration im Gebiet nördlich des Kleinbasler Stadtzentrums feststellen lässt. Nur drei Tötungsdelikte haben sich über den Beobachtungszeitraum von neun Jahren (1983–1991) in den Einfamilienhausquartieren im Nordosten und im Süden der Stadt ereignet. Schliesslich ist bemerkenswert, dass im Kanton Basel-Stadt keine Häufung von Tötungsdelikten im Stadtzentrum beobachtet werden kann.

Abbildung 6.3   Geographische Verteilung von Gewaltdelikten

a) Tötungsdelikte (inkl. Versuche)

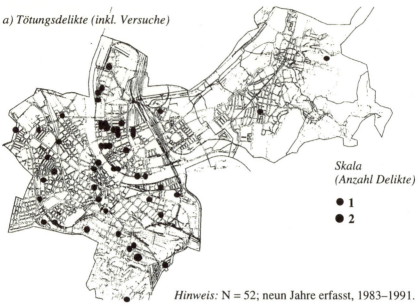

Hinweis: N = 52; neun Jahre erfasst, 1983–1991.

b) Körperverletzungen und Tätlichkeiten

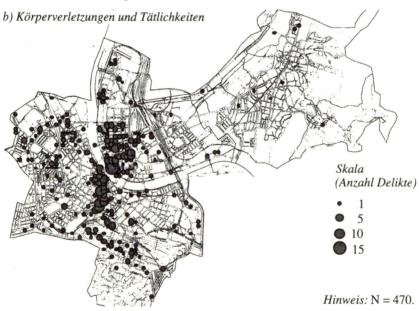

Hinweis: N = 470.

Die Stadt als Arena für Gewalt 139

Abbildung 6.3   Geographische Verteilung von Gewaltdelikten (Fortsetzung)

c) Raub und Entreissdiebstahl

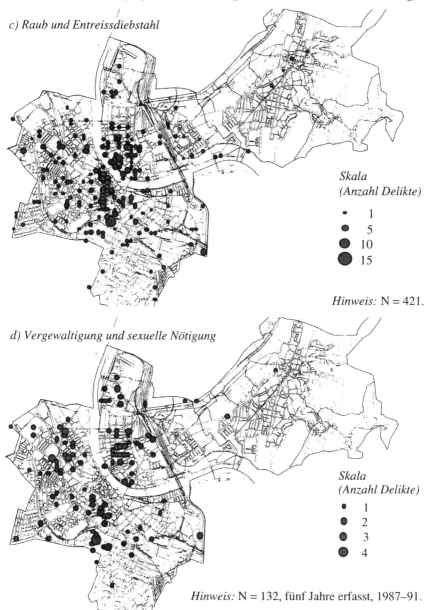

Skala
(Anzahl Delikte)
• 1
• 5
● 10
● 15

Hinweis: N = 421.

d) Vergewaltigung und sexuelle Nötigung

Skala
(Anzahl Delikte)
• 1
• 2
● 3
● 4

Hinweis: N = 132, fünf Jahre erfasst, 1987–91.

Abbildung 6.3   Verteilung von Gewaltdelikten (Fortsetzung)

e) Alle Gewaltdelikte in Privaträumen

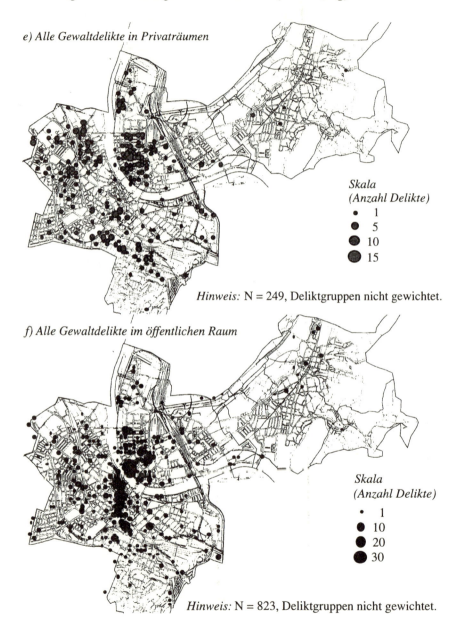

Skala
(Anzahl Delikte)
• 1
• 5
• 10
• 15

Hinweis: N = 249, Deliktgruppen nicht gewichtet.

f) Alle Gewaltdelikte im öffentlichen Raum

Skala
(Anzahl Delikte)
• 1
• 10
• 20
• 30

Hinweis: N = 823, Deliktgruppen nicht gewichtet.

Ein völlig anderes Bild ergibt sich bei den *Körperverletzungen und Tätlichkeiten*. Zunächst fällt die ausgeprägte Konzentration in der Innenstadt beidseits des Rheins auf, die im Wesentlichen der Lokalisation von Örtlichkeiten des öffentlichen Vergnügens entspricht. Wie wir später sehen werden, geht es bei diesen Delikten fast ausschliesslich um Körperverletzungen und Tätlichkeiten *zwischen Unbekannten im öffentlichen Raum*. Daneben weisen einzelne Wohnquartiere (südlich des Zentralbahnhofes, ein im Nordwesten der Stadt gelegenes Gebiet sowie die nördlich an Kleinbasel angrenzenden Stadtquartiere) Häufungen von Körperverletzungen auf. Hierbei handelt es sich meistens um Gewaltdelikte innerhalb der Privatsphäre. Sehr wenige der polizeilich registrierten Körperverletzungen und Tätlichkeiten ereignen sich in den statushohen Einfamilienhausquartieren.

Noch stärker als Körperverletzungen und Tätlichkeiten sind *Raub und Entreissdiebstahl* auf die Innenstadt beidseits des Rheins konzentriert. Sie geschehen fast ausschliesslich entlang des linksrheinischen Konsum- und Vergnügungszentrums zwischen Bahnhof und Rheinbrücke sowie in unmittelbarer Nähe der rechtsrheinischen Uferanlagen und des Claraplatzes, der das Zentrum der Kleinbasler Innenstadt bildet. Ein kleiner Teil der Delikte wird in den Wohnvierteln der Stadt begangen, wobei sich eine gewisse Häufung an den grösseren Verkehrsknotenpunkten feststellen lässt.

Ein nochmals anderes räumliches Verteilungsmuster zeigen *sexuelle Gewaltdelikte*. Im Gegensatz zu Körperverletzungen sowie Raub und Entreissdiebstahl werden Vergewaltigungen und sexuelle Nötigungen fast nie im Stadtzentrum selbst verübt. Die Tatorte liegen vor allem in den zentrumsnahen Wohnquartieren, wobei sich drei Schwerpunkte ausmachen lassen. Ein erster befindet sich zu beiden Seiten des Zentralbahnhofes. Eine zweite Region mit einer Häufung von sexuellen Gewaltdelikten liegt in den nordwestlich des Grossbasler Stadtzentrums gelegenen Wohnquartieren und ein dritter Schwerpunkt befindet sich wiederum nördlich des Kleinbasler Stadtzentrums. In geographischer Hinsicht entsteht hierdurch der Eindruck, dass sich sexuelle Gewaltdelikte in einem kreisförmig um das Stadtzentrum angeordneten Bereich konzentrieren.

Abbildungen 6.3e und 6.3f stellen die räumliche Verteilung von Gewaltdelikten in Privaträumen derjenigen im öffentlichen Raum gegenüber. Die Lokalisation der ersteren entspricht weitgehend derjenigen der *Wohnorte der jeweiligen Täter und Opfer*. Die Schwerpunkte liegen wiederum südlich des Zentralbahnhofes, in den Wohnvierteln im nordwestlichen Teil der Stadt sowie nördlich der Kleinbasler Innenstadt. Die Frage, welche Ursachen für deren räumliche Verteilung ausschlaggebend sind, werde ich in Zusammenhang mit der Diskussion der

Täter und der Opfer ausführlicher betrachten (vgl. Kapitel 7 und 8). Gewaltdelikte im öffentlichen Raum ereignen sich überwiegend in den Stadtzentren zu beiden Seiten des Rheins.

Insgesamt ergibt sich der Befund, dass Gewaltereignisse ausserordentlich stark räumlich konzentriert sind. Zur Verdeutlichung zeigt Tabelle 6.2 die kumulative Verteilung aller erfassten Delikte. Daraus lässt sich ablesen, dass sich etwa 32 Prozent aller Vorfälle auf einem Gebiet von 35 Hektaren zutragen, was rund 2,1 Prozent der überbauten Fläche des Kantons Basel entspricht, während auf über 70 Prozent der überbauten Fläche keine Delikte registriert wurden (für ähnliche Befunde aus anderen Ländern vgl. Bensing und Schroeder, 1960; McClintock, 1963; Wikström, 1991: 201).

Tabelle 6.2   *Verteilung aller Gewaltdelikte nach Hektaren bebauter Wohnfläche, Kanton Basel-Stadt*

Gewaltdelikte pro Hektare	Anzahl Hektaren	In % der überbauten Wohnfläche	%-Anteil aller Gewaltdelikte	Kumulative Prozentanteile
0	1 188	71,5 %	0,0 %	0,0 %
1 bis 2	361	21,7 %	43,6 %	43,6 %
3 bis 5	169	10,2 %	24,2 %	67,8 %
6 bis 26	35	2,1 %	32,2 %	100,0 %

Die 35 Raumquadrate mit der höchsten Zahl der Gewaltdelikte bilden annähernd eine geschlossene Fläche, die sich vom Zentralbahnhof am südlichen Ende der City über die Hauptachse des Geschäfts- und Vergnügungsviertels am linksrheinischen Ufer zur Rheinbrücke erstreckt und sich auf der gegenüberliegenden Rheinseite zwischen dem »Claraplatz« und dem Basler Messegelände fortsetzt. Will man Gewalt im öffentlichen Raum der Städte verstehen, so drängt sich die Frage auf, was in diesem vergleichsweise kleinen Gebiet des urbanen Raumes geschieht. Eine Ebene, auf der man diese Frage mit Hilfe der verfügbaren Daten empirisch angehen kann, betrifft die räumliche Mobilität von Tätern und Opfern.

6.4 Die Vermittlung zwischen Wohnort und Tatort: Räumliche Mobilität

Aus einer Reihe von empirischen Untersuchungen ist bekannt, dass in modernen Städten – mit Ausnahme von Gewalt im sozialen Nahraum – kaum ein Zusammenhang zwischen der Verteilung von Tatorten und derjenigen der Wohnorte besteht (vgl. Frehsee, 1978; Schwind et al., 1978; Wikström, 1991; Bottoms und Wiles, 1992). Vielmehr folgt die räumliche Verteilung der Wohnorte (von Tätern oder Opfern) und diejenige der Tatorte unterschiedlichen sozialen Logiken, zwischen denen *räumliche Mobilitätsbewegungen* vermitteln.[4]

Um deren Einfluss auf die Lokalisation von Gewaltereignissen zu analysieren, kann man von einer schematischen Darstellung der Mobilitätsströme in einem beliebig definierten geographischen Kontext ausgehen (vgl. Abbildung 6.4).

Abbildung 6.4   Schema der geographischen Mobilität von Tätern und Opfern

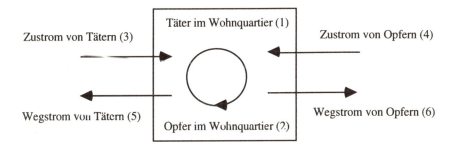

Innerhalb eines solchen Kontextes können sich Gewaltdelikte ereignen, bei denen Täter und/oder Opfer auch am selben Ort ihren Wohnsitz haben (1 und 2). Eine plausible Annahme für diese Gruppe von Gewaltdelikten ist, dass die meisten wohnansässigen Opfer auch von wohnansässigen Tätern viktimisiert werden. Dies gilt besonders für Delikte in der Privatsphäre, weniger für Gewaltdelikte im öffentlichen Raum. Jeder Kontext mag zudem einen mehr oder weniger starken Zustrom von motivierten Tätern oder potentiellen Opfern erfahren (3 und 4). Dabei lässt sich im Sinne des "routine activity approach" die These formulieren, dass sich der Zustrom von potentiellen Tätern und Opfern nicht von demjenigen der übrigen Bevölkerung unterscheidet, sondern der allgemeinen Verteilung von Alltagsaktivitäten folgt. Allerdings ist für eher instrumentelle Gewalt plausibel, dass motivierte potentielle Täter aktiv Gelegenheiten für die Tatbegehung suchen, so dass ihre Mobilitätsmuster von denjenigen der allgemeinen Bevölkerung differieren können. Schliesslich wird die Zahl der in einem Gebiet begangenen Delikte durch die Zahl der Anwohner, welche ihre Alltagsaktivitäten in einem anderen Raumausschnitt ausüben, beeinflusst (5 und 6). Dabei ist wiederum denkbar, dass die Wegmobilität von möglichen Tätern und Opfern mit derjenigen der übrigen Wohnbevölkerung identisch ist. Für anonyme Gewalt ist allerdings vorstellbar, dass motivierte potentielle Täter im Sinne eines Risikokalküls bewusst ihr eigenes Wohnumfeld als Tatort meiden.

Berücksichtigt man ein Nebeneinander mehrerer Raumeinheiten, so ergibt sich eine Matrix von Mobilitätspfaden zwischen Wohnorten und Tatorten. Beschränkt man die Analyse auf ein geschlossenes Gebiet, so bildet diese Matrix ein Null-Summen-Spiel ab. Bei offenen Räumen hingegen, wie es Städte zweifelsohne sind, sind Nettodifferenzen zwischen Zu- und Wegbewegungen zu erwarten.

Urbane Zentrumsfunktionen und der Zustrom von Tätern und Opfern

Im Rahmen der theoretischen Argumentation hatte ich die These formuliert, dass die Zunahme von Gewaltdelikten in den Städten unter anderem eine Folge der gestiegenen *Zentrumsfunktionen der Innenstädte* sei. Dies deshalb, weil sich infolge des doppelten Prozesses von Agglomerationsbildung einerseits und funktionaler Entmischung der Innenstädte andererseits sich die Pendlerströme in die Stadtzentren verstärken, so dass sich mehr potentielle Täter und potentielle Opfer in den Stadtzentren aufhalten. Die Untersuchungen in Kapitel 5 haben auf Aggregatsebene tatsächlich eine Beziehung zwischen der Zentrumsfunktion eines Kontextes und dessen Delinquenzraten zutage gebracht. Anhand der Basler Anzeigedaten kann nun überprüft werden, ob dieser Zusammenhang auch auf der Ebene von Individualdaten besteht. Tabelle 6.3 zeigt hierzu für sechs Teilgruppen von Gewaltdelinquenz die Anteile jener Täter und Opfer, welche zum Tatzeitpunkt nicht im Kanton Basel-Stadt wohnhaft waren.

Sie lässt erkennen, dass rund 22 Prozent aller polizeilich identifizierten Täter und 26 Prozent aller Opfer zum Zeitpunkt der Tat ihren Wohnsitz *nicht* im Kanton Basel-Stadt hatten. Detailliertere Auswertungen zeigen, dass deren Wohnorte in der Regel im Agglomerationsgürtel der Stadt Basel lagen (Eisner, 1993a; 1994a). Dabei bestehen beträchtliche Differenzen zwischen verschiedenen Teilgruppen von Gewalt. Bei Tötungsdelikten beträgt der Anteil auswärtiger Opfer und Täter rund 10 Prozent. Dieser geringe Anteil ist insofern nicht überraschend, als sich der überwiegende Teil dieser Delikte im sozialen Nahraum ereignete.

Tabelle 6.3   Zustrom von Tätern und Opfern in den Kanton Basel-Stadt

Deliktgruppe	%-Anteil nicht im Kt. Basel-Btadt wohnhaft	
	Täter	Opfer
Tötung (inkl. Versuche)	10,8 %	10,1 %
Körperverletzung		
a) Verwandtschaft/gute Bekanntschaft	6,8 %	11,0 %
b) Unbekannte/flüchtige Bekanntschaft	30,8 %	31,5 %
Raub und Entreissdiebstahl	45,9 %	28,9 %
Sexuelle Gewalt		
a) Verwandtschaft/gute Bekanntschaft	4,3 %	7,9 %
b) Unbekannte/flüchtige Bekanntschaft	33,1 %	21,7 %
Im Jahresdurchschnitt	22,4 %[a]	26,2 %[a]

[a] Die stärkere Gewichtung der Tötungsdelikte (neun Jahre erfasst) und der sexuellen Gewalt (fünf Jahre erfasst) wurde für die Berechnung der Durchschnittswerte korrigiert.
Anmerkung: Täter und Opfer ohne festen Wohnsitz und ohne genaue Wohnsitzangaben nicht berücksichtigt.

Ähnlich tief sind die Prozentwerte auch bei den übrigen Delikten gegen Opfer, die mit dem Täter bekannt oder verwandt waren. Bei jenen Formen von Gewalt hingegen, bei denen Opfer und Täter einander zuvor nicht oder kaum gekannt hatten, waren jeweils zwischen 27 und 46 Prozent der Beteiligten ausserhalb der Stadt wohnhaft. *Dabei ist die Begegnung von Täter und Opfer fast ausschliesslich von einer situativen Logik bestimmt, die einander fremde Personen im öffentlichen Raum der Stadtzentren zusammentreffen lässt.* Zwar erlauben die untersuchten Daten hierbei keine Aussagen über die Mobilitätsmotive, doch scheint es mir falsch, für den beobachteten Zustrom von Tätern (oder gar von späteren Opfern) spezifisch gewaltbezogene Motive zu unterstellen. Vielmehr lässt sich der hohe Anteil von Tätern und Opfern aus dem Agglomerationsgürtel zwanglos als Nebenfolge davon erklären, dass sich sowohl tags wie auch nachts in den Stadtzentren eine grosse Zahl von Personen aus dem gesamten städtischen

Grossraum aufhält und sich dort Aktivitäten konzentrieren, in denen potentiell gewalttätige Situationen wahrscheinlicher sind.

Die eben festgestellte räumliche Mobilität von Tätern und Opfern in die Stadtzentren setzt sich innerhalb des Stadtgebietes fort. So kann auf der Basis von Mobilitätsmatrizen für jeden der 68 Wohnbezirke des Kantons Basel-Stadt eine »Mobilitätsbilanz« erstellt werden, welche sich aus der Differenz zwischen »zuwandernden« Tätern oder Opfern und »abwandernden« Tätern oder Opfern – immer mit Bezug auf den Tatort – ergibt (vgl. Abbildung 6.5). Sie zeigt sowohl für Täter wie auch für die Opfer, dass praktisch alle Aussenquartiere des Kantons Basel-Stadt eine negative oder neutrale Mobilitätsbilanz aufweisen. Dabei richtet sich der grösste Teil der Mobilitätsbewegungen auf die Innenstädte und angrenzenden Wohnquartiere beidseits des Rheins, wo die Vergnügungs- und Konsumfunktionen der Stadt lokalisiert sind.

Abbildung 6.5 *Mobilitätsbilanz der 68 Stadtbezirke, absolute Zahlen*

a) Täter

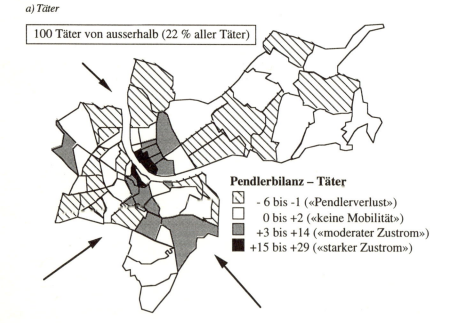

Abbildung 6.5   Mobilitätsbilanz der 68 Stadtbezirke (Fortsetzung)

b) Opfer

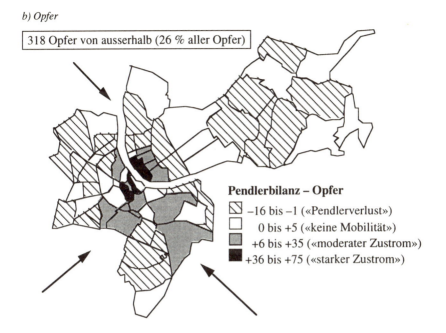

6.5 Urbane Funktionsräume und Gewalt

Ich habe oben darauf hingewiesen, dass eine Betrachtung von Deliktorten in Termini von Raumkoordinaten nur insofern sinnvoll ist, als in verschiedenen geographischen Räumen unterschiedliche Aktivitäten stattfinden. Um diese Dimension zu erschliessen, sind blosse kartographische Darstellungen nur bedingt aufschlussreich. Sie können allerdings ergänzt und inhaltlich konkretisiert werden, indem man Deliktorte nicht nach geographischen, sondern nach inhaltlichen und funktionsbezogenen Kriterien untersucht. Zu diesem Zweck wurde im Rahmen der Basler Anzeigeuntersuchung eine Variable erhoben, die eine Unterscheidung von rund fünfzig Deliktorten von der »Unterführung« über das »Restaurant« bis zur »Wohnung des Opfers« enthält. Ich habe die Ausprägungen dieser Variablen für die folgende tabellarische Darstellung zusammengefasst und nach drei sozial-räumlichen Sphären geordnet, welche ich als *Privatsphäre, Arbeitssphäre* und *öffentliche Sphäre* bezeichne (vgl. Tabelle 6.4).

Tabelle 6.4   Deliktorte nach Deliktkategorien

Deliktorte	Deliktgruppe				
				Sexuelle Gewalt[a]	
	Tötung	Körperverletzg.	Raub und Entreissd.	Tatort	Erste Begegnung
Privatsphäre					
Wohnung von Täter und Opfer	25,0 %	8,9 %	0,0 %	7,8 %	7,0 %
Wohnung von Täter/Drittperson	3,8 %	5,1 %	0,2 %	22,5 %	10,1 %
Wohnung des Opfers	32,7 %	4,7 %	0,7 %	17,8 %	14,7 %
Wohnumfeld (Eingang, Treppe)	5,8 %	12,1 %	7,4 %	13,2 %	14,0 %
Zwischentotal	*67,3 %*	*30,8 %*	*8,3 %*	*61,3 %*	*45,8 %*
Arbeitssphäre					
Büro, Fabrik, Spital	0,0 %	2,8 %	1,4 %	2,3 %	2,3 %
Laden, Ladenstrasse	0,0 %	3,6 %	10,9 %	1,6 %	1,6 %
Sex-etablissement	1,9 %	1,9 %	0,0 %	2,3 %	2,3 %
Zwischentotal	*1,9 %*	*8,3 %*	*12,3 %*	*6,2 %*	*6,2 %*
Öffentliche Sphäre					
Strassen, Plätze	11,5 %	28,7 %	63,2 %	16,3 %	22,5 %
Orte öffentlichen Vergnügens	11,5 %	23,4 %	4,5 %	2,3 %	11,6 %
Bahnhof, Haltestelle, Tram	0,0 %	5,1 %	6,2 %	0,8 %	3,1 %
Unterführung, Parkhaus	3,8 %	0,6 %	2,4 %	3,1 %	2,3 %
Parkanlage, Wald	3,8 %	3,0 %	3,1 %	10,1 %	8,5 %
Zwischentotal	*30,6 %*	*60,8 %*	*79,4 %*	*32,6 %*	*48,0 %*
	99,8 %	99,9 %	100,0 %	100,1 %	100,0 %
N =	(52)	(470)	(421)	(129)	(129)

[a] Für sexuelle Gewalt wurde sowohl der Ort des Deliktes wie auch der Ort, wo die der Tat vorausgehende Begegnung zwischen Opfer und Täter stattfand, erfasst.
Anmerkung: Zähleinheit sind die Delikte, Missing = 4.

Die Stadt als Arena für Gewalt

Die Unterscheidung dieser Sphären hat eher heuristischen als analytischen Charakter und es existieren faktisch Überlappungsbereiche zwischen ihnen. Zudem bezieht sich die Differenzierung auf soziale Räume und nicht auf die tatsächlichen Aktivitäten von Täter oder Opfer.[5] Ihre volle Bedeutung erhält diese situative Dimension erst in Verbindung mit einer Betrachtung der Beziehungen zwischen Tätern und Opfern, der ich mich im folgenden Abschnitt zuwende. Ich beschränke mich zunächst auf eine knappe Darstellung der Daten.

Bereits ein erster Überblick macht deutlich, dass sich der weit überwiegende Teil der Gewaltdelikte in der *Privatsphäre* oder der *öffentlichen Sphäre* ereignet, während die Arbeitssphäre durch einen geringen Anteil auffällt. Dies stützt die Interpretation der Daten zum zeitlichen Verlaufsmuster. Bereits dort hatte ich vermutet, dass der hohe Grad der Formalisierung von Beziehungen in der Arbeitssphäre, die aufgrund von formaler Autorität hochgradig strukturierten Machtverhältnisse, sowie das beträchtliche Risiko einer Sanktionierung durch Entlassung vom Arbeitsplatz für die geringe Häufigkeit von direkter, personaler Gewalt verantwortlich sind.

Eine genauere Betrachtung lässt beträchtliche Unterschiede zwischen den Deliktgruppen hervortreten. *Tötungsdelikte* ereignen sich vorwiegend in der Privatsphäre, deutlich häufiger in der Wohnung des Opfers oder von Täter und Opfer als in der Wohnung des Täters. Etwa ein Drittel aller Tötungsdelikte geschieht im öffentlichen Raum. Unter den polizeilich registrierten *Körperverletzungen und Tätlichkeiten* finden etwas mehr als 30 Prozent in der Privatsphäre statt, ein beträchtlicher Teil davon in Treppenhäusern und Vorplätzen. Ein knappes Viertel der Delikte ereignet sich in oder unmittelbar vor Bars, Restaurants oder Spielsalons. Weitere 29 Prozent geschehen auf offener Strasse. *Raub und Entreissdiebstahl* ist die »öffentlichste« aller hier betrachteten Formen von Gewaltdelinquenz. Rund 80 Prozent dieser Delikte ereignen sich auf offener Strasse, weitere 11 Prozent finden in Läden oder Ladenstrassen statt und richten sich in der Regel gegen das Ladenpersonal. Mit knapp 60 Prozent ist der Anteil von *sexuellen Gewaltdelikten*, die sich innerhalb der Privatsphäre abspielen, fast so hoch wie bei Tötungsdelikten. Wie allerdings die zusätzliche Berücksichtigung der Orte, wo sich Täter und Opfer vor der Tat begegnet sind, deutlich macht, handelt es sich hierbei teilweise um Ereignisse, bei denen eine kurze, flüchtige Bekanntschaft der Tat vorangegangen ist oder der Täter das Opfer unter Gewaltandrohung in eine fremde Wohnung, bzw. einen Hauseingang gezwungen hat. Rund ein Drittel aller Vergewaltigungen und sexuellen Nötigungen ereignet sich im öffentlichen Raum, jede zehnte in Parkanlagen oder Wäldern.

6.6 Die Beziehung zwischen Opfer und Täter

Wie ich im weiteren Verlauf der Analysen noch ausführlicher zeigen werde, ist die Dimension der *persönlichen Beziehung zwischen Opfer und Täter* von entscheidender Bedeutung für eine Vielzahl von Aspekten urbaner Gewalt (vgl. Kapitel 8 und 10). Ihren einen Pol bilden Gewaltdelikte gegen Familienmitglieder oder Verwandte, den anderen Pol bilden Delikte, die der Täter gegen ihm völlig unbekannte Personen verübt. Die erhobenen Daten basieren auf einer intensiven Lektüre der Anzeigetexte. Ich habe mich darauf beschränkt, das eher äusserliche Verhältnis zwischen Opfer und Täter zu erfassen. Während für diese Ebene die Polizeiprotokolle als relativ verlässlich angesehen werden können und Angaben in weit über 90 Prozent der Texte vorhanden waren, enthalten sie keine verwendbaren Informationen über eher subjektive, private Beziehungsaspekte. Tabelle 6.5 zeigt einen Überblick über die Anteile verschiedener Beziehungskonstellationen für die vier Deliktgruppen.

Tabelle 6.5   *Beziehung zwischen Täter und Opfer*

	Deliktgruppe			
Beziehung zwischen Opfer und Täter	Tötung	Körperverletzung	Raub und Entreissd.	Sexuelle Gewalt
Familie/Verwandtschaft	44,4 %	13,1 %	0,0 %	7,6 %
Davon: Zusammenlebende (Ehe)partner	14,3 %	7,7 %	–	2,8 %
Getrennte (Ehe)partner	11,1 %	4,0 %	–	2,3 %
Eltern Täter gegen Kind	6,3 %	1,2 %	–	%
Kind Täter gegen Eltern	11,1 %	0,2 %	–	0,0 %
Freunde, Bekannte	14,3 %	10,1 %	0,7 %	16,7 %
Nachbarn	4,8 %	1,5 %	0,0 %	0,8 %
Flüchtige Bekanntschaft	7,9 %	8,3 %	1,1 %	15,9 %
Unbekannte, Opfer am Arbeitsplatz	9,5 %	9,9 %	10,3 %	9,8 %
Unbekannte, Opfer nicht am Arbeitsplatz	6,3 %	47,6 %	87,8 %	44,7 %
Beziehung nicht bekannt	12,7 %	2.8 %	0,0 %	7,6 %
	99,9 %	100,1 %	100,1 %	99,9 %
N =	(63)	(504)	(436)	(132)

Anmerkung: Zähleinheit sind hier die Opfer.

Die Stadt als Arena für Gewalt 151

In Tabelle 6.6 dokumentiere ich ausserdem den Zusammenhang zwischen der relationalen Dimension von Gewalt (Beziehung zwischen Täter und Opfer) und den Gewaltorten. Ich nehme diese Daten zum Anlass, jede Gruppe von Gewaltdelikten etwas genauer zu betrachten, jeweils typische situative Konstellationen zu skizzieren und erste Hinweise auf Merkmale der Opfer und der Täter zu geben. Hierdurch soll eine Vorstellung von der Struktur polizeilich registrierter Gewaltdelikte im urbanen Kontext vermittelt werden und die bereits angesprochenen situativen Dimensionen in ein Gesamtbild integriert werden.

Tabelle 6.6   Beziehung zwischen Täter und Opfer nach Tatorten, alle Gewaltdelikte (Anteile > 20 Prozent fett gedruckt)

	Beziehung zwischen Täter und Opfer					
					Unbekannte	
Tatort	Familie, Verwandte	Freunde, Bekannte	Nachbarn	Flüchtige Bekannte	Opfer am Arbeitspl.	Übrige
In einer Wohnung	**80,1 %**	**44,1 %**	**21,4 %**	**28,1 %**	5,3 %	3,4 %
Wohnumfeld	3,8 %	3,6 %	**76,2 %**	12,7 %	6,2 %	7,7 %
Läden, Büros, etc.	2,8 %	10,7 %	0,0 %	5,6 %	**32,7 %**	5,3 %
Orte öff. Vergnügens	3,8 %	16,7 %	0,0 %	**26,8 %**	**25,7 %**	12,8 %
Strassen, Plätze, etc.	9,4 %	**25,0 %**	2,4 %	**26,8 %**	**30,1 %**	**70,8 %**
	100,0 %	100,1 %	100,0 %	100,0 %	100,0 %	100,0 %
N =	(106)	(84)	(42)	(71)	(113)	(678)

Anmerkung: $\chi^2 = 966,6$; df = 20; $p < 0,0001$.

Tötungsdelikte

Die etwas mehr als fünfzig versuchten und vollendeten Tötungsdelikte, welche zwischen 1982 und 1991 polizeilich registriert wurden, können drei Hauptgruppen zugeordnet werden.

In rund 45 Prozent der Fälle standen Opfer und Täter in einem *familiären oder verwandtschaftlichen Verhältnis* zueinander. Für urbane Verhältnisse ist dies ein relativ hoher Anteil. In Stockholm etwa betrug der Anteil von familiären Tötungsdelikten zwischen 1951 und 1987 39 Prozent (Wikström, 1992), in der gesamten Bundesrepublik Deutschland wurden 1992 gemäss Angaben des Bundeskriminalamtes sogar nur rund 22 Prozent aller Opfer-Täter-Beziehungen bei vollendeten und versuchten Tötungen als verwandtschaftlich klassifiziert (Bundeskriminalamt, 1992). Diese Delikte finden fast ausschliesslich in Wohnräumen statt und richten sich in der Regel gegen weibliche Opfer (82 Prozent). Etwas weniger als die Hälfte der Tötungsdelikte im familiären Kontext betreffen Kind-Eltern-Beziehungen, wobei (erwachsene) Kinder häufiger als Täter gegen ihre Eltern in Erscheinung treten als umgekehrt. Je etwa ein Viertel der familiären Tötungsdelikte ereignet sich zwischen zusammenlebenden Ehepartnern und zwischen Partnern, die sich zuvor getrennt hatten.

Eine *zweite* Teilgruppe (etwa 27 Prozent aller Fälle) bilden jene Tötungsdelikte, bei denen sich Opfer und Täter bereits vor der Tat gekannt haben, aber nicht in einem familiären oder verwandtschaftlichen Verhältnis zueinander standen. Auch diese Delikte finden in der Regel in Privaträumen statt. Die Lektüre der Anzeigeprotokolle zeigt, dass diesen Delikten zumeist mehr oder weniger lange Streitigkeiten vorausgehen, in deren Verlauf einer der Beteiligten den anderen – in der Regel mit einer Waffe – angreift. Im Gegensatz zur ersten Gruppe von Tötungsdelikten sind die Opfer in dieser Gruppe fast ausschliesslich männlichen Geschlechts.

Eine *dritte* heterogene Gruppe (etwa 30 Prozent aller Fälle) bilden jene Tötungsdelikte, bei denen sich Täter und Opfer vor der Tat nicht gekannt haben oder die Art der Beziehung aus dem Polizeiprotokoll nicht hervorgeht. Bei einem Teil dieser Ereignisse deuten die Polizeiprotokolle Raubmotive an, ohne dass sich deren Anteil jedoch anteilsmässig identifizieren liesse. Sechs der Fälle in dieser Gruppe betreffen Opfer am Arbeitsplatz (Polizisten, Prostituierte, ein Taxichauffeur). Insgesamt befinden sich unter den Opfern in dieser Deliktgruppe ungefähr gleich viele weibliche wie männliche Opfer.

Körperverletzungen und Tätlichkeiten

Die Verteilung der polizeilich registrierten Körperverletzungen auf die verschiedenen Beziehungskonstellationen weicht deutlich von derjenigen bei Tötungsdelikten ab. Ein weitaus geringerer Anteil ereignet sich im sozialen Nahraum, während Delikte durch dem Opfer unbekannte Täter einen weit höheren Anteil ausmachen. Dieser Unterschied kann zwar bedeuten, dass sich Tötungsdelikte tatsächlich hinsichtlich ihrer typischen Beziehungskonstellationen von Körperverletzungen und Tätlichkeiten unterscheiden. Plausibler ist aber, dass der Unterschied zu einem beträchtlichen Teil eine Folge der geringen Anzeigewahrscheinlichkeit bei Gewaltdelikten im sozialen Nahraum ist (Skogan, 1985; Killias, 1989: 127f).

Rund 14 Prozent aller polizeilich registrierten Körperverletzungen und Tätlichkeiten werden gegen Familienmitglieder oder Verwandte verübt. Sie finden fast ausschliesslich in Wohnungen statt. In der Regel handelt es sich hier um Männer (96 Prozent der Täter), die ihre Frauen (90 Prozent der Opfer) schlagen. Die Lektüre der Anzeigeprotokolle zeigt, dass dem angezeigten Delikt üblicherweise über einen längeren Zeitraum mehrere Gewaltdelikte vorausgingen. Unmittelbar vor dem Gewaltdelikt kommt es in der Regel zu Streitigkeiten und verbalen Aggressionen zwischen den Partnern. Obwohl die Anzeigeprotokolle in dieser Hinsicht unvollständig sind, ist bemerkenswert, dass in rund der Hälfte der Fälle (47 Prozent) Alkoholkonsum seitens des Täters protokollarisch festgehalten ist.

In etwa 26 Prozent aller polizeilich registrierten Körperverletzungen und Tätlichkeiten hat das Opfer den Täter bereits mehr oder weniger lange Zeit vor der Tat gekannt, wobei sich Delikte gegen Freunde und Bekannte, gewalttätige Eskalationen von Konflikten zwischen Nachbarn sowie Delikte im Rahmen von kurz zuvor geschlossenen Bekanntschaften unterscheiden lassen. Delikte von einem dem Opfer bereits länger bekannten Täter ereignen sich in der Regel in Wohnungen und sind häufig von starkem Alkoholkonsum begleitet. Konflikte zwischen Nachbarn finden meistens im Umfeld der Wohnungen statt und entzünden sich häufig an trivialen nachbarschaftlichen Streitigkeiten. Delikte im Rahmen flüchtiger Bekanntschaften ereignen sich oft in Bars und Restaurants. Insgesamt sind dieser Gruppe mehr als die Hälfte der Opfer (55 Prozent) männlich.

Mit einem Anteil von rund 60 Prozent bilden *Delikte zwischen einander unbekannten Personen* den grössten Teil der Körperverletzungen und Tätlichkeiten im urbanen Raum. Sie werden zu einem überwiegenden Teil an oder im Umfeld von Orten des öffentlichen Vergnügens wie Bars, Restaurants, Diskotheken etc. verübt. Häufig geht ihnen eine Streiterei von trivialer Natur voraus, die eskaliert und mit einer Tätlichkeit oder Körperverletzung endet. Die Dynamik dieser situativen Konflikte werde ich in Kapitel 11 für einen kleinen Teilbereich, nämlich Gewaltdelikte im Umfeld des Verkehrs, einer genaueren Analyse unterziehen. Die Delikte in dieser Gruppe werden in der Regel von Männern (98 Prozent aller Täter) an Männern (80 Prozent aller Opfer) verübt, wobei nicht selten Personen am Arbeitsplatz (Servierpersonal, Taxichauffeure etc.) viktimisiert werden. In etwa einem Drittel der Delikte dieser Gruppe wird die Tat von mehreren Tätern ausgeübt, wobei es sich zumeist um Schlägereien zwischen jugendlichen Männergruppen handelt.[6]

Raubüberfälle und Entreissdiebstähle

Raubüberfälle und Entreissdiebstähle sind, was die Beziehung zwischen Opfer und Täter anbelangt, relativ homogene Formen von Gewaltdelikten. Mit Ausnahme von Raubüberfällen in Läden ereignen sie sich fast ausschliesslich auf den Strassen und Plätzen des Stadtzentrums und werden von dem Opfer unbekannten Personen ausgeübt. Während bei Raubüberfällen das Opfer vor der Entwendung des Raubgutes bedroht oder zusammengeschlagen wird, kommt es bei Entreissdiebstählen nur zu einem raschen Griff des Täters nach der Handtasche oder einem anderen als wertvoll erachteten Gegenstand. Wie später noch ausführlicher zu zeigen sein wird, sind die Täter in der Regel junge Männer, die Opfer entweder alte Personen oder ebenfalls junge Männer.

Sexuelle Gewalt

Die polizeilich registrierten sexuellen Gewaltdelikte lassen sich in drei grössere Gruppen unterteilen.

Eine *erste* Gruppe bilden mit rund 26 Prozent jene Delikte, bei denen der *Täter mit dem Opfer gut bekannt* war oder mit ihm in einem ehelichen Verhältnis gestanden hat. Diese Delikte finden fast ausschliesslich in den Wohnungen des Opfers oder des Täters statt. Die Lektüre der Anzeigetexte zeigt, dass der Vergewaltigung häufig eine Trennung der Beziehung vorausgeht und sich Täter und Opfer nochmals in einer Wohnung treffen. Bei rund 40 Prozent der Taten enthalten die Anzeigeprotokolle Hinweise auf Alkohol- oder Drogenkonsum des Opfers oder des Täters, was umso bemerkenswerter ist, als die Protokolle in dieser Hinsicht unvollständig sind (vgl. Anhang I).

Eine *zweite* Gruppe bilden mit etwa 17 Prozent der Fälle Vergewaltigungen und sexuelle Nötigungen, bei denen der *Täter das Opfer kurz vor der Tat kennengelernt hat*, unter einem Vorwand an einen geeigneten Ort bringt und dort die Tat ausübt. In mehr als der Hälfte dieser Delikte findet die erste Begegnung an einem Ort öffentlichen Vergnügens (Bars, Restaurants) statt.

Mit 55 Prozent aller Delikte bilden Vergewaltigungen und sexuelle Nötigungen, die durch *dem Opfer unbekannte Täter* verübt werden, die *dritte* und grösste Teilgruppe. Nur etwa ein Drittel der Delikte in dieser Gruppe ereignen sich auf offener Strasse. Häufig versucht der Täter, das Opfer in einen offenen Hauseingang oder ein Auto zu zwingen, um dort die Tat auszuüben, oder sich Zugang zur Wohnung des Opfers zu verschaffen.

Zwischen diesen Teilgruppen bestehen grosse Unterschiede hinsichtlich des prozentualen Anteils von vollendeten Vergewaltigungen (vgl. Tabelle 6.7).

Tabelle 6.7   Anteile vollendeter und versuchter Vergewaltigungen nach Beziehungskonstellation

	Beziehungskonstellation		
	Familie, Verwandte, gute Bekannte	Flüchtige Bekanntschaft	Unbekannte
Vollendete Vergewaltigung	93,9 %	90,9 %	50,7 %
Versuchte Vergewaltigung	6,1 %	9,1 %	49,3 %
	100,0 %	100,0 %	100,0 %
N =	(33)	(22)	(67)

Anmerkung: Ohne Delikte mit unbekannter Beziehung, $\chi^2 = 24,4$; df = 2; p < 0,001.

In über 90 Prozent jener polizeilich registrierten Fälle von sexueller Gewalt, die sich im Rahmen einer Bekanntschaft ereignet haben, ist der Straftatbestand einer vollendeten Vergewaltigung erfüllt. Hingegen beträgt dieser Anteil unter jenen Fällen, bei denen der Täter dem Opfer zuvor unbekannt war, nur rund 50 Prozent. Dieser Unterschied mag teilweise durch unterschiedliches Anzeigeverhalten beeinflusst sein (d.h. versuchte Vergewaltigungen im sozialen Nahraum werden seltener angezeigt). Jedoch spricht eine genauere Betrachtung der empirischen Befunde eher dafür, dass in den unterschiedlichen Anteilen von versuchten und vollendeten Sexualdelikten in erster Linie der Einfluss von situativen Gelegenheitsstrukturen zum Ausdruck kommen. Gelingt es nämlich dem Täter, ein ihm zuvor unbekanntes Opfer unter Androhung von Gewalt in einen geschlossenen Raum (Wohnung, Auto etc.) zu zwingen, kommt es – wie bei den übrigen Beziehungskonstellationen – in 90 Prozent der Fälle zu einer vollendeten Vergewaltigung. Die meisten versuchten Vergewaltigungen hingegen ereignen sich im öffentlichen Raum, wo die Chancen für eine Intervention durch Dritte oder eine erfolgreiche Gegenwehr des Opfers bedeutend grösser sind.

6.7 Zur situativen Logik von Gewalt

Eines der Ziele dieses Kapitels bestand darin, ein detailreicheres Bild von städtischer Gewaltdelinquenz und deren Manifestationsformen zu vermitteln. Hierdurch wurde sichtbar, dass sich hinter dem Sammelbegriff »Gewalt« und den hoch aggregierten Kriminalitätsraten, wie ich sie im ersten Teil des Buches verwendet habe, eine Vielzahl unterschiedlicher Phänomene verbergen.[7] Daneben haben die Untersuchungen dieses Kapitels inhaltliche Befunde hervorgebracht, die sowohl für den Fortgang der Untersuchung wie auch hinsichtlich theoretischer Fragen von Bedeutung sind. Ich möchte zwei Ergebnisse besonders hervorheben.

Erstens hat sich gezeigt, dass verschiedene Formen von Gewalt sehr unterschiedlichen situativen Momenten folgen. Eine zentrale Dimension betrifft die Polarität zwischen Gewalt im sozialen Nahraum und Gewalt im öffentlichen Raum, der jeweils bestimmte Beziehungskonstellationen zwischen Täter und Opfer entsprechen. Darüber hinaus sind weitere Dimensionen hervorgetreten. So etwa die zeitliche Differenz zwischen Tages- und Nachtzeiten, die unterschiedliche Formen von Gewalt trennt, oder der Gegensatz zwischen der Arbeitssphäre, in der es sehr selten zu physischer Gewalt kommt, sowie der Vergnügungssphäre und der häuslichen Sphäre, in denen Gewalt weit häufiger ist. Diese Ergebnisse unterstreichen die *Beteiligung situativer Faktoren bei der Entstehung von Gewalt*. Dabei erwies es sich als hilfreich, situative soziale Kontrolle, situative Anreize und die Konfliktivität von Interaktionen als Einflussparameter zu differenzieren. Sie erlauben es beispielsweise, die unterschiedliche situative Logik von instrumenteller und expressiver Gewalt besser zu verstehen. Für erstere scheint ein Modell angebracht zu sein, das motivierten potentiellen Tätern ein rationales, situationsbezogenes Nutzenkalkül unter Berücksichtigung von sozialer Kontrolle sowie Opfermerkmalen unterstellt. Hingegen ereignen sich expressive Formen von Gewalt zumeist im Rahmen von gesellschaftlich wenig strukturierten, durch geringe informelle soziale Kontrolle geprägten konfliktträchtigen Interaktionen, die im Falle von Gewalt im sozialen Nahraum oft eine ausgedehnte Vorgeschichte haben und im Falle von Gewalt im öffentlichen Raum häufig durch triviale Ereignisse ausgelöst werden. Allerdings ist hervorzuheben, dass für ein vollständigeres Verständnis der zugrundeliegenden Prozesse Mikroanalysen hilfreich wären, welche den subjektiven Bedeutungsgehalt von potentiellen Gewaltsituationen beleuchten könnten.

Zweitens wurde deutlich, dass *Öffentlichkeit eine zentrale Eigenheit urbaner Gewalt* (wenigstens soweit sie polizeilich sichtbar wird) ist, wobei sich ein sehr grosser Anteil in den Innenstädten ereignet. Diese räumliche Konzentration kann durch folgende Argumentationskette erklärt werden: Einfache Körperverletzungen und Tätlichkeiten sowie Strassenraub sind die häufigsten Gewaltdelikte in den Städten. Sie ereignen sich im Rahmen spezifischer situativer Kontexte. Für Strassenraub ist hohe Anonymität in Verbindung mit grosser Verfügbarkeit geeigneter Opfer von zentraler Bedeutung, für Körperverletzungen und Tätlichkeiten zwischen einander unbekannten Personen spielen situative Konflikte im Rahmen abendlicher Vergnügungsaktivitäten eine wichtige Rolle. *In dem Masse, in dem sich solche situativen Strukturen infolge des städtischen Strukturwandels in den Innenstädten konzentrieren, kommt es auch zu einer Verdichtung von öffentlicher Gewalt in diesen urbanen Räumen, wobei potentielle Täter und Opfer aus dem gesamten städtischen Grossraum aufeinander treffen.*

Das bedeutet auch, dass städtische Kriminalitätsraten, die auf einer blossen Umlegung der Zahl der Delikte auf die Bevölkerungsgrösse beruhen, für wichtige Deliktgruppen in erheblichem Ausmass verzerrt sind, da der Nenner (d. h. die Bevölkerung der Stadt) nicht mit der tatsächlichen Risikopopulation übereinstimmt. Dies erklärt, warum der Zusammenhang zwischen Urbanität und Gewalt in Opferbefragungen oder "self-report" Studien, die auf dem Prinzip der Zuordnung zum Wohnort basieren, regelmässig weniger stark ausgeprägt ist als in polizeilichen Kriminalstatistiken, die üblicherweise auf dem Prinzip der räumlichen Zuordnung zum Tatort beruhen (Eisner, 1993a). Hieraus ergibt sich im Weiteren die Vermutung, dass ein Teil des überdurchschnittlichen Anstiegs von Gewaltraten in den Städten die statistische Konsequenz davon ist, dass bei sinkender Wohnbevölkerung der Kernstädte die Zentrumsfunktion der Stadtzentren gestiegen ist. In welchem Ausmass dies der Fall ist, lässt sich allerdings wegen des völligen Fehlens von Daten über die geographische Mobilität von Tätern oder Opfern in früheren Zeitperioden nicht beantworten. Hingegen besteht kein Zweifel, dass sich die Problematik der Konzentration von Gewaltdelinquenz in den Kernstädten nicht darin erschöpft, dass letztere Zentrumsfunktionen für weit grössere Gebiete innehaben. Vielmehr ergeben sowohl Studien zu selbstberichteter Delinquenz wie auch Analysen von polizeilichen Daten, bei denen der verzerrende Effekt von räumlicher Mobilität berücksichtigt wird, dass in den Kernstädten auch die Täterraten überdurchschnittlich hoch sind.

Kapitel 7
Gewalttäter im urbanen Kontext

Wie im vorangehenden Kapitel sichtbar wurde, eröffnet eine Analyse situativer Momente wichtige Einblicke in Prozesse, die zur Konzentration von Gewaltdelikten in den Städten beitragen. Doch wurde auch deutlich, dass situative Strukturen hinsichtlich der Handlungsmöglichkeiten offene Konstellationen sind, in denen es keineswegs zwangsläufig zu Gewalt kommen muss und in denen die meisten Gesellschaftsmitgliedern nicht gewalttätig handeln. Motivierte potentielle Täter, die Situationen in sehr spezifischer Weise deuten, sind eine unabdingbare Voraussetzung dafür, dass latente Konfliktpotentiale in manifeste Gewalt umschlagen. Ihnen wende ich mich im Folgenden zu.

Theoretischen Hintergrund bildet die in Kapitel 4 formulierte These, dass die Kernstädte der Schweiz im Verlauf der vergangenen 30 Jahre eine nachhaltige soziale Krise erfahren haben, deren Ursachen ich in den negativen Folgewirkungen von ökonomischem Strukturwandel und steigender Individualisierung lokalisiert habe. Zusammen mit den sozialen Auswirkungen selektiver residentieller Migration zwischen Kernstädten und Agglomerationen hat dieser Prozess dazu geführt, dass in den Kernstädten eine sozial desintegrierte, individualisierte und von diversen Randgruppen geprägte Gesellschaft entstanden ist, in der wachsenden Segmenten der Bevölkerung die ökonomischen, sozialen und kulturellen Ressourcen zum Bau stabiler Identitäten und damit zur sozial adäquaten Selbststeuerung fehlen.

Diese Modellvorstellung kann hier nur mit Einschränkungen überprüft werden, da in Polizeiprotokollen Informationen über Identitätsstrukturen, Selbstbewusstsein und Handlungskompetenzen der Täter selbstredend völlig fehlen. Hingegen kann der Frage nachgegangen werden, ob unter Gewalttätern jene Personengruppen überrepräsentiert sind, die besonders stark von den negativen Folgewirkungen wirtschaftlichen und gesellschaftlichen Wandels betroffen gewesen sind. Ich betrachte fünf Aspekte, die relativ vollständig anhand von Polizeiprotokollen und Täterkartei erhoben werden konnten: Alter, Geschlecht, Zivilstand, sozialen Status und Wohnquartier.

Gewalttäter im urbanen Kontext 159

Anmerkung zu den Täterdaten

Zunächst ist aber auf einen besonderen Aspekt der Täterdaten hinzuweisen. Die folgenden Auswertungen basieren – wie alle Analysen in diesem Teil – auf der Basler Anzeigeerhebung (siehe Anhang I). Während jedoch sowohl für die Gewaltdelikte selber wie auch für die Gewaltopfer je knapp 1 100 Beobachtungen für die Analysen zur Verfügung stehen, enthält der Datensatz nur Informationen über maximal 497 polizeilich identifizierte Täter.[1] Dies ist deshalb bedeutsam, weil sich die Täter nicht gleichmässig über die erfassten Straftaten und Tatumstände verteilen. Wie nämlich aus Tabelle 7.1 hervorgeht, weisen Gewaltdelikte im sozialen Nahraum eine weit höhere Aufklärungsquote auf als Delikte im öffentlichen Raum. Hält man sich vor Augen, dass die Aufklärung eines Gewaltdeliktes unter anderem davon abhängt, ob das Opfer selber den Täter benennen kann, kann dies kaum erstaunen. Für die Analysen der Täterdaten heisst dies allerdings, dass Gewalt im sozialen Nahraum über-, Gewalt gegen unbekannte Opfer hingegen unterrepräsentiert ist.

Tabelle 7.1 *Anzahl polizeilich identifizierte Täter und Aufklärungsquoten nach Deliktgruppen*

	Täter	Geklärte Taten	Taten Insgesamt	Aufklärungs-quote
Tötungsdelikte	55	51	53	96 %
Körperverletzungen				
In Familie/Verwandtschaft	66	66	66	100 %
Gegen Freunde/Bekannte	115	113	128	88 %
Gegen Unbekannte	149	136	276	49 %
Raub/Entreissdiebstahl	56	54	421	13 %
Sexuelle Gewalt				
Gegen mind. flüchtig Bekannte	38	39	55	71 %
Gegen Unbekannte	18	18	77	23 %
Total	497	477	1 076	44 %

7.1 Die Fragilisierung der Statuspassage

Der Zusammenhang zwischen Alter und Delinquenz wurde bereits früh von der Kriminologie registriert (Quetelet, 1835) und gehört zu den wenigen kaum umstrittenen Grundmustern innerhalb der Forschung. Unzählige empirische Studien haben nachgewiesen, dass das Maximum der Delinquenz »irgendwann« zwischen 16 und 25 Jahren – die meisten Studien nennen den Bereich zwischen 16 und 18 Jahren – erreicht wird und anschliessend allmählich wieder zurückgeht (Greenberg, 1977; 1979; Hirschi, 1983; Greenberg, 1985; Cohen und Land, 1987b; Steffensmeier et al., 1989; Steffensmeier und Streifel, 1991).[2] Dabei scheint der Zusammenhang zwischen Alter und Kriminalität bis zu einem gewissen Grad zwischen Gesellschaften und im Zeitvergleich stabil zu sein (Gottfredson und Hirschi, 1990). Allerdings ist es im Modernisierungsprozess zu deutlichen Verschiebungen gekommen. So wird seit dem Zweiten Weltkrieg in den meisten westlichen Industriestaaten ein *überdurchschnittlicher Anstieg der Delinquenz von Jugendlichen und jungen Erwachsenen* beobachtet, was zur Folge hat, dass sich das Maximum der Delinquenzbelastung um einige Altersjahre zurückverschoben hat (Greenberg, 1979; 1985; Junger-Tas, 1991; Steffensmeier und Streifel, 1991).[3]

Zur soziologischen Erklärung steigender Delinquenz von Jugendlichen und jungen Erwachsenen steht ein theoretischer Ansatz im Vordergrund, der als *Statuspassagemodell* bezeichnet wird.[4] Er interpretiert Delinquenz als Folgewirkung – man könnte auch sagen: als Risiko – der in modernen Gesellschaften fragilisierten Statuspassage zwischen Kindheit und Erwachsenenalter (Heintz, 1956; Greenberg, 1977; Buchmann, 1983). Kriminalität ist nach diesem Modell besonders in jener Lebensphase zu erwarten, in der gesellschaftliche Normen noch wenig internalisiert sind, der Prozess der Identitätsbildung anfällig für Erschütterungen ist und gleichzeitig der Schutz vor der Sanktionstätigkeit staatlicher Instanzen durch die Familie sinkt. In dieser Phase muss der heranwachsende Jugendliche lernen, von einem Rollenset zum anderen zu wechseln, wobei er vor gravierenden, den weiteren Lebenslauf prägenden Entscheidungen steht (Mansel und Hurrelmann, 1992; 1994). Dabei kommt es zu Konflikten, Unsicherheiten und Kränkungen, deren Bewältigung von im Sozialisationsprozess erworbenen Fähigkeiten der instrumentellen, emotionalen und normativen Selbststeuerung abhängig ist.

Genau hier wirkt sich der gesellschaftliche Prozess der Individualisierung auf das Ausmass an Risiken aus, die mit der Statuspassage ins Erwachsenenalter verknüpft sind. In dem Masse, in dem der Übergang von der Kindheit zum Erwachsenenalter zeitlich gedehnt wird, die Zahl der Optionen zur individuellen Lebensführung ansteigt und die Statuspassage vom Elternhaus ins Erwachsenenleben immer weniger durch allgemein verbindliche und den Einzelnen entlastende Rituale abgestützt wird, steigen nicht nur die Chancen individueller Lebensgestaltung, sondern auch die Risiken für defizitäre Identitätsbildung. Hierbei wirkt verstärkend, dass in einer individualisierten Gesellschaft belastende Lebensereignisse oder gegenüber den eigenen Erwartungen zurückbleibende Bildungs- und Berufskarrieren nicht mehr als Teil kollektiver Schicksale verarbeitet werden können, sondern direkt auf die eigene Person bezogen werden.

Vor diesem Hintergrund betrachte ich zunächst die Altersstruktur aller polizeilich erfassten Gewalttäter im Kanton Basel-Stadt.

Abbildung 7.1a zeigt die *absolute Zahl* aller 497 polizeilich identifizierten Täter nach dem Alter zur Tatzeit. Ergänzend zeigt Abbildung 7.1b die *Täterraten*. Im Unterschied zur ersten Darstellung werden hier nur diejenigen 355 Täter berücksichtigt, welche zur Tatzeit im Kanton Basel-Stadt wohnhaft waren. Um ein klareres Bild der Gesamtverteilung zu vermitteln, ist zusätzlich zu den Zählergebnissen pro Altersjahr ein 9-gliedriger gleitender Mittelwert dargestellt. Die Daten lassen einen steilen Anstieg der Täterzahl ab einem Alter von 12 bis 15 Jahren, ein Maximum im Bereich zwischen 22 und 27 Jahren und einen weitgehend linearen Rückgang bis ins hohe Alter erkennen. Allerdings sinken die *absoluten* Häufigkeiten rascher ab als die Täterraten, was in erster Linie als eine Folge der demographischen Struktur der Wohnbevölkerung Basels zu interpretieren ist. Interessant ist ein Vergleich dieser Alterskurven mit entsprechenden Daten aus anderen westlichen Industriestaaten. Sowohl im Vergleich mit den USA (Steffensmeier et al., 1989), Schweden (Wikström, 1990b) und der Bundesrepublik Deutschland (Bundeskriminalamt, 1992: 77) liegen Median und Mittelwert des Alters der Täter in dieser Untersuchung um einige Jahre höher.[5] Allerdings muss offen bleiben, ob dies auf eine grössere Integration Jugendlicher in der Schweiz hinweist – wie etwa Clinard (1978) vermutet hatte – oder ob hier Verzerrungen im Datenkörper, beispielsweise durch unterschiedliche Aufklärungsraten bei Jugendlichen oder Abweichungen in den Registrierungspraktiken eine Rolle spielen.

Abbildung 7.1   Altersverteilung der polizeilich registrierten Täter, Kanton Basel-Stadt

a) Absolute Zahlen, alle polizeilich registrierten Täter

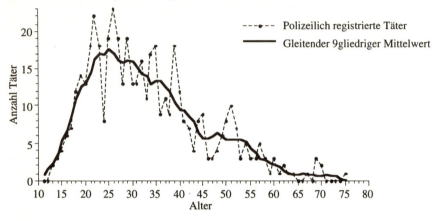

Anmerkung: Mittelwert = 33,3 J.; Median = 30 J.; Max. = 26 J.; Schiefe: 0,74; N = 479.

b) Raten pro 100 000 Einwohner, nur im Kanton Basel-Stadt wohnhafte Täter

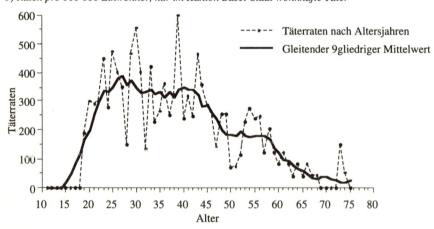

Anmerkung: N = 355.

In einem zweiten Schritt betrachte ich die Altersstruktur bei einzelnen Deliktgruppen (vgl. Tabelle 7.2). Die Daten zeigen, dass zwischen verschiedenen Formen von Gewaltdelinquenz Unterschiede bestehen. Weitaus am steilsten verläuft die Alterskurve bei den *Raubdelikten*, bei denen am frühesten (mit etwa 19 Jahren) das Maximum der registrierten Delinquenz zu beobachten ist und rund 85 Prozent der registrierten Täter jünger als 30 Jahre sind. Diese Altersstruktur entspricht eher derjenigen bei Eigentumsdelikten wie Einbruch und Diebstahl als derjenigen bei anderen Gewaltdelikten und wird ähnlich in anderen westlichen Industriestaaten beobachtet (Wikström, 1991: 19; Bundeskriminalamt, 1992: 77; Blumstein, 1995). Dabei sind die Täter in der Regel Mitglieder von Jugendbanden oder marginalisierte Drogenabhängige. Im Gegensatz zu Raub zeigen Tötungsdelikte, Körperverletzungen wie auch Vergewaltigung und sexuelle Nötigungen eine Altersverteilung der Täter, die ein Maximum zwischen 25 und 30 Jahren erreicht, aber mit zunehmendem Alter nur langsam abflacht. Entsprechend ist für diese Formen von *Gewaltdelikten* charakteristisch, dass Personen im Alter von über 30 Jahren mehr als die Hälfte aller registrierten Täter stellen.

Tabelle 7.2 *Polizeilich bekannte Täter nach Altersgruppe, Kanton Basel-Stadt*

	Deliktgruppe			
Altersgruppe	Tötung	Körperverletzung	Raub/ Entreissdiebstahl	Vergewaltigung/ sex. Nötigung
< 20	5,5 %	9,2 %	22,4 %	3,6 %
20–29	32,7 %	29,9 %	61,8 %	45,5 %
30–39	23,6 %	30,9 %	13,2 %	32,7 %
40–49	10,9 %	15,3 %	2,6 %	14,5 %
≥ 50	27,3 %	14,6 %	0,0 %	3,6 %
	100,0 %	100,0 %	100,0 %	100,0 %
N =	(55)	(314)	(55)	(55)
Mittelwert	36,6 J.	34,3 J.	23,3 J.	31,3 J.

Insgesamt sind *polizeilich identifizierte* Täter bei Gewaltdelikten – mit Ausnahme von Raub und Entreissdiebstahl – deutlich älter als bei Eigentumsdelikten, und die Delinquenzraten sinken mit zunehmendem Alter langsamer ab (Wolfgang et al., 1972; Steffensmeier et al., 1989; Steffensmeier und Streifel, 1991; Eisner,

1993a). Allerdings bestehen gute Gründe für die These, dass diese Besonderheit eine Folge *altersspezifischer Selektionsprozesse* sei. So haben Hirschi und Gottfredson (1983) darauf hingewiesen, dass diese Abweichung nur bei polizeilich registrierten Delikten, aber nicht bei Daten zu selbstberichteter Gewalt bestehe. Sie argumentieren, dass Gewaltdelikte (im Gegensatz zu Eigentumsdelikten) mit zunehmendem Alter zwar seltener, aber schwerwiegender werden und daher häufiger zur Identifikation des Täters führen. Zudem hat bereits Wikström (1991: 18) gezeigt, dass sich der soziale Kontext von Gewalttaten mit dem Alter der Täter verändert. Während Jugendliche Delikte häufig im öffentlichen Raum begehen, steigt mit zunehmendem Alter der Anteil von Gewalttaten in der Privatsphäre. Da die *Aufklärungswahrscheinlichkeit* systematisch mit der Beziehung zwischen Opfer und Täter variiert (siehe oben, S. 159), führt auch diese Regularität zu einer Untervertretung von Jugendlichen unter den polizeilich identifizierten Tätern.

Diese Überlegungen lassen sich anhand der Daten der Basler Untersuchung überprüfen. So habe ich in jenen Fällen, in denen der Täter polizeilich *nicht* identifiziert wurde, das vom Opfer einer Gewalttat geschätzte Alter des Täters erhoben. Die entsprechenden Ergebnisse sind in Tabelle 7.3 ausgewiesen.

Tabelle 7.3   *Vom Opfer geschätztes Alter bei nicht-identifizierten Tätern*

Geschätztes Alter	Deliktgruppe			
	Tötung	Körperverletzung	Raub und Entreissdiebstahl	Vergewaltigung u. sex. Nötigung
Unter 20[a]	– –	35,2 %	49,5 %	14,3 %
20-40[b]	– –	59,3 %	48,1 %	69,6 %
Über 40[c]	– –	5,6 %	2,4 %	16,1 %
	– –	100,0 %	100,0 %	100,0 %
N =	(1)	(108)	(206)	(56)

[a] Angaben in geschätzten Altersjahren = unter 20 Jahre oder Angabe »Kind«, »Teenager«, »Jugendlicher«.
[b] Angaben in geschätzten Altersjahren = 20–40 Jahre oder Angabe »junger Erwachsener«, »Person im mittleren Alter«.
[c] Angaben in geschätzten Altersjahren = über 40 Jahre oder Angabe »ältere Person«.

Sie zeigen, dass unter den *nicht-identifizierten Tätern* ein bedeutend grösserer Teil auf ein Alter von unter 20 Jahren geschätzt wurde als aufgrund der polizeilich identifizierten Täter zu erwarten wäre. Während beispielsweise bei den polizeilich geklärten Körperverletzungen nur rund 9 Prozent der Täter unter 20 Jahre alt waren, schätzte das Opfer bei den ungeklärten Fällen 35 Prozent der Täter auf ein Alter von unter 20 Jahren. Dieser deutliche Unterschied zwischen geklärten und ungeklärten Fällen, der auch von anderen Studien belegt wird (Wikström, 1985: 53)[6], ist ein starker Hinweis darauf, dass Jugendliche in grösserem Ausmass in Gewaltdelikte involviert sind, als es aufgrund der geklärten Delikte der Fall zu sein scheint.[7]

Einzeltäter und Gruppentäter

Verschiedene Altersgruppen unterscheiden sich aber nicht nur hinsichtlich der Deliktart, der Deliktschwere und des Deliktortes. Über die Alterskohorten hinweg verändern sich auch *Funktion und sozialer Kontext von Gewaltdelikten*. Ein wichtiger Aspekt erschliesst sich anhand der Frage, ob Gewaltdelikte eher *in Gruppen oder von Einzeltätern* begangen werden. Tabelle 7.4 zeigt entsprechende Auswertungen für verschiedene Altersgruppen. Wiederum sind die Ergebnisse für polizeilich identifizierte Täter und unbekannte Täter getrennt wiedergegeben.[8] Sie lassen erkennen, dass jugendliche Täter in weit grösserem Ausmass Delikte in Gruppen begehen als ältere Täter. Mehr als die Hälfte der minderjährigen Täter begeht die Tat zusammen mit einem oder mehreren Mittätern. Unter den über 40-jährigen Tätern hingegen bestehen nur in etwa 10 Prozent der Fälle Hinweise auf einen oder mehrere Mittäter.

Tabelle 7.4   Täter in Gruppen nach Alter des Täters

	Polizeilich bekannte Täter			Unbekannte Täter		
	Altersgruppe			Geschätzte Altersgruppe		
	unter 20	20–39	über 40	unter 20	20–40	über 40
Einzeltäter	43,1 %	76,5 %	91,4 %	43,5 %	70,0 %	75,0 %
Ein Mittäter	21,6 %	12,0 %	5,5 %	26,6 %	20,2 %	15,0 %
Mehr als ein Mittäter	35,3 %	11,4 %	3,1 %	29,9 %	9,9 %	10,0 %
	100,0 %	100,0 %	100,0 %	100,0 %	100,0 %	100,0 %
N =	(51)	(324)	(128)	(154)	(213)	(20)
Anmerkung:	$\chi^2 = 52,1$; df = 4; p < 0,001			$\chi^2 = 34,3$, df = 4; p < 0,01.		

Dieser Sachverhalt lässt sich als Niederschlag einer Verschiebung der Funktion und des Kontextes von Gewalt im Lebenslauf interpretieren. Jugendliche begehen Gewalttaten vor allem in Zusammenhang mit der Suche nach »Action« und im Sinne von Mutproben und Männlichkeitsbeweisen innerhalb von bandenähnlichen Gruppen (Farrington, 1986; Jackson, 1991; Kersten, 1993a). Dabei kann man annehmen, dass für Mitglieder von Jugendbanden in der Schweiz ähnliche Identitätsdefizite – geringes Selbstvertrauen, niedrige Impulskontrolle, fehlende soziale Fähigkeiten – charakteristisch sind, wie sie etwa Klein (1995: 76ff) für die Vereinigten Staaten (bei allerdings völlig anderem Ausmass des Problems) festgestellt hat. Gewalttätige Banden können daher als jugendspezifische Reaktion auf die Diskrepanz zwischen gestiegenen Anforderungen an sozial adäquate Selbststeuerung und einem Schwinden der kulturellen, gesellschaftlichen und ökonomischen Ressourcen zur Identitätsbildung interpretiert werden. Demgegenüber verüben ältere Personen Gewaltdelikte in der Regel als Einzeltäter. Auch für diese Täter sind ein niedriges Selbstwertgefühl (Wahl, 1989: 235ff), geringe Impulskontrolle (Toch, 1969) und ein fehlendes soziales Beziehungsnetz (Horney et al., 1995) häufige Merkmale, doch artikuliert sich die damit verbundene Aggression eher im Rahmen eskalierender Konflikte zwischen Einzelpersonen.

7.2 Geschlecht und Zivilstand

Kriminalität insgesamt ist ein überwiegend von *Männern* geäussertes Verhalten. Zwar zeigen Studien zu selbstberichteter Delinquenz, dass im Bagatellbereich die Geschlechterunterschiede gering sind, doch gleichen sich die Befunde aus Befragungsdaten mit steigender Deliktschwere und -häufigkeit denjenigen von polizeilichen Daten weitgehend an (Haesler, 1982; Straus, 1990a; Steffensmeier und Streifel, 1991; Krämer, 1992; Kerschke-Risch, 1993; Branger et al., 1994).

Im Bereich von Gewalt ist die Dominanz der Männer noch ausgeprägter als bei anderen Formen der Delinquenz. In der Basler Anzeigenerhebung liegt der Anteil weiblicher Tatverdächtiger am jeweiligen Total zwischen rund 11 Prozent bei Tötungsdelikten und 0 Prozent bei Vergewaltigungen und sexuellen Nötigungen. Hingegen erreicht ihr Anteil am Total *aller* Tatverdächtigen in der Schweiz rund 17 Prozent und steigt etwa bei einfachem Diebstahl auf 26 Prozent.

Tabelle 7.5   Anteile weiblicher Tatverdächtiger bei Gewaltdelikten, Kanton Basel-Stadt

Delikt	Anteil weibliche Täter	
	Polizeilich identifiziert	Nicht identifiziert[b]
Tötungsdelikte (inkl. Versuche)	10,9 %	– –
Körperverletzungen	9,8 %	4,9 %
Raub und Entreissdiebstahl	5,3 %	5,3 %
Vergewaltigung und sexuelle Nötigung	0,0 %	0,0 %
Zum Vergleich:[a] Einfacher Diebstahl	*26,2 %*	– –
Total aller Delikte	*18,2 %*	– –

a Die Vergleichszahlen beziehen sich auf die gesamte Schweiz und basieren auf der Polizeilichen Kriminalstatistik, 1991.
b Basierend auf den Angaben der Opfer.

Die Ursachen für die geringe Beteiligung der Frauen an gewalttätigem Verhalten sind bis heute noch wenig untersucht (Greenberg, 1992). Innerhalb der soziologischen Diskussion werden neben allfälligen soziobiologischen Unterschieden vor allem *Differenzen der geschlechtsspezifischen Sozialisation und der Verhaltenskontrolle* hierfür verantwortlich gemacht (Selg et al., 1988). In der Familie – später auch in der Schule, durch Massenmedien und im weiteren Umfeld – lernen junge Männer geschlechtsspezifische »Kulturen« des Umganges mit und des Einsatzes von Gewalt und Aggression (Eisner, 1995b). Ebenso ist der Einsatz von physischer Gewalt bei Knaben gesellschaftlich deutlich weniger sanktioniert als bei Mädchen (Sears et al., 1957). Dies äussert sich unter anderem darin, dass männliche Kinder und Jugendliche in den Massenmedien ein breites Angebot von männlichen »Gewaltakteuren« vorfinden, mit denen sie sich identifizieren können, während das Verhaltensrepertoire der Mädchen stärker durch die Betonung von Werten wie *Duldsamkeit* und *Empathie* geprägt ist. Dabei zeigen Untersuchungen von Eisner (1995b), dass junge Männer ein aggressives Selbstbild umso eher in selber ausgeübte Gewalt umsetzen, als ihnen die kulturellen und sozialen Ressourcen zur Entwicklung einer hohen Rollendistanz fehlen. Aus kontrolltheoretischer Perspektive kann zudem argumentiert werden, dass Mädchen von den Eltern strenger überwacht werden als Knaben und daher weniger häufig Gelegenheiten zum Erwerb abweichender Orientierungen (etwa in Jugendbanden) und zum Begehen delinquenter Akte erhalten (Hagan et al., 1979; Hagan et al., 1987).

Zivilstand

Die polizeilichen Daten, welche im Rahmen der Basler Anzeigenerhebung verfügbar sind, enthalten keine Angaben über familiären Hintergrund und Sozialisationsbedingungen der Gewalttäter. Hingegen sind für nahezu alle Täter Informationen über deren *eigenen Zivilstand* verfügbar. Dies sind in zweierlei Hinsicht theoretisch relevante Informationen. Zum einen ist trotz den Veränderungen, die Familien- und Beziehungsideale im Verlauf der vergangenen 30 Jahre erfahren haben, eine stabile eheliche Beziehung ein zentraler Bestandteil einer normalen, gesellschaftlich positiv sanktionierten Statuskonfiguration geblieben (Höpflinger, 1986; Hettlage, 1992). Wir können daher Zivilstand bis zu einem gewissen Grad als Indikator für eine zentrale Dimension gesellschaftlicher Integration interpretieren. Zum anderen können wir hier an die Parallele zwischen der Entwicklung von Homizidraten und Scheidungsraten anschliessen, die ich in Kapitel 3 diskutiert hatte. Sie gab zur Vermutung Anlass, dass sich im Anstieg der Scheidungsraten unter anderem auch gestiegene Instabilitäten von Beziehungsnetzen und Identitätsstrukturen niederschlagen, welche ihrerseits eine Konsequenz des Individualisierungsschubes sind (Buchmann und Eisner, 1995). Zu erwarten wäre daher, dass auch auf Individualebene ein Zusammenhang zwischen Zivilstand und Gewaltdelinquenz besteht.

Vor dem Hintergrund dieser Überlegungen lassen sich nun die entsprechenden Daten der polizeilich registrierten Täter betrachten. Sie zeigen, dass 43 Prozent aller im Kanton Basel-Stadt wohnhaften Täter »ledig«, 42 Prozent »verheiratet« und 15 Prozent »geschieden oder verwitwet« waren.[9] Diese Prozentwerte sind insofern kaum interpretierbar, als sie wesentlich durch die Altersstruktur der Täter beeinflusst sind. Ich habe daher *altersspezifische Täterraten* nach dem Unterscheidungskriterium »verheiratet« oder »unverheiratet« berechnet. Die entsprechenden Ergebnisse sind in Abbildung 7.2 dargestellt. Sie lassen erkennen, dass zwischen verheirateten und unverheirateten Personen nur in der Altersgruppe der 30–40-Jährigen interpretierbare Unterschiede hinsichtlich der Delinquenzrate bestehen. Geht man dabei davon aus, dass gerade in jener Altersphase die Eheschliessung auch heute noch Bestandteil einer Normalbiographie und einer konformen Statuskonfiguration ist, so kann die etwas höhere Delinquenzrate der Unverheirateten mit der Argumentation in Zusammenhang gebracht werden, dass negativ bewertete Abweichungen von der Normalbiographie (sei dies nun in schulischer, beruflicher oder eben familiärer Hinsicht) ein Prädiktor von Gewaltdelinquenz seien (zur kontroversen Diskussion um die Bedeutung von

»Ehe« als Einflussfaktor für Kriminalität vgl. z.B. Farrington, 1979; Gottfredson und Hirschi, 1990).

Abbildung 7.2   Delinquenzraten nach Zivilstand und Alter der Täter, gleitende 9-gliedrige Mittelwerte

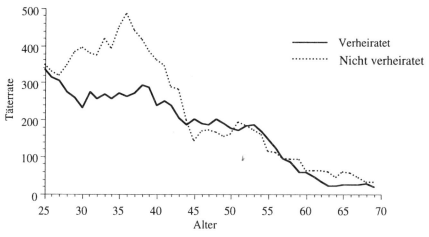

Anmerkung: Nur im Kanton Basel Stadt wohnhafte Täter, N = 344, Missing = 11.

Allerdings ist bei der Interpretation dieses Befundes infolge verschiedener möglicher Verzerrungsquellen besondere Vorsicht angebracht. So habe ich darauf aufmerksam gemacht, dass Gewaltdelikte im familiären Kontext häufiger aufgeklärt werden als andere Delikte. Andererseits ist aus der Dunkelfeldforschung gut bekannt, dass erstere weit seltener angezeigt werden als letztere. In welchem Ausmass sich diese gegenläufigen Effekte in den beobachteten Täterraten niederschlagen, kann allerdings aufgrund der verfügbaren Informationen nicht beantwortet werden.

7.3   Die Marginalität städtischer Gewalttäter

Die Analysen auf Makroebene, welche ich im ersten Teil dieser Arbeit vorgestellt hatte, führten zur These, dass der überdurchschnittliche Anstieg der Gewaltdelinquenz in den Kernstädten der Schweiz unter anderem eine Folge der wachsenden Konzentration von marginalisierten und gesellschaftlich desintegrierten Gruppen und der Polarisierung der städtischen Gesellschaft sei.

Dabei sind drei Dimensionen des Strukturwandels im urbanen Schichtgefüge von Bedeutung. Erstens hat ein radikaler *Wandel der wirtschaftlichen Basis* der Kernstädte im Sinne einer Umstellung vom verarbeitenden Sektor zum Dienstleistungssektor stattgefunden. Diese sektorielle Verschiebung hat zur Entwertung bestehender Qualifikationen, zur Verminderung der Arbeitsplätze für nicht oder wenig qualifizierte Arbeitskräfte und zur Auflösung eines sozial integrierten städtischen Arbeitermilieus beigetragen. Zweitens sind durch *Prozesse der selektiven Migration* zwischen Kernstädten und Agglomeration sozial integrierte Mittelschichtfamilien aus den Städten abgewandert. Die Gesellschaft der Kernstädte ist daher zunehmend durch Alleinstehende, Alte, Arbeitslose und diverse Randgruppen geprägt. Drittens ist das Schichtungsgefüge der Städte *durch eine ethnische Dimension überlagert* worden. Durch den Zustrom von Immigrierten in die Kernstädte der Schweiz ist es zu einem Unterschichtungsprozess gekommen, welcher dazu geführt hat, dass tiefe soziale Positionen fast ausschliesslich durch Personen ausländischer Nationalität besetzt werden, während hohe Positionen in der Regel Personen schweizerischer Nationalität vorbehalten sind. Im Kanton Basel-Stadt etwa waren im Jahre 1990 rund 73 Prozent (!) der männlichen unqualifizierten Erwerbstätigen ausländischer Nationalität, während sie in den akademischen Berufen und im oberen Management etwa 14 Prozent ausmachten.

Auf die Bedeutung von Nationalität und ihre Verknüpfung mit der Schichtungsdimension im Kontext städtischer Gewaltkriminalität komme ich in einem eigenen Kapitel (siehe Kapitel 9) zu sprechen. Hier soll zunächst die allgemeine soziale Lage von Gewalttätern betrachtet werden. Empirisch liegt ihr eine möglichst vollständige Erfassung der Angaben zu Beruf und Beschäftigungssituation der Täter (sowie der Opfer, siehe folgendes Kapitel) zugrunde, soweit diese aus dem Anzeigeprotokoll oder der Täterkartei der Staatsanwaltschaft im Kanton Basel-Stadt hervorgehen. Von den 374 Tätern, für die ein definierter Beruf zu erwarten ist – das heisst, unter Ausschluss von Schülern, Studierenden und Lehrlingen, Hausfrauen und Rentnern –, enthielten immerhin 93 Prozent eine Angabe zum Beruf. Etwas weniger vollständig waren die Angaben zur Beschäftigungssituation. Für 15,4 Prozent aller Täter konnten keine Angaben zur Beschäftigungssituation eruiert werden. Allerdings ergab ein Vergleich dieser Beobachtungen weder hinsichtlich des Alters noch des Geschlechts bedeutsame Abweichungen von den Tätern, für die vollständige Angaben existierten.

Um Vergleiche zwischen dem sozialen Status der Täter und demjenigen der Gesamtbevölkerung anstellen zu können, wurden die Berufsangaben der Täter analog zum Klassifikationsschema der sozio-professionellen Kategorien recodiert, welche das Bundesamt für Statistik für die Volkszählung 1990 verwendet hat. Allerdings zieht das Bundesamt für Statistik für die Bildung sozio-professioneller Kategorien mehrere Informationen heran, wie etwa Angaben zur Erwerbstätigkeit, zur Stellung im Beruf und zur höchsten abgeschlossenen Ausbildung (Joye, 1995). Natürlich sind die entsprechenden Informationen für die polizeilich registrierten Täter weit weniger detailliert, so dass die Zuordnung zu den sozio-professionellen Kategorien eine gewisse Unschärfe enthält. Bereits hier sei angemerkt, dass dasselbe Vorgehen auch für die Klassifikation des sozialen Status der Opfer gewählt wurde.

Tabelle 7.6 zeigt anhand einiger Beispiele, in welcher Weise die Berufsangaben klassifiziert wurden. Bei Berufsangaben, welche sich sowohl auf qualifizierte wie auch unqualifizierte Berufstätigkeiten beziehen können (z.B. Kellner, Maler), wurde generell eine berufliche Qualifikation (d.h. abgeschlossene berufliche Lehre) angenommen. Das bedeutet, dass bei der Zuteilung der Täter zu den sozio-professionellen Kategorien deren beruflicher Status eher über- als unterschätzt wurde.

Tabelle 7.6   Zuordnung der Berufsangaben für Täter und Opfer zu den sozio-professionellen Kategorien der eidgenössischen Volkszählung (1990), Beispiele

Sozio-professionelle Kategorie	Verkodete Berufe
Oberstes Management	Direktor, Personalchef
Freie Berufe	Arzt, Jurist, Zahnarzt
Andere Selbstständige	Wirt, Geschäftsinhaber, Kaufmann a. e. R.
Akad. Berufe und oberes Kader	Exportchef, Maschinenbauer, Psychologe
Intermediäre Berufe	Zolldeklarant, technischer Kaufmann
Qualifizierte Dienstleistungsberufe	Kellner, kaufm. Angestellter, Polizist
Qualifizierte manuelle Berufe	Maler, Elektromonteur, Schlosser
Ungelernte Angestellte und Arbeiter	Hilfsarbeiter, Arbeiter, Chauffeur

Tabelle 7.7 verdeutlicht die Verteilung der erwerbstätigen, polizeilich identifizierten Täter auf die sozio-professionellen Kategorien. Zum Vergleich enthält die

Tabelle die entsprechende Verteilung der Erwerbsbevölkerung des Kantons Basel-Stadt sowie der Agglomeration Basel (Bundesamt für Statistik, 1993). Zusätzlich sind die jeweiligen Raten der Arbeitslosen – bezogen auf die gesamte Erwerbsbevölkerung (Erwerbstätige und Arbeitslose) – aufgeführt.

Tabelle 7.7   Sozio-professionelle Zugehörigkeit der polizeilich identifizierten Gewalttäter, nur im Kanton Basel Stadt wohnhafte Täter

Sozio-professionelle Kategorie[a]	Erwerbstätige Täter	Erwerbstätige Wohnbevölkerung	
		Agglomeration Basel	Kanton Basel-Stadt
Oberstes Management	0,7 %	1,5 %	1,3 %
Freie Berufe	0,3 %	1,1 %	1,3 %
Andere Selbstständige	7,3 %	6,8 %	6,7 %
Akad. Berufe und oberes Kader	1,0 %	11,1 %	10,4 %
Intermediäre Berufe	2,7 %	21,2 %	20,3 %
Qualifizierte Dienstleistungsberufe	16,1 %	27,3 %	27,1 %
Qualifizierte manuelle Berufe	25,8 %	10,4 %	9,9 %
Ungelernte Angestellte und Arbeiter	46,5 %	20,7 %	22,9 %
	100,0 %	100,0 %	100,0 %
N =	(299)	(196 751)	(89 623)
Ausserdem:			
Arbeitslose (in % der Erwerbspers.)	13,3 %	2,5 %	3,1 %

[a] Die Daten der schweizerischen Volkszählung enthalten zusätzlich eine Residualkategorie »nicht-zuteilbare Erwerbstätige«. Sie wurde hier nicht berücksichtigt.
Anmerkung; χ^2-Wert mit »Erwerbstätige Agglomeration Basel«: 256,8 (df = 7; p < 0,001), mit »Erwerbstätige Kanton Basel-Stadt«: 243,0 (df = 7; p < 0,001).
Quellen: Für die Täterdaten: Basler Gewalterhebung. Für die erwerbstätige Wohnbevölkerung: Bundesamt für Statistik (Hrsg.). Eidgenössische Volkszählung 1990 – Erwerbsleben, Geographische Tabellen. Bern 1993.

Die Daten lassen erkennen, dass Angehörige tiefer sozio-professioneller Positionen unter den polizeilich registrierten Tätern deutlich übervertreten sind. So stellen ungelernte Arbeiter und Angestellte rund 43 Prozent aller registrierten Täter, aber nur 21 Prozent (bzw. 23 Prozent im Kanton Basel-Stadt) der erwerbstätigen Wohnbevölkerung. Hingegen sind Personen mit hohem sozialem Status unter den polizeilich registrierten Gewalttätern deutlich untervertreten.

Während rund 40 Prozent der erwerbstätigen Wohnbevölkerung des Kantons Basel-Stadt der Kategorie der »intermediären Berufe« oder einer höheren sozioprofessionellen Kategorie angehörten, waren es unter den Gewalttätern nur rund 12 Prozent. Eine Ausnahme bilden selbstständig Erwerbende. Eine genauere Betrachtung der hier verkodeten Berufe zeigt, dass selbstständige Wirte einen beträchtlichen Teil dieser Tätergruppe ausmachen. Sie werden im Rahmen von situativen Konflikten während ihrer beruflichen Tätigkeit nicht nur als Opfer (vgl. Kapitel 8, S. 208), sondern verschiedentlich auch als Täter polizeilich registriert.

Statusgruppenschichtung und Gewaltdelinquenz

Ein umfassenderes Bild der Bedeutung von Marginalität und tiefer sozialer Lage zum Verständnis von Gewaltdelinquenz erhält man, wenn man verschiedene Kriterien der Marginalität und sozialen Desintegration in einem Gesamtbild betrachtet. Dabei stütze ich mich auf ein theoretisches Modell, welches von Bornschier (Bornschier und Heintz, 1977; Bornschier, 1988) zur Analyse der sozialen Schichtungsgefüges in westlichen Gesellschaften entwickelt wurde und von Bornschier und Keller (1994) zur Interpretation von Delinquenz verwendet wurde. Bornschier betrachtet den Prozess der *Statusgruppenschichtung* als eine Dynamik, in der Akteure entlang einer Dimension von Zentralität und Peripherie positioniert werden: »[Die Kerngruppe] bezieht ihre zentrale Stellung aus der Tatsache, dass sie im dominanten Komplex des gesellschaftlichen Lebens voll integriert ist. [...] Im Vergleich zur Kernstatusgruppe ist das Status-Set der verschiedenen Peripherien unvollständig« (Bornschier und Keller, 1994: 86). Dieses Modell ist im Rahmen meiner Argumentation deshalb von besonderem Interesse, weil es über ein eindimensionales Schichtungskonzept hinausgeht und eine Mehrzahl von wenig integrierten »Peripherien« postuliert. Während allerdings Bornschier alle Erwerbstätigen zur Kernstatusgruppe zählt, ist es für meine Fragestellung sinnvoll, andere Aspekte eines unvollständigen Status, wie etwa fehlende politische Rechte ausländischer Bürger, mit einzubeziehen.[10] Ich entwickle daher ein Klassifikationsschema, das für die Zugehörigkeit zur Kernstatusgruppe sowohl Aspekte der beruflichen Qualifikation, wie auch Aspekte der politischen Partizipationsfähigkeit und der Teilnahme am Erwerbsleben insgesamt berücksichtigt. Hieraus ergibt sich für die männliche Bevölkerung das folgende Klassifikationsschema.

Kernstatusgruppen
a) Mindestens beruflich qualifizierte, erwerbstätige Schweizer
b) Mindestens beruflich qualifizierte, erwerbstätige Ausländer

Periphere Statusgruppen
a) Unqualifizierte, erwerbstätige Schweizer
b) Unqualifizierte, erwerbstätige Ausländer

Randgruppen:
a) Arbeitslose
b) Drogenabhängige, IV-Rentner, andere Nicht-Erwerbspersonen (ohne in Aus-bildung Stehende)

Übrige
a) In Ausbildung Stehende

Die Verteilung dieser Statusgruppen über die männliche Wohnbevölkerung des Kantons Basel-Stadt wird in Abbildung 7.3 veranschaulicht.

Abbildung 7.3 Statusgruppenzugehörigkeit der männlichen Bevölkerung des Kantons Basel-Stadt, 19–64 Jahre

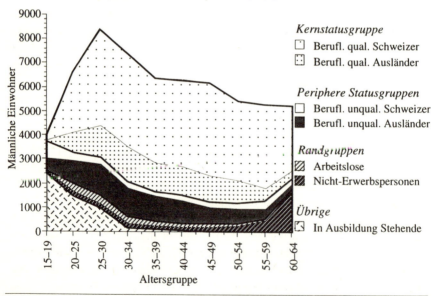

Quelle: Eigene Berechnungen aufgrund der Schweizerischen Volkszählung 1990.

Sie lässt einmal erkennen, dass ab einem Alter von 25 Jahren Angehörige der Kernstatusgruppe mit einem Anteil von über 60 Prozent die Mehrheit der männlichen Wohnbevölkerung bilden. Während in dieser Gruppe Personen mit ausländischer Staatsangehörigkeit eine Minderheit von rund 15 Prozent ausmachen, stellen diese mit etwa 70 Prozent den überwiegenden Anteil der *peripheren Statusgruppe*. Hierin widerspiegelt sich die Unterschichtung der städtischen Gesellschaft durch beruflich unqualifizierte Immigranten. Angehörige von Randgruppen bilden über das gesamte Altersspektrum eine kleine Minderheit von rund 5 Prozent der Wohnbevölkerung, wobei der Anstieg der Nicht-Erwerbspersonen ab der Altersgruppe der 50-Jährigen eine Folge davon ist, dass Frührentner nicht als gesonderte Gruppe ausgeschieden werden konnten. Aufgrund des Modells der Statusgruppenschichtung ist nun zu erwarten, dass die Wahrscheinlichkeit von Gewaltdelinquenz mit der peripheren Lage der entsprechenden Bevölkerungsgruppe zunimmt. Um diese These zu überprüfen, wurden für jede Statusgruppe Täterraten berechnet, die in Tabelle 7.8 dargestellt sind. Ich beschränke mich auf die Altersgruppe der 20–49-jährigen Männer, um mögliche Verzerrungen durch die Altersstruktur zu minimieren.

Tabelle 7.8   Statusgruppenzugehörigkeit von Tätern und Wohnbevölkerung, im Kanton Basel-Stadt wohnhafte Männer, 20–49 Jahre

	Täter		Wohnbevölkerung		
	Absolut	Prozent	Absolut	Prozent	Täterrate
Kernstatusgruppen					
Qualifizierte Schweizer	70	28 %	21 497	52 %	326
Qualifizierte Ausländer	38	15 %	6 962	17 %	546
Periphere Statusgruppen					
Unqualifizierte Schweizer	30	12 %	1 531	4 %	1 960
Unqualifizierte Ausländer	60	24 %	6 083	15 %	986
Randgruppen					
Arbeitslose	24	10 %	1 323	3 %	1 814
Nicht-Erwerbspersonen[a]	27	11 %	1 113	3 %	2 426
Übrige					
In Ausbildung	2	1 %	2 747	7 %	72
	241	101 %	41 256	101 %	584

[a] Rentner, IV-Rentner, andere Nichterwerbspersonen.

Die Befunde bestätigen im Wesentlichen die Erwartung, dass die Täterraten umso höher sind, je peripherer die soziale Lage der entsprechenden Statusgruppe ist. Allerdings zeigen die Ergebnisse *eine* wesentliche Abweichung vom allgemeinen Modell. So haben beruflich unqualifizierte Schweizer eine wesentlich höhere Täterrate als Männer ausländischer Nationalität in vergleichbarer struktureller Lage (vgl. hierzu Kapitel 9). Dies ist insofern ein zentraler empirischer Befund, weil er in exemplarischer Weise die Bedeutung von unerfüllten Statuserwartungen und einem daraus folgenden negativen Selbstbewusstsein für das Verständnis von Delinquenz beleuchtet. So ist für Schweizer Männer die These plausibel, dass berufliche und soziale Aufwärtsmobilität als Teil einer Normalbiographie erwartet wird. Umso stärkere Konflikte und Spannungen sind bei denjenigen zu erwarten, welche in jener Lebensphase trotz eines privilegierten Nationalitätsstatus in tiefen beruflichen Positionen verharren. Entsprechend ist die auffallend hohe Täterrate von unqualifizierten Schweizern am ehesten als Reaktion auf relative Deprivation vor dem Hintergrund von Erwartungen, die durch die Normalbiographie vorgezeichnet werden, zu interpretieren.

Zusammenfassend ergeben die hier vorgestellten Befunde ein komplexeres Bild, als es die Spannungstheorie mit ihrer Hypothese eines linear negativen Zusammenhanges zwischen sozialer Lage und Delinquenz postuliert (Tittle und Meier, 1990; Albrecht und Howe, 1992). Zwar bestätigt sich im groben Gesamtbild, dass Gruppen mit einem niedrigen sozialen Status höhere Raten von Gewalttätern aufweisen als Gruppen mit einem höheren sozialen Status. Jedoch ergeben sich trotz relativ kleiner Datenbasis deutlich Hinweise darauf, dass eine einfache eindimensionale Abbildungen des Schichtungssystems auf einer »oben«–»unten«-Dimension nicht genügt, um den Zusammenhang zwischen ökonomisch-sozialer Lage und Gewaltdelinquenz zu verstehen. Vielmehr erweist es sich als fruchtbar, zwischen mehreren Dimensionen der gesellschaftlichen »Zentralität«–»Marginalität« zu unterscheiden und detailliert danach zu fragen, wie sich in verschiedenen sozialen Positionen mangelnde kulturelle, politische und wirtschaftliche Ressourcen auf Selbstideale und die Chancen zu ihrer Realisierung, mithin also auf den gesamten Prozess der Identitätsbildung auswirken. Eine solche Perspektive vermag etwa verständlich zu machen, weshalb für Männer schweizerischer Nationalität ein marginaler beruflicher Status mit einer höheren Rate von Gewalt einhergeht als für Männer ausländischer Nationalität.

7.4 Die ökologische Dimension: Gewalttäter im Kontext der urbanen Krise

Die bisherigen Analysen in diesem Kapitel waren darauf ausgerichtet, in individualistischer Perspektive die Gewalttäter hinsichtlich ihrer personenbezogenen Merkmale zu betrachten. Dabei wurde deutlich, dass unter polizeilich bekannten Gewalttätern *jüngere Männer in tiefen sozialen Lagen oder in marginalen Positionen* überdurchschnittlich stark vertreten sind.

In den folgenden Ausführungen ergänze ich diese Betrachtung mit einer Untersuchung von Gewaltdelinquenz auf der sozialökologischen Ebene von Täterraten in Stadtquartieren. Dabei sei in Erinnerung gerufen, dass das Verhältnis zwischen einer individualistischen und einer sozialökologischen Ebene unterschiedlich gesehen werden kann. In individualistischer Sichtweise sind Merkmale von räumlichen Aggregaten, wie etwa Täterraten, nichts anderes als eine Folge der räumlichen Standortwahl von Individuen (etwa infolge der Wirkungsweise des Wohnungsmarktes). Sie repräsentieren daher bloss die für eine Raumeinheit gebildete Summe von Einzelmerkmalen. In sozialökologischer Perspektive hingegen werden räumliche Einheiten als Manifestationsformen von sozialen Strukturen betrachtet, die emergente Merkmale aufweisen, welche zwar das Handeln einzelner Individuen beeinflussen, aber nicht auf Eigenheiten einzelner Akteure reduziert werden können.

Die räumliche Verteilung von Täterraten

Als Clinard (1978) seine Analyse der schweizerischen Kriminalität durchführte, war einer seiner Befunde, dass es in den Städten der Schweiz kaum sozial belastete und desorganisierte Quartiere gebe, die durch eine hohe Häufigkeit von Delinquenz gekennzeichnet seien (vgl. Sutter, 1970). Vielmehr seien die Schweizer Städte und ihre Quartiere durch ein besonders hohes Ausmass an sozialer Integration und eine geringe Tendenz zur räumlichen und sozialen Segregation gekennzeichnet, so dass die Voraussetzungen für die Entstehung devianter Dispositionen kaum gegeben seien.

Wie ich in den Analysen zur sozialen Krise der Schweizer Städte zu zeigen versucht habe, waren die Städte der 60er Jahre tatsächlich durch eine hohe soziale Stabilität und Integration gekennzeichnet. Allerdings deuten alle verfügbaren empirischen Evidenzen darauf hin, dass die Entwicklung der folgenden Dekaden durch eine wachsende Desintegration der städtischen Gesellschaft, steigende Bevölkerungsanteile von Randgruppen sowie eine erhöhte räumliche und soziale Segregation entlang mehrerer Dimensionen geprägt war. Dies lässt erwarten, dass der Befund von Clinard, es gebe in den Schweizer Städten kaum Quartiere, in denen sich Kriminalitätsphänomene räumlich konzentrierten, für die aktuelle Situation nicht mehr im selben Ausmass gilt.

Um diese Überlegung zu prüfen, habe ich Täterraten auf der Basis von sogenannten »Wohnbezirken« berechnet. Als »Wohnbezirke« werden im Kanton Basel-Stadt 68 Raumeinheiten bezeichnet, deren mittlere Bevölkerungszahl bei rund 2 900 Einwohnern liegt. Der kleinste Wohnbezirk hat 110 Einwohner, während der grösste eine Bevölkerung von knapp 8 000 Einwohnern aufweist. Um mögliche Probleme durch die besonders kleinen Raumeinheiten zu vermeiden, wurden für alle folgenden Analysen diejenigen fünf Wohnquartiere ausgeschlossen, welche weniger als 300 Einwohner hatten. Die Wohnbezirke sind in der Regel historisch gewachsene Einheiten mit einer relativ einheitlichen Bevölkerungsstruktur und einem jeweils vorherrschenden Überbauungsstil.[11] Darüber hinaus kann man vermuten, dass die Wohnquartiere nicht nur administrative Einheiten darstellen, sondern auch hinsichtlich von Interaktionsstrukturen und sozialen Netzwerken soziologisch relevante Strukturen bilden.

Abbildung 7.4 veranschaulicht die räumliche Verteilung der Täterraten im Kanton Basel-Stadt. Hierbei wurde in den Grunddaten die Übergewichtung der schweren Gewaltdelikte beibehalten, so dass die relativen Häufigkeiten nicht als Jahresraten interpretiert werden können. Während 10 Wohnbezirke eine Täterrate von Null aufweisen, haben 9 Wohnbezirke eine Rate von über 4 Tätern pro 1 000 Einwohnern, wobei die maximale Rate bei 7,0 Tätern pro 1 000 Einwohnern liegt. Wie die Masszahlen für die Schiefe (= 1,39) und den Exzess (= 1,60) zeigen, sind die Täterraten deutlich rechtsschief verteilt, d.h. viele Wohnbezirke haben tiefe Täterraten und eine kleine Zahl von Bezirken weist sehr hohe Täterraten auf.

Selbst ohne weitere Informationen über soziale Merkmale der jeweiligen Wohnbezirke ist deutlich erkennbar, dass Raumeinheiten mit hohen und tiefen Täterraten jeweils mehr oder weniger geschlossene Gebiete umgrenzen. Niedrige Raten weisen die Wohnbezirke im nordöstlichen, im südlichen sowie im westlichen Teil der Stadt auf, während sich die Wohnbezirke mit hohen Täterraten vor allem im nördlichen Stadtgebiet, im Stadtzentrum sowie in den unmittelbar südlich an den Zentralbahnhof angrenzenden Wohngegenden befinden (zur funktionalen Struktur des Kantons Basel-Stadt vgl. Kapitel 6, S. 136f).

Abbildung 7.4   Täterraten in 63 Wohnbezirken des Kantons Basel-Stadt

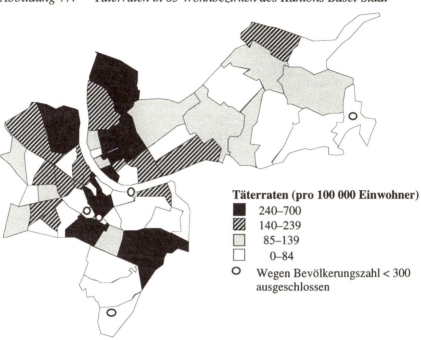

Anmerkung: N = 63 Wohnbezirke.

Bereits in diesen Informationen deutet sich ein beträchtliches Mass der räumlichen Konzentration von Gewalttätern in einigen wenigen Wohnquartieren an. Um dieses Phänomen genauer zu betrachten, habe ich Kennwerte für das Ausmass der räumlichen Konzentration von Täterwohnorten berechnet. Hierbei bietet sich ein Vergleich mit entsprechenden Befunden der Untersuchung von Wikström (1991) zu Delinquenz in Stockholm an, da sowohl die Definition von Gewaltdelinquenz wie auch die Vorgehensweise bei der Datenerhebung weitgehend jener Studie entsprechen (vgl. Tabelle 7.9). Betrachtet man zunächst nur die Daten für Basel, so wird beispielsweise deutlich, dass 25 Prozent der Wohnbevölkerung in Wohnbezirken mit sehr hohen Täterraten wohnen, welche 54 Prozent aller polizeilich identifizierten Täter stellen. Hingegen wohnt ein Viertel der Wohnbevölkerung in Wohnbezirken, welche nur 8 Prozent der Täter stellen. Der Vergleich zwischen den beiden Städten lässt erkennen, dass die räumliche Konzentration der Täterraten in Basel sogar geringfügig höher ist als in Stockholm. Allerdings ist hier zu berücksichtigen, dass die Raumeinheiten in Basel mit durchschnittlich rund 3 100 Einwohnern (nach Ausschluss der kleinsten Wohnbezirke) kleiner sind als in Stockholm (rund 5 200 Einwohner pro Raumeinheit) und dass im Basler Datensatz schwere Gewaltdelikte etwas stärker übergewichtet wurden als in Stockholm. Beide Unterschiede mögen eher in Richtung auf eine stärkere räumliche Ungleichverteilung wirken. Dennoch lässt sich festhalten, dass der Kanton Basel-Stadt zumindest keine geringere räumliche Konzentration von Gewalttätern aufweist als Stockholm.

Tabelle 7.9   Täteranteile nach Quartilen und Gini-Koeffizienten der Täterverteilung in Basel und Stockholm[a]

	Basel (1991)	Stockholm (1982)
Unterste Quartile	6 %	8 %
Zweite Quartile	16 %	18 %
Dritte Quartile	25 %	30 %
Vierte Quartile	54 %	44 %
Gini-Koeffizient (x 100)	42,0	33,7
Anzahl Raumeinheiten	63	123

[a] Lesehilfe: Jene Raumeinheiten mit den tiefsten Täterraten, in welchen 25 Prozent der Wohnbevölkerung leben, stellen in Basel einen Anteil von 6 Prozent aller Täter und in Stockholm 8 Prozent aller Täter.
Quelle für Stockholm: Wikström (1991: 138ff).

Bivariate Zusammenhänge

Um die Frage nach den Determinanten unterschiedlicher Täterraten in einem ersten Schritt auszuleuchten, betrachte ich zunächst bivariate Zusammenhänge. Aufgrund der bisherigen Überlegungen ist zu erwarten, dass auf ökologischer Ebene ähnliche Merkmalsverbindungen zu beobachten sind wie auf Individualebene. Das heisst, Täterraten sind in jenen Wohnquartieren höher, deren durchschnittlicher sozialer Status tiefer ist, die stärker durch die Anwesenheit von gesellschaftlichen Randgruppen und soziale Desorganisation geprägt sind und in denen die Wohnbevölkerung in höherem Ausmass individualisiert ist.

Zur Überprüfung dieser These wurde eine Reihe theoretisch begründeter Indikatoren erhoben. Mit Ausnahme des letzten Indikators basieren sie auf Daten der Schweizerischen Volkszählung des Jahres 1990. Zu letzterem ist ein besonderer Hinweis notwendig. Er ist auf der Basis des Datensatzes der polizeilich registrierten Gewaltdelikte konstruiert. Empirisch misst er die Zahl derjenigen Gewaltdelikte in einem Wohnbezirk, bei denen weder der Täter noch das Opfer in der entsprechenden Raumeinheit wohnhaft war. Der Indikator ist also inhaltlich völlig unabhängig von den jeweiligen Täterraten. Er erfasst in erster Linie die Häufigkeit von Gewalt auf offener Strasse, in welche Personen involviert sind, die nicht selber im Wohnbezirk wohnen. Theoretisch zielt dieser Indikator darauf ab, eine Dimension zu erfassen, die man als *lokales Gewaltmilieu* bezeichnen könnte. Damit nehme ich ein Thema des vorangehenden Kapitels nochmals auf. So ist vor dem Hintergrund des Befundes, dass sich Gewaltdelikte im öffentlichen Raum ausserordentlich stark auf die zentrumsnahen Gebiete konzentrieren, die Frage von Interesse, ob ein solches lokales Gewaltmilieu Auswirkungen auf die Täterrate eines Wohnbezirkes hat.

Tabelle 7.10   *Bivariate Korrelationen zwischen Täterraten und ausgewählten Sozialindikatoren, N = 63 Wohnbezirke*

	Rohe Täterrate	Alterskorrigierte Rate	
		Linear	Ln
1. %-Anteil Arbeitslose	0,55**	0,53**	0,55**
2. %-Anteil unqualifizierte Erwerbstätige	0,44**	0,45**	0,55**
3. Wohnfläche pro Person (m^2)	–0,49**	–0,50**	–0,61**
4. % Wohnungen im Wohneigentum	–0,43**	–0,42**	–0,47**
5. %-Anteil 18–29-Jährige in höherer Bildung	–0,45**	–0,43**	–0,46**
6. %-Anteil mehr als 5 Jahre in Basel wohnhaft	–0,60**	–0.55**	–0,52**
7. %-Anteil ausländische Wohnbevölkerung	0,61**	0,59**	0,61**
8. %-Anteil Familienpaare mit Kindern	–0,25*	–0,23	–0,25
9. %-Anteil Geschiedene	0,48**	0,46**	0,49**
10. %-Anteil Einpersonenhaushalte	0,35**	0,32**	0,32**
11. Innerstädtisches Gewaltmilieu[a]	0,66**	0,64**	0,52**

[a] Ln der Anzahl der Delikte in einem Wohnbezirk, in die weder wohnansässige Täter noch wohnansässige Opfer involviert waren.
Signifikanzen: ** < 0,01; * < 0,05.

Die bivariaten Zusammenhänge werden in Tabelle 7.10 für jeweils drei verschiedene Berechnungsweisen der Täterraten gezeigt. Die erste Spalte zeigt die Korrelationen mit den rohen Täterraten, bei denen die Zahl der Täter auf die jeweilige Gesamtbevölkerung bezogen wurde. Der zweiten Spalte liegen alterskorrigierte Täterraten zugrunde, bei denen nur die Bevölkerung im Alter zwischen 18 und 64 Jahren im Nenner verwendet wurde. Wie bereits erwähnt, weisen beide Indikatoren eine starke rechtsschiefe Verteilung auf. Die dritte Spalte enthält daher zusätzlich die Korrelationen mit den logarithmierten (alterskorrigierten) Täterraten, die annähernd normalverteilt sind.

Deutliche positive Korrelationen ergeben sich mit mit dem Anteil von Arbeitslosen, dem Anteil von unqualifizierten Erwerbstätigen, dem Anteil der ausländischen Wohnbevölkerung, dem Anteil von Geschiedenen sowie der Häufigkeit von Gewaltdelikten zwischen Personen, die nicht im Wohnbezirk wohnhaft waren. Hoch signifikante negative Korrelationen bestehen mit der Wohnfläche pro Person, dem Anteil von Wohnungen im Eigentum des Bewohners, dem Anteil von 18–29-Jährigen in höherer Bildung und dem Anteil von mehr als fünf Jahre im Kanton wohnhaften Personen. Geringe, beziehungsweise keine Zusammenhänge finden sich mit dem Anteil von Familienpaaren mit Kindern und dem Anteil von Einpersonenhaushalten. Zur Illustration zeige ich in Abbildungen 7.5a bis 7.5f Streudiagramme für einige ausgewählte Zusammenhänge.

Abbildungen 7.5a bis f Ausgewählte bivariate Zusammenhänge zwischen Täterraten und Sozialindikatoren

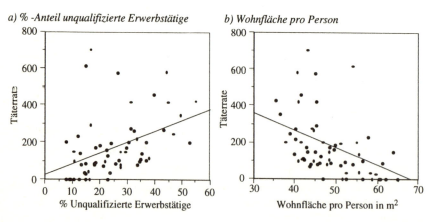

Abbildungen 7.5a bis f Ausgewählte bivariate Zusammenhänge zwischen Täterraten und Sozialindikatoren (Fortsetzung)

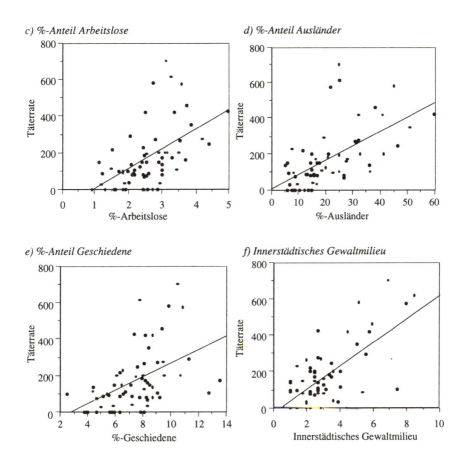

Die sozialökologische Struktur des Kantons Basel-Stadt

Um über die bivariaten Zusammenhänge hinaus ein multivariates Modell der Determinanten von Täterraten in den Wohnbezirken zu berechnen, wurden zunächst mit Hilfe eine Hauptkomponentenanalyse latente Dimensionen identifiziert, auf die sich die Einzelvariablen reduzieren lassen. Die eruierten Faktorwerte wurden anschliessend für die Modellbildung weiter verwendet. Wiederum wurden fünf Stadtteile mit weniger als 300 Einwohnern aus der Analyse ausgeschlossen. In der Hauptkomponentenanalyse nicht berücksichtigt wurde die Variable »innerstädtisches Gewaltmilieu«, da ich sie als Einzelindikator für eine getrennt zu betrachtende urbane Dimension interpretiere.

Tabelle 7.11 zeigt die Ergebnisse der Hauptkomponentenanalyse. Ergänzend enthalten Abbildungen 7.6a bis 7.6c graphische Darstellungen der Verteilung der Faktorwerte über den urbanen Raum des Kantons Basel-Stadt.

Beide Darstellungen zusammen erlauben eine relativ eindeutige Interpretation der Faktoren. Im ersten Faktor bildet sich mit Variablen wie »Anteil beruflich unqualifizierte Erwerbstätige«, »Jugendliche in höherer Ausbildung«, »Wohnfläche pro Person« und »Anteil Wohnungen im Eigentum der Bewohner« die *zentrale Schichtungsdimension* ab. Ich bezeichne diesen Faktor als *tiefen sozialen Status*. Wie die graphische Darstellung 7.8a deutlich macht, liegen Wohnbezirke mit tiefem sozialem Status vor allem im nordöstlich an den Rhein angrenzenden Stadtgebiet.

Tabelle 7.11   *Hauptkomponentenanalyse der 63 Wohnbezirke des Kantons Basel-Stadt, Varimax-Rotation*

	1	2	3	h^2
1. % Erwerbstätige in unqual. Berufen	**0,91**			0,95
2. Wohnfläche pro Person	**−0,91**			0,91
3. % 18–29-Jährige in höherer Ausbildung	**−0,91**			0,85
4. % Wohnung im Wohneigentum	**−0,75**	−0,49		0,84
5. % Familienpaare mit Kindern		**−0,97**		0,95
6. % Einpersonenhaushaltungen		**0,94**		0,95
7. % Geschiedene		**0,84**	0.36	0,87
8. % Arbeitslose[a]			**0,90**	0,85
9. % Ausländer	0,64		**0,70**	0,93
10. % vor 5 Jahren im Kt. BS wohnhaft		−0,57	**−0,67**	0,81
Erklärte Varianz	56,6 %	21,2 %	11,3 %	

Anmerkung: 5 Wohnquartiere mit einer Einwohnerzahl von < 300 nicht eingeschlossen; nur Faktorladungen > 0,30 wiedergegeben; Erklärte Varianz = 89 %; KMO = 0,76.
[a] In Prozent der Erwerbspersonen.

Der zweite Faktor wird durch den »Anteil von Familienpaaren mit Kindern«, den »Anteil von Einpersonenhaushaltungen« sowie den »Bevölkerungsanteil von geschiedenen Personen« gebildet. Es drängt sich auf, diesen Faktor als *Individualisierung* zu bezeichnen. Ähnlich wie in anderen Städten zeigt die geographische Darstellung ein konzentrisches Muster mit einem hohen Grad an Individualisierung in den zentrumsnahen Gebieten und einem Vorherrschen familialer Haushalte in den zentrumsfernen Wohngebieten.

In den dritten Faktor gehen die Variablen »Arbeitslosenrate«, »ausländische Wohnbevölkerung« sowie »Anteil der Bevölkerung, der weniger als 5 Jahre im Kanton Basel-Stadt wohnhaft war«, ein. Da ethnische Heterogenität und hohe Fluktuation der Wohnbevölkerung als Merkmale von sozialer Desorganisation betrachtet werden, bezeichne ich diesen Faktor als *soziale Desorganisation* (Shaw und McKay, 1929; Sampson und Groves, 1989). Hohe Werte auf diesem Faktor lassen sich vor allem im nördlichen sowie im östlichen Teil der Stadt ausmachen.

Die Identifikation dieser drei Faktoren entspricht weitgehend Befunden aus einer Vielzahl sozialökologischer Untersuchungen der Struktur moderner Städte. So weist etwa Janson (1980: 447) darauf hin, dass "studies of urban spatial structure in modern Western society appear to have established fairly well the dominance of three classes of dimensions", die er als sozialen Status, Familialismus und Ethnizität bezeichnet.

Abbildung 7.6   Faktorwerte der 63 Wohnbezirke

a) Faktor 1 – Tiefer sozialer Status

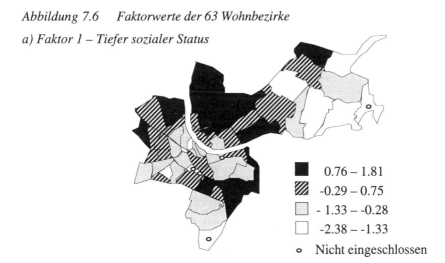

b) Faktor 2 – Individualisierung

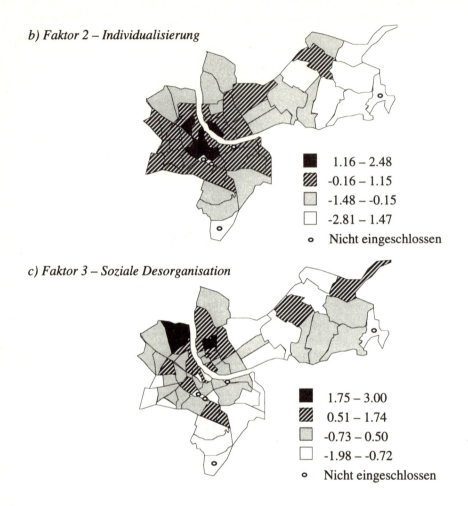

■ 1.16 – 2.48
▨ -0.16 – 1.15
▥ -1.48 – -0.15
□ -2.81 – 1.47
○ Nicht eingeschlossen

c) Faktor 3 – Soziale Desorganisation

■ 1.75 – 3.00
▨ 0.51 – 1.74
▥ -0.73 – 0.50
□ -1.98 – -0.72
○ Nicht eingeschlossen

Determinanten unterschiedlicher Täterraten

Die drei extrahierten Faktoren wurden anschliessend als Prädiktoren für die Täterraten verwendet. Zusätzlich wurde in die Modelle die Variable »innerstädtisches Gewaltmilieu« eingeschlossen, welche die Zahl derjenigen Gewaltdelikte misst, bei welchen weder das Opfer noch der Täter im fraglichen Wohnbezirk wohnhaft war. Diese Variable korreliert mit r = 0,50 mit dem Faktor »Individualisierung«. Um Probleme mit heteroskedastischen Fehlervarianzen zu vermeiden und angesichts einer doch beträchtlichen Varianz der Wohnbevölkerung in den untersuchten Stadtteilen, wurde eine »Weighted-Least-Square« Regression gerechnet. Um die Frage zu überprüfen, ob sich durch die Altersstruktur der Wohnbevölkerung Verzerrungen der Täterraten ergeben, wurden Modelle sowohl für rohe Täterraten wie auch für altersstrukturbereinigte Täterraten berechnet. Der Vergleich der beiden Gleichungen zeigt, dass das Modell für die rohen Täterraten etwas mehr Varianz aufklärt als das Modell für die alterskorrigierten Täterraten. Dies indiziert, dass in die erklärenden Variablen unberücksichtigte Unterschiede der Altersstruktur eingehen, welche zu einer Überschätzung der Zusammenhänge in der ersten Gleichung führen.

Tabelle 7.12   Ergebnis der Regressionsanalyse zur Erklärung der Täterraten in den Wohnquartieren des Kt. Basel-Stadt, WLS-Regression

	Rohe Raten (ln)		Alterskorrigierte Raten (ln)	
	β	|T|	β	|T|
Tiefer sozialer Status	0,38	4,30**	0,39	4,18**
Individualisierung	0,05	(n.s.)	0.03	(n.s.)
Soziale Desorganisation	0,41	4,59**	0,36	3,82**
Innerstädtisches Gewaltmilieu	0,32	3.04**	0,30	2,66*
Erklärte Varianz	57 %		51 %	

Anmerkung: N = 63; Standardisierte β-Koeffizienten; Signifikanz * < 0,05; ** < 0,01.

Der Befund, dass im räumlichen Aggregat die faktoranalytisch bestimmten Variablen *soziale Desorganisation* und *tiefer sozialer Status* die stärksten Effekte auf die Täterrate haben, stimmt gut mit den theoretischen Erwartungen überein. Sie können als Ausdruck davon interpretiert werden, dass Gewaltdelinquenz im urbanen Kontext als eine Folge von *sozialer Marginalität und geringer gesellschaftlicher Integration* interpretiert werden kann. Damit stützt dieses Ergebnis auf der Ebene von Stadtquartieren die Überlegungen zu den Ursachen steigender Gewaltdelinquenz in den Städten. In dem Ausmass, in dem durch die krisenhafte Entwicklung der Kernstädte der Bevölkerungsanteil marginaler und sozial desintegrierter Gruppen angestiegen ist und sich ihre räumliche und soziale Segregation in der städtischen Gesellschaft verstärkt hat, ist auch Gewalt häufiger geworden.

Diese Befunde zu den Effekten von *sozialer Desorganisation* und *tiefem sozialem Status* auf die Täterraten in städtischen Wohnvierteln entsprechen weitgehend dem, was die empirische Sozialforschung mit ähnlich konzipierten Analysen in anderen europäischen Städten regelmässig zutage fördert (Frehsee, 1978; Schwind et al., 1978; McClintock und Wikström, 1992; Ohlemacher, 1995). Jedoch konnte entgegen den theoretischen Erwartungen und im Gegensatz zu einer ähnlich angelegten Untersuchung in Stockholm und Edinburgh (McClintock und Wikström, 1992) für den Kanton Basel-Stadt kein Zusammenhang zwischen den Täterraten und der Dimension von Individualisierung–Familialismus nachgewiesen werden. Das bedeutet auch, dass das Ergebnis aus den Analysen der kantonalen Daten, in denen ein konsistenter Zusammenhang zwischen dem Ausmass der Individualisierung eines Kontextes und der Häufigkeit von Gewaltdelinquenz gefunden wurde, auf der Ebene der Wohnbezirke nicht bestätigt werden kann. Hierzu lassen sich zwei Überlegungen anstellen. In methodischer Hinsicht ist zu erwähnen, dass in der Hauptkomponentenanalyse zwei Variablen (%-Anteil Geschiedene und %-Anteil mehr als 5 Jahre im Kanton wohnhaft) sowohl auf der Dimension »Individualisierung« wie auch auf der Dimension »soziale Desorganisation« Ladungen von > 0,30 aufwiesen. Dies mag dazu geführt geführt haben, dass wichtige Varianzanteile einzelner Indikatoren von Individualisierung unter der Dimension »soziale Desorganisation« subsumiert wurden. In theoretischer Hinsicht ist darauf hinzuweisen, dass die hier zugrundegelegten Strukturindikatoren das Konzept der negativen Folgewirkungen des Individualisierungsschubes nur sehr unzureichend zu erfassen vermögen und eine umfassendere Überprüfung der These letztlich auf subjektive, nur mit Hilfe von Befragungen eruierbare Informationen abstellen müsste (Heitmeyer, 1995).

Hingegen geht ein deutlicher Effekt von der Variablen *»innerstädtisches Gewaltmilieu«* aus. Wie oben bereits erwähnt, widerspiegelt diese Variable die Zahl der Delikte, bei welchen weder das Opfer noch der Täter im fraglichen Wohnbezirk wohnhaft war.[12] Dieses Ergebnis deutet an, dass ein gewalttätiges Wohnumfeld einen bedeutsamen Einfluss auf die Wahrscheinlichkeit hat, dass ein Bewohner selber Gewalt ausübt. Zur Erklärung dieses Zusammenhanges bietet sich wiederum ein situatives Argument an. In Gebieten mit einer hohen Zahl von Gewaltereignissen im öffentlichen Raum ist es wahrscheinlicher, dass Anwohner mit gewalttätigen Dispositionen in Konflikte verwickelt werden und faktische Gewalthandlungen ausüben.

7.5 Folgerungen

Polizeilich identifizierte Gewalttäter sind überdurchschnittlich häufig etwa 18–40-jährige Männer mit tiefem sozio-ökonomischem Status und in marginalen sozialen Lagen. Dieser Befund hat seine Entsprechung auf der sozialökologischen Ebene von Stadtquartieren. Die höchsten Täterraten haben Wohnbezirke mit einem tiefen sozialen Status, einem hohen Ausmass an sozialer Desorganisation und häufiger Gewalt zwischen Personen, die nicht im entsprechenden Bezirk wohnen.

Zu diesen Ergebnissen kann zunächst festgestellt werden, dass sie sich gut in die Modellvorstellung zu den Ursachen steigender Gewalt in den Kernstädten einfügen. Zwar ist es anhand der vorliegenden Daten nicht möglich, die vermuteten Zusammenhänge in einer diachronen Perspektive zu betrachten, da die hierzu nötigen Vergleichsdaten für frühere Zeitperioden – etwa die späten 60er Jahre – fehlen. Immerhin konnte gezeigt werden, dass zu Beginn der 90er Jahre Marginalität und soziale Desintegration kennzeichnende Merkmale städtischer Gewalttäter sind. Dies lässt die These als plausibel erscheinen, dass *die Entstehung von dauerhaften und räumlich wie sozial segregierten Milieus von Marginalität durch die Folgelasten der ökonomischen Umstrukturierungen, die selektiven Migrationsprozesse und die Konzentration von Randgruppen eine wichtige Ursache steigender Gewalt in den Städten bilden.*

Die Korrespondenz zwischen Individualmerkmalen und Merkmalen von räumlichen Kontexten führt im Weiteren zur Frage, ob der *sozialen Organisation von Stadtquartieren* eine Bedeutung als Kausalfaktor für die Erklärung von Täterraten zukommt. Eine abschliessende Klärung dieser seit langem intensiv diskutierten Frage ist hier nicht möglich (vgl. Musil, 1988; Farrington et al., 1993; Friedrichs, 1995). Doch kann an der in Kapitel 1 (S. 45ff) formulierten Vorstellung angeknüpft werden, dass die Entstehung von gewalttätigen Dispositionen als Folge eines Sozialisationsprozesses interpretiert werden kann, der seinerseits Resultat einer Kette von Wechselwirkungen zwischen bestehenden Dispositionen und situativen Kontexten ist. Dass hierbei von spezifischen Merkmalen eines Wohnquartiers – Zusammensetzung der Wohnbevölkerung, Intensität von Netzwerken, Existenz von gewalttätigen Subkulturen etc. – Sozialisationseffekte ausgehen können, ist eine plausible Hypothese. Allerdings wird man solche Prozesse in erster Linie bei Kindern und Jugendlichen erwarten. Nun sind aber die meisten der hier betrachteten Gewalttäter erwachsene

Männer und ihr Wohnort zum Zeitpunkt der Tat lässt kaum Schlüsse auf das Sozialisationsmilieu während der Kindheit und des Jugendalters zu.

Für die beobachteten Zusammenhänge auf der Ebene räumlicher Aggregate spielen daher wohl die Folgewirkung selektiver Migrationsprozesse und die Allokation von Wohnorten durch den Wohnungsmarkt eine grössere Rolle als Kausaleffekte infolge von emergenten Eigenschaften der entsprechenden Raumeinheiten. Hierbei kommt der Abwanderung von integrierten Mittelschichtangehörigen in die Agglomerationen, der Zuwanderung von Randgruppen in die Kernstädte und der Segregationsdynamik zwischen Stadtquartieren grosse Bedeutung zu. Sie führen in erster Linie dazu, dass die Täterraten in den unterprivilegierten und desorganisierten Stadtquartieren höher sind als in den sozial integrierten Mittelschichtquartieren. Damit ist keineswegs ausgeschlossen, dass Stadtquartieren und ihrer sozialen Organisation eine Bedeutung zur Erklärung von gewalttätigen Dispositionen zukommt. Doch müssten zur Identifikation solcher Effekte vor allem die Sozialisationsbedingungen von Jugendlichen in unterschiedlichen räumlichen Kontexten untersucht werden, wobei im Sinne eines Mehrebenenmodells verschiedene Kontextebenen gleichzeitig in Betracht zu ziehen wären.

Allerdings haben die sozialökologischen Analysen im Rahmen dieses Kapitels auch Hinweise auf einen tatsächlichen Kontexteffekt erbracht, der meines Wissens bislang kaum untersucht wurde. So zeigte sich, dass die Rate der in einem Quartier wohnhaften Täter von einem Faktor beeinflusst wird, den ich als *lokales Gewaltmilieu* bezeichnet habe. Dieser Indikator beruht auf der Zahl derjenigen Gewaltdelikte, in welche ausserhalb des jeweiligen Quartiers wohnhafte Personen involviert waren, und entspricht weitgehend der räumlichen Verteilung der innerstädtischen Vergnügungsaktivitäten. Ein solcher Kontexteffekt ist meines Erachtens auch theoretisch durchaus plausibel. Er bedeutet, dass sich in einem gewalttätigen situativen Umfeld Lernprozesse und Umdeutungen von Situationen vollziehen können, die bei stabilen latenten Dispositionen zu einer höheren Wahrscheinlichkeit von Gewalt führen.

Kapitel 8

Die Opfer

Opfer von Gewaltdelinquenz zu werden, ist *keine demokratisch-egalitäre Erfahrung*. Verschiedene Gruppen der städtischen Bevölkerung sind unterschiedlich stark von Gewalt betroffen und verschiedene Formen von Gewalt richten sich gegen jeweils andere Personenkreise. Dieses Kapitel geht der Frage nach: Wer sind die Opfer von Gewaltdelinquenz? Diese Frage stand lange ausserhalb des Erkenntnisinteresses der Delinquenzsoziologie und erfuhr erst mit der Verbreitung von Opferbefragungen stärkere Beachtung. Theoretisch entsprach dem Aufkommen dieses methodischen Instrumentes die Entwicklung des sogenannten "life-style-approaches" von Hindelang, Gottfredson und Garofalo (1978). Im Mittelpunkt dieses Ansatzes, der grosse Ähnlichkeiten mit dem "routine-activity-approach" von Cohen und Felson (1979) aufweist, steht die These, dass das Risiko einer personenbezogenen Viktimisierung (d.h. einer Viktimisierung, bei der sich Opfer und Täter direkt begegnen) von der Wahrscheinlichkeit abhängt, dass ein Individuum an *bestimmten Orten* zu *bestimmten Zeiten* und unter*bestimmten Umständen* mit *bestimmten Personengruppen* zusammentrifft (Hindelang et al., 1978: 101). Er wurde verschiedentlich im Sinne einer moralischen Aussage interpretiert, durch welche die Schuld für ein Gewaltdelikt dem Opfer in die Schuhe geschoben werde (Levi, 1994: 305). Soweit einzelne Formulierungen diese Interpretation zulassen, enthalten sie tatsächlich eine irritierende Verwechslung zwischen Tätern und Opfern, die weit über den unbestrittenen Befund hinausgeht, dass ein Teil von Gewaltdelikten – beispielsweise Kämpfe zwischen Jugendbanden – die Form von aggressiven Interaktionen hat, bei welchen die Beteiligten sowohl Opfer wie auch Täter sind.

Hingegen führt keine Kritik an der Tatsache vorbei, dass Opfererfahrungen in keiner Weise zufällig in der Bevölkerung verteilt sind. Vielmehr steht aufgrund der nunmehr umfangreichen viktimologischen Forschung ausser Zweifel, dass sich das Risiko von Viktimisierungen sowohl nach Strukturmerkmalen der Opfer – Alter, Geschlecht, Art der Berufstätigkeit, ethnische Zugehörigkeit, Wohnort – wie auch nach Mustern des Lebensstils – Ausgehverhalten, Interaktionsgruppen, Zugehörigkeit zu Subkulturen – unterscheidet (Biderman, 1975; Gottfredson, 1986; Lurigio et al., 1990; Kaiser et al., 1991; van Dijk et al., 1991; van Dijk, 1992).

Zu wissen, wer Gewalt erleidet, ist schon deshalb von Interesse, weil das Leiden des Opfers ein integraler Aspekt von Gewalt ist. Eine Betrachtung der Opfer scheint mir aber auch wichtig, weil Gewaltdelikte – wie auch immer asymmetrische – *Interaktionen zwischen kopräsenten Personen* sind, die sich in spezifischen sozialen Räumen und Situationen ereignen. Erst in der Betrachtung von Tätern, Opfern sowie situativen Kontexten eröffnet sich ein vollständigeres Bild der Gewalt zugrunde liegenden Machtstrukturen, der Verankerung von Gewalt in der Alltagspraxis von sozialen Akteuren und den sozialen Orten, in denen Gewalt aufbricht.

Diskutabel ist allerdings, inwiefern die Betrachtung der Opfer einen Beitrag zur *Erklärung* von Gewaltdelinquenz liefert. Aus einer *täterzentrierten Sichtweise* muss eine solche Möglichkeit von vornherein ausgeschlossen werden. Wer den analytischen Blick ausschliesslich auf die motivierten Täter beschränkt, muss davon ausgehen, dass ein disponiertes Individuum in jedem Fall ein geeignetes Opfer findet. Im Rahmen des hier zugrundegelegten Modells hingegen, das Handlungen als Ergebnis *sowohl von stabilen, perönlichkeitsbezogenen Dispositionen wie auch von situativen Kontexten* interpretiert, sind situative Milieus von zentraler Bedeutung für die Umsetzung von aggressiven Dispositionen in Gewalthandlungen. Beispielsweise ist Strassenraub vorwiegend in einem Umfeld zu erwarten, in dem das Risiko gering ist, dass das Opfer den Täter persönlich kennt, in dem die Fluchtmöglichkeiten gut sind und bei dem der Täter eine gute Chance antizipiert, einen hohen Geldwert zu erbeuten. Solche situativen Kriterien schliessen durchaus auch Merkmale potentieller Opfer wie etwa ihr Alter (ältere Personen können sich schlechter zur Wehr setzen) oder ihren Lebensstil (bestimmte Kleidungsstücke wie z.B. eine Bomberjacke sind attraktive Beuteobjekte) ein.

8.1 Geschlecht und Alter

Zwei zentrale Dimensionen, entlang derer sich Opfererfahrungen unterscheiden, sind Geschlecht und Alter. Viktimisierungen von Frauen ereignen sich in anderen Bereichen des Alltagslebens als Viktimisierungen von Männern und für alte Menschen stehen andere Risiken im Vordergrund als für junge Menschen. Dies macht unter anderem verständlich, warum für verschiedene Bevölkerungsgruppen unterschiedliche Aktivitätsfelder und Bereiche des urbanen Raumes mit Ängsten verbunden sind (Warr, 1984; 1990; Boers, 1991; Gysin und Reynolds, 1991; Schwarzenegger, 1992; Frauenlobby Städtebau, 1993).

Das Geschlecht der Opfer

Tabelle 8.1 zeigt die Anteile weiblicher Opfer bei den polizeilich registrierten Gewaltdelikten.

Tabelle 8.1 Anteile weiblicher Opfer bei verschiedenen Gewaltdelikten

	Tötung	Körperverletzung	Raub/Entreissdiebstahl	Sexuelle Gewalt
Anteil weibliche Opfer	52,6 %	37,2 %	60,4 %	99,3 %
N =	(57)	(492)	(454)	(138)

Rund die Hälfte der Opfer von Tötungsdelikten zwischen 1983 und 1991 sind weiblichen Geschlechts. Unter den Opfern von polizeilich registrierten Körperverletzungen und Tätlichkeiten sind rund 37 Prozent weiblich. Es ist anzunehmen, dass dieser Anteil infolge der höheren Dunkelziffer im Bereich von Gewalt in der Privatsphäre eher zu tief liegt. Rund 60 Prozent der Opfer von Raub und Entreissdiebstahl sind Frauen und unter den Opfern von sexueller Gewalt befindet sich ein Mann, der Opfer einer sexuellen Nötigung wurde.

Allerdings verbergen sich hinter diesen blossen Prozentwerten ausgeprägte Unterschiede hinsichtlich des *sozialen Ortes,* in dem Männer und Frauen Opfer von Gewalt werden. Dies trifft besonders für Tötungsdelikte und Körperverletzungen zu (vgl. Tabelle 8.2). Bei diesen beiden Delikten unterscheiden sich die geschlechtsspezifischen Opfererfahrungen in ausgeprägter Weise entlang einer Dimension von Privatheit – Öffentlichkeit. Sowohl bei Tötungsdelikten wie auch bei Körperverletzungen werden Männer nur in Ausnahmefällen innerhalb familiärer oder verwandtschaftlicher Beziehungen viktimisiert. Körperverletzungen gegen *männliche Opfer* finden in der überwiegenden Zahl der Fälle in einer Konstellation statt, in der sich Opfer und Täter zuvor unbekannt gewesen sind. Völlig anders gestaltet sich das Viktimisierungsrisiko für Frauen. Nahezu 80 Prozent aller weiblichen Opfer von Tötungsdelikten und 35 Prozent aller weiblichen Opfer von Körperverletzungen werden von Tätern angegriffen, die mit ihnen in einer familiären oder verwandtschaftlichen Beziehung standen, während Viktimisierungen durch unbekannte Täter eher selten sind.

Tabelle 8.2   Beziehung zwischen Opfer und Täter nach Geschlecht des Opfers

Beziehung	Tötungsdelikte		Körperverletzungen	
	männlich	weiblich	männlich	weiblich
Familie, Verwandte	20,0 %	76,7 %	2,2 %	35,2 %
Freunde, Bekannte	32,0 %	3,3 %	6,1 %	18,2 %
Flüchtige Bekanntschaft	28,0 %	13,3 %	17,6 %	17,6 %
Unbekannte	20,0 %	6,7 %	74,1 %	29,0 %
	100,0 %	100,0 %	100,0 %	100,0 %
N =	(25)	(30)	(313)	(176)
Anmerkung:	df = 3; χ^2 = 18,8 (p < 0,01)		df = 3; χ^2 = 142,4 (p < 0,01)	

Das Alter der Opfer

Abbildungen 8.1a bis d zeigen die Altersverteilung der Opfer von Gewaltdelikten. Die Viktimisierungsraten sind ausschliesslich für im Kanton Basel-Stadt wohnhafte Opfer berechnet. Bei Körperverletzungen und Tätlichkeiten sowie bei Raub und Entreissdiebstahl stelle ich die Altersverteilung getrennt für männliche und weibliche Opfer dar. Betrachtet man zunächst die graphischen Darstellungen im Überblick, so wird rasch deutlich, dass die Altersstruktur der Opfer keineswegs einem einheitlichen Muster folgt. Vielmehr bestehen zwischen den untersuchten Gewaltformen ausgeprägte Unterschiede.

Tötungsdelikte zeigen eine eher flache Verteilung mit einem Anstieg der Opferraten im Alter von etwa 20 Jahren und einem deutlichen Rückgang im Alter von über 55 Jahren, wobei das Verlaufsmuster infolge der geringen Fallzahl mit Vorsicht zu interpretieren ist. Insgesamt sind Opfer von Tötungsdelikten mit einem durchschnittlichen Alter von 44 Jahren relativ alt. Auffallend ist die bimodale Verteilung mit zwei Maxima bei etwa 20 und bei etwa 55 Jahren.

Die Opfer 195

Abbildung 8.1   *Viktimisierungsraten nach Alter, nur im Kanton Basel-Stadt wohnhafte Opfer, gleitende 9-gliedrige Mittelwerte*

a) Opfer von versuchter und vollendeter Tötung

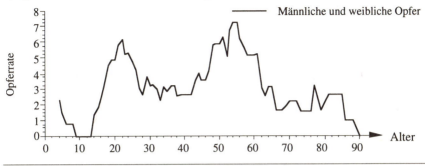

Alle Opfer: N = 60; Mittelwert = 43,7 J.;   Modus = (bimodal)

b) Opfer von Körperverletzung und Tätlichkeit

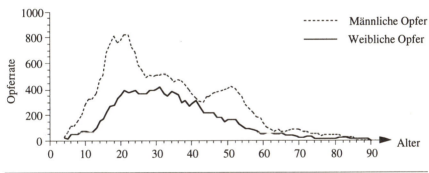

Männer: N = 308;   Mittelwert = 34,5 J.;   Modus = 21 J.
Frauen: N = 183;   Mittelwert = 35,5 J.;   Modus = 31 J.

Abbildung 8.1 Viktimisierungsraten nach Alter, nur im Kanton Basel-Stadt wohnhafte Opfer (Fortsetzung)

c) *Opfer von Raub und Entreissdiebstahl*

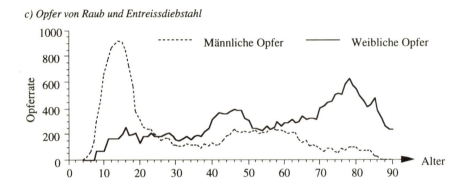

| Männer: | N = 180; | Mittelwert = 35,6 J.; | Modus = 15 J. |
| Frauen: | N = 274; | Mittelwert = 55,8 J.; | Modus = 78 J. |

d) *Opfer von Vergewaltigung*

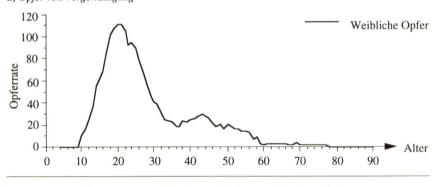

Frauen: N = 138;   Mittelwert = 30 J.;   Modus = 20 J.

Opfer von polizeilich registrierten *Körperverletzungen und Tätlichkeiten* sind durchschnittlich 35 Jahre alt. Das Viktimisierungsrisiko steigt zwischen 15 und 20 Altersjahren steil an, bleibt bis zu einem Alter von etwa 50 Jahren hoch und geht mit höherem Alter deutlich zurück. Zwischen männlichen und weiblichen Opfern bestehen Unterschiede. Bei *männlichen* Opfern steigt das Viktimisierungsrisiko bereits im Alter von rund 10 Jahren an und erreicht im Alter von etwa 21 Jahren mit einer jährlichen Viktimisierungsrate von rund 6 Opfern pro

1000 Einwohner das Maximum. Bei den höheren Altersjahrgängen kommt es zu einem allmählichen Rückgang des Viktimisierungsrisikos.[1] Die Viktimisierung *weiblicher* Opfer folgt zwar diesem Trend, doch erfolgt der Anstieg eher später und das Viktimisierungsrisiko bleibt zwischen etwa 20 und 35 Jahren weitgehend stabil. Der hieraus ableitbare Befund, dass *unter Jugendlichen* das Viktimisierungsrisiko von Frauen geringer ist als dasjenige von Männern, wird auch durch Umfragedaten bestätigt (Branger et al., 1994). Er widerspiegelt die Tatsache, dass der grösste Teil von Gewalt zwischen Jugendlichen sich im Rahmen von Auseinandersetzungen zwischen männlichen Gruppen abspielt.

Ein besonders ausgeprägter Unterschied zwischen weiblichen und männlichen Opfern lässt sich bei *Raub und Entreissdiebstahl* beobachten. Für *männliche* Opfer besteht das grösste Viktimisierungsrisiko im Alter von zwischen 12 und 18 Jahren. Anschliessend sinkt für Männer das Risiko, Opfer von Raub oder Entreissdiebstahl zu werden, deutlich, steigt aber in der Altersgruppe zwischen 45 und 60 nochmals etwas an. Die Häufigkeit von Viktimisierungen junger Männer widerspiegelt in erster Linie die *Aktivitäten jugendlicher Gangs*, die von ihren männlichen Altersgenossen *Statussymbole* wie Bomberjacken oder Turnschuhe oder aber direkt Geld mit Gewalt erpressen. Für *weibliche* Opfer hingegen steigt das Viktimisierungsrisiko mit steigendem Alter weitgehend linear an. Es erreicht erst in der Altersgruppe zwischen 70 und 85 Jahren den maximalen Wert von jährlich rund 5 Opfern auf 1000 Einwohner, so dass über mehrere Altersjahre akkumuliert ein beträchtliches Viktimisierungsrisiko besteht. Vermutlich bilden hier marginalisierte Drogenabhängige den überwiegenden Teil der Täter. Sie orientieren sich bei der Wahl des Opfers an einem Nutzenkalkül, bei dem die Schwäche des Opfers, die geringe Gefahr einer Gegenwehr sowie die relativ leichte Erreichbarkeit der Beute (besonders Handtaschen) die entscheidende Rolle spielen.

Rund 65 Prozent der Opfer von polizeilich registrierten *Vergewaltigungen und sexuellen Nötigungen* sind zwischen 15 und 30 Jahre alt, wobei die maximale Viktimisierungsrate im Alter von 23 Jahren erreicht wird. Diese Altersverteilung ist auch aus anderen Ländern der westlichen Industriegesellschaft belegt (vgl. für Schweden: Wikström, 1991: 105; für Grossbritannien: Levi, 1994). Allerdings muss in Erwägung gezogen werden, dass die Dunkelziffer bei älteren Frauen höher liegen mag, weil die Hemmungen für die Erstattung einer Anzeige grösser sein mögen und sich ein grösserer Anteil der sexuellen Gewalt im sozialen Nahraum ereignen mag, was generell – auch bei Körperverletzungen – die Wahrscheinlichkeit einer Anzeige reduziert.

Betrachtet man die Viktimisierungsrisiken über alle Gewaltdelikte zusammengefasst, so ergeben sich nur geringe Unterschiede zwischen verschiedenen Altersgruppen. Worin sich Altersgruppen und Geschlechter unterscheiden, ist der »Mix« der Gewaltformen, aus denen sich das Gesamtrisiko zusammensetzt. Für Männer im Alter von unter 20 Jahren stehen Viktimisierungen durch Strassenraub im Vordergrund. Für junge Frauen zwischen 15 und 25 Jahren bilden Vergewaltigungen und sexuelle Nötigungen ein relativ beträchtliches Risiko. Bei beiden Geschlechtern konzentriert sich das Risiko, Opfer von Körperverletzungen zu werden, auf die Altersspanne zwischen 18 und 50 Jahren. Im Alter ab 60 Jahren hingegen geht das grösste Viktimisierungsrisiko von Strassenraub und Entreissdiebstahl aus, wobei hiervon besonders Frauen im Alter von über 70 Jahren betroffen sind.

8.2 Sozialer Status

In der delinquenzsoziologischen Forschung besteht Uneinigkeit über die Frage, ob sich Viktisierungsrisiken schichtspezifisch unterscheiden. Während Opferbefragungen tendenziell eher zum Ergebnis gelangen, dass Opfer von Gewaltdelikten in allen sozialen Schichten ähnlich häufig vorkommen, zeigen Studien von polizeilichen Daten – die allerdings bisher nur selten hinsichtlich von Opfermerkmalen analysiert wurden – eine Übervertretung tiefer sozialer Lagen und marginaler Gruppen. Verzerrungen sind sowohl auf der Ebene von Umfragedaten wie auch auf der Ebene von polizeilichen Daten denkbar (vgl. z.B. Skogan, 1985; Gottfredson, 1986; McClintock und Wikström, 1990; Kaiser et al., 1991; Killias, 1991b; Painter, 1992).

Die Befunde der Basler Anzeigeprotokolle sind hinsichtlich der Schichtzugehörigkeit der Opfer eindeutig. *Soweit Opfer von städtischer Gewalt auf der Ebene der polizeilichen Registrierung sichtbar werden, sind sie überdurchschnittlich häufig Angehörige von Randgruppen und unteren sozialen Schichten.* Tabelle 8.3 zeigt hierzu zunächst die Daten für alle erwerbstätigen Opfer untergliedert nach den sozio-professionellen Kategorien, welche in der schweizerischen Volkszählung 1990 verwendet wurden (Joye, 1995). Zum Vergleich ist die entsprechende Verteilung der erwerbstätigen Wohnbevölkerung aufgeführt. Dabei sei nochmals darauf hingewiesen, dass aufgrund des Vorgehens bei der Zuordnung des sozio-professionelle Status der Opfer (und der Täter) eher über- als unterschätzt wird (vgl. Kapitel 7, S. 171f). Dennoch machen Opfer in intermediären Berufen oder einer höheren sozio-professionellen Kategorie nur rund 18 Prozent aller erwerbstätigen Opfer aus, während diese Gruppe rund 40 Prozent der Erwerbsbevölkerung in der Stadt Basel stellt. Hingegen befinden sich unter den Opfern von Gewaltdelikten fast doppelt so viele Erwerbstätige in unqualifizierten Berufen, als aufgrund der Verteilung des sozio-ökonomischen Status der Erwerbsbevölkerung zu erwarten wäre. Unter den polizeilich registrierten Opfern ebenfalls deutlich übervertreten sind mit 12 Prozent Arbeitslose.

Tabelle 8.3   Sozio-professionelle Lage von polizeilich bekannten Opfern und Erwerbsbevölkerung, Kanton Basel-Stadt

Sozio-professionelle Kategorie[a]	Erwerbstätige Opfer	Erwerbstätige Wohnbevölkerung	
		Agglomeration Basel	Kanton Basel-Stadt
Oberstes Management	0,7 %	1,5 %	1,3 %
Freie Berufe	0,8 %	1,1 %	1,3 %
Andere Selbstständige	6,2 %	6,8 %	6,7 %
Akad. Berufe und oberes Kader	3,0 %	11,1 %	10,4 %
Intermediäre Berufe	7,1 %	21,2 %	20,3 %
Qualifizierte Dienstleistungsberufe	33,5 %	27,3 %	27,1 %
Qualifizierte manuelle Berufe	13,3 %	10,4 %	9,9 %
Ungelernte Angestellte und Arbeiter	35,5 %	20,7 %	22,9 %
Erwerbstätige	100,0 %	100,0 %	100,0 %
N =	609	196 751	89 623
Arbeitslose (in % aller Erwerbspers.)	12,2 %	2,5 %	3,1 %

[a] Die Kategorie der »nicht-zuteilbaren Erwerbstätigen« wurde hier nicht berücksichtigt.
Anmerkung: χ^2-Wert mit »Erwerbstätige Agglomeration Basel«: 175,3 ($p < 0,001$), mit »Erwerbstätige Kanton Basel-Stadt«: 145,2 ($p < 0,001$).
Quellen: Für die Opferdaten: Basler Gewalterhebung. Für die erwerbstätige Wohnbevölkerung: Bundesamt für Statistik (Hrsg.). Eidgenössische Volkszählung 1990 – Erwerbsleben, Geographische Tabellen. Bern 1993.

Um die These zu überprüfen, dass die Übervertretung von Unterschichtangehörigen Folge eines unterschiedlichen Anzeigeverhaltens sei – Opfer aus der Mittel- und Oberschicht zeigen seltener an –, ist eine besondere Betrachtung der *Tötungsdelikte* von Interesse, da bei dieser Deliktgruppe schichtspezifische Verzerrungen eine untergeordnete Rolle spielen. Ein Vergleich des sozialen Status der Opfer von Tötungsdelikten mit demjenigen der Opfer von anderen Gewaltdelikten zeigt jedoch keine nennenswerten Unterschiede. Auch bei Tötungsdelikten stammt der weit überwiegende Teil der Opfer aus den untersten sozialen Lagen, so dass sich kein Hinweis darauf ergibt, polizeiliche Daten seien hinsichtlich der Schichtstruktur der Opfer wesentlichen Verzerrungen unterworfen (Levi, 1994; Cook und Moore, 1995).[2]

Beziehungskonstellation und soziale Lage

Wir hatten bereits oben gesehen, dass die *Dimension Privatheit – Öffentlichkeit* von entscheidender Bedeutung für *geschlechtsspezifische* Viktimisierungsrisiken im urbanen Raum ist. Von ähnlicher Tragweite ist diese Dimension aber auch für *schichtspezifische* Viktimisierungsrisiken. So sind unter den Opfern von familiärer Gewalt Angehörige tiefer sozialer Positionen weit stärker vertreten als unter jenen Gewaltopfern, welche von einem dem Opfer unbekannten Täter ausgehen (vgl. Tabelle 8.4). Angesichts der Befunde zur sozio-strukturellen Lage der Täter können wir daraus den Schluss ziehen, dass die *soziale Schliessung der Täter–Opfer Beziehung* entlang von Schichtkriterien bei Gewalt im sozialen Nahraum bedeutend grösser ist als bei Gewalt in der öffentlichen Sphäre des urbanen Raumes.

Tabelle 8.4   *Berufsstatus erwerbstätiger Opfer nach Beziehung zwischen Opfer und Täter, alle Opfer mit Erwerbsstatus*

Sozio-professionelle Gruppe	Beziehung zwischen Opfer und Täter			
	Familie/ Verwandte	Freunde/ Bekannte	Flüchtige Bekanntschaft	Unbekannte
Intermediär oder höher	7,1 %	4,3 %	12,4 %	16,6 %
Qualifizierte Berufe	20,0 %	25,7 %	32,4 %	45,0 %
Unqualifizierte Berufe	72,9 %	60,0 %	55,4 %	38,4 %
	100,0 %	99,9 %	100,2 %	100,0 %
N =	(70)	(70)	(105)	(464)

Anmerkung: df = 6; χ^2 = 43,0; p < 0,001.

Wir können an dieser Stelle einen Befund aus den Untersuchungen in Kapitel 2 zur Entwicklung der Gewaltdelinquenz in den Schweizer Städten nochmals aufnehmen. Dort wurde anhand verschiedener Informationen sichtbar, dass sich ein wesentlicher Teil des Anstieges urbaner Gewaltdelinquenz in einer grösseren Häufigkeit von Gewalt im öffentlichen Raum manifestiert hatte. In Verbindung mit den eben geschilderten Befunden ergibt sich hieraus die Schlussfolgerung, dass in den vergangenen 30 Jahren vor allem jene Formen von Gewalt häufiger geworden sind, bei denen die Opfer anderen sozialen Gruppen angehören als die Täter. Dies ist besonders auffällig für Raub und Entreissdiebstahl, wo die Opfer sowohl hinsichtlich ihres Alters wie auch hinsichtlich von Geschlecht und sozialer Lage einen völlig anderen sozialen Ort in der städtischen Gesellschaft haben als die Täter. Diese Beobachtung macht unter anderem das Ausmass der öffentlichen Thematisierung von urbaner Gewalt verständlich. Häufiger, als dies für historisch frühere Erscheinungsformen für Gewalt charakteristisch war, überschreiten die für moderne städtische Gesellschaften typischen Gewaltformen die sozialen Schwellen zwischen Altersgruppen und Schichtzugehörigkeit. Dies trägt ohne Zweifel in erheblichem Ausmass zum Skandalisierungspotential urbaner Gewalt bei.

8.3 Viktimisierungsraten im urbanen Raum

Verschiedene Gruppen in der städtischen Gesellschaft werden in Abhängigkeit von Geschlecht, Alter und sozialer Lage in sehr unterschiedlicher Weise mit Gewalt konfrontiert. Zudem folgen Viktimisierungen im öffentlichen Raum einer anderen sozialen Logik als Viktimisierungen in der Privatsphäre. Dieser Befund aus den eben dargestellten Untersuchungen legt die Erwartung nahe, dass verschiedene Manifestationsformen von Gewalt je spezifische *sozialräumliche Verteilungen der Viktimisierungsrisiken* aufweisen. Dabei kann man zunächst von der dichotomen Unterscheidung zwischen Gewalt in der Privatsphäre und Gewalt in der öffentlichen Sphäre ausgehen. Aufgrund der bisherigen Befunde können wir hierbei vermuten, dass die Wohnorte von *Opfern von Gewalt im sozialen Nahraum* im Wesentlichen durch die selben Merkmalkonfigurationen beschrieben werden wie diejenigen der Täter. Das heisst: Es ist zu erwarten, dass Opfer von Gewalt in der Privatsphäre überdurchschnittlich häufig in den *sozial desorganisierten, individualisierten* und durch einen *tiefen durchschnittlichen sozialen Status* geprägten Quartieren wohnen.

Andere Überlegungen gelten für Gewalttaten, bei denen der Täter dem Opfer zuvor unbekannt gewesen ist und die in der öffentlichen Sphäre der Stadt geschehen. Für diese Gruppe stehen eher *gelegenheitstheoretische Überlegungen* im Vordergrund. Dabei ist zu erwarten, dass die Opfer von Gewalt durch unbekannte Täter in einem deutlich geringerem Masse, als dies für Opfer von Gewalt im sozialen Nahraum gilt, auf sozial desorganisierte Unterschichtquartiere konzentriert sind. Soweit Gewalt im öffentlichen Raum tatsächlich die Grenzen von sozialer Lage und Alterskohorten überspringt, kann sogar vermutet werden, dass zwischen den zentralen ökologischen Dimensionen einer Stadt und dem Viktimisierungsrisiko kaum ein Zusammenhang besteht. Hierbei ist allerdings zwischen Delikten zu unterscheiden, bei denen das Opfer in der eigenen Wohngegend angegriffen wird, und solchen, bei denen die Gewalttat ausserhalb der Wohngegend geschieht. So ist die Annahme plausibel, dass das Risiko, im öffentlichen Raum des *eigenen* Wohnquartiers viktimisiert zu werden, vom *lokalen Gewaltmilieu* beeinflusst wird.

Ausgehend von diesen Überlegungen zeigen Abbildungen 8.2 a) bis c) die Viktimisierungsraten über die 65 Stadtbezirke des Kantons Basel-Stadt. Dabei werden drei Gruppen von Gewaltdelikten unterschieden: a) Delikte durch dem Opfer unbekannte Täter ausserhalb des Wohnbezirkes des Opfers b) Delikte durch dem Opfer unbekannte Täter im Wohnbezirk des Opfers und c) Delikte durch dem Opfer bekannte Täter. Die Darstellungen zeigen für jede dieser drei Deliktgruppen völlig unterschiedliche räumliche Verteilungen des Viktimisierungsrisikos. Entsprechend liegen die bivariaten Korrelationen zwischen den drei Indikatoren unter einem Wert von r = 0,30. Die Raten für Opfer von Gewaltdelikten, welche durch ihnen *unbekannte Täter ausserhalb des Wohnbezirkes viktimisiert* wurden, sind relativ unsystematisch über den urbanen Raum verteilt. Eine gewisse Tendenz besteht jedoch dahingehend, dass jene Wohnbezirke die höchsten Viktimisierungsraten aufweisen, die unmittelbar an das Stadtzentrum angrenzen. Hingegen konzentriert sich das Risiko, im eigenen Wohnbezirk durch anonyme Gewalt viktimisiert zu werden, ausserordentlich stark auf die Vergnügungsviertel in der Nähe des Stadtzentrums, während die Wahrscheinlichkeit einer Viktimisierung für Bewohner von zentrumsfernen Wohnquartieren sehr viel geringer ist. Ein nochmals anderes Muster ergibt sich für Viktimisierungen durch *Gewalt in der Privatsphäre*. Nicht überraschend entspricht für diese Gruppe die sozialökologische Verteilung der Opfer weitgehend derjenigen der Wohnorte der Täter, so dass in erster Linie die Wohnbezirke mit tiefem sozialem Status und hoher sozialer Desorganisation einen hohen Anteil von Opfern privater Gewalt aufweisen.

Die Opfer 203

Abbildung 8.2   Viktimisierungsraten in den Stadtbezirken

a) Täter dem Opfer unbekannt – nicht im eigenen Wohnquartier viktimisiert

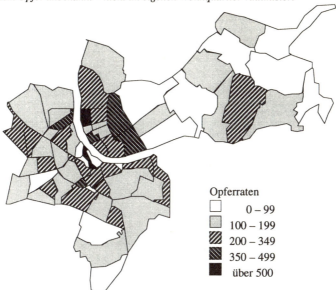

b) Täter dem Opfer unbekannt – im eigenen Wohnquartier viktimisiert

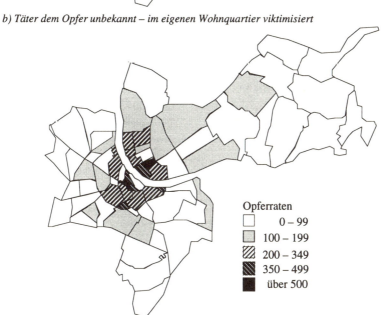

Abbildung 8.2 Viktimisierungsraten in den Stadtbezirken

c) Opfer und Täter miteinander bekannt oder verwandt

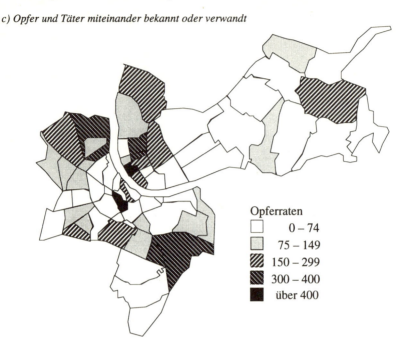

Um diese Muster mit Hilfe multivariater Verfahren zu überprüfen, habe ich Regressionsgleichungen für die Determinanten von Viktimisierungsraten im urbanen Raum geschätzt. Als Prädiktoren werden jene vier ökologischen Dimensionen verwendet, welche ich im vorangehenden Kapitel 7 (S. 184ff) bereits zur Analyse der Determinanten der Täterraten verwendet habe: Sozialer Status, Individualisierung, soziale Desorganisation und Gewaltmilieu. Tabelle 8.5 zeigt die Ergebnisse. Sie bestätigen im Wesentlichen die bereits angesprochenen Einflussfaktoren für unterschiedliche Viktimisierungsrisiken im urbanen Raum. So ist das Risiko, *im eigenen Wohnquartier durch fremde Täter* viktimisiert zu werden, ausschliesslich *situativ* durch das lokale Gewaltmilieu bestimmt. Das heisst, wer in den innerstädtischen Vergnügungsviertcln wohnt, hat ein grösseres Risiko, auf offener Strasse im eigenen Wohnviertel viktimisiert zu werden. Das multivariate Modell für *anonyme Viktimisierungen ausserhalb des eigenen Wohnquartiers* erklärt nur gerade 23 Prozent der Varianz. Da sich die meisten hier zusammengefassten Gewaltdelikte im öffentlichen Raum der Stadtzentren abspielen, bestätigt sich für diese Deliktgruppe der Befund, dass *Viktimi-*

sierungen im öffentlichen Raum zwischen Unbekannten relativ wenig nach sozialen Kriterien geschlossen sind.

Tabelle 8.5   *Regression für Viktimisierungsraten im urbanen Raum (WLS-Regressionen, N = 63)*

(β-Koeffizienten)

	Täter dem Opfer unbekannt		Täter dem Opfer bekannt	Alle Opfer
	Im Wohnbezirk viktimisiert	Nicht im Wohnbezirk vikt.		
Tiefer sozialer Status	0,00	0,24*	0,41**	0,31**
Individualisierung	0,22	0,29*	0,05	0,30**
Soziale Desintegration	0,20	0,15	0,26*	0,32**
Gewaltmilieu	0,33**	0,16	0,24	0,23*
R²	28 %	23 %	36 %	47 %

Anmerkungen: Alle Opferraten logarithmiert; Signifikanz: * < 0,05; ** < 0,01.

Allerdings besteht ein etwas grösseres Viktimisierungsrisiko für Personen, die in Bezirken mit tiefem sozialem Status und einem hohen Grad der Individualisierung leben. Die Auswirkung von Individualisierung auf das Viktimisierungsrisiko im öffentlichen Raum scheint mir plausibel als Folge von Lebensstileffekten interpretierbar zu sein, da sich vermutlich alleinstehende Personen häufiger im öffentlichen Raum aufhalten. Für das *Viktimisierungsrisiko im sozialen Nahraum* ist im Wesentlichen der tiefe soziale Status eines Wohnquartiers sowie das Ausmass sozialer Desintegration ausschlaggebend. Hierin kommt zum Ausdruck, dass bei dieser Form von Gewalt sowohl seitens der Täter wie auch seitens der Opfer – zumindest soweit die Delikte polizeilich bekannt werden – sozial marginalisierte Unterschichtangehörige weit überdurchschnittlich häufig beteiligt sind.

8.4 Folgerungen

In Kapitel 2 hatte ich gezeigt, dass in den Schweizer Städten sowohl die Häufigkeit wie auch die deliktspezifische Zusammensetzung von Gewaltdelinquenz während der vergangenen 30 Jahre erhebliche Veränderungen erfahren haben.

Zum einen sind heute Bewohner der Städte einem deutlich höheren Risiko der Viktimisierung durch Gewalt ausgesetzt als Bewohner von Agglomerationsgemeinden oder ländlichen Regionen (Killias, 1989: 64f; Schwarzenegger, 1991; 1992), während dies wohl noch vor 30 Jahren nicht oder zumindest in einem sehr viel geringerem Ausmass der Fall gewesen ist. Zudem hat sich der Charakter von Gewalt verändert, wobei die überdurchschnittliche Zunahme von anonymer Gewalt im öffentlichen Raum hervorzuheben ist. Besonders Raub und Entreissdiebstahl sind von einem nahezu unbekannten Phänomen zu einer in den Innenstädten verbreiteten Form von Gewaltausübung geworden.

Die hier vorgelegten Analysen haben nun deutlich gemacht, dass mit der Verbreitung neuer Gewaltformen auch Verschiebungen hinsichtlich der viktimisierten Personengruppen einhergehen. Während etwa für »traditionelle« Formen von Gewalt im öffentlichen Raum der Innenstädte festgehalten werden kann, dass es sich in aller Regel um Konflikte zwischen jüngeren Männern mit tiefem sozialen Status im Umfeld von Vergnügungsaktivitäten handelte, gilt dies für die Städte der Gegenwart nur bedingt. So ist insbesondere hervorzuheben, dass sich mit der steigenden Häufigkeit von Raub und Entreissdiebstahl alte Personen generell und insbesondere alte Frauen einem bedeutend erhöhten Viktimisierungsrisiko im öffentlichen Raum der Städte ausgesetzt sehen. Die Bedeutung dieser Problematik wird durch situative Besonderheiten dieser Deliktformen noch zusätzlich verstärkt, da – wie in Kapitel 6 sichtbar wurde – Raub und Entreissdiebstahl vorwiegend während der späten Nachmittags- und frühen Abendstunden verübt werden, ein Zeitfenster im urbanen Alltagsrhythmus, in dem andere Formen von Gewalt äusserst selten sind.

Daneben haben die Analysen in diesem Kapitel generell gezeigt, dass die Bedrohung durch Gewaltdelinquenz entlang verschiedener Dimensionen innerhalb der urbanen Gesellschaft variiert. Je nach *Geschlecht, Alter, sozialem Status* und *Wohnquartier* unterscheiden sich Art und Ausmass von Viktimisierungserfahrungen. Wie bereits anlässlich der Analyse situativer Aspekte in Kapitel 6 zeigte sich hierbei, dass der Dimension »Privatheit« – »Öffentlichkeit« eine besondere Bedeutung zukommt. Während Viktimisierungen durch Tötungen, Körperverletzungen und Tätlichkeiten im sozialen Nahraum vorwiegend Frauen mit tiefem sozialem Status, welche in sozial desorganisierten Wohnquartieren leben, betreffen, gilt für Viktimisierungen im öffentlichen Raum einerseits, dass vorwiegend Männer betroffen sind, und andererseits, dass der durchschnittliche soziale Status der Opfer deutlich höher ist.

Teil III

Immigration, Drogen, Verkehr: Teilaspekte urbaner Gewalt

Nachdem ich in Teil 2 einer Perspektive gefolgt bin, die sich an der systematischen Unterscheidung von Situation, Täter und Opfer orientiert hat, wende ich mich im letzten Teil dieser Untersuchung drei Themen zu, die je spezifische Teilaspekte städtischer Gewalt beleuchten. Im folgenden Kapitel 9 rücke ich die bereits verschiedentlich angesprochene *ethnische Dimension von Gewaltdelinquenz* ins Zentrum. Dabei stellt sich die Frage, ob Gewaltdelinquenz von und an immigrierten Minderheiten im theoretischen Rahmen einer urbanen Krise interpretiert werden kann, oder ob zusätzlich Aspekte des Transfers spezifischer kultureller Orientierungen – wie dies von der Kulturkonflikttheorie postuliert wird – berücksichtigt werden müssen. In Kapitel 10 steht die *Thematik innerstädtischer Drogenprobleme* und ihrer Verbindung zur Gewaltproblematik im Mittelpunkt. An diesem Teilbereich lässt sich besonders klar die Wechselwirkung zwischen selektiven Stadt-Umland-Migrationen, der Konzentration von Randgruppen in der städtischen Gesellschaft und den situativen Besonderheiten der Innenstädte illustrieren. Zudem wird ein besonderes Augenmerk auf die Frage gerichtet, inwiefern wechselnde drogenpolitische Prioritäten Auswirkungen auf das Ausmass innerstädtischer Gewalt gehabt haben. Das letzte Kapitel schliesslich dient dem Zweck, die situative Dimension am Beispiel des kleinen, im Kontext städtischer Gewalt aber nicht unbedeutenden Teilbereiches von *gewalttätigen Konflikten im Umfeld des Strassenverkehrs* analytisch und theoretisch zu vertiefen.

Kapitel 9
Die ethnische Dimension

Als der Zürcher Jurist Albert Meyer vor rund hundert Jahren (1895) eine der ersten kriminologischen Untersuchungen der Schweiz publizierte, fand er im Kanton Zürich eine deutlich erhöhte Kriminalität »der Fremden«, wobei er sorgfältig Verzerrungen durch unterschiedliche Alters- und Geschlechtsstrukturen kontrollierte (Meyer, 1895: 62ff). Er interpretierte sie – hierin ein früher Vertreter des bindungstheoretischen Argumentes – als Ausdruck der geringeren moralischen Einbindung der eingewanderten Wohnbevölkerung in die Gastgesellschaft. Interessant ist aber, worauf Meyer mit dem Begriff der »Fremden« abzielte. Es waren hiermit nicht etwa Italiener oder Deutsche gemeint. Vielmehr war sein zentraler Schluss, dass im Kanton Zürich »Schweizerbürger in höherem Grade kriminell sind als die Kantonsbürger« (Meyer, 1895: 65). Diese Bedeutung des Fremden ist heute überraschend. Sie mahnt daran, dass jeder Diskussion des Themas »Ausländerkriminalität«, die unhinterfragt die alltagsweltliche und juristische Kategorie des »Ausländers« übernimmt, mit Skepsis zu begegnen ist. Soziologisch müssen wir uns darum bemühen, die nationalstaatlichen Kategorisierungen von Kriminalstatistik und politischem Diskurs in soziologisch sinnvolle Dimensionen zu übersetzen. Dies bedeutet für die folgenden Analysen, dass beruflich wenig oder gar nicht qualifizierte Einwanderer und ihre Angehörigen im Mittelpunkt stehen werden. Sie teilen bei allen Verschiedenheiten infolge unterschiedlicher Herkunftsmilieus und Einwanderungsmuster wichtige Eigenheiten: *Fremdheit in der Gastgesellschaft, geringe soziale Integration und tiefe Positionen im wirtschaftlichen System.*

Ein zentrales politisches und wissenschaftliches Thema wurde die Kriminalität von Immigrierten seit den 1960er Jahren, als eine grosse Zahl italienischer Arbeitskräfte in die Schweiz einwanderte. Die einschlägigen wissenschaftlichen Untersuchungen kamen hierbei durchwegs zum Schluss, dass die Kriminalitätsrate von Immigrierten gleich hoch oder sogar tiefer war als diejenige der schweizerischen Bevölkerung (Neumann, 1963; Pradervand und Cardia, 1966; Gillioz, 1967; Killias, 1988b; Kunz, 1989; Killias, 1994). An diesem Befund hat sich hinsichtlich der Kriminalitätsbelastung insgesamt, welche von Eigentumsdelikten und Verstössen gegen das Strassenverkehrsgesetz geprägt wird, bis in die Gegenwart nichts geändert (Storz, 1994).[1] Allerdings weicht die Situation im Bereich der *Gewaltdelinquenz* vom allgemeinen Muster ab. Drei Aspekte seien hervorgehoben.

Erstens bestehen zumindest im Bereich der Tötungsdelikte deutliche Unterschiede im *Viktimisierungsrisiko*. So hatte ich in Kapitel 2 bereits gezeigt, dass seit den 60er Jahren die Homizidraten der ausländischen Wohnbevölkerung in der Schweiz stärker gestiegen sind als diejenigen der schweizerischen Wohnbevölkerung und anfangs der 90er Jahre gut doppelt so hoch waren wie diejenigen der Wohnbevölkerung schweizerischer Nationalität (vgl. Kapitel 2, S. 59). Schlüsselt man die Daten der Todesursachenstatistik weiter nach der Nationalität der Opfer auf, so wird sichtbar, dass zwischen Angehörigen verschiedener Nationalitäten erhebliche Unterschiede im Risiko bestehen, Opfer eines Tötungsdeliktes zu werden (vgl. Abbildung 9.1).

Abbildung 9.1   Homizidraten nach Nationalität der Opfer, 1980–1993

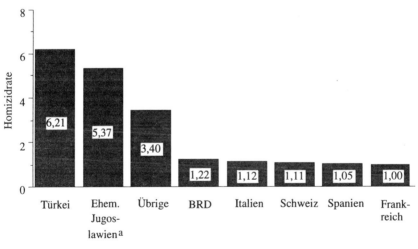

a   Erst ab 1987 getrennt erfasst.
Quelle: Bundesamt für Statistik (Hrsg.). Todesursachenstatistik. Eigene Berechnungen aufgrund von unpublizierten Tabellen.

In der Schweiz lebende Personen mit türkischer und ehemals jugoslawischer Nationalität weisen gemäss der Todesursachenstatistik ein rund fünfmal höheres Homizidrisiko auf, als Personen schweizerischer Nationalität. Hingegen entsprechen die Homizidraten für Angehörige mitteleuropäischer Staaten weitgehend denjenigen *der schweizerischen Bevölkerung*. *Zweitens* zeigen Daten der polizeilichen Kriminalstatistik, dass es seit der Mitte der 80er Jahre im Bereich der Gewaltdelikte zu einer deutlichen *Zunahme des Anteils ausländischer Tatverdächtiger* gekommen ist (Eisner, 1993a; Killias, 1994; Storz, 1994). Zwischen 1980 und 1993 ist ihr Anteil im Durchschnitt der Delikte Tötung, Körperverletzung, Raub und Entreissdiebstahl sowie Vergewaltigung von rund 30 auf etwa 47 Prozent gestiegen.[2] Zwar wurden ähnliche Trends in anderen europäischen Staaten festgestellt (Kaiser, 1989: 357ff; Tournier und Robert, 1989; Wikström, 1991: 21), doch gehört die Schweiz im europäischen Vergleich zu den Ländern mit den höchsten Anteilen ausländischer Tatverdächtiger (Killias, 1994). *Drittens* sind die Täteranteile von Personen ausländischer Nationalität *bei Gewaltdelikten höher als in anderen Kriminalitätsbereichen* (vgl. Tabelle 9.1). Auffällig ist insbesondere ihr hoher Anteil bei Vergewaltigungen, Tötungsdelikten und Körperverletzungen, während bei Raubdelikten – stellt man Ungenauigkeiten der polizeilichen Registrierungspraktiken in Rechnung (vgl. z.B. Bauhofer, 1993; Storz, 1994) – keine Auffälligkeit von ausländischen Staatsangehörigen festgestellt werden kann.

Tabelle 9.1   *Nationalität von Tätern bei Gewaltdelikten, 1988–1993, ganze Schweiz, nur Täter mit Wohnsitz in der Schweiz*

Delikt	Nationalität der Tatverdächtigen	
	Schweiz	Ausland
Tötung	58,9 %	41,1 %
Körperverletzung	58,9 %	41,1 %
Raub und Entreissdiebstahl	65,7 %	34,3 %
Vergewaltigung	48,2 %	51,8 %
Zum Vergleich:		
Alle Diebstahlsdelikte	*66,8 %*	*33,2 %*
Männliche, 20–39-jährige Wohnbevölkerung, Volkszählung 1990	*72,2 %*	*27,8 %*

Quelle: Berechnet aufgrund der Polizeilichen Kriminalstatistik der Schweiz, 1988–1993.

9.1 Immigration und Gewalt – theoretische Fragen

In der delinquenzsoziologischen Forschung existiert ein breites Angebot von Theorien, die erhöhte Delinquenzraten bei Angehörigen von immigrierten Bevölkerungsgruppen erwarten lassen (vgl. Niggli, 1993). In *spannungsthoretischer Perspektive* wird ein überhöhter Anteil ausländischer Straftäter als endogene Folge der strukturellen Lage von Immigrierten im Gastland interpretiert (Albrecht und Pfeiffer, 1979; Gilomen, 1993; Queloz, 1993). Dabei ist nicht das Kriterium der Nationalität, sondern die Kombination von tiefer sozialer Lage, geringen Aufstiegsmöglichkeiten und steigenden Erwartungshorizonten ausschlaggebend. In *bindungstheoretischer Perspektive* ist eine höhere Delinquenzrate Ausdruck mangelnder sozialer und kultureller Integration in die Gastgesellschaft und ihre gesellschaftlichen Institutionen (z.B. Familie, Vereine, politische Gruppierungen). Dabei können sowohl aktive Diskriminierungen und Prozesse des sozialen Ausschlusses seitens der Gastgesellschaft wie auch mangelnde kulturelle und soziale Ressourcen seitens der Immigrierten (mangelnde Sprachkenntnisse, fehlende Kontaktmöglichkeiten) eine Rolle spielen. Aus *kulturtheoretischer Perspektive* schliesslich ist eine erhöhte Gewaltdelinquenz bei jenen immigrierten Gruppen zu erwarten, welche aus ihren Herkunftsländern Wertesysteme und Handlungsnormen mitbringen, die entweder Gewalt in spezifischen Handlungskonstellationen in geringerem Masse sanktionieren oder zu Konflikten mit den Verhaltenserwartungen in der Gastgesellschaft führen (Sellin, 1938; Bovenkerk, 1994). Dieser Ansatz betont, dass politische und soziale Spannungen im Herkunftsland (z.B. Bürgerkriege) ihre Spuren bei den jeweiligen Populationen im Gastland hinterlassen mögen. Empirisch müsste daher erwartet werden, dass auch nach Berücksichtigung von sozialer Lage und sozialer Integration *kulturspezifische Unterschiede* in der Wahrscheinlichkeit von Gewaltausübung bestehen bleiben.[3]

Die diesem Buch zugrunde liegende These, dass Prozesse der sozialen und wirtschaftlichen Marginalisierung zusammen mit der Entstabilisierung von Lebensentwürfen infolge wachsender Individualisierung als wichtige Ursache von Gewaltdelinquenz in den Städten anzusehen sind, *muss* zur These führen, dass beruflich wenig qualifizierte Immigrierte im urbanen Kontext der Schweiz eine überdurchschnittliche Gewaltdelinquenz aufweisen. Erstens ist die Migration aus überwiegend ländlichen, in traditionalen Sozialstrukturen organisierten und durch wirtschaftliche Rückständigkeit geprägten Lebenszusammenhängen in die städtische Umwelt ein tiefgreifender biographischer Bruch. Er führt zu einer radikalen *Entwertung hergebrachter, soziale Identität sichernder kultureller Ressourcen*, die umso intensiver ist, als sich die dominierende Form der Identitätsbildung in den Schweizer Städten in Richtung auf eine Betonung von Zielgrössen wie Individualität, Selbstverwirklichung, Emanzipation etc. entwickelt.

Abbildung 9.2   *Sozio-professionelle Gruppen nach Nationalität, Kanton Basel-Stadt, männliche, 18–49-jährige Erwerbstätige*

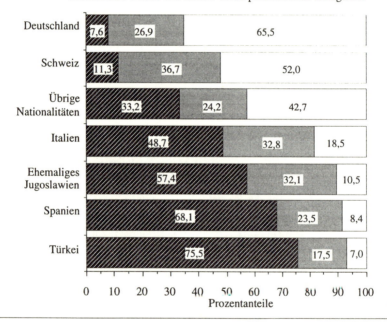

Quelle: Volkszählung der Schweiz, 1990, eigene Auswertung.

Zweitens sind beruflich unqualifizierte Immigrierte diejenige Bevölkerungsgruppe, die am stärksten von den *Folgen des ökonomischen Strukturwandels* der Schweizer Städte betroffen war. Ihre ökonomische Situation wurde fragiler, Risiken von Arbeitslosigkeit haben zugenommen und die Chancen zu beruflichem Aufstieg haben sich verschlechtert (Gilomen, 1993; Buchmann et al., 1996). Dabei verschränken sich die für Ausländer spezifischen Unsicherheiten am Arbeitsmarkt mit der generellen Problemlage unqualifizierter Arbeitskräfte. Wie radikal sich im Kontext der urbanen Gesellschaft der Schweiz Kriterien der Immigration mit Kriterien der sozialen Ungleichheit überlappen, machen die Daten in Abbildung 9.2 deutlich. Sie zeigen die Zugehörigkeit der männlichen, 18–49-jährigen Erwerbstätigen zu drei sozio-professionellen Gruppen für die wichtigsten Nationalitäten im Kanton Basel-Stadt (für die sozio-professionellen Gruppen vgl. Kapitel 7, S. 171ff). Hieraus lässt sich beispielsweise ablesen, dass nur rund 11 Prozent der männlichen Erwerbstätigen *schweizerischer* Nationalität eine unqualifizierte Berufstätigkeit ausüben. Demgegenüber beträgt der Anteil unqualifizierter Arbeitskräfte bei der *türkischen* Wohnbevölkerung über 75 Prozent.

Drittens haben *Prozesse der Segregation* dazu geführt, dass sich die immigrierte Bevölkerung in wachsendem Ausmass in den Städten konzentriert und sich dieser Prozess innerhalb der Städte wiederum in einzelnen, zumeist zentrumsnahen Unterschichtquartieren verdichtet, so dass in einzelnen Stadtquartieren der Begriff der »Ghettoisierung« gerechtfertigt scheint. So ist im Kanton Basel-Stadt das Ausmass räumlicher Segregation seit den 60er Jahren deutlich angestiegen (vgl. Abbildung 9.3).[4]

Abbildung 9.3   Index der Segregation von ausländischer und schweizerischer Wohnbevölkerung im Kanton Basel-Stadt (21 Wohnviertel)

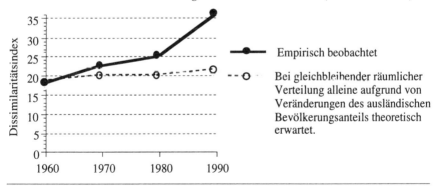

Quelle: Eigene Auswertung. Grunddaten: Statistisches Jahrbuch des Kantons Basel-Stadt.

Diese Dynamik lässt sich veranschaulichen, wenn man in Betracht zieht, dass *ausserhalb der Kernstädte* der Bevölkerungsanteil von AusländerInnen zwischen 1960 und 1990 von etwa 10 auf rund 16.5 Prozent zugenommen hat (vgl. Kapitel 4, S. 104). Im gleichen Zeitraum ist deren Bevölkerungsanteil in den Basler Wohnquartieren Clara, Matthäus und Klybeck von 11,6 auf 42,2 Prozent gestiegen (zu Zürich vgl. Arend, 1982). Diese Segregationsprozesse sind nicht für alle ausländischen Bevölkerungsgruppen gleichermassen ausgeprägt (vgl. Tabelle 9.2). Im Kanton Basel-Stadt weist die türkische und ex-jugoslawische Bevölkerung die höchsten Tendenzen zur Konzentration in einigen wenigen Stadtbezirken auf. Die entsprechenden Indices der Dissimilarität liegen am obersten Ende der Werte, welche Friedrichs (1995: 81) für eine Reihe von deutschen Städten erwähnt. Ihnen folgen die bereits stärker assimilierten und integrierten italienischen und spanischen Immigriertengruppen, während die räumliche Verteilung der vorwiegend statushohen Wohnbevölkerung deutscher Nationalität kaum von derjenigen der schweizerischen Wohnbevölkerung abweicht.

Tabelle 9.2   *Dissimilaritätsindex für verschiedene ausländische Bevölkerungsgruppen, 68 Wohnbezirke, 1990*

	Dissimilaritätsindex
Türkei	47,1
Jugoslawien	43,2
Spanien	40,2
Italien	36,9
Andere	24,2
Deutschland	17,1
Alle Ausländer	32,1

Anmerkung: Referenzgruppe ist die Schweizer Wohnbevölkerung.
Quelle: Volkszählung der Schweiz, eigene Auswertung.

Im unterschiedlichen Niveau räumlicher Segregation widerspiegelt sich sowohl das Ausmass kultureller und sozialer Desintegration wie auch die ökonomische Randlage immigrierter Bevölkerungsgruppen. Dies lässt nicht nur die kulturelle und soziale Kluft zwischen immigrierter Bevölkerung und Gastgesellschaft grösser werden, sondern es ist theoretisch plausibel, dass die Kombination von ökonomischer Marginalität und räumlicher Segregation jene Defizite an Handlungsressourcen potenziert, welche sich begünstigend auf Gewalt auswirken.

Die relationale und situative Dimension

Neben allfälligen Unterschieden von Täterraten entlang von Kriterien der Nationalität ist eine Betrachtung relationaler und situativer Aspekte mindestens ebenso wichtig. Sie führt zu Fragen nach der Korrespondenz zwischen der Nationalität der Opfer und der Täter, der Art der Beziehung, in der Angehörige immigrierter Minderheiten Gewalthandlungen begehen, sowie dem sozialen Ort, in dem sich Gewalt ereignet.

Theoretisch kann man hierbei an der allgemeinen Überlegung anschliessen, dass Gewalt ein Phänomen ist, das in die »normalen« Alltagspraktiken gesellschaftlicher Gruppen und ihre strukturellen und kulturellen Hintergründe eingebettet ist. Sie kann durch migrationssoziologische Theorien der Interaktionen zwischen immigrierten Bevölkerungsgruppen und ihrer jeweiligen Gastgesellschaft konkretisiert werden (Hoffmann-Nowotny, 1973; Esser, 1985; 1990). So kann man auf der Basis solcher Theorien annehmen, dass das Interaktionsnetz von immigrierten Populationen vor allem durch drei Dimensionen beeinflusst wird.

Abbildung 9.4   Theoretisches Modell zur Erklärung unterschiedlicher situativer Milieus von Gewalt bei Schweizern und Immigrierten

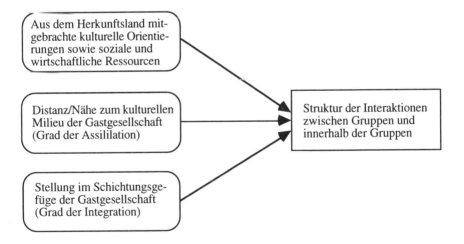

Zum einen bringen immigrierte Bevölkerungsgruppen Vorstellungen von richtigem Handeln und von der Strukturierung des Alltags aus den Herkunftsländern mit, wobei diese Vorstellungen natürlich wiederum von deren Position im dortigen Schichtungsgefüge, von Bildungsressourcen etc. beeinflusst sind. Diese mitgebrachten Leitvorstellungen interagieren in der Situation des Migrierten mit dem Umfeld, das in der Gastgesellschaft vorgefunden wird. Hierbei unterscheide ich in Anlehnung an Hoffmann-Nowotny (1973; 1992) zwischen Prozessen der *Integration* und Prozessen der *Assimilation*. *Integration* bezeichnet den Vorgang, in dessen Verlauf eine immigrierte Gruppe sich hinsichtlich ihrer strukturellen Positionen dem Muster in der Gastgesellschaft angleicht. Hierzu gehört der Erwerb ökonomischer Statuspositionen, die Aufnahme von regelmäßigen Interaktionen mit Mitgliedern der Gastgesellschaft und der Erwerb von Bildungszertifikaten. *Assimilation* hingegen bezeichnet den Prozess, der durchlaufen wird, wenn die mitgebrachte Kultur allmählich an praktischer Bedeutung verliert und zunehmend die kulturell verankerten Wert- und Normvorstellungen der Gastgesellschaft übernommen werden. Entsprechend ist zu erwarten, dass das Ausmass an *kultureller Dissimilarität* im Sinne einer grossen Diskrepanz zwischen mitgebrachter und vorgefundener Kultur ebenso wie das Ausmass an *sozialer Desintegration* im Sinne tiefer Schichtlage und geringer Kontakte zur Gastgesellschaft zu Beginn einer Immigrationswelle am grössten ist. Mit zunehmender Aufenthaltsdauer und bei entsprechender Bereitschaft seitens der Gastbevölkerung setzen dann Prozesse der kulturellen Assimilation – die Angleichung von Werten und Normen – sowie der Integration – der Erwerb zentraler wirtschaftlicher und sozialer Ressourcen – statt.

Dieses Grundmodell führt zu Erwartungen hinsichtlich der Begegnungen zwischen Gewalttätern und ihren Opfern. Ausgangspunkt hierfür ist die allgemeinere Annahme, dass bei ausgeprägter kultureller Abschottung gegenüber der Gastgesellschaft und hoher struktureller Schliessung – im Sinne einer Fixierung auf unterste Schichtpositionen – die Mitglieder einer immigrierten Gruppe vorwiegend gruppeninterne Interaktionsnetze aufbauen (vgl. Hoffmann-Nowotny, 1973; Esser, 1990). Als Nebenfolge werden bei wenig integrierten und assimilierten Bevölkerungsgruppen auch *gewaltsame* Begegnungen von Tätern und Opfern dazu tendieren, sich innerhalb der ethnisch-kulturellen Grenzen abzuspielen. Mit längerer Aufenthaltsdauer und dem Erwerb sozialer, kultureller und ökonomischer Ressourcen in der Gastgesellschaft – der bei verschiedenen immigrierten Gruppen unterschiedlich verlaufen kann – werden die Interaktionsmuster zunehmend die ethnisch-kulturellen Grenzen überschreiten (Esser, 1990;

Schnell, 1990). Infolgedessen wird auch Gewaltkriminalität in steigendem Ausmass den Rahmen ethnisch-kultureller Segregation sprengen.

Eine zweite Hypothese bezieht sich auf die *Art der Beziehung* (Verwandtschaft, Bekanntschaft, Unbekannte) zwischen Opfer und Täter. Sie geht davon aus, dass verwandtschaftliche Beziehungen und generell das Interaktionsnetz im sozialen Nahraum bei allen immigrierten Gastarbeiterpopulationen (Italiener, Spanier, Portugiesen, Ex-Jugoslawen, Türken) eine erheblich grössere Bedeutung haben als in den stärker individualisierten Beziehungsnetzwerken der städtischen Gastbevölkerung. Allerdings ist zu vermuten, dass sich dessen Gewicht mit zunehmender Assimilation und Integration verringert. Entsprechend ist zu erwarten, dass besonders bei jüngst immigrierten Bevölkerungsgruppen der Anteil von Gewalt innerhalb der verwandtschaftlichen Beziehungsnetze grösser ist als bei der einheimischen Bevölkerung.

9.2 Täter- und Opferraten: soziale Lage oder Nationalität?

Ich wende mich zunächst der Frage zu, inwiefern Täter- und Opferraten von Angehörigen verschiedener immigrierter Minderheiten als Ausdruck ihrer sozialen Lage und spezifischer Lebensstile interpretierbar sind. In diesem Zusammenhang ist zunächst der Befund aus der Analyse räumlicher Mobilitätsströme in Kapitel 8 in Erinnerung zu rufen, dass ein beträchtlicher Teil der in Gewalt involvierten Täter und Opfer nicht im Kanton Basel-Stadt wohnten, sondern ihren Wohnsitz entweder im ausländischen oder im schweizerischen Teil der Agglomeration Basel hatten. Für die Berechnung von Täter- und Opferraten werden diese Gruppen aus den folgenden Analysen ausgeschlossen, so dass sich die Betrachtung ausschliesslich auf die *Wohnbevölkerung des Kantons Basel-Stadt* beschränkt.

Täterraten

Für die Berechnung von Täterraten habe ich eine zweite Einschränkung hinsichtlich der analysierten Gruppen vorgenommen. Da sich die ausländische Wohnbevölkerung von der übrigen Bevölkerung hinsichtlich der Verteilung auf die Geschlechter wie auch auf Altersgruppen unterscheidet, würde die Berechnung von Täterraten auf der Basis der jeweiligen Gesamtpopulationen zu Verzerrungen führen. Ich beschränke daher die Analyse auf die *männlichen, 18–49-jährigen Personen*. Allerdings muss auf eine weitere Unterscheidung nach einzelnen Gruppen von Tatbeständen verzichtet werden, da sonst die Fallzahlen weit unter eine statistisch interpretierbare Grösse fallen würden.

Abbildung 9.5 zeigt die Täterraten für die wichtigsten Nationalitätengruppen im Kanton Basel-Stadt. Die Daten machen deutlich, dass beträchtliche Unterschiede bestehen. Entsprechend ihrem hohen sozialen Status sind Angehörige deutscher Nationalität im Kanton Basel-Stadt als Täter deutlich untervertreten. Die Täterraten für italienische, spanische und schweizerische Staatsangehörige sowie für alle übrigen Nationalitäten liegen innerhalb einer ähnlichen Bandbreite. Überdurchschnittliche Täterraten weisen hingegen Staatsangehörige der Türkei und Ex-Jugoslawiens auf (nahezu dieselbe Reihenfolge wurde in der BRD beobachtet, vgl. Piehler, 1991: 11). Ein Vergleich dieser Ergebnisse mit den oben dargestellten Daten zur sozio-professionellen Lage und räumlichen Segregation der entsprechenden Immigrantenpopulationen zeigt, dass die Abfolge der Unter- beziehungsweise Übervertretung *im Wesentlichen* dem Grad der sozialen, wirtschaftlichen und kulturellen Integration in die schweizerische Gesellschaft entspricht.

Abbildung 9.5   Täterraten nach Nationalität; im Kanton Basel-Stadt wohnhafte männliche, 18–49-jährige Täter

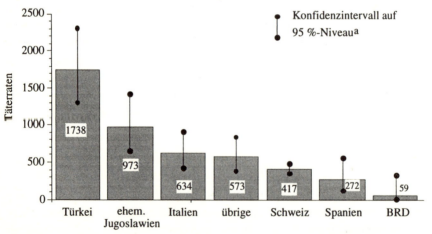

[a] Vertrauensintervall für binomialverteile Ereignisse, vgl. Hartung (1991: 203).

Soziale Lage oder Nationalität?

Dies führt zur Frage, ob die unterschiedlichen Gewaltraten bei einzelnen immigrierten Bevölkerungsgruppen *ausschliesslich* als endogene Folge der strukturellen Lage in der Gastgesellschaft und ihren Folgewirkungen zu interpretieren sind, oder ob mitgebrachte kulturelle Orientierungen – ein ethnischer Faktor also – eine Rolle spielen.

Statistisch mündet diese Frage in das Problem, ob Personen mit unterschiedlicher Nationalität aber in gleicher struktureller Lage unterschiedliche Raten der Gewaltdelinquenz aufweisen. Um hierauf eine Antwort zu finden, habe ich jeweilige Täterraten für drei sozio-ökonomische Gruppen berechnet: (a) Personen in intermediären Berufen oder höheren sozio-professionellen Kategorien, (b) Personen in qualifizierten manuellen oder nicht-manuellen Berufen sowie (c) Personen in unqualifizierten Berufen und Erwerbslose (vgl. Kapitel 7, S. 173f). Hinsichtlich der Nationalität der Täter musste ich mich auf die Unterscheidung von drei Gruppen beschränken, um die Fallzahlen in den einzelnen Zellen nicht allzusehr absinken zu lassen. Dabei habe ich Personen (a) schweizerischer Nationalität, (b) türkischer und jugoslawischer Nationalität und (c) alle ausländischen Personen anderer Nationalität zusammengefasst.

Tabelle 9.3a zeigt zunächst die Verteilung der *schweizerischen und ausländischen Täter* auf die drei beruflichen sozio-ökonomische Gruppen. Tabelle 9.3b zeigt die entsprechende Verteilung der *ausländischen und der schweizerischen männlichen Erwerbsbevölkerung*. Wie bereits Abbildung 9.2 macht sie den weit überdurchschnittlichen beruflichen Status der schweizerischen Erwerbsbevölkerung deutlich. Auf der Basis beider Informationen sind in Tabelle 9.3c *Täterraten nach sozialem Status und Nationalität* berechnet.

Die Ergebnisse sind vor dem Hintergrund der Erwartungen bemerkenswert. Zunächst lässt sich feststellen, dass die grossen Unterschiede *nicht* zwischen dem Unterscheidungskriterium »Schweizer«–»Ausländer«, sondern entlang der zentralen Schichtungs- und Ungleichheitsdimension bestehen. Während sich die Täterraten der Schweizer zwischen den sozio-professionellen Gruppen um den Faktor 1 : 14 unterscheiden, liegt die maximale Differenz zwischen den Nationalitätengruppen im Bereich von 1 : 3. Dies bedeutet zunächst, dass dem ethnischen Faktor eine weitaus geringere Bedeutung als der zentralen Schichtungsdimension zukommt. Die Täterraten von Angehörigen verschiedener Herkunftsländer widerspiegeln in erster Linie das unterschiedliche Ausmass von Marginalität und tiefer sozio-ökonomischer Lage in der urbanen Gesellschaft.

Tabelle 9.3 **Täter, Erwerbsbevölkerung und Täterraten nach Nationalität, im Kanton Basel-Stadt wohnhafte männliche, 18–49-jährige Erwerbsbevölkerung**

a) Polizeilich identifizierte Täter, absolute Zahlen

	Täter		
Sozio-professionelle Gruppe	Schweiz	Türkei und ehem. Jugoslawien	Andere ausl. Nationalität
Intermediäre Berufe und höher	14	1	4
Qualifizierte Berufe	64	21	23
Unqualifizierte Berufe/Arbeitslose	42	41	23

b) Männliche Erwerbsbevölkerung

	Männliche Erwerbsbevölkerung, 18–49 Jahre		
Sozio-professionelle Gruppe	Schweiz	Türkei und ehem. Jugoslawien	Andere ausl. Nationalität
Intermediäre Berufe und höher	12 716	369	2 933
Qualifizierte Berufe	8 972	1 045	2 686
Unqualifizierte Berufe/Arbeitslose	2 763	2 756	4 174

c) Täterraten

	Täterraten		
Sozio-professionelle Gruppe	Schweiz	Türkei und ehem. Jugoslawien	Andere ausl. Nationalität
Intermediär und höher	110,1	271,0	136,4
Qualifizierte Berufe	713,3	2 009,6	856,3
Unqualifizierte Berufe/Arbeitslose	1 520,1	1 487,7	551,0
Arithmetisches Mittel[a]	781,2	1 256,1	514,6

[a] Ungewogener arithmetischer Mittelwert der Täterraten über die drei sozio-professionellen Gruppen. Diese Kennzahl kann als (hypothetische) Täterrate interpretiert werden, die sich ergäbe, wenn die männliche, 18–49-jährige Erwerbsbevölkerung gleichmässig auf die drei sozio-professionellen Gruppen verteilt wäre.

Dennoch sind einige Besonderheiten zusätzlich erwähnenswert: Für männliche *Erwerbstätige in höheren sozialen Lagen* (sozio-professionelle Kategorie mindestens »intermediäre Berufe«) bestehen keinerlei statistisch bedeutsamen Unterschiede zwischen Angehörigen verschiedener Nationalitäten. Unter den männlichen Erwerbstätigen in *qualifizierten manuellen und Dienstleistungsberufen* deuten die Daten auf eine höhere Delinquenzrate von Personen aus der Türkei und dem ehemaligen Jugoslawien hin. Hingegen bestehen keine Unterschiede zwischen Schweizer Staatsangehörigen und Personen »anderer ausländischer Nationalität«. Bemerkenswert ist schliesslich, dass unter den Angehörigen der tiefsten sozio-professionellen Gruppe *Schweizer, Jugoslawen und Türken in etwa dieselben Täterraten aufweisen*, während *Angehörige anderer Nationalitäten (d. h. vor allem Italiener, Spanier und Portugiesen) eine unterdurchschnittliche Täterrate* zeigen. Zwei Phänomene lassen sich also zusammenfassend festhalten. Erstens haben unter Kontrolle des sozialen Status Männer türkischer und jugoslawischer eine höhere, Männer italienischer, spanischer und portugiesischer Nationalität eine tiefere Gewaltdelinquenzrate als Schweizer Männer. Zweitens sind überraschenderweise die Täterraten für ausländische Männer in unqualifizierten sozio-professionellen Positionen tiefer als für Männer in qualifizierten Positionen.[5]

Ich vermute, dass es zur Erklärung der ersten Beobachtung fruchtbar wäre, neben der möglichen Bedeutung von mitgebrachten kulturellen Orientierungen nationalitätsspezifische Unterschiede sowohl bezüglich der Migrationsprozesse selber (z.B. Migrationsmotive, kriegerische Konflikte im Herkunftsland, rechtliche Rahmenbedingungen der Migration, vgl. Killias, 1994) wie auch hinsichtlich der Binnenstruktur innerhalb immigrierter Bevölkerungsgruppen (z.B. Existenz von polarisierten Konfliktgruppen, von integrierenden Vereinen oder Jugendgruppen, Familienstruktur etc.) näher zu untersuchen, doch würde dies den Rahmen dieser Untersuchung sprengen. Zur Erklärung der zweiten Beobachtung bietet es sich an, auf den hohen Konformitätsdruck und die ausgeprägte Anpassungsbereitschaft hinzuweisen, die verschiedentlich als charakteristisch für unqualifizierte Arbeitsmigranten der ersten Einwanderergeneration festgestellt wurden (Neumann, 1963; Hoffmann-Nowotny, 1973).

Opferraten

Im Gegensatz zu den Täterraten, bei denen eine Berücksichtigung der Geschlechts- und Altersverteilung in der Grundbevölkerung von zentraler Bedeutung ist, habe ich für die Berechnung von Viktimisierungsraten die *Gesamtpopulation als Referenzgrösse* gewählt. Aufgrund der bisherigen Diskussion ist zwar anzunehmen, dass sich hierdurch gewisse Verzerrungen ergeben, welche die Vergleichbarkeit mindern. Da aber sowohl die Verteilung über die Geschlechter wie auch diejenige über die Altersgruppen auf der Seite der Opfer deutlich weniger schief ist als diejenige auf der Seite der Täter (vgl. Kapitel 7), halten sie sich in relativ engen Grenzen.

Tabelle 9.4 zeigt die Viktimisierungsraten für alle vier unterschiedenen Deliktgruppen. Anzumerken ist, dass bei *Tötungsdelikten* die zugrunde liegende Zahl der Beobachtungen (N = 47) sehr klein ist. Umso bedeutsamer ist, dass die Ergebnisse für *Körperverletzungen und Tätlichkeiten* weitgehend denjenigen für Tötungsdelikte entsprechen. Sie zeigen, dass sich das Viktimisierungsrisiko für Personen schweizerischer, deutscher, italienischer und spanischer Nationalität praktisch nicht unterscheidet. Ein deutlich erhöhtes Viktimisierungsrisiko haben hingegen Staatsangehörige aus dem ehemaligen Jugoslawien und aus der Türkei. Die Rangfolge der Viktimisierungsraten, wie sie sich aus den Basler Daten im Bereich von Tötungsdelikten und Körperverletzungen ergibt, entspricht dabei fast genau derjenigen der gesamtschweizerischen Homizidraten (siehe oben, S. 219).

Tabelle 9.4 *Viktimisierungsraten nach Nationalität, nur im Kanton Basel-Stadt wohnhafte Opfer*

Nationalität	Tötungsdelikte	Körperverletzungen	Raub und Entreissdiebstahl	Vergewaltigung/sex. Nötigung
Schweiz	2,5	160	181	20,5
Deutschland	0,0	185	103	26,0
Italien	2,7	224	104	18,8
Spanien	4,2	131	112	27,5
ehem. Jugoslawien	7,1	461	48	23,7
Türkei	5,3	410	0	15,7
Andere	3,8	295	79	54,5

Ein nahezu spiegelbildlich verkehrtes Bild ergibt sich für das Viktimisierungsrisiko bei *Raub und Entreissdiebstahl*. Hier weisen Schweizer und Schweizerinnen das höchste Gesamtrisiko auf, gefolgt von den relativ hoch integrierten Gruppen der Deutschen, Italiener und Spanier. Das geringste Risiko haben hier Staatsangehörige der Türkei und des ehemaligen Jugoslawien. Dieses Ergebnis lässt sich problemlos vor dem Hintergrund des "life style approach" von Hindelang (1978) als Folge unterschiedlicher Muster von Alltagsaktivitäten interpretieren. In dem Ausmass, in dem sich Frauen aus kulturellen Kontexten mit einem traditional geprägten Frauenbild seltener alleine auf offener Strasse aufhalten, haben sie auch ein geringeres Risiko, Opfer dieser Form von Gewalt zu werden. Für junge Männer als zweite wichtige Opfergruppe (vgl. Kapitel 8, S. 196) ist denkbar, dass Differenzen im Anzeigeverhalten bestehen mögen. Da bei Raubüberfällen gegen männliche Altersgenossen häufig das Motiv der Kränkung und Ehrverletzung eine wichtige Rolle spielt, mag für Jugendliche aus kulturellen Kontexten, in denen männliche Ehre einen zentralen Stellenwert einnimmt, die Hemmschwelle für das Erstatten einer Anzeige besonders gross sein.

Bei *Vergewaltigungen und sexuellen Nötigungen* bestehen auf der Ebene der angezeigten Delikte keine Unterschiede zwischen den grössten immigrierten Nationalitäten und der Schweizer Bevölkerung. Deutlich überdurchschnittlich ist hingegen die Viktimisierungsrate für Frauen mit einer »anderen Nationalität«. Diese Auffälligkeit ist vermutlich primär eine Folge des hohen Anteils von Frauen aus Mittel- und Südamerika im Sexgewerbe, da sich unter den Opfern in dieser Gruppe eine beträchtliche Zahl von Prostituierten befindet.

9.3 Die ethnische Geschlossenheit von Gewalt

Wie bereits in den eben vorgestellten Daten zu deliktspezifischen Viktimisierungsrisiken zum Ausdruck kommt, ist die Analyse von *Unterschieden des situativen und relationalen Kontextes* für eine Betrachtung der ethnischen Dimension von Gewalt weit aufschlussreicher als der blosse Vergleich von aggregierten Täter- oder Opferraten. Für die diesbezüglichen Auswertungen beschränke ich mich im Folgenden auf zwei Aspekte. Ich betrachte zunächst den Zusammenhang zwischen der Nationalität der Täter und derjenigen der Opfer, um Tendenzen in Richtung auf eine ethnische Geschlossenheit von Gewaltdelinquenz abschätzen zu können. In einem zweiten Abschnitt betrachte ich Unterschiede im Beziehungskontext, in welchem sich Gewalt ereignet.

Nationalität der Opfer und der Täter

Tabelle 9.5 zeigt in Form einer Kreuztabelle die Beziehung zwischen der Nationalität der Opfer und der Nationalität der Täter. Hieraus lässt sich beispielsweise ablesen, dass unter den im Kanton Basel-Stadt wohnhaften Opfern schweizerischer Nationalität (bei denen zudem der Täter polizeilich identifiziert wurde) der Täter in 66,1 Prozent der Fälle ebenfalls schweizerischer Nationalität war. Hingegen wurden 4,5 Prozent der Schweizer Opfer von Tätern deutscher Nationalität und 6,5 Prozent von Tätern italienischer Nationalität angegriffen. Betrachtet man die Tabelle im Überblick, so wird sofort erkennbar, dass eine ausserordentlich starke Tendenz dahingehend besteht, dass sich Gewaltdelikte zwischen Angehörigen derselben Nationalität abspielen.

Tabelle 9.5 *Nationalität der Täter nach Nationalität der Opfer, Nur im Kanton Basel-Stadt wohnhafte Opfer*

Nationalität der Täter	Nationalität der Opfer						
	CH	D	I	YU	SP	TK	Andere
Schweiz	**66,1**	62,5	31,3	20,7	10,0	22,6	30,4
Deutschland	4,5	**12,5**	0,0	0,0	0,0	0,0	4,3
Italien	6,5	12,5	**37,5**	0,0	0,0	0,0	4,3
Ehem. Yugoslawien	3,1	0,0	0,0	**58,6**	0,0	0,0	21,7
Spanien	1,7	0,0	0,0	0,0	**60,0**	0,0	0,0
Türkei	9,6	0,0	15,6	13,8	20,0	**71,0**	4,3
Andere	8,6	12,5	15,6	6,9	10,0	6,5	**34,8**
Total	100,0	100,0	100,0	100,0	100,0	100,0	99,8
N =	(292)	(8)	(32)	(29)	(10)	(31)	(23)

Anmerkung: Werte in der Diagonalen **fett** gedruckt.

Um für diese Tendenz Aussagen über Unterschiede zwischen Angehörigen verschiedener Nationalitäten machen zu können, ist es sinnvoll, sie mit den zufällig zu erwartenden Kombinationen hinsichtlich der Nationalität von Opfer und Täter zu vergleichen. Diese lassen sich wenigstens annähernd schätzen. Das hypothetische Risiko für Personen, welche im Kanton Basel-Stadt wohnhaft sind, von einem Täter derselben Nationalität »zufällig« angegriffen zu werden, kann nämlich durch die jeweiligen Bevölkerungsanteile annähernd geschätzt werden. Durch die Berechnung des Quotienten zwischen tatsächlich beobachteten Intra-Gruppen-Begegnungen und zufällig zu erwartenden Begegnungswahrscheinlichkeiten ergeben sich sogenannte Odds-Ratios, welche das Verhältnis zwischen jeweils beobachtetem und erwartetem Anteil messen. Sie sind in der folgenden Tabelle 9.6 wiedergegeben.

Tabelle 9.6   Odds-Ratios für die Wahrscheinlichkeit, von einem Täter derselben Nationalität angegriffen zu werden

Nationalität der Opfer	Odds-Ratio für gleiche Nationalität von Täter und Opfer
Schweiz	0,8
Deutschland	5,0
Italien	5,9
Ehem. Yugoslawien	18,8
Spanien	23,6
Türkei	30,9

Die Daten zeigen beispielsweise, dass unter jenen Gewaltdelikten, bei denen Personen italienischer Nationalität viktimisiert wurden, die Täter etwa sechsmal häufiger ebenfalls italienischer Nationalität waren, als bei einer rein zufälligen Begegnung zwischen Opfern und Tätern zu erwarten wäre. Beachtenswert ist hierbei, dass einzig für Opfer schweizerischer Nationalität ein gegenüber der zufällig zu erwartenden Verteilung leicht erhöhtes Risiko besteht, von einem *Täter anderer Nationalität* angegriffen zu werden. Hierin widerspiegelt sich die Tatsache, dass Personen schweizerischer Nationalität unter den Opfern einen höheren Anteil ausmachen als unter den Tätern. Für alle anderen Gruppen besteht eine deutlich ausgeprägte Tendenz, dass sich Gewalt innerhalb derselben Nationalität abspielt. Vergleicht man nun die Abfolge der Odds-Ratios mit den oben gezeigten Daten zur sozio-ökonomischen Lage und zur räumlichen Segregation der immigrierten Bevölkerungsgruppen, so erkennt man eine ausserordentlich gute Übereinstimmung. *Je tiefer die sozio-ökonomische Lage einer immigrierten Gruppe ist und je stärker sie innerhalb des urbanen Raumes räumlich segregierte Wohnstandorte aufweist, desto stärker ist die Tendenz dazu, dass sich Gewalt innerhalb der jeweiligen Gruppe abspielt.* Dies entspricht genau dem, was aufgrund der oben skizzierten theoretischen Überlegungen zu erwarten war. Wie Eisner (1993b) zudem gezeigt hat, ist diese Tendenz zu Intra-Gruppen-Beziehung für Gewalt, die von Männern gegen Frauen ausgeübt wird, deutlich stärker ausgeprägt als für Gewalt zwischen Männern. Die kulturell-ethnische Segregation spielt für Gewalt gegen Frauen eine grössere Rolle als für Gewalt zwischen

Männern, was sich zwanglos als Folge der stärkeren Bindung immigrierter Frauen aus traditionalen Milieus an die Privatsphäre erklären lässt.

Die Beziehung zwischen Opfer und Täter

Um die relationale Dimension von städtischer Gewalt entlang von ethnischen Kriterien weiter zu untersuchen, betrachte ich in einem zweiten Schritt *die Art der Beziehung zwischen Opfer und Täter*. Aufgrund der oben skizzierten Überlegungen wäre zu erwarten, dass bei Bevölkerungsgruppen, welche aus traditionalen Kontexten in die Schweiz immigriert sind, Gewalt im sozialen Nahraum ein grösseres Gewicht hat als bei der schweizerischen Bevölkerung und dass zudem die Unterschiede umso grösser sind, je ausgeprägter das kulturelle und soziale Gefälle zwischen Herkunftsland und dem schweizerischen Kontext ist.

Um diese These zu überprüfen, betrachte ich im Folgenden die jeweiligen Anteile von Gewaltdelikten, welche sich zwischen Familienmitgliedern der miteinander verwandten Personen ereignet haben. Dabei schliesse ich Raub und Entreissdiebstahl von der weiteren Betrachtung aus, da wir für diese Deliktgruppe bereits wissen, dass sie sich fast ausschliesslich im öffentlichen Raum zwischen einander unbekannten Personen ereignet und dass das Viktimisierungsrisiko stark mit einer Dimension der kulturellen Assimilation korreliert (vgl. oben, S. 216). Ebenso beschränke ich die Analyse wiederum jeweils auf jene Täter, beziehungsweise Opfer, welche im Kanton Basel-Stadt wohnhaft waren.

Die Frage nach Unterschieden in der Beziehungskonstellation zwischen Opfer und Täter lässt sich sowohl nach dem Kriterium der Nationalität der Opfer wie auch nach dem Kriterium der Nationalität der Täter betrachten. Obwohl aufgrund der hohen Anteile intra-ethnischer Gewalt ein Zusammenhang zwischen diesen beiden Perspektiven ist, muss darauf hingewiesen werden, dass beide Dimensionen theoretisch unabhängig voneinander variieren können.

Tabelle 9.7 zeigt die entsprechenden Ergebnisse, wobei die Nationalitäten nach einer Dimension geordnet wurden, die sowohl Kriterien des sozio-ökonomischen Status wie auch des kulturellen Gefälles zwischen Herkunftsland und Zielland berücksichtigt. Sie macht deutlich, dass Personen, die aus traditionaleren Kontexten in die Schweiz immigriert sind, zu einem bedeutend höheren Anteil im familiären Kontext viktimisiert werden als Personen schweizerischer oder deutscher Nationalität.

Tabelle 9.7 *Beziehung zwischen Opfer und Täter; Tötungsdelikte, Körperverletzungen und sexuelle Gewalt zusammen*

	Anteil Gewaltdelikte in Familie oder Verwandtschaft	
	nach Nationalität der Opfer[a]	nach Nationalität der Täter[b]
Deutschland	9,1 %	–[c]
Schweiz	18,2 %	22,0 %
Andere	11,1 %	24,0 %
Italien	18,4 %	30,0 %
Spanien	25,0 %	40,0 %
Yugoslawien	37,5 %	51,9 %
Türkei	38,7 %	35,8 %

[a] Nur im Kanton Basel-Stadt wohnhafte Opfer; $\chi^2 = 17,0$, df = 6, $p < 0,01$.
[b] Nur im Kanton Basel-Stadt wohnhafte Täter; $\chi^2 = 12,9$, df = 5, $p < 0,05$.
[c] Berechnung nicht sinnvoll, N = 2.

Weitergehende Analysen von Eisner (1993b) haben zudem gezeigt, dass diese Unterschiede vor allem für weibliche Opfer gelten, während männliche Opfer generell sehr selten im familiären Kontext viktimisiert werden. Natürlich lässt sich argumentieren, dass die beobachteten Differenzen zwischen den Nationalitäten Verzerrungen auf der Ebene polizeilich registrierter Delikte widerspiegeln. Aus meiner Perspektive ist jedoch wenig plausibel, dass ausländische Opfer von familiärer Gewalt häufiger Anzeige erstatten als Opfer schweizerischer Nationalität oder dass sie von der Polizei besonders bevorzugt behandelt werden.

Unterschiede bestehen aber nicht nur im Vergleich der Opfer, sondern auch auf der Ebene der Täter (vgl. Tabelle 9.7). Tatverdächtige jugoslawischer, türkischer und spanischer Nationalität werden eher wegen eines Gewaltdeliktes im sozialen Nahraum registriert als Personen schweizerischer Nationalität. Dieser Befund bedeutet auch, dass die unterschiedliche situative Struktur von Gewaltdelikten, wie sie auf der Seite der Opfer gefunden wurden, nicht als blosse Folge unterschiedlicher Lebensstile interpretiert werden kann. Vielmehr scheint ebenso bedeutsam zu sein, dass motivierte Täter mit differierendem kulturellem Hintergrund ihre Aggressivität innerhalb unterschiedlicher situativer und relationaler Strukturen in Gewalthandlungen umsetzen.

9.4 Folgerungen

Im Kontext der Problematik von Gewaltdelinquenz in den Schweizer Städten kommt der ethnischen Dimension eine wichtige Bedeutung zu. Dies schon deshalb, weil spätestens seit den frühen 80er Jahren ein deutlicher Anstieg des Anteils ausländischer Täter (und ausländischer Opfer, vgl. S. 60) zu konstatieren ist und heute über 40 Prozent aller Tatverdächtigen mit Wohnsitz in der Schweiz eine ausländische Nationalität aufweisen.

Dabei haben die Analysen dieses Kapitels deutlich gemacht, dass sich in den unterschiedlichen Täterraten von Angehörigen verschiedener immigrierter Gruppen in erster Linie deren sozio-ökonomischer Status sowie deren soziale und kulturelle Integration in die Gastgesellschaft äussert. *Je tiefer die durchschnittliche berufliche Qualifikation, je ausgeprägter die räumliche Segregation und je grösser die kulturelle Distanz zwischen immigrierter Bevölkerung und Gastgesellschaft ist, desto eher lassen sich in der Regel überdurchschnittliche Raten von Gewaltdelinquenz beobachten.*

Hierbei mag der Tatsache, dass sich seit Beginn der 70er Jahre das Ausmass räumlicher Segregation von Immigrierten sowohl auf der Ebene von Stadt-Land-Unterschieden (vgl. S. 104) wie auch innerhalb von städtischen Wohnvierteln deutlich verstärkt hat, durchaus eine kausale Bedeutung für den Anstieg von innerstädtischer Gewalt zukommen. So argumentieren Sampson und Wilson (1995) mit Blick auf die US-amerikanischen Innenstädte, dass ethnische Segregation und ökonomischer Strukturwandel der Städte »Konzentrationseffekte« wie soziale Isolation, strukturelle Mobilitätsbarrieren und subkulturelle Abweichung nach sich ziehen, die ihrerseits die Entstehung von Gewalt und Delinquenz begünstigen. Aufgrund der vorliegenden Informationen zur Segregationsdynamik in den Schweizer Städten darf angenommen werden, dass hier ähnliche Prozesse ablaufen. Allerdings müsste anhand weiterer Daten detaillierter untersucht werden, in welcher Weise die Strukturmerkmale von ethnisch segregierten Unterschichtsquartieren tatsächlich einen Einfluss auf die formellen und informellen Netzwerke von sozialer Kontrolle und Integration, die Sozialisationsbedingungen von Jugendlichen und Selbstbilder ihrer Bewohner haben und wie diese wiederum die Entstehung von Gewalt begünstigen.

Zudem haben die Analysen dieses Kapitels gezeigt, dass über Effekte des sozialen Status hinaus Unterschiede zwischen Angehörigen verschiedener Immigrationswellen bestehen. Dabei sind erstens die tiefen Täterraten von beruflich unqualifizierten Männern früher Immigrationswellen (vor allem aus Italien und

Spanien) auffällig. Es scheint mir plausibel, diese Beobachtung als Folge des ausserordentlich hohen Leistungs- und Konformitätsdruckes zu interpretieren, dem diese Gruppe von Immigrierten sowohl infolge der restriktiven Aufenthaltsbedingungen (Saisonnierstatut) sowie vermittels der intrinsischen Migrationsmotive (sozialer Aufstieg im Vergleich zu den Lebensbedingungen im Herkunftsland) ausgesetzt war und ist. Zweitens fallen die hohen Täterraten von Immigrierten aus dem ehemaligen Jugoslawien und der Türkei auf, welche durch die entsprechenden Opferraten bestätigt werden. Wenn auch wichtige Hintergrundinformationen fehlen und ohne Zweifel erst weitergehende Forschungen über deren Ursachen schlüssig Auskunft geben könnten, scheint mir die Annahme plausibel, dass die kriegerischen Konflikte in den Herkunftsländern sowie das Ausmass kultureller Fremdheit (≈ Mangel kultureller Handlungsressourcen) Variablenkomplexe sind, die in eine angemessene Erklärung eingehen müssten.

Die Analysen dieses Kapitels haben schliesslich gezeigt, dass man sich mit der Betrachtung blosser Täter- oder Opferraten den Blick auf möglicherweise weit wichtigere Aspekte der ethnischen Dimension von Gewalt verstellt. So wurde nicht nur deutlich, dass sich ein beträchtlicher Teil von individueller Gewalt innerhalb ethnisch geschlossener Gruppen abspielt, sondern es wurde auch sichtbar, dass Angehörige verschiedener Nationalitäten in sehr unterschiedlichen situativen und relationalen Kontexten Opfer von Gewalt werden und dass sich die Aggressivität der Täter in jeweils anderen Kontexten in Gewalthandlungen umsetzt. Dabei kommt dem Befund, dass sowohl gemäss der Todesursachenstatistik wie auch aufgrund der Basler Anzeigenanalyse zwischen Angehörigen verschiedener Nationalitäten ausgeprägte Unterschiede hinsichtlich der Viktimisierungsrisiken bestehen, eine nicht zu vernachlässigende *kriminalpolitische Bedeutung* zu.

Kapitel 10

Städtische Drogenmärkte und Strassenraub: das Beispiel Zürich

Raub und Entreissdiebstahl sind jene Formen von Gewalt, deren Häufigkeit seit den 60er Jahren am stärksten zugenommen hat, die am ausgeprägtesten im öffentlichen Raum der Städte konzentriert ist und deren situatives Profil deutlich von »herkömmlichen« Formen von Gewalt abweicht. Sie erscheinen deshalb als besonders bedrohliche Form städtischer Gewalt, weil sie mit einem direkten Angriff auf die physische Integrität von Personen verbunden sind, weil sie unvermittelt auf offener Strasse und häufig zur Tageszeit ausgeübt werden, und weil Frauen sowie ältere Leute weit überdurchschnittlich als Opfer betroffen sind (Boers, 1994; Bursik und Grasmick, 1993). Ihr furchterregender Aspekt besteht weniger im erlittenen materiellen Verlust als in der physischen Gewalt, die bei einem Strassenraub eingesetzt und bei einem Entreissdiebstahl vom Opfer als Möglichkeit erlebt wird.

Bereits die Makroanalysen in Kapitel 5 hatten Hinweise ergeben, dass der Drogenproblematik für ein Verständnis von Raub und Entreissdiebstahl in den Schweizer Städten eine zentrale Bedeutung zukommt. Im Folgenden soll die Thematik des *Zusammenhanges zwischen Drogenproblematik, Drogenpolitik und Strassenraub* nochmals aufgenommen und vertieft werden. Im Gegensatz zu den übrigen Kapiteln von Teil II und III, welche durchwegs den Kanton Basel-Stadt zum Gegenstand haben, bilden hier jedoch Anzeigedaten für Stadt und Kanton Zürich die zentrale Datenbasis.

Hierfür gibt es vor allem zwei Gründe. Zum einen ist die jährlich publizierte Kriminalstatistik des Kantons Zürich (Kriminalpolizei des Kantons Zürich, 1980–1996) seit dem Jahre 1980 relativ gut ausgebaut. Insbesondere enthält sie seit ihren Anfängen nach Stadtkreisen unterteilte Daten über die Tatorte. Hierdurch ist es möglich, die Frage nach der Lokalisierung von Gewaltdelikten im urbanen Raum in einer dynamischen Perspektive zu betrachten. Zum anderen hat die Stadt Zürich im Verlauf der hier betrachteten 14 Jahre mehrere abrupte Wechsel in ihrer drogenpolitischen Ausrichtung vollzogen. Insbesondere ist es mehrmals zur Entstehung von offenen Drogenszenen gekommen, welche hinsichtlich ihrer Grösse im europäischen Kontext einmalig sind. Wir können daher anhand der vorliegenden Daten die Frage diskutieren, welche Auswirkungen offene Drogenszenen auf das Ausmass von Raub und Entreissdiebstahl in den jeweiligen urbanen Zentren hat.

10.1 Drogenabhängigkeit und Gewaltdelinquenz

Zunächst ist zu klären, warum und in welchem Ausmass Drogenabhängige in verschiedene Formen von Delinquenz involviert sind und welche Rolle hierbei die *Illegalität von Drogen* spielt. Dabei ist sowohl von der Vorstellung Abstand zu nehmen, die Substanz der Drogen selbst führten zwangsläufig zu Kriminalität, wie auch von der Annahme, die Prohibition alleine sei für den Zusammenhang zwischen Abhängigkeit und Kriminalität verantwortlich. Tatsächlich ist das Verhältnis – worauf besonders Kreuzer (1975; 1987; 1992) mehrfach hingewiesen hat – komplexer (Goldstein, 1989; Inciardi et al., 1995; Inciardi et al., 1994; Reiss und Roth, 1993). So betont Kreuzer (1987: 56), dass »offenbar weder die Drogen selbst noch deren kriminalrechtliche Prohibition durch den Gesetzgeber alleiniger Auslöser delinquenter Karrieren sind«. Vielmehr zeigen die von ihm durchgeführten biografisch orientierten Interviews von Heroinsüchtigen, dass in der Mehrzahl der Fälle entweder eine beginnende Delinquenzkarriere der Drogenkarriere zeitlich vorausging oder sich parallel dazu entwickelte. Dies stimmt mit Ergebnissen anderer Untersuchungen überein, die zeigen, dass Suchtpotentialen – seien dies nun Abhängigkeiten von legalen Substanzen, von illegalen Substanzen oder von Verhaltensweisen wie der Spielsucht – und delinquenten Potentialen ähnliche Ursachen zugrunde liegen, ohne dass zwischen beiden ein kausaler Zusammenhang bestehen müsste. Entsprechend ist davon auszugehen, dass Drogenabhängigkeit und Delinquenz eine *generalisierte Disposition zu abweichendem Verhalten* zugrunde liegt (Buchmann, 1983). Dabei gehören innerfamiliäre Störungen in der Eltern-Kind-Beziehung (einschliesslich Gewalt gegen Kinder), belastende Lebensereignisse, ungünstige Schul- und Berufskarrieren, Zugehörigkeiten zu Peer-groups mit häufiger Delinquenz- oder Drogenerfahrung sowie geringes Selbstwertgefühl regelmässig zu den Korrelaten sowohl von Drogenabhängigkeit – aber *nicht* notwendigerweise von Drogenerfahrung insgesamt – wie auch von hoher Delinquenzbelastung (Buchmann, 1983; Krämer, 1992; Kreuzer, 1987; Lettieri und Weltz, 1983; Sieber, 1988; Uchtenhagen, 1988; Uchtenhagen und Zimmer-Höfler, 1985).

Dennoch besteht nach meiner Auffassung kein Zweifel daran, dass die rechtlichen Rahmenbedingungen – die Prohibition – durch verschiedene Folgewirkungen einen entscheidenden *kausalen* Einfluss auf das Ausmass der Verknüpfung zwischen Drogenabhängigkeit und Delinquenz allgemein und Gewaltdelinquenz im besonderen haben. Man kann in diesem Zusammenhang auch von einem *Verstärkungseffekt der Illegalität* sprechen (vgl. Abbildung 10.1).

Abbildung 10.1   Modell des Verstärkungseffektes von Illegalität auf den Zusammenhang zwischen Drogenabhängigkeit und Delinquenz

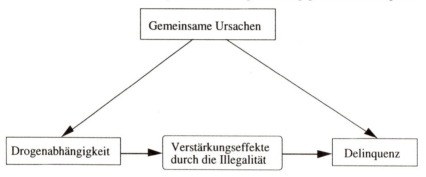

In Anlehnung an Goldstein (1985; 1989) unterscheide ich hierbei zwei Wirkungszusammenhänge, welche die Beziehung zwischen Drogenabhängigkeit und Gewaltdelinquenz im Kontext von Prohibition begründen können. Goldstein bezeichnet diese beiden Zusammenhänge als Modell der »ökonomisch induzierten Gewalt« und als Modell der »systemischen Gewalt« im Umfeld von Drogenabhängigkeit. Das Modell der *ökonomisch induzierten Gewalt* besagt, dass Drogenabhängige infolge der übersetzten Schwarzmarktpreise Beschaffungsdelikte begehen, um den Geldbedarf zur Finanzierung ihrer Abhängigkeit zu decken (vgl. Braun und Diekmann, 1993; Reuband, 1992: 109; Silverman und Spurill, 1977; Uchtenhagen, 1988). Dabei überwiegen insgesamt reine Eigentumsdelikte wie Einbruch, Fahrzeugdiebstahl, Hehlerei und Drogenverkauf. Doch steht ausser Zweifel, dass Raubüberfälle und Entreissdiebstähle, welche in mehr oder minder grossem Ausmass Gewalt einschliessen, ebenfalls der Finanzierung des Drogenkonsums dienen.

Das Modell der *systemisch* mit der Illegalität von Drogen verknüpften Gewalt besagt, dass die Illegalität soziale Strukturen hervorbringt, welche *Gewalt innerhalb der Drogenszene* begünstigen. Dies zum einen dadurch, dass die Abwesenheit staatlicher Regulierung zur Entstehung organisierter illegaler Handelsstrukturen führt, innerhalb derer Konflikte um Marktanteile und Vertriebskanäle gewaltsam ausgetragen werden. Zum anderen begünstigen Marginalität und Verelendung die Entstehung aggressiver Interaktionsmuster unter Abhängigen und Kleinhändlern, die sich etwa in Form von Messerstechereien, gegenseitiger Beraubung, Vergewaltigung abhängiger Frauen und ähnlichem äussern können. Während allerdings Gewaltformen wie Raub und Entreissdiebstahl relativ häufig polizeilich registriert werden dürften, muss bei systemischer Gewalt innerhalb der Drogenszene mit einer beträchtlichen Dunkelziffer gerechnet werden.

Es gibt bislang für die Schweiz kaum empirische Untersuchungen, die auf Individualebene eine präzisere Beurteilung des Verstärkungseffektes der Illegalität erlauben würden. Eine Ausnahme bildet die Untersuchung von Braun und Diekmann (1993) von 260 Drogenkonsumenten in der Berner Szene. Die Autoren kommen zum Schluss, dass die Wahrscheinlichkeit eines Beschaffungsdeliktes sowohl von der sozialen Integration der Konsumierenden wie auch von der Höhe des täglichen Geldbedarfs abhänge.[1]

Ausserdem ist es möglich, einige Abschätzungen der Überlappung zwischen Drogenabhängigkeit und Gewalt vorzunehmen. So können aus der elektronisch erfassten Strafurteilsstatistik der Schweiz all jene Fälle eruiert werden, bei denen es *gleichzeitig* zu einer Verurteilung wegen eines Verstosses gegen das Betäubungsmittelgesetz gekommen ist (vgl. Tabelle 10.1). Da hier nur gleichzeitig erfolgte Strafurteile gezählt werden, müssen die ermittelten Werte als Minimalschätzungen für die Überlappung zwischen Drogen- und Gewaltproblematik betrachtet werden. Die Daten zeigen, dass der Grad der Überlappung bei Raubdelikten mit rund 40 Prozent am höchsten ist. Bei den übrigen Gewaltdelikten kommt es in etwa 10 Prozent der Fälle gleichzeitig zu einem Urteil wegen Verstössen gegen das Betäubungsmittelgesetz. Bemerkenswert ist, dass sich der Grad der Überlappung über die beiden betrachteten Teilperioden 1980–87 und 1988–92 deutlich *verstärkt* hat. Dies mag als Hinweis auf eine wachsende systemische Gewalt innerhalb der Drogenszene noch vor den Jahren 1993 und 1994 interpretiert werden, in denen sich besonders in der Stadt Zürich die Lage so zuspitzte, dass in der offenen Drogenszene am ehemaligen Bahnhof Letten alleine 10 Tötungsdelikte registriert wurden (Härry, 1994).

Tabelle 10.1 *Strafurteile, bei denen gleichzeitig ein Verstoss gegen das Betäubungsmittelgesetz sanktioniert wurde, ganze Schweiz*

	Insgesamt	Teilperioden	
	1980–92	1980–87	1988–92
Tötungsdelikte	10,8 %	8,7 %	13,7 %
Körperverletzung	9,3 %	7,1 %	12,6 %
Raub	39,8 %	34,9 %	47,2 %
Nötigung	6,8 %	4,8 %	9,1 %
Drohung	13,5 %	10,2 %	17,7 %
Vergewaltigung/sexuelle Nötigung	7,8 %	6,5 %	9,6 %

Quelle: Eigene Berechnungen. Daten zur Verfügung gestellt vom Bundesamt für Statistik, Sektion Rechtswesen, besondere Auswertung.

Abbildung 10.2 *Drogentote und Raubüberfälle in der Stadt Zürich, 1970–1994*

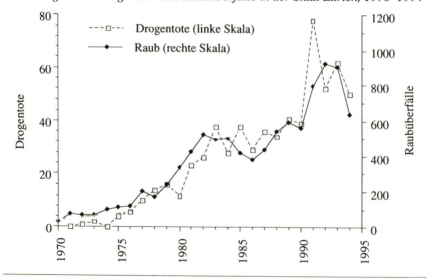

Anmerkung: Korrelation r = 0,940.
Quelle: Statistisches Jahrbuch der Stadt Zürich, verschiedene Jahrgänge.

Eine Vergleichsgrundlage bilden polizeiliche Angaben aus der Stadt Zürich, die zeigen, dass in den Jahren 1991 und 1992 rund die Hälfte aller polizeilich geklärten Raubüberfälle und 75 Prozent aller Entreissdiebstähle als Beschaffungsdelikte klassifiziert wurden (Hug, 1993). Insgesamt bestehen kaum Zweifel daran, dass marginalisierte Drogenabhängige die wichtigste identifizierbare soziale Gruppe bilden, welche als Täter bei Raubdelikten und Entreissdiebstählen in Erscheinung tritt (Grapendaal et al., 1995; Hirschfeld, 1995). Auf Aggregatsebene wird dieser enge Zusammenhang beispielsweise durch den nahezu identischen Trendverlauf der *Zahl der Drogentoten* – welcher gut die Entwicklung der Zahl von verelendeten und marginalisierten Drogenabhängigen widerspiegelt – und der *Raubüberfälle* in der Stadt Zürich verdeutlicht (vgl. Abbildung 10.2).

Offene Drogenszenen und Raubdelikte: Theoretische Modelle

Der Begriff »offene Drogenszene« entstammt dem politischen und journalistischen Sprachgebrauch und bezeichnet einen räumlich eng begrenzten öffentlichen Ort, wo grössere Personengruppen zwecks Handel und Konsum von zumeist harten illegalen Drogen (Opiate, Amphetamine und Kokain) zusammenkommen und die Existenz dieses Treffpunktes durch die politischen Instanzen über längere Zeiträume geduldet wird. Die Entstehung einer *offenen Drogenszene* ist das Ergebnis mehrerer zusammenwirkender Kräfte. Seitens der *Marktteilnehmer* (Käufer und Verkäufer illegaler Drogen) besteht infolge der durch die Prohibitionspolitik gegebenen geringen Markttransparenz ein andauernder hoher Anreiz zur räumlichen Konzentration, da an zentralen Orten die für Schwarzmärkte typischen Probleme der Informationsbeschaffung und Markterschliessung (= Transaktionskosten) einfacher gelöst werden können. Die Entstehung von grösseren zentralen Märkten im öffentlichen Raum der Städte und ihre konkrete Lokalisierung innerhalb des urbanen Raumes hingegen ist eine Folge von *Entscheidungsprozessen politischer Akteure,* die durch verschiedenste Motive (z.B. polizeiliche Ressourcen, gesundheitspolitische Zielsetzungen, Ausmass des Widerstandes seitens der Wohnbevölkerung) begründet sein mögen.

Für den Zusammenhang zwischen der Existenz einer offenen Drogenszene in einer Stadt und dem Ausmass an Beschaffungskriminalität können wir heuristisch drei Grundmodelle unterscheiden. Sie differieren hinsichtlich der Annahmen, die in Bezug auf die Art und Richtung, die bezüglich der *Aggregatseffekte* von offenen Drogenszenen gemacht werden.

Das *erste Modell* postuliert, dass eine offene Drogenszene keine Nettoeffekte auf das Ausmass von Delinquenz habe, sondern sich ihre Auswirkungen darauf beschränken, räumliche Verlagerungen von Delikten dorthin zu bewirken, wo sich die Drogenabhängigen wegen der niedrigeren Preise und der grösseren Markttransparenz vorwiegend aufhalten. Je nach geographischer Mobilität der Drogenabhängigen sind solche Umlagerungen grossräumig (z.B. innerhalb der ganzen Schweiz) oder kleinräumig (z.b. zwischen verschiedenen Stadtteilen) zu erwarten. Ein solches Modell kann als eine Variante der in der angelsächsischen Forschung als »displacement theory« bekannten These aufgefasst werden, dass lokale Präventionsmassnahmen und Veränderungen der Gelegenheitsstruktur ausschliesslich zu Verlagerungseffekten führen (Cornish und Clarke, 1986; 1987; Niggli, 1994).

Ein *zweites Modell* basiert auf der Annahme, dass eine »offene Drogenszene« positive (im Sinne einer absoluten Zunahme der Delikte) Aggregatseffekte habe, welche über reine Verlagerungseffekte hinausgehen. Vier Argumente können einen solchen Aggregatseffekt begründen. Erstens kann man annehmen, dass durch die Existenz einer offenen Szene die Schwelle für Neueinsteiger niedriger gelegt wird und der Konsum pro Person durch den besseren Marktzugang steigt, so dass die Zahl der motivierten potentiellen Täter wächst. Zweitens ist zu vermuten, dass offene Szenen für die Konsumierenden eine geschlossene Lebenswelt bieten und daher Prozesse der sozialen Desintegration verstärken. Drittens ist aus gelegenheitstheoretischer Perspektive hervorzuheben, dass im Umfeld offener Szenen Hehlermärkte entstehen, die den Verlauf gestohlener Güter erleichtern. Viertens kann vermutet werden, dass sich in einer offenen Szene die Konflikte um Marktanteile zwischen rivalisierenden Gruppen verstärken, so dass ein allgemeines Milieu von Gewalt entsteht.

Schliesslich lässt sich ein *drittes Modell* vertreten, welches negative (im Sinne einer absoluten Abnahme der Delikte) Aggregatseffekte von »offenen Drogenszenen« postuliert. Ein zentrales Element dieser Argumentation ist der *Preismechanismus*. Soweit in einem offenen Drogenmarkt Drogen in besserer Qualität zu niedrigeren Preisen angeboten werden (was allerdings nicht notwendigerweise der Fall sein muss), nimmt der tägliche Geldbedarf der Drogensüchtigen ab und sie sind weniger gezwungen, sich durch Beschaffungsdelikte die notwendigen Ressourcen zu beschaffen. Zudem sind die Drogensüchtigen in einer stabilen offenen Szene einem geringeren »Stress« ausgesetzt, sind besser für soziale und gesundheitliche Interventionen erreichbar und daher eher zu einem Therapieprogramm motivierbar. Eine offene Drogenszene sollte gemäss dieser Argumentation über einen längeren Zeitraum eher dahin wirken, dass die Gesamtzahl der sozial desintegrierten Drogensüchtigen abnimmt und damit auch das Ausmass der Beschaffungsdelinquenz sinkt.

10.2 Raub im Umfeld der offenen Drogenszene

Im Gegensatz zum Begriff der »offenen Drogenszene« wurzelt der Begriff der »Scene« sowie die Entstehung der dazugehörigen jugendlichen Subkultur in den Protestbewegungen der späten 60er Jahre. So bildeten in der zweiten Hälfte der 60er Jahre »Gammler« und »Hippies« von den USA übernommene Ausdrucksformen einer Lebensweise, die im Protest gegen die Industrie- und Konsumgesellschaft ein gemeinsames Ziel fand (vgl. Gerdes und Wolffersdorff-Ehlert, 1974; Renggli und Tanner, 1994). Hierbei war das gemeinschaftliche Treffen in Parkanlagen oder an Plätzen, verbunden mit Konsum und Produktion von Musik, dem Verkauf alternativer Produkte und einer vom Protest gegen die hektische Leistungsgesellschaft getragenen Müssigkeit ein wichtiges identitätsstiftendes Verhaltensmuster. Der demonstrative Konsum von Haschisch oder anderen illegalen Drogen war nur eine von mehreren identitätsstiftenden Aktivitäten.

In Zürich hat sich diese Verhaltensform am ausgeprägtesten an der »*Riviera*«, einer Treppenanlage an der Limmat entwickelt. Im Verlauf der 70er Jahre kam es dann zu einer allmählichen Differenzierung verschiedener Subgruppen, unter denen die Bildung einer weitgehend auf den Handel und Konsum von harten Drogen spezialisierten *harten Drogenszene* das für uns wichtigste Element bildete. Als Folge davon konstituierte sich in Zürich um 1977 erstmals eine räumlich abgegrenzte offene harte Drogenszene auf dem *Hirschenplatz*. Eine entscheidende Veränderung ergab sich jedoch erst in Zusammenhang mit der *zweiten Eröffnung des Autonomen Jugendzentrums* (AJZ) im April 1981. Sowohl aus der Sicht der Polizeiinstanzen wie auch aus der Perspektive der damaligen Benutzer des AJZ dominierte zunehmend eine sozial marginalisierte, politisch inaktive und von organisierten Händlerringen belieferte harte Drogenszene das dortige Geschehen. Manifester Ausdruck dieser Verlagerung war die erstmalige Existenz eines »Fixerstübli«, das als faktisch der Polizeikontrolle entzogener Raum noch während Jahren die städtische Drogenpolitik traumatisierte.

Nach der Schliessung des AJZ im März 1982 verlagerte sich diese Szene zunächst wieder an die *Riviera*, wo sie ungefähr während eines Jahres von den politischen Instanzen weitgehend geduldet wurde. Bereits damals wurde festgestellt, dass die offene Drogenszene einen erheblichen Zustrom von Drogenkonsumierenden nach sich zog. Nur rund ein Drittel der an der »Riviera« polizeilich registrierten Personen wohnte in der Stadt Zürich. Im Frühjahr 1983 begann dann eine bis zum Herbst 1987 andauernde Phase, in der mit dem Ziel einer Auflösung der offenen Drogenszene die Umschlagplätze in rascher Folge an die verschiedensten Plätze der Stadt getrieben wurden. Als Folge dieser Politik gab es während dieser Periode kaum eine öffentlich sichtbare Drogenszene. Erst im Sommer und Herbst 1987 verschob sich der Handel mit harten Drogen in den Bereich des *Jugendhauses Drahtschmidli*.

Tabelle 10.2   Verlagerungen und Veränderungen der Drogenszene in der Stadt Zürich, 1980-1995[2]

bis Juni '80	Seit den 70er Jahren kleine Drogenszenen mit Polizeikontrollen am »Hirschenplatz« und »Riviera«.
Juni-Sept. '80	Teilweise Verlagerung der Drogenszene ins »AJZ« (Autonomes Jugendzentrum).
April '81-März '82	Drogenszene im Umfeld des neu eröffneten AJZ, erster Fixerraum.
Juni '82-März '83	Grössere offene Drogenszene an der »Riviera«.
März '83-Herbst '87	Zeitweise bilden sich kleinere Drogenszenen am »Bellevue« (Winter 83/84), auf dem Hirschenplatz (Sommer 1985) und im Umfeld des Platzspitz (ab Herbst '86). Kontinuierliche Polizeikontrollen und Auflösungstaktik seitens der Polizei.
Okt. '87-Feb. '92	Offene Drogenszene am Platzspitz. Massives Wachstum der Szene im Winter 88/89. Zeitweise (Spätsommer '89, ab Juli '91) intensivere Polizeikontrollen.
Feb. '92	Auflösung der offenen Drogenszene auf dem Platzspitz, Preissturz für Heroin und Kokain.
April '92-Jan. '95	Zuerst kleine, ab 1993 strk vergrösserte offene Drogenszene am ehemaligen Bahnhof Letten.
ab Jan. '95	Auflösung der offenen Drogenszene, unterstützt durch Heroinabgabeprojekte. Stark reduzierter Strassenhandel in einzelnen Stadtkreisen.

Anmerkung: Der »Hirschenplatz« ist ein Platz im Zentrum der Altstadt, »Riviera«, »Stadelhoferplatz« und »Bellevue« sind in der Nähe des Sees gelegene Orte. Der »Platzspitz« ist eine unmittelbar hinter dem Hauptbahnhof situierte Parkanlage und durch einen Steg vom Jugendhaus »Drahtschmidli« getrennt. Der stillgelegte Bahnhof Letten liegt im ehemals industriell geprägten Stadtkreis 5.

Nach dessen Schliessung verlagerte sich die Drogenszene gegen Ende 1987 vollständig in die benachbarte Parkanlage *»Platzspitz«*, wo sie dann für die folgenden vier Jahre blieb. Die damalige Abkehr von der während vier Jahren betriebenen Vertreibungstaktik und das Tolerieren des Phänomens *Platzspitz* war in erster Linie Ausdruck eines drogenpolitischen Kompromisses, im Rahmen dessen dem Ziel der »Überlebenshilfe« erstmals Bedeutung zugemessen wurde (Eisner, 1991).

Zwischen 1988 und 1992 war der »Platzspitz« mit täglich zwischen 700 und 2 500 Konsumierenden eine der grössten offenen Szenen in der westlichen Welt (Grob, 1992: 48f). Verschiedene Angaben zeigen, dass rund 20 Prozent der Konsumierenden den Wohnsitz in der Stadt Zürich hatten. Weitere rund 30 Prozent stammten aus dem übrigen Kantonsgebiet, während etwa die Hälfte der Szenenbesucher aus den übrigen Schweizer Kantonen und den benachbarten Staaten kamen (Neue Zürcher Zeitung, 4.8.1989: 46; 24.8.1989: 53; vgl. auch Tabelle 10.3 unten).[3]

Anfangs Februar 1992 manifestierte sich mit der polizeilichen Schliessung des »Platzspitzes« eine im Herbst 1991 eingeleitete Wende in den drogenpolitischen Zielsetzungen der Stadtbehörden. Nach erfolglosen Versuchen, die Bildung von neuen Szenen zu verhindern, wurde im Frühsommer 1992 beschlossen, kurzfristig eine kleine offene Szene am stillgelegten Bahnhof »Letten« zu tolerieren (vgl. Neue Zürcher Zeitung, 22.5.1993: 51). Allerdings vergrösserte sich die offene Szene am Bahnhof Letten rasch und stieg 1993 auf rund 3 000 tägliche Besucher an. Ein wichtiger Grund hierfür war, dass infolge des Auftretens neuer Händlergruppen die Heroinpreise von sfr. 400–600 vor der Schliessung des »Platzspitz« auf rund sfr. 100–150 sanken. Einzelne polizeiliche Schätzungen ergaben, dass zeitweise nur rund 8 Prozent der Süchtigen Wohnsitz in der Stadt Zürich hatten, während deutlich über 50 Prozent aus allen Schweizer Kantonen ausserhalb des Kantons Zürich stammten (vgl. Neue Zürcher Zeitung, 22.5.1993: 51). Im Januar 1995 erfolgte dann die polizeiliche Auflösung der Drogenszene am Bahnhof Letten, wobei ein Teil der Schwerstabhängigen in den breit angelegten Heroinabgabeprojekten aufgefangen werden konnte.

Raub und Entreissdiebstahl; die Entwicklung von 1980 bis 1995

Um die drei oben formulierten Modellannahmen gegeneinander abzuwägen, ziehe ich im folgenden Daten aus der Kriminalstatistik des Kantons Zürich heran und analysiere sie vor dem Hintergrund der eben skizzierten Geschichte drogenpolitischer Strategien. Ich beschränke mich auf die bei den Polizeistellen eingegangenen Anzeigen für zwei Formen von Straftaten: *Entreissdiebstähle* und *Raubüberfälle*. Betrachtet man zunächst die jährliche Entwicklung der beiden hier untersuchten Deliktformen über den Beobachtungszeitraum (vgl. Abbildung 10.3), so lassen sich zwei Auffälligkeiten kommentieren.

Abbildung 10.3 Polizeilich registrierte Straftaten im Kanton Zürich, Entreissdiebstahl und Raub, 1980 bis 1995

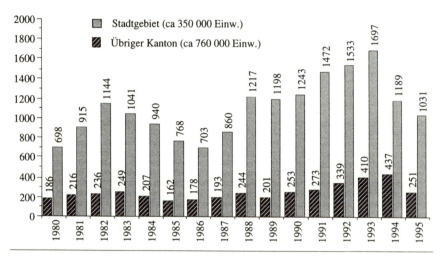

Quelle: Kriminalstatistik des Kantons Zürich, verschiedene Jahrgänge.

Erstens lassen sich ausgeprägte Wellenbewegungen bei gleichzeitig ansteigendem Trend feststellen. Auf einem Anstieg der registrierten Delikthäufigkeiten bis 1984 folgte eine Periode sinkender Häufigkeiten bis 1986. Ein zweites Maximum kann 1993 beobachtet werden, das wiederum von rasch sinkender Delikthäufigkeit in den beiden Folgejahren abgelöst wird.

Ein zweites auffallendes Muster ist die massive *Konzentration* der begangenen Straftaten auf das Gebiet der Stadt Zürich. Je nach Jahr und Deliktart wurden zwischen 77 und 91 Prozent aller im Kanton Zürich registrierten Straftaten in diesem Bereich auf dem Gebiet der Stadt Zürich begangen. Da nur etwa 30 Prozent aller Bewohner des Kantons innerhalb der Stadtgrenzen wohnen, ergibt sich hieraus in der Stadt eine rund 20mal höhere Delinquenzbelastung als im übrigen Kantonsgebiet.

Die Annahme, dass diese Konzentration mit der Sogwirkung der städtischen Drogenszene und hieraus resultierender räumlicher Mobilität steht, kann durch weitere empirische Belege unterstützt werden. Seit 1988 werden in der zürcherischen Kriminalstatistik Daten über die Wohnorte der im Kanton Zürich polizeilich festgestellten Täter zum Tatzeitpunkt publiziert. Diese Daten sind für die uns interessierenden Deliktformen in Tabelle 10.3 zusammengestellt.

Tabelle 10.3   *Wohnsitz von polizeilich identifizierten Straftätern zur Strafzeit, Kanton Zürich, 1988–1993*

	Delikt		
Wohnsitz	Betäubungsmittel-delikte	Entreissdiebstahl	Raub
Stadt Zürich	18,2 %	21,4 %	26,8 %
Übriger Kanton	35,1 %	38,7 %	36,2 %
Anderer Kanton	25,0 %	22,3 %	17,0 %
Ausland oder ohne festen Wohnsitz	21,7 %	17,5 %	19,9 %

Quelle: Kriminalstatistik des Kantons Zürich, 1988–1993.

Sie zeigen eine Verteilung, die in starkem Gegensatz zu Befunden kriminologischer Untersuchungen über Tätermobilität in anderen Städten steht (Baldwin und Bottoms, 1976; Phillips, 1980; Wikström, 1991). Während die meisten derartigen Studien in den USA und in Europa zum Schluss kommen, dass Straftaten fast immer im näheren Umfeld des Wohnortes begangen werden (räumliche Mobilität < 2 Kilometer), weisen die Zürcher Befunde auf ein erhebliches Ausmass an Mobilität hin. Nur rund ein Viertel der polizeilich identifizierten Täter hatte zur Tatzeit den Wohnsitz in der Stadt Zürich. Hingegen gaben rund 40 Prozent der Täter an, zur Tatzeit entweder in einem anderen Kanton oder im Ausland wohnhaft gewesen zu sein. Selbst wenn alle in der Stadt Zürich wohnhaften Täter ihre Delikte in der Stadt begangen haben (was mangels weiter differenzierter Daten nicht eruiert werden kann), wurden rund 70 Prozent aller räuberischen Delikte auf städtischem Gebiet von Personen begangen, die nicht in der Stadt Zürich wohnen.[4] Die These, dass diese Tätermobilität in Zusammenhang mit der Attraktivität der Zürcher Drogenszene steht, ist zwar nicht bis in Einzelheiten lückenlos nachweisbar, muss jedoch als äusserst plausibel angenommen werden.

Wie aus Abbildung 10.4 hervorgeht, ist Strassenraub aber nicht nur im Vergleich zwischen Stadt und Land, sondern auch innerhalb der Stadt ausserordentlich stark räumlich konzentriert.

Abbildung 10.4 Polizeilich registrierte Raubüberfälle und Entreissdiebstähle in den Stadtkreisen Zürichs, 1981 – 1991

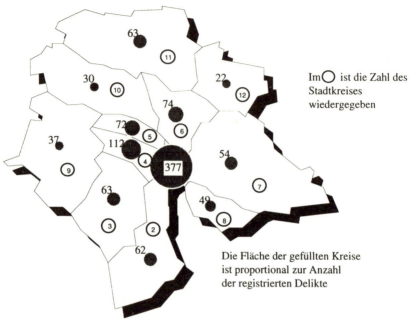

Quelle: Eigene Berechnungen aufgrund der Kriminalstatistik des Kantons Zürich.

So wird deutlich, dass sich innerhalb des Stadtgebietes die überwiegende Mehrzahl der Ereignisse auf das *Stadtzentrum* (Stadtkreis 1 = 37 Prozent aller Delikte) und die angrenzenden Quartiere konzentriert. Dies entspricht den Befunden für die Stadt Basel (vgl. Kapitel 6, S. 139f) und zeigt, welche grosse Bedeutung der hohen Dichte potentieller Opfer sowie der Anonymität im weitgehend entvölkerten Stadtkern für das Verständnis dieser Delikte zukommt.

Eine Analyse der Daten im zeitlichen Verlauf macht zudem *Verlagerungen der Häufigkeit von Raub und Entreissdiebstahl zwischen den 12 Stadtkreisen* deutlich (vgl. Abbildung 10.5). So stieg in der Zeit zwischen 1980 und 1983 – als die Drogenszene sich in den Raum Bellevue-Stadelhofen-Seepromenade verschob –, der Indexwert der registrierten Raubüberfälle und Entreissdiebstähle in den angrenzenden Stadtkreisen 7 und 8 von 100 auf annähernd 280. Diese Zunahme entspricht in etwa dem Doppelten der Zunahme im ganzen Stadtgebiet während jener Periode. Umgekehrt ist beobachtbar, wie nach 1987 die weit

Städtische Drogenmärkte und Strassenraub

stärkste Zunahme in jenen Stadtkreisen erfolgte, welche direkt in der Nachbarschaft des »Platzspitz« und des ehemaligen Bahnhofs »Letten« liegen.

Abbildung 10.5 **Entwicklung von Raub und Entreissdiebstahl in zwei Teilgebieten der Stadt Zürich, auf den Stand 1980 = 100 indexiert**

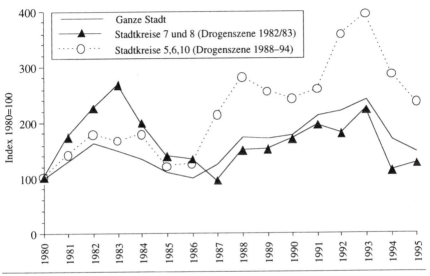

Quelle: Eigene Berechnungen aufgrund der Kriminalstatistik des Kantons Zürich

Trotz dieses Verlagerungseffektes bestehen jedoch keine Hinweise darauf, dass hieraus gesamtschweizerisch ein Nullsummenspiel resultiert. Vielmehr sind die gesamtschweizerischen Häufigkeiten von Raub und Entreissdiebstahl – in allerdings abgeschwächtem Ausmass – der Entwicklung in der Stadt Zürich gefolgt.

10.3 Zusammenfassende statistische Analysen

Vor dem Hintergrund dieser illustrativen Daten soll im folgenden die Frage nach den Effekten offener Drogenszenen mit Hilfe statistischer Modelle genauer untersucht werden. Sie kann unter anderem deshalb für den Raum Zürich genauer betrachtet werden, weil die polizeiliche Kriminalstatistik des Kantons Zürich monatliche Zahlen der angezeigten Raubüberfälle und Entreissdiebstähle ausweist, welche ein recht präzises Bild des zeitlichen Ablaufes der Delikthäufigkeit vermitteln (vgl. Abbildung 10.6).

Abbildung 10.6   Monatliche Zahl der Entreissdiebstähle und Raubüberfälle in der Stadt Zürich und Phasen der offenen Drogenszene

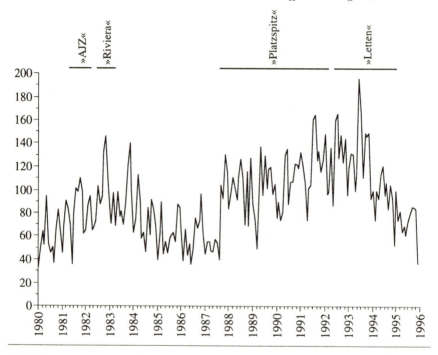

Quelle: Daten zur Verfügung gestellt durch die Kriminalpolizei des Kantons Zürich. Periodisierung »Tolerierung offener Drogenszene«: April '81–März '82, Juni '82–März '83, Sept. '87–Jan '92, April '92–Feb '95.

Die Daten zeigen neben der bereits oben angesprochenen langfristigen Wellenbewegung ein recht grosses Ausmass an monatlichen Schwankungen, wobei sich das Maximum von den Herbstmonaten Oktober/November (bis ca. 1987) in die Sommermonate Juni bis August (ab 1988) verlagert.[5] Zusätzlich zur Verlaufskurve der Delikte sind im oberen Teil der Graphik jene Perioden eingetragen, während derer in der Stadt Zürich grössere offene Drogenszenen bestanden. Die Periodisierung orientiert sich an zentralen politischen Entscheiden und beruht auf einer detaillierten Auswertung von rund 300 Zeitungstexten zur Drogenpolitik in der Stadt Zürich.

Aufgrund des visuellen Eindrucks liegt die These nahe, dass in Phasen mit einer Tolerierung offener Drogenszenen das Niveau von Raubüberfällen und Entreissdiebstählen deutlich höher liegt, als in Phasen, in denen versucht wird, offene Szenen zu verhindern. Dieser visuelle Eindruck soll mit Hilfe *zeitreihenanalytischer Verfahren* überprüft werden. Hierbei folge ich der von Box und Jenkins (1976) und Box und Tiao (1975) vorgeschlagenen Technik der Analyse von Interventionseffekten mit Hilfe von sogenannten ARIMA-Modellen (McCleary und Hay, 1980). Diese Technik beruht auf der Annahme, dass Kausalitäten zwischen Zeitreihen nur dann anzunehmen sind, wenn zufällig auftretende Impulse seitens der erklärenden Variablen zu einem entsprechenden Verhalten seitens der abhängigen Variablen führen (Granger, 1969). Um die Existenz eines solchen Zusammenhanges zu überprüfen, ist zunächst das endogene Verhalten der abhängigen Variablen so zu modellieren, dass deren Residuen zu einem stochastischen Prozess werden, in einem zweiten Schritt zu überprüfen, ob sich in der Kreuzkorrelationsfunktion zwischen einer Interventionsvariablen und dem »weissen Rauschen« kausale Effekte nachweisen lassen und schliesslich ein Gesamtmodell zu spezifizieren, in dem sowohl die im ersten Schritt identifizierte endogene Dynamik wie auch der Interventionseffekt gleichzeitig geschätzt werden.

Die Überprüfung verschiedener univariater Modellierungen der Zeitreihe der Raubüberfälle und Entreissdiebstähle zeigt, dass zu einer guten Anpassung der Daten ein Prozess angenommen werden muss, der in der üblichen Notation von ARIMA-Modellen als $(1,0,1) \times (1,0,0)_{12}$ Prozess über die logarithmierten Werte bezeichnet werden kann. Die Zeitreihe weist also sowohl einen gemischten ARMA-Prozess wie auch einen saisonalen autoregressiven Prozess auf. Die Kreuzkorrelationsfunktion zwischen den Residuen dieses Prozesses und der Dummy-Variablen »offene Drogenszene« zeigt einen deutlichen Ausschlag bei Gleichzeitigkeit der beiden Datenreihen. Es wird daher in einem dritten Schritt ein Interventionsmodell mit der Variablen »offene Drogenszene« als Prädiktorvariable geschätzt (vgl. Tabelle 10.4). Das Ergebnis zeigt einen statistisch hoch signifikanten Effekt der Interventionsvariablen auf die Häufigkeit von Raub und Entreissdiebstahl.[6]

Tabelle 10.4 Interventionsmodell für Effekt einer »offenen Drogenszene« auf die Häufigkeit von Raub und Entreissdiebstahl, 1980–1995

(logarithmierte Daten)

	Univariate Modellierung		Interventionsmodell	
	B	|T|	B	|T|
AR(1)-Prozess	0,94	31,14**	0,48	2,93**
MA(1)-Prozess	0,69	9,47**	0,11	0,61**
AR(1)$_{12}$-Prozess	0,32	4,38**	0,32	4,49**
Dummy »Szene«	– –	– –	0,40	6,74**
Konstante	4,36	30,70**	4,21	78,38**
Log-Likelihood	–14,52		–4,07	
N =	(192)		(192)	

Eine Analyse von zeit- und raumabhängigen Effekten

Ich schliesse diese Analysen mit einem zusammenfassenden Modell der Determinanten von Raubüberfällen und Entreissdiebstählen in den Zürcher Stadtkreisen ab. Dieses Modell enthält sowohl Effekte, die von Veränderungen der Drogenproblematik über die Zeit ausgehen, wie auch Effekte, die durch unterschiedliche Merkmale der Stadtkreise erzeugt werden.

Die *abhängige* Variable in diesem Modell bildet die jährliche absolute Zahl der Raubüberfälle und Entreissdiebstähle in jedem der zwölf Stadtkreise über die Jahre 1980–1993. Es sind also 168 Beobachtungen verfügbar, welche die Dynamik von raubähnlichen Delikten in der Stadt Zürich messen. Die Daten werden als *absolute* Häufigkeiten verwendet. Der Grund für diese Strategie ist zum einen, dass die Wohnbevölkerung zumindest für die zentrumsnahen Gebiete mit Sicherheit keine adäquate Bezugsgrösse zur Berechnung von Delinquenzraten bildet. Zum anderen ist es gerade ein Ziel des Modells, die Frage zu überprüfen, welche Einflussfaktoren die absolute Zahl von Delikten in einem Kontext beeinflussen.

Die *erklärenden Modellvariablen*, welche in der folgenden Analyse berücksichtigt werden, können danach unterschieden werden, ob sie *zeitabhängige* Effekte oder *raumabhängige* Effekte oder beides modellieren.

Ich schliesse drei Variablen ein, die reine Zeiteffekte beinhalten, also nur über die Zeit, aber nicht zwischen den Raumeinheiten variieren. Diese Variablen sind:

1. Die Zahl der *Gestorbenen wegen Drogenkonsums in der Stadt Zürich* als ein Indikator für die Zahl verelendeter Drogenabhängiger, der – im Gegensatz zu Daten etwa der Polizeilichen Kriminalstatistik – (methodisch) unabhängig ist von der Aktivität der Sanktionsinstanzen.
2. Ein Indikator der *Entwicklung der Preise für ein Gramm Heroin* im Endverkauf. Dieser Indikator basiert auf einer Zusammenstellung von Angaben aus verschiedenen Informationsquellen (Ammann, 1995; Bundesamt für Gesundheitswesen, 1991; Fahrenkrug et al., 1995; Sonderegger, 1994). Naturgemäss sind solche Preisreihen relativ ungenaue Schätzungen, zumal die Reinheit des Heroins im Endverkauf enorm variieren kann und sich die Preise je nach Marktlage, gekaufter Menge und Kontakten zu Kleinhändlern unterscheiden.[7] Die verwendeten mittleren Preisschätzungen sind in Tabelle 10.5 wiedergegeben.

Tabelle 10.5   Preisentwicklung für ein Gramm Heroin im Endverkauf

Jahr	Preis	Jahr	Preis	Jahr	Preis
1980	550.-	1985	500.-	1990	400.-
1981	600.-	1986	500.-	1991	350.-
1982	550.-	1987	500.-	1992	150.-[a]
1983	500.-	1988	400.-	1993	150.-
1984	500.-	1989	400.-	1994	100.-

a Von sfr. 400.- fiel der Preis 1992 zeitweise auf unter sfr. 50.-.

Für die statistische Weiterverarbeitung werden diese Daten zusätzlich mit dem Landesindex der Konsumentenpreise deflationiert. Hieraus ergibt sich, dass die realen Preise über den Beobachtungszeitraum um rund 85 Prozent (von sfr. 600.- auf sfr 100.-) gesunken sind.

3. Eine Dummy-Variable für die *Existenz einer offenen Drogenszene* in der Stadt Zürich. Auf der Basis der obigen Skizze der Entwicklung der Drogenproblematik hat sie den Wert 1 für die Jahre 1982 und 1983 sowie die Jahre 1988–93 und den Wert 0 für die übrigen Jahre.

Drei Variablen werden verwendet, um raumabhängige Effekte zu messen. Diese Variablen sind.

1. Die mittlere Wohnbevölkerung der Stadtkreise (Durchschnitt der Jahre 1980–93).

2. Die *Zahl der Beschäftigten* in den Stadtkreisen im Jahr 1985. Diese Variable interpretiere ich gelegenheitstheoretisch als Indikator für die Zentrumsfunktion eines Stadtkreises und damit auch der Zahl potentieller Opfer im öffentlichen Raum.
3. Die *mittlere Haushaltungsgrösse der Stadtkreise*. Diese Variable interpretiere ich als Indikator für die soziale Kohäsion und damit das Ausmass von sozialer Kontrolle, das in einem räumlichen Kontext ausgeübt wird.

Eine *letzte Variable* enthält sowohl raum- wie auch zeitspezifische Informationen und dient dazu, die Verlagerungen der offenen Drogenszenen innerhalb der Stadt Zürich zu messen. Sie ist als Dummy-Variable konzipiert und erhält den Wert 1 für jene Stadtkreise, die in der jeweiligen drogenpolitischen Phase eine offene Drogenszene beherbergten oder unmittelbar daran angrenzten.

Methode

Die Verwendung einer Datenmatrix, welche räumlich geordnete Daten über einen Zeitraum enthält, führt zu einem Untersuchungsdesign, das als »Pooled Regression Design« bekannt ist (Sayrs, 1988). Bei solchen Untersuchungsdesigns sind üblicherweise einfache »Ordinary-Least-Square« Schätzverfahren nicht angebracht. Erste Analysen des Datensatzes mit OLS-Regressionen zeigten denn auch sowohl *Autokorrelation* (Korrelation der Residuen über die Zeit) wie auch *Heteroskedastizität* (Abhängigkeit der Varianz der Residuen von Messniveaus der erklärenden Variablen). Die folgenden Modelle wurden daher mit einem »Generalized-Least-Square« Verfahren unter Einschluss eines autoregressiven Prozesses im Fehlerterm berechnet. Die stark schiefverteilten Variablen »Zahl der Raubdelikte«, »Beschäftigte« und »Wohnbevölkerung« wurden zudem durch Logarithmierung transformiert, was zu annähernd normalen Verteilungen führt. Die Residuen der angepassten Modelle wurden sowohl graphisch wie auch aufgrund der üblichen Kennwerte überprüft. Sie zeigen, dass durch das gewählte Regressionsverfahren eine gute Anpassung der Daten erreicht wurde.

Ergebnisse

Tabelle 10.6 zeigt die Ergebnisse der Analysen. Da aufgrund der räumlichen Verteilung der Raubüberfälle und Entreissdiebstähle auf die Stadtkreise bekannt war, dass sich ein überaus grosser Teil dieser Delikte im Stadtzentrum ereignet, wurde das Modell sowohl mit als auch ohne diesen Stadtteil gerechnet.

Tabelle 10.6 Determinanten der Raubüberfälle und Entreissdiebstähle in den Stadtkreisen von Zürich, 1980–1993 (GLS-Regression mit und ohne Einschluss des Stadtzentrums)

	Modell 1 (Alle Stadtkreise)			Modell 2 (Ohne Stadtzentrum)		
	B	β	|T|	B	β	|T|
Reine Zeiteffekte						
1. Drogentote	0,0065**	0,21	3,94	0,0064**	0,23	3,63
2. Heroinpreise	–0,00099**	–0,22	4,07	–0,00096**	–0,23	3,63
3. Offene Drogenszene (1=ja)	0,24**	0,22	3,78	0,26**	0,26	3,97
Reine Raumeffekte						
1. Wohnbevölkerung	–0,21(n.s.)	0,13	1,60	–0,03(n.s.)	–0,02	0,84
2. Beschäftigte	0,51**	0,31	5,36	0,44**	0,30	4,62
3. Haushaltungsgrösse	–1,79**	–0,23	2,85	–1,21+	–0,13	1,94
Kombinierte Effekte						
4. Lokale Drogenszene	0,18*	0,11	1,89	0,26*	0,14	2,28
Konstante	4,42**		3,05	2,18		1,38
Erklärte Varianz	62,4 %			53,2 %		
N =	(168)			(154)		
Durbin-Watson	2,21			2,23		

Signifikanzen: + < 0,10; * < 0,05; ** < 0,01.

Die Ergebnisse der Modellanpassung können wie folgt interpretiert werden. Die Entwicklung der Raubüberfälle in den Stadtkreisen über die beobachteten Zeitpunkte hinweg ist entsprechend den Erwartungen sowohl durch die Zahl der marginalisierten Drogenabhängigen (geschätzt durch die Zahl der Drogentoten auf Stadtgebiet) wie auch durch die Existenz einer offenen Drogenszene beeinflusst. Hingegen widerspricht meinen Erwartungen, dass zwischen der Entwicklung der Heroinpreise und der Zahl der räuberischen Delikte ein *negativer* Zusammenhang besteht. Dies mag ein Hinweis darauf sein, dass bei einem lokalen Preissturz – wie er sich in Zürich im Winter 1992 ereignet hat – die Sogeffekte durch räumliche Preisdisparitäten stärker sind als die Effekte, die von einem geringeren Geldbedarf pro drogenabhängige Person ausgehen. Jedenfalls muss festgehalten werden, dass dieser Befund auf Aggregatsebene nicht mit den Ergebnissen einer Reihe von Studien zum Zusammenhang zwischen Geldbedarf und Beschaffungsdelinquenz auf Individualebene übereinstimmt (Braun und Diekmann, 1993; Seidenberg, 1995).

Im Vergleich zwischen den Stadtkreisen zeigt sich ein starker *Effekt der Beschäftigtenzahl* auf die Häufigkeit von Raubdelikten. Dies entspricht der gelegenheitstheoretischen Argumentation, welche postuliert, dass sich Raubdelikte vor allem dort ereignen, wo infolge einer grossen Zahl von potentiellen Opfern auf offener Strasse gute Gelegenheiten bestehen. Zudem zeigt sich aber, dass die Zahl der Personen, die sich tagsüber in einem Stadtteil aufhalten, nicht die alleinige Determinante für die räumliche Verteilung von räuberischen Delikten ist. Der negative Effekt der Haushaltungsgrösse besagt, dass sich in Stadtkreisen mit einem hohen Anteil von Familien weniger Delikte ereignen als in solchen, in denen Einpersonenhaushalte vorherrschen. Dieses Ergebnis deutet an, dass das *Ausmass von sozialer Kontrolle* Auswirkungen auf die hier betrachteten Delikte hat. Hingegen zeigt sich, dass die Bevölkerungszahl eines Kontextes in keinem Zusammenhang mit der Zahl der registrierten Raubüberfälle und Entreissdiebstähle steht. Dies macht deutlich, dass bei kleinräumigen Analysen die Wohnbevölkerung eine völlig unzureichende Bezugsgrösse für die Berechnung von Delinquenzraten ist. Schliesslich bestätigt sich in der multivariaten Analyse die Vermutung, dass die räumliche Verteilung von Raubdelikten über die Zeit den *Verlagerungen der offenen Drogenszene* folgt.

Die gefundenen empirischen Muster stützen die Vermutung, dass für den Zusammenhang zwischen einer lokalen offenen Szene für harte Drogen und dem Ausmass an Beschaffungskriminalität das pessimistische Modell gilt. Die Auswirkungen offener Drogenszenen beschränken sich nicht auf reine Verlagerungseffekte. Dieser Befund entspricht ähnlichen Erfahrungen in anderen europäischen Städten wie Amsterdam und Frankfurt (Biedermann, 1993). Vieles spricht dafür, dass das von verschiedenen Deutschschweizer Städten während mehrerer Jahre praktizierte drogenpolitische Modell zumindest aus kriminologischer Sicht als *kostspielig* eingestuft werden muss. Ob dessen Auswirkungen etwa in epidemiologischer Sicht (AIDS-Prävention) oder suchtpräventiver Sicht anders zu beurteilen sind, ist hiermit natürlich nicht beantwortet. An dieser Stelle soll nur darauf hingewiesen werden, dass sich drogenpolitische Strategien – wie natürlich politische Strategien überhaupt – notwendigerweise immer an mehreren Zielen ausrichten müssen, die nicht immer in gleicher Weise realisiert werden können und deren Folgen mitunter zueinander in einem Konfliktverhältnis stehen können.

10.4 Fazit

Bereits kurz nach der beginnenden Verbreitung illegaler psychoaktiver Substanzen in den späten 60er Jahren wurde deutlich, dass eine Teilgruppe von Konsumierenden schwere Formen von Abhängigkeit entwickelte, die mit Prozessen der Marginalisierung und sozialen Desintegration einhergingen. Dabei spricht einiges dafür, dass zwar nicht für Drogenkonsum insgesamt, aber für die Wahrscheinlichkeit von physischer Abhängigkeit mitsamt ihren Nebenfolgen *mangelnde Fähigkeiten der Selbststeuerung und Probleme der Bildung von stabiler Identität* eine entscheidende Rolle spielen. Man kann daher annehmen, dass für den Anstieg von Drogenabhängigkeit seit den 60er Jahren ähnliche ökonomische, soziale und kulturelle Prozesse von Bedeutung waren wie für den Anstieg von Gewaltdelinquenz (vgl. Kapitel 3). Allerdings hat der *Kontext der Prohibitionspolitik* zu einer äusserst engen Verzahnung zwischen beiden Manifestationsformen von sozialer Desintegration geführt. Dies zum einen über den *Preismechanismus*, der Abhängige zur Beschaffung hoher Geldsummen zwingt und gewissermassen einen Transmissionsriemen schafft, welcher die Suchtproblematik mit der Frage nach der Sicherheit im öffentlichen Raum der Städte verknüpft. Zum anderen dadurch, dass sich im Umfeld des illegalen Drogenmarktes Formen von systemischer Gewalt bilden, welche etwa darin zum Ausdruck kommen, dass rund 13 Prozent aller strafrechtlich sanktionierten Tötungsdelikte und Körperverletzungen von Drogenabhängigen begangen werden.

Prozesse der *selektiven Migration zwischen den Kernstädten und ihrem Umland*, die *Standortqualitäten der Stadtzentren sowohl für illegale Märkte wie auch für Strassenkriminalität* sowie die *politische Steuerung von Standorten für Drogenszenen* haben dieser gesamtgesellschaftlichen Dynamik ihre räumlich spezifische Ausprägung gegeben. Anonymität, geringe soziale Kontrolle und der bessere Zugang zu illegalen Drogen machen die Kernstädte zu einem attraktiven Wohnort für Drogenabhängige. Die Existenz grosser offener Drogenszenen in den Stadtzentren einiger Deutschschweizer Städte hat die Entstehung eines Pendlernetzes begünstigt, das sich von konventionellen Pendlerströmen eher hinsichtlich der Mobilitätsmotive als hinsichtlich ihrer Struktur unterscheidet. Es führt motivierte drogenabhängige Täter aus geographisch grossen Gebieten in innerstädtische Gebiete, wo gute Bedingungen für jene Formen von Delikten bestehen, bei denen hohe Anonymität, eine grosse Verfügbarkeit potentieller Opfer auf offener Strasse und gute Fluchtmöglichkeiten die zentralen Parameter eines delinquenten Nutzenkalküls bilden. Dabei stellen sich Verlagerungseffekte ein, indem die Schwerpunkte für Raub und Entreissdiebstahl den erratischen Verlagerungen der offenen Drogenszene folgen. Darüber hinaus spricht aber Einiges dafür, dass sich durch die Kombination »guter« (aus der Perspektive der Täter) situativer Tatgelegenheiten, gut funktionierender Drogen- und Hehlermärkte und einer hohen Dichte motivierter Täter *Aggregatseffekte* einstellen. Jedenfalls hat die Zunahme von Strassenraub im unmittelbaren Umfeld offener Drogenszenen nicht zu einem entsprechenden Rückgang in anderen Kontexten, sondern nur zu einem etwas langsameren Anstieg geführt.

Hierdurch sind seit der zweiten Hälfte der 80er Jahre lokal begrenzt erhebliche Deliktraten erreicht worden, die umso problematischer sind, als sich von Drogenabhängigen ausgeübter Strassenraub häufig gegen ältere Personen richtet, die sich zur Tageszeit im öffentlichen Raum der Städte aufhalten (vgl. Kapitel 8). Von Eisner (1994b) durchgeführte Analysen ergaben Hinweise darauf, dass während der Zeit der offenen Drogenszene am Bahnhof Letten die Strassenkriminalität in den umliegenden Quartieren ein Ausmass erreichte, dass sich Auswirkungen bis hin zur Häufigkeit von Umzugsbewegungen und der Entwicklung der Wohnungsmietpreise feststellen liessen. Hierdurch könnten Prozesse der sozialen Entmischung beschleunigt worden sein, was jene selbstverstärkenden Zerfallsprozesse denkbar macht, welche Skogan (1990) in Zusammenhang mit innerstädtischen Quartieren in den USA unter dem Begriff der "Spiral of Decay" beschrieben hat.

Damit haben die Analysen dieses Kapitels *einerseits* hinsichtlich der allgemeinen Thematik dieses Buches *exemplarischen Charakter*, da sie für ein begrenztes Teilproblem nochmals eine Reihe von Wirkungsmechanismen haben hervortreten lassen, welche ich mit dem Anstieg städtischer Gewalt in Zusammenhang gebracht habe. *Andererseits* ist deutlich geworden, dass der rechtlich gesetzte Kontext der Prohibition, die Spezifika von städtischen illegalen Drogenmärkten und die Wechselbäder lokaler Drogenpolitik ein Gefüge von Wirkungszusammenhängen geschaffen haben, das sich nicht auf andere Formen von städtischer Gewalt übertragen lässt.

Kapitel 11
Gewalt im Strassenverkehr

Die Untersuchungen dieses Kapitels bilden den Schlusspunkt eines empirischen und theoretischen Weges, der von makrosoziologischen Betrachtungen säkularer Trends von Gewalt über Analysen regionaler Unterschiede der Gewaltentwicklung seit den 60er Jahren zu Untersuchungen der gegenwärtigen Gewaltproblematik in den Städten geführt hat. Ich beschliesse diesen Weg mit einer Studie der Interaktionsdynamik bei Gewaltdelikten im Umfeld des ruhenden oder fahrenden städtischen Verkehrs. Man denke hierbei etwa an Tätlichkeiten zwischen Automobilisten, nachdem der eine den anderen in einer Kolonne überholt hat, Streitigkeiten um Parkplätze oder Konflikte zwischen Fussgängern und Automobilisten. Trotz ihrer recht grossen Häufigkeit wurde diese Form von Gewalt bisher nur selten zum Gegenstand sozialwissenschaftlicher Analysen gemacht (Goldstein, 1994: 26ff; für Überblicke über die Literatur vgl. Novaco, 1991). Dies ist umso bedauerlicher, als sie aufschlussreiche Einblicke in die Wechselwirkungen zwischen der *gesellschaftlichen Regulierung von Handlungen*, der *situativen Struktur urbaner Räume* und der *Eskalationsdynamik von Gewalt zwischen einander unbekannten Akteuren* gewährt. Damit lassen sich am Beispiel dieses Teilbereiches zentrale Fragen bezüglich der Entstehung von Gewalt im öffentlichen Raum der Städte nochmals beleuchten, wobei mit der Fokussierung auf die situative Interaktionsdynamik auch Aspekte zur Sprache kommen, die über die bisherige Diskussion hinaus weisen.

Empirisch werde ich wiederum mit den Anzeigeprotokollen der Basler Gewaltstudie arbeiten. Im Gegensatz zu allen bisherigen Analysen benutze ich jedoch nicht so sehr die »harten«, quantifizierbaren Informationen, sondern beschäftige mich mit den Schilderungen der Ereignisse, wie sie von den Anzeigenden zu Protokoll gegeben wurden.

11.1 Die Ordnung des urbanen öffentlichen Raumes

Für die folgenden Überlegungen setze ich bei der Leitthese an, dass Gewalt eine Folge der Wechselwirkung zwischen latenten aggressiven Dispositionen von Individuen einerseits und situativen Interaktions- und Kontextbedingungen, welche Gewalthandlungen begünstigen, andererseits ist. Allerdings werde ich im Weiteren die Frage nach den Persönlichkeitsmerkmalen derjenigen, welche bei verkehrsbezogenen Delikten als Täter in Erscheinung treten, nur am Rande streifen und mich auf *situative Milieus und Konstellationen von Begegnungen* als Auslöser von Gewalt konzentrieren. Dabei stellt sich aus kontrolltheoretischer Perspektive zunächst die Frage, in welcher Weise Gesellschaften kulturelle Codes für die Regulierung von Handlungen und den Umgang mit Konflikten in konkreten Situationen erzeugen. Für den Bereich von Gewalt im Umfeld des Strassenverkehrs bedeutet dies, dass die Besonderheiten jener Ordnung zu ermitteln sind, welche das Alltagshandeln von Teilnehmern des städtischen Verkehrs reguliert.

Hierbei lässt sich an der Vorstellung von Goffman (1982: 62) anknüpfen, dass im Verkehr Benutzungsräume definiert werden, d. h. Raumsegmente, auf welche zum Zwecke der beabsichtigten Bewegungshandlungen für einen beschränkten Zeitraum Anspruch erhoben wird. Um den im Normalfall störungsfreien Ablauf von Verkehr zu sichern und die vielfältigen denkbaren Konflikte zu kontrollieren, haben alle modernen Gesellschaften eine *Verkehrsordnung* entwickelt, die als ausdifferenzierter Teilbereich von öffentlicher Ordnung verstanden werden kann (Goffman, 1959; 1982; Ross, 1908). Sie besteht sowohl aus rechtlich kodifizierten wie auch informellen Verhaltensanweisungen, deren Befolgung erst die Dichte und Intensität städtischen Verkehrs erlaubt. Ihre Eigenheit besteht darin, dass sie auf im Normalfall eindeutige Weise territoriale Ansprüche und Rechte fixiert. Verkehrsrecht ist daher in weiten Teilen eine *Kodifizierung von Raumnutzungsregeln*, durch die Konflikte zwischen territorialen Ansprüchen vermieden werden sollen. Dies geschieht beispielsweise durch die funktionale Differenzierung von Raumsegmenten wie Gehsteigen, Fahrradwegen oder Parkplätzen, die jeweils ausschliesslich einer Verkehrsart zur Verfügung stehen. Neben rechtlich kodifizierten Regeln umfasst eine Verkehrsordnung aber auch Gewohnheitsregeln – man denke etwa an den Verkehr zwischen Fussgängern –, wo die Grösse des Abstandes zwischen Personen, die Techniken des Einander-Kreuzens etc. durch informelle Normen geregelt wird.

Verkehr beruht dabei auf einer komplexen wechselseitigen Verhaltensabstimmung, die ein relativ hohes Mass an *normativer und instrumenteller Selbstkontrolle* voraussetzt. Um die gegenseitige Koordination des Verhaltens bei oft hoher Geschwindigkeit und raschem Wechsel der Interaktionspartner zu ermöglichen, kommt hierbei ein restringierter, aber auf funktionale Erfordernisse ausgerichteter Kommunikationscode zur Anwendung (Bernstein, 1960). Er schliesst verbale Kommunikation weitestgehend aus und stützt sich in erster Linie auf einen beschränkten Satz von semantisch möglichst eindeutig kodierten Signalen, etwa in Gestalt von Schildern, Bodenmarkierungen oder von Verkehrsteilnehmern ausgesandten Zeichen und Lichtsignalen. Diesem Kommunikationscode des Verkehrs, der auf die Verarbeitung funktional eindeutiger Signale ausgerichtet ist, entspricht die Konstruktion einer sozialen Rolle, in der sich die Akteure ausschliesslich qua Verkehrsteilnehmer begegnen und gegenüber anderen Persönlichkeitsaspekten weitgehend indifferent sind.[1]

Die Eskalation von Gewalt

Strassenverkehr wickelt sich also in einem normativen Feld ab, das in differenzierter Weise auf die Vermeidung von Konflikt hin angelegt ist. Es bildet die Folie, vor der die Konfliktdynamik zu untersuchen ist, welche bis hin zu physischer Gewalt eskalieren kann. Hierbei lege ich ein heuristisches Modell zugrunde, welches drei Phasen der Eskalationsdynamik unterscheidet (vgl. Abbildung 11.1). Es bildet idealtypisch eine Handlungssequenz ab, die mit einem territorialen Konflikt beginnt und über eine gestisch-verbale Phase der symbolischen Kommunikation von Konflikt in eine physische Aggression mündet. Die Unterscheidung dieser Phasen ist induktiv aus den Schilderungen in den analysierten Polizeiprotokollen abgeleitet und dient einer differenzierteren Betrachtung von konfliktiven Eskalationsprozessen und hierauf einwirkenden Situationsparametern.

Wie anhand der noch zu betrachtenden Anzeigetexte deutlich werden wird, stehen am Anfang aller hier analysierten Tätlichkeiten und Körperverletzungen territoriale Konflikte, sei es, dass um Vortrittsrechte, um Überholmanöver, um knappen Parkraum oder die Benutzung von Fussgängerstreifen gefochten wird. Damit manifestiert sich in aggressiven Konflikten im Umfeld des Verkehrs ein universeller Auslöser für individuelle oder kollektive Gewalt, nämlich der *Streit um die Kontrolle über Territorien*. Entsprechend kann man die Erwartung formulieren, dass territoriale Konflikte mit der möglichen Folge physischer Gewalt am ehesten an jenen Orten auftreten, wo sich funktional getrennte Nutzungsräume überschneiden, Unklarheit über Nutzungsansprüche besteht oder aber wo eindeutig geregelte Ansprüche von einem Verkehrsteilnehmer verletzt werden. Dabei ist es unwichtig, ob Verletzungen territorialer Rechte »tatsächlich« (im Sinne eines auch von Dritten feststellbaren Verstosses gegen bestehende Regeln) oder nur scheinbar (d.h. nur in der Wahrnehmung eines der Konfliktteilnehmer) stattgefunden haben, und ob der territoriale Konflikt Folge eines beabsichtigten Fehlverhaltens oder eines Versehens gewesen ist.

Abbildung 11.1 Heuristisches Modell der Eskalationsdynamik bei aggressiven Konflikten im Umfeld des Strassenverkehrs

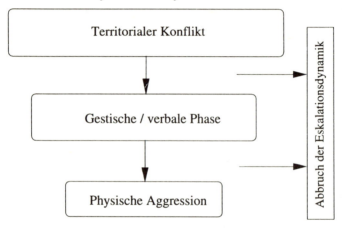

Territoriale Konflikte mehr oder minder grossen Ausmasses sind im städtischen Verkehr häufige situative Konstellationen. Sie bleiben allerdings in der Regel ohne weitere Folgen und münden nur unter sehr spezifischen Voraussetzungen in eine Eskalationsdynamik.

Eine wichtige Voraussetzung für die Bereitschaft zu einer Konflikteskalation ist ein relativ hoher Grad emotionaler Erregung durch mindestens einen der beteiligten Akteure (Baron und Richardson, 1994: 263ff; Zillmann, 1979; 1988). Die Wahrscheinlichkeit für eine *intensive Emotionalisierung* kann einerseits mit der Art der Konfliktsituation selbst zusammenhängen. Sie ist umso eher zu erwarten, als einer der Beteiligten eine unmittelbare physische Bedrohung perzipiert – etwa ein Fussgänger durch ein mit überhöhter Geschwindigkeit fahrendes Fahrzeug –, als bestimmte Raumsegmente ein knappes Gut darstellen, für das kaum Alternativen bestehen – zum Beispiel Parkplätze während der Geschäftszeiten –, und als die implizite Rangordnung im Verkehr – wenn etwa Fahrradfahrer eine stehende Kolonne von Automobilisten überholen – verletzt wird (Doob und Gross, 1968; Hauber, 1980; Macmillan, 1975; Novaco, 1991; Parry, 1968; Turner et al., 1975). Andererseits bestehen aus der sozialpsychologischen Aggressionsforschung starke Hinweise darauf, dass Akteure unterschiedliche Dispositionen haben, situative Frustrationen und Handlungsmuster von anderen nicht als »Versehen«, »Unachtsamkeit« oder »Inkompetenz« zu kodieren, sondern als intendierte aggressive Akte zu deuten, auf welche sie mit eigenen Aggressionen reagieren (Baron und Richardson, 1994: 135ff; Berkowitz, 1988; 1989).[2]

Neben der emotionalen Erregung mindestens eines der beteiligten Akteure spielt die *Kommunikation von Konflikt und Aggression* eine entscheidende Rolle. Dies geschieht in der Regel in Form von aggressiven Gesten oder verbalen Äusserungen wie Schimpfen oder Fluchen, seltener in Form physischer Akte wie Fusstritten oder Faustschlägen gegen das Fahrzeug. Für die Chance, dass die beteiligten Akteure einander eine bösartige Absicht im Sinne der willentlichen Verletzung geltender Ordnungsregeln kommunizieren können, lassen sich Randbedingungen dingfest machen. Sie ist nur dann gegeben, wenn zwischen den Akteuren über einen ausreichenden Zeitraum Sicht- oder Hörkontakt besteht, was keinesfalls bei allen Konfliktsituationen im Strassenverkehr vorausgesetzt werden kann. Er fehlt etwa im mit hoher Geschwindigkeit rollenden Strassenverkehr, wo die kurze Dauer konfliktträchtiger Situationen personalisierte Konflikte nahezu unmöglich macht. So muss angenommen werden, dass in einer grossen Zahl von Fällen die Eskalation schon nur deshalb auf der Ebene von Gesten oder Schimpfwörtern beendet wird, weil die Kommunikation von Konflikt den intendierten Rezipienten gar nicht erreicht. Hingegen erhöhen beispielsweise langsam fahrende Kolonnen oder Rotlichter die Dauer von Begegnungen, so dass dort die Bedingungen für eine symbolische Kommunikation von Konflikt bedeutend besser sind.

Gelingt es einem der Beteiligten, mittels Gesten oder verbalen Äusserungen Konflikt zu kommunizieren, so verändert sich der Charakter der Interaktion in grundlegender Weise. Die Akteure verlassen hierdurch ihre emotional neutralisierte Funktionsrolle als Verkehrsteilnehmer und treten sich als *personalisierte Widersacher* gegenüber. Dies erhöht die Wahrscheinlichkeit, dass sich die Kontrahenten auf eine direkte face-to-face Situation einlassen, welche Voraussetzung für das Ausüben physischer Gewalt ist. Hierzu müssen die Verkehrsteilnehmer ihre Teilnahme am Verkehr sistieren und ihr Fahrzeug verlassen, eine Handlung, für die Rotlichter, Stoppstrassen oder Parkplätze weit bessere Gelegenheiten schaffen als fliessender Verkehr. Ob die Konfliktsituation nun weiter bis zum Punkt physischer Gewalt eskaliert, hängt nun vermutlich wiederum sowohl von Persönlichkeitsmerkmalen der beteiligten Akteure wie auch von der Interaktionsdynamik selbst ab, bei der häufig keineswegs von Anbeginn weg klar ist, welcher der Kontrahenten das spätere Opfer ist.

11.2 Merkmale von Tätern, Opfern und Situationen

Anzeigeprotokolle enthalten neben den Personalien von Anzeigesteller und (gegebenenfalls) Täter eine polizeiliche Mitschrift der Schilderung des *Sachverhaltes* durch das Opfer sowie eine Kurzbeschreibung des *Tathergangs* durch den diensthabenden Polizeibeamten. Natürlich sind solche Texte keine objektiven Beschreibungen, sondern geben die Ereignisse aus der subjektiven Perspektive der betroffenen Person wieder. Hinzu kommt, dass aufgrund der Zielsetzung einer Anzeigeerstattung bewusste Modifikationen und Uminterpretationen durch den Anzeigesteller zu erwarten sind. Solche Strategien können dort untersucht werden, wo zu einem Ereignis die Schilderungen beider beteiligten Parteien in Form von Anzeige und Gegenanzeige existieren. Im Weiteren ist zu berücksichtigen, dass Anzeigeprotokolle nur einen Teil der uns interessierenden Ereignisse dokumentieren. Insbesondere tauchen all jene Konfliktepisoden, bei denen eine Bewältigung rasch und ohne weitere Folgen gelungen ist, aus augenscheinlichen Gründen in unserem Datenmaterial nicht auf. Polizeilich protokolliert werden nur jene Ereignisse, bei denen über eine Eskalationskaskade die Ebene territorialer Konflikte durchbrochen wird und es schliesslich zur Anwendung physischer Gewalt kommt.[3]

Die Bedeutung verkehrsbezogener Gewalt im öffentlichen Raum der Städte

Verkehrsträger spielen eine bedeutende Rolle bei einer grossen Vielfalt von Gewaltformen im städtischen Raum. Zwar beschränke ich mich hier auf *situative Tätlichkeiten und Körperverletzungen*, doch ist zu berücksichtigen, dass bei einem beträchtlichen Teil von Strassenraub und Entreissdiebstahl sowie von Vergewaltigungen verschiedene Verkehrsträger (Fahrräder, Motorräder, Autos, öffentliche Verkehrsmittel) instrumentell eingesetzt werden.

Mit 38 polizeilichen Anzeigen beträgt der Anteil verkehrsbezogener Gewalt an der Gesamtzahl aller im Kanton Basel-Stadt registrierten Körperverletzungen und Tätlichkeiten rund 8 Prozent. Unter den Tätlichkeiten und Körperverletzungen *auf Strassen und Plätzen* machen verkehrsbezogene Delikte gar 28 Prozent aus (vgl. Kapitel 6). Auffallend ist, dass drei situative Kontexte besonders häufig den Hintergrund von gewalttätigen Konflikten bilden. Es sind dies der Parkplatz (12 Fälle), die Ampel bzw. Kreuzung (7 Fälle) und der Fussgängerstreifen (6 Fälle). Die übrigen 13 Fälle lassen sich nicht eindeutig einem bestimmten Situationsumfeld zurechnen, doch fällt auf, dass ein beträchtlicher Teil dieser Restgruppe in Zusammenhang mit Überholmanövern steht.

Schlüsselt man die Informationen über die beteiligten Personen – unabhängig davon, ob es sich um Täter oder Opfer handelt – nach ihrer verkehrsspezifischen Rolle auf, so wird das Übergewicht von Teilnehmern des motorisierten Strassenverkehrs deutlich. 68 Prozent der beteiligten Personen befanden sich in der Rolle von motorisierten Verkehrsteilnehmern, während Fahrradfahrer 19 Prozent und Fussgänger noch 13 Prozent der Beteiligten ausmachten. Vor dem Hintergrund der theoretischen Erwägungen ist die Frage von Interesse, ob die Träger verschiedener Verkehrsrollen unterschiedlich häufig als Opfer oder als Täter in den Anzeigeprotokollen auftauchen (vgl. Abbildung 11.2).

Abbildung 11.2   *Täter- und Opferanteile unter Verkehrsteilnehmern, die in Gewaltdelikte involviert waren, Kanton Basel-Stadt*

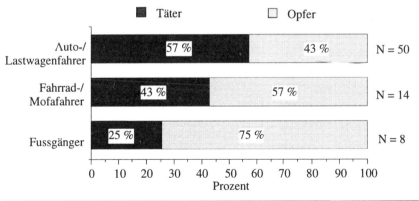

Anmerkung: Alle protokollierten Personen. Bei Anzeige und Gegenanzeige werden die jeweiligen Personen doppelt gezählt.

Wenn auch für einzelne Teilgruppen die Zahl der Beobachtungen klein ist, so zeigt sich doch eine interpretierbare Tendenz.[4] Je mächtiger – im Sinne von physischer Kraft des Transportmittels – die Verkehrsteilnehmer sind, desto häufiger nehmen sie an den Konflikten als Täter teil. Dabei ist zu betonen, dass hiermit keine Rückschlüsse auf die beteiligten Personen gezogen werden. »Autofahrer« oder »Fussgänger« sind *soziale Rollen*, die unter Umständen von derselben Person nacheinander eingenommen werden können.

Tabelle 11.1   Merkmale verkehrsbezogener Gewaltdelikte im Vergleich mit allen übrigen Tätlichkeiten und Körperverletzungen

	Tätlichkeit/Körperverletzung im…		
	Verkehr	Nicht Verkehr	Signifikanz
Täter			
Alter unter 30 Jahre	29 %	40 %	n.s
Geschlecht männlich	94 %	91 %	n.s.
Berufliche Qualifikation ungelernt	33 %	46 %	n.s.
Nationalität Ausländer	47 %	48 %	n.s.
Tatmerkmale			
Zeit 0800–1800	67 %	31 %	< 0,01
Wochentag Mo–Fr	72 %	61 %	n.s.
Verletzungen mittel/schwer	28 %	37 %	n.s
Opfermerkmale			
Alter unter 30 Jahre	56 %	42 %	< 0,10
Geschlecht männlich	81 %	63 %	< 0,05
Berufliche Qualifikation ungelernt	13 %	39 %	< 0,01
Nationalität Ausländer	35 %	36 %	n.s.

Anmerkung: Anzahl Beobachtungen bei verkehrsbezogenen Delikten: Tätermerkmale N = 14–17; Tatmerkmale N = 36; Opfermerkmale N = 34–36.

Darüber hinaus ist die Frage von Interesse, inwiefern sich bei Gewaltdelikten im Verkehr die Täter-, Opfer- und Tatmerkmale von denjenigen bei anderen Tätlichkeiten und Körperverletzungen unterscheiden. Tabelle 11.1 zeigt, dass hinsichtlich der *Tätermerkmale* keine statistisch bedeutsamen Differenzen zwischen verkehrsbezogenen Delikten und allen übrigen Tätlichkeiten und Körperverletzungen bestehen. Man kann daher davon ausgehen, dass bei Gewalt im Strassenverkehr ähnliche persönlichkeitsbezogene Dispositionen im Spiel sind wie bei anderen Formen von Gewalt (vgl. Goldstein, 1994; Kaiser, 1989: 482; Parry, 1968; Turner et al., 1975). Hinsichtlich der *Tatmerkmale* kann festgestellt werden, dass sich verkehrsbezogene Gewaltdelikte im Gegensatz zu anderen Gewaltdelikten vorwiegend am Tag und etwas häufiger während der Wochentage ereignen. Dies ist insofern einleuchtend, als territoriale Konflikte mit ausreichender zeitlicher Dauer vor allem bei grosser Knappheit des Verkehrsraumes (Parkplätze, Kolonnen) und erzwungener Verlangsamung des Verkehrs während der Stosszeiten zu erwarten sind. Die deutlichsten Unterschiede zu anderen Gewaltdelikten bestehen aber bei den *Opfern*, welche eher jünger, beruflich höher qualifiziert und häufiger männlichen Geschlechts sind, als dies bei den Opfern aller anderen polizeilich registrierten Gewaltdelikte der Fall ist. Die hohe Häufigkeit von Interaktionen zwischen Männern mag ein Hinweis darauf sein, dass Gewalt im Umfeld des Strassenverkehrs als eine Variante *maskuliner Hahnenkämpfe* interpretiert werden kann (Kersten, 1993b; 1995).

11.3 Kreuzung, Parkplatz, Fussgängerstreifen: Kampfzonen der urbanen Öffentlichkeit

Bei den folgenden Analysen stehen drei situative Kontexte im Mittelpunkt: die Ampel bzw. Kreuzung, der Parkplatz und der Fussgängerstreifen. Zwar wird diese Unterteilung heuristisch aus dem zur Verfügung stehenden Datenmaterial abgeleitet, doch ist die Tatsache, dass ein Grossteil der untersuchten Delikte einem dieser drei Kontexte zugeordnet werden kann, auch theoretisch sinnvoll. So ist allen drei Feldern gemeinsam, dass sich in ihnen divergierende Raumansprüche kreuzen und gleichzeitig ausreichend Gelegenheiten zur Eskalation von Konflikt bestehen.

Die Ampel bzw. Kreuzung

Lichtsignalanlagen und Kreuzungen sind situative Kontexte, welche infolge der Überschneidung von Verkehrswegen ein Potential zu territorialen Konflikten aufweisen und wegen der erzwungenen Verlangsamung des Verkehrs Gelegenheiten zur Eskalation von Aggressionen bieten. Dabei zeigt eine Betrachtung der

Protokolle, dass sich in einer Reihe von Fällen der territoriale Konflikt tatsächlich an verweigerten Vortrittsrechten an einer Kreuzung oder Manövern innerhalb der wartenden Kolonne vor einer Verkehrsregelungsanlage entzündet. Mindestens ebenso häufig sind jedoch jene Ereignisse, bei denen Überholmanöver auf offener Strasse den Ausgangspunkt bilden und erst der darauf folgende Halt an einer Kreuzung die Eskalationsdynamik ermöglicht. Dies ist beispielsweise bei den beiden folgenden Ereignissen der Fall.

(Täter und Opfer männlich, rasantes Überholmanöver, anschliessend halten beide Fahrzeuge beim Rotlicht)
»Da mich der Vorfall derart aufregte, rief ich dem Lenker aus dem Fahrzeug zu 'warum so blödsinnig fahre'? Auf das hin stieg dieser aus, kam auf mein Fahrzeug zu und fragte mich, was ich von ihm wolle. Ich antwortete ihm darauf, er solle doch gehen, worauf er mich durch das Autofenster packte und die Autotür aufreissen wollte. Da ihm dies nicht gelang, verabreichte er mir eine Ohrfeige und spuckte mich an. Danach stieg er in sein Fahrzeug und fuhr davon.«

(Täter und Opfer männlich, mehrspurige Strasse)
»Ich fuhr in der rechten Fahrspur. Da mir dieser etwas zu langsam fuhr, wollte ich diesen links überholen. Als ich auf gleicher Höhe war, gab dieser Gas. Ich konnte ihn dann trotzdem überholen und bog später, d.h. nach der grossen Rechtskurve, wieder in die rechte Fahrspur vor dem PW ein. In der Folge musste ich dann vor der Verkehrsregelungsanlage anhalten. [Der PW-Lenker] fuhr dann bis auf mein Fahrzeug auf, wobei ich etwas nach vorn rollte. Ich stieg dann aus und sagte zu ihm 'das mues nit si oder.' Er blieb in seinem Fahrzeug und betitelte mich mit diversen Schimpfwörtern. Ich packte ihn darauf durchs offene Wagenfenster am Hemdkragen. Darauf klemmte er mich durch Hochheben des Wagenfensters ein, worauf ich mir Verletzungen zuzog. (...)«

Die Tatsache, dass in beiden Fällen *Überholmanöver* den auslösenden territorialen Konflikt bilden, ist sicherlich kein Zufall. So ist Überholen recht häufig mit heftigen Emotionen verbunden, da hintereinander fahrende Autos eine kurzfristig eindeutig geordnete Ranghierarchie bilden.[5] Gerade in Kolonnen sind dabei Überholmanöver Nullsummenspiele, bei denen der Positionsgewinn des Überholenden auf Kosten aller überholten Fahrzeuglenker geht. Aggression und Frustration sind in derartigen Situationen eng aneinander gekoppelt. Dies kommt in den beiden Schilderungen deutlich zum Ausdruck. Allerdings wären vermutlich in beiden Fällen die Anfangsepisoden ohne Fortsetzung geblieben, hätten nicht kurz darauf jeweils beide Fahrzeuglenker bei einer Lichtsignalanlage anhalten müssen. Erst der erzwungene Halt der Beteiligten eröffnet die Möglichkeit zur Fortsetzung des Konfliktes. Im ersten Fall gelingt es offensichtlich dem überholten Lenker, eine verbale Aggression zum davorstehenden Fahrer zu kommunizieren. Demgegenüber verläuft im zweiten Fall die beginnende Eskalation noch völlig averbal, indem der hintere Fahrzeuglenker sein Gefährt auf die Stoss-

stange des vorderen aufstossen lässt und dadurch die zuvor erlittene Einschränkung des Bewegungsraumes durch eine symmetrische Handlung kompensiert.
Der Effekt – die Kommunikation von Konflikt – ist jedoch in beiden Fällen derselbe. Um von diesem Punkt an den Konflikt fortzusetzen, muss zumindest eine der beteiligten Personen ihre fahrbare Hülle verlassen. Allerdings bildet in beiden Fällen der Wagen des Gegenübers eine wirksame Festung, die zumindest teilweise vor tätlichen Angriffen schützt und sogar als Waffe eingesetzt werden kann. So findet in der zweiten Episode die Fensterscheibe als Waffe gegen den Eindringling Verwendung. Demgegenüber scheitert im ersten Fall der Versuch, sich Eintritt in das (zur Privatsphäre gehörende) Wageninnere zu verschaffen, worauf wenigstens Ohrfeige und Spucken zum Einsatz gelangen.

Neben diesen Fällen, in die nur Automobilisten involviert sind, finden sich mehrere Ereignisse, in welchen es zu Tätlichkeiten zwischen *Automobilisten einerseits und Fahrradfahrern oder Mofafahrern andererseits* kommt. Dabei lassen sich alle Beobachtungen in zwei typische Konstellationen unterteilen. Erstere besteht aus Situationen, wo Automobilisten in einer Weise Fahrradfahrer überholen oder ihren Weg kreuzen, dass sich letztere einer unmittelbaren Gefährdung ausgesetzt sehen. Eine solche Konstellation ist in folgendem Protokoll geschildert.

(Anzeigesteller männlich, 15 Jahre alt)
»Zusammen mit meinem Schulkollegen fuhr ich nach der Schule durch die [...]strasse in Richtung [...]. Links vor mir fuhr [..., Schulkollege] auf seinem Fahrrad. Als er von dem uns überholenden Personenwagen an seiner Hose gestreift wurde, begannen wir, dem Fahrzeug nachzurufen. Dies muss der Lenker gehört haben, denn er hielt an, stieg aus seinem Auto aus und kam zu uns zurück. Unvermittelt schlug er mir mit seiner Hand ins Gesicht. Danach wollte er sich bei mir entschuldigen. Ich verlange aber, dass er bestraft wird, da ich starke Schmerzen verspüre.«

Die Ereignissequenz enthält wiederum in exemplarischer Weise die drei Phasen »Verletzung territorialer Ansprüche«, »Kommunikation von Konflikt« und »physische Gewalthandlung«. Im Gegensatz zu den oben zitierten Überholmanövern hat hier jedoch der Auslöser die Form einer unmittelbaren massiven Bedrohung des Fahrradfahrers, auf die dieser mit einer verbalen Aggression reagiert. Bemerkenswert ist, dass im weiteren Verlauf die Gewalthandlung von demjenigen Akteur ausgeübt wird, der gemäss Anzeigeprotokoll mit seiner lebensgefährdenden Fahrweise den Konflikt initiiert hat. Dieses Muster kann auch bei anderen Ereignissen ähnlich beobachtet werden. Es ist ein Hinweis darauf, dass aggressiven Fahrweisen und der Bereitschaft, in einem Konflikt gewalttätig zu agieren, eine gemeinsame persönlichkeitsbezogene Disposition zugrunde liegt (vgl. z.B. Michalowski, 1975; Parry, 1968).

Eine zweite Gruppe von Konstellationen steht in Zusammenhang mit der Tatsache, dass Benutzer von Fahrrädern sich äusserst flexibel und zumeist weitaus rascher als Automobilisten fortbewegen können, wobei sie häufig verschiedene Verkehrsregeln übertreten. Trotz ihrer geringeren »Macht« als Verkehrsteilnehmer sind sie hierdurch hinsichtlich der Zielerreichung den Automobilisten häufig überlegen. Dies führt zu Konfliktsituationen, bei denen in einer Reihe von Fällen Fahrradfahrer als Täter auftreten.

(Langsam fahrende Autokolonne, Fahrradfahrer versucht, Autos links und rechts zu überholen). »Der Radfahrer wurde wütend und fing an, gegen mich mit wilden Handgesten zu schimpfen. Ich bin der Meinung, dass ich ihn nicht behindert habe. Kurze Zeit später stieg der Unbekannte ab seinem Fahrrad und begab sich an meine Beifahrertüre. Ich kurbelte das Fenster der Beifahrertür herunter und fragte, was er wolle. Da begann er erneut mit Beschimpfen, mit den Worten 'Schafseggel, Dreck Waggis' und anderen Schimpfwörtern. Auf diese Schimpfwörter hin antwortete ich ihm, er sei selber ein 'Schafseggel'. Dann schlug er mir die Faust ins Gesicht.«

Hier bildet das beiderseitige Durchschlängeln und Überholen des Fahrradfahrers, welcher möglicherweise durch die Kolonne behindert wurde, den auslösenden territorialen Konflikt. Zwar ist dieses Verhalten formal-rechtlich eindeutig illegal. Hingegen zeigt die Praxis in den Schweizer Städten, dass diese Technik von den Fahrradfahrern als legitime Möglichkeit des Umgangs mit einer Kolonne insbesondere dort erlebt wird, wo keine territoriale Abtrennung in Gestalt eines Fahrradstreifens existiert. Ohne dass dies direkt aus dem vorliegenden Text erschlossen werden könnte, ist zu vermuten, dass hier die konkrete Konfliktsituation durch die Politisierung von städtischen Verkehrsproblemen mit einer weit über das unmittelbare Ereignis hinausgehenden Bedeutung »aufgeladen« wurde.

Der Parkplatz

Unter den verschiedenen Formen von Territorialkonflikten zwischen Automobilisten kommt den Konflikten um den Parkplatz eine herausragende Bedeutung zu. Er stellt gerade im städtischen Kerngebiet für den Fahrzeuglenker die einzige legitime Möglichkeit dar, seine private Hülle »Automobil« an einem geeigneten Ort zu lagern und anderen Tätigkeiten nachzugehen. Hierbei ist im Stadtzentrum die Dauer des Nutzungsrechtes durch Parkuhren fast immer zeitlich beschränkt (Goffman, 1982: 55). Zudem sind öffentliche Parkierungsflächen während des grössten Teils des Tages ein ausserordentlich knappes Gut. Während nun die Dauer der Nutzung, der hierfür zu entrichtende monetäre Betrag sowie die zu erwartende Strafe im Falle der Missachtung durch formale Rechtsetzung geregelt ist, existieren für den *Zugang zu einem noch unbenutzten öffentlichen Parkplatz* nur informelle Regelungen. Bei nur einem potentiellen Anwärter stellen sich keine weiteren Probleme. Schwierigkeiten ergeben sich aber, wenn mehrere Anwärter auf ein und dasselbe Territorium Anspruch erheben. In solchen Fällen gilt als normativer Grundsatz das Prinzip, dass die Ansprüche in der zeitlichen Reihenfolge ihrer Formulierung geordnet sind. Wer zuerst – insbesondere durch Blinkzeichen – sein Interesse kundgibt, dem wird im Normalfall das Nutzungsrecht auch zugestanden.[6] Verletzungen dieser informellen Regel sind relativ häufig. Ohne dass dies ausdrücklich artikuliert wird, steht eine solche Regelverletzung wohl am Anfang des folgenden Ereignisses.

(Zwei Täter, männlich und weiblich, Opfer weiblich)
»Als ich [...] in ein Parkingfeld parkieren wollte, stand ein Personenwagen mit 4 bis 5 Insassen auf der Strasse und wollte auch parkieren.
Die Beifahrerin zeigte mir mit den Händen, dass ich nicht ganz richtig sei, darauf zeigte ich ihr dasselbe. Nun sah ich, wie das Fahrzeug weiter vorne einen Parkplatz fand. Ich begab mich dorthin und wollte der Beifahrerin erklären, dass ich halt den Parkplatz zuerst hatte. Darauf stieg diese Person aus und als ich weggehen wollte, stiess sie mich mehrmals in den Rücken. Sofort drehte ich mich um und ein Streit entstand, in welchem wir uns gegenseitig mit unschönen Worten beschimpften.
In diesem Moment kam der PW-Lenker dazu und nahm seine Beifahrerin in Schutz. Er drohte mir, mich zu schlagen, wenn ich nicht verschwinde. Auf einmal bekam ich eine Ohrfeige von der Beifahrerin ins Gesicht. Ich wehrte mich dagegen und packte die Beifahrerin an der Bluse. Der PW-Lenker nahm mich von hinten in den Würgegriff. Die Beifahrerin drückte mir mit den Fingernägeln in den Kehlkopf. Ich klemmte sie ins Gesicht, so dass sie von mir losliess. Nun kam der Mitfahrer vom PW dazu und trennte uns.«

Jedenfalls signalisiert die im Text erwähnte Geste der Beifahrerin, dass die Okkupierung des Parkplatzes als Regelverstoss erlebt wird. Diese averbale Initiierung der Konfliktdynamik ist charakteristisch für Episoden zwischen Autofahrern, da ja die Möglichkeiten für verbale Kommunikation ausserordentlich stark eingeschränkt sind. Die Deutung der unterlegenen Gruppe wird von der Anzeigestellerin insofern unterstützt, als sie keine rechtmässigen Ansprüche geltend macht, sondern in der Folge bloss darauf verweist, dass sie »halt den Parkplatz zuerst hatte«. Die darin implizierte Aggression scheint dann auslösend für eine Fortsetzung des Konflikts bis hin zu den beschriebenen Tätlichkeiten gewesen zu sein.

Eine Möglichkeit, Ansprüche auf eine Parkierungsfläche zu artikulieren, besteht darin, dass ein symbolischer Stellvertreter das Territorium »reserviert« bis das Fahrzeug selbst an den Ort manövriert wird. So ist es in unserer Gesellschaft durchaus im Rahmen der legitimen Möglichkeiten, wenn der Mitfahrer durch seine Anwesenheit auf einem Parkplatz zu erkennen gibt, dass die Fläche als besetzt zu gelten hat. Ebenso stellen offizielle oder offiziell wirkende Symbole wie Schilder oder Abschrankungen ein zumeist anerkanntes Zeichen für die Inanspruchnahme von Nutzungsrechten dar. Demgegenüber scheinen andere Zeichen weniger konsensual gedeutet zu werden, wie der folgende Fall zeigt, bei welchem Anzeigen von beiden Beteiligten existieren.

(Opfer männlich, anfangs 20, Gegenanzeige siehe unten)
»Heute Nachmittag kam ich mit meinem Wagen nach Hause. Ich bemerkte vor der Liegenschaft [...] einen freien Parkplatz und stellte meinen Wagen dort ab. Der Täter kam zu mir und sagte, dieser Platz sei für ihn für einen Transport reserviert. Ich entgegnete ihm, 2 Farbkübel seien für mich kein Parkverbot. Dann kam es zu einem Disput, in dessen Folge mir der Täter einen Faustschlag auf den Mund gab. Dies wollte ich mir nicht bieten lassen, weshalb ich die Polizei beizog.«

(Opfer männlich, anfangs 60, Gegenanzeige zu oben)
»Ich musste heute Nachmittag diverse Möbel mit einem Transporter zügeln, weshalb ich einen Parkplatz vor dem Haus mit 2 Farbkübeln und einer Latte absperrte. Kurz vor dem Eintreffen des Lieferwagens fuhr ein PW-Lenker auf diesen Platz. Ich ging zu ihm und sagte ihm, weshalb dieser Platz reserviert sei. Der junge Kerl erwiderte jedoch, dass ihn das nichts angehe und schleuderte einen Farbkübel mit dem Fuss über die Strasse. Es kam dann zu einem heftigen Wortwechsel, wobei mich der junge Kerl beleidigte. Ich versetzte ihm darauf einen Faustschlag, worauf dieser sofort die Polizei rief.«

In der Gegenüberstellung der beiden Texte wird deutlich, wie in der Darstellung der Situation um die Legitimität der territorialen Ansprüche gefochten wird. Während der jüngere Mann im ersten Text von einem »freien Parkplatz« spricht und nur zwei Farbkübel als Markierung erwähnt, beschreibt der Autor des zweiten Textes den Parkplatz als »abgesperrt« und erwähnt zusätzlich zu den Farbkübeln eine Latte als Signal für die Reservierung des Territoriums. Offensichtlich bestreitet also der erste Autor die durch Farbkübel und Latte markierten territorialen Ansprüche und unterstreicht dies durch das Wegschleudern des einen Kübels. Der daran anschliessende Disput mündet dann in die Tätlichkeit, wegen der die Polizei beigezogen wird.

Der Fussgängerstreifen

Durch die Einführung motorisierter Verkehrsträger ist die Struktur des öffentlichen Raumes in den Städten geprägt durch das Nebeneinander von Akteuren mit enormen Unterschieden hinsichtlich physischer Gewaltpotentiale und rein äusserlichen Schutzmöglichkeiten. Fussgänger befinden sich am untersten Ende der Skala potentieller Gewalt unter den Verkehrsteilnehmern. Gesonderte Territorien in Form von Trottoirs und Fussgängerzonen dienen unter anderem dazu, vor der potentiellen Gewalttat anderer Verkehrsteilnehmer wenigstens teilweise geschützte Felder zu erzeugen.

Hinsichtlich der Entstehung gewaltträchtiger Situationen sind nun jene Bereiche von besonderem Interesse, wo sich die territorialen Ansprüche von Fussgängern und anderen Verkehrsteilnehmern kreuzen. So erstaunt es kaum, dass die Mehrzahl der Gewaltepisoden, bei denen Fussgänger involviert sind, ihren Ausgang in Konfliktsituationen am oder auf dem Fussgängerstreifen nehmen. Zur Illustration der bei allen Fällen sehr ähnlichen Eskalationsdynamik sind im folgenden zwei Ereignisbeschreibungen wiedergegeben.

(Opfer und Täter männlich)
»Heute Freitag überquerte ich den Fussgängerstreifen. Als ich mich etwa in der Mitte des Streifens befand, raste plötzlich ein dunkler Personenwagen auf mich zu. Kurz vor mir machte er einen 'Schlenker' nach links, sonst hätte er mich angefahren. Als er sich auf gleicher Höhe befand, versetzte ich dem Fahrzeug rechts einen Fusstritt. An der Stopstrasse hielt das Fahrzeug an und der Beifahrer stieg aus. Er kam auf mich zu, packte mich am Kragen des Mantels und gab mir einige Faustschläge auf den Körper. Wenig später kam auch der Lenker zu mir und sagte 'Pass uf was machsch, I schlo di ab'. Zusammen gingen wir zu seinem Fahrzeug um den Schaden anzuschauen. Als er sah, dass es sich nur um die Abdruckspuren des Schuhs handle und ich die Polizei verlangte stiegen sie ins Fahrzeug und fuhren Richtung Theater davon.«

(Opfer und Täter männlich)
»Ich ging einige Meter durch die M.strasse, wo ich die Fahrbahn überquere. Ich schaute nach rechts, sah aber niemand daherfahren. Ich hatte ein Bein schon auf dem Trottoir, als ein Personenwagen rasant auf mich zugefahren kam. Für mich kam das unerwartet, jedenfalls habe ich den Lenker bestimmt nicht provoziert. Ich machte dem Fahrer lediglich gestikulierend die Bemerkung 'gohts noh'? Dies reichte, dass der Fahrer oder Mitfahrer aus dem Wagen entstieg, zu mir her trat und mir einen gezielten Faustschlag gegen meine rechte Kopfseite versetzte.«

Zeuge: »Der Täter begab sich folglich wortlos zu seinem Fahrzeug und fuhr ohne sich weiter um den Verletzten zu kümmern, davon.«

Die beiden Schilderungen weisen eine Reihe von Übereinstimmungen auf, die ähnlich auch in weiteren Anzeigeprotokollen belegt sind. So wird die Konfliktdynamik regelmässig durch die Nichtgewährung des (rechtlich geschützten) Bewegungsanspruches der Fussgänger auf dem Zebrastreifen initiiert. Solche Ereignisse sind häufige Verletzungen der territorialen Rechte von Passanten auf Fussgängerstreifen. Offensichtlich spielt hierbei das massive Gefälle von potentieller Gewalt aber auch des Schutzes zwischen Automobilisten und Fussgänger eine entscheidende Rolle. Solange der machtunterlegene Fussgänger der faktischen Gewaltherrschaft des Automobilisten keine Reaktion entgegensetzt, bleiben im Normalfall Fortsetzungen des Konfliktes aus. Ganz anders verhält es sich aber dann, wenn Schreck und verletzter Rechtsanspruch dazu führen, dass die Fussgänger durch Gesten, Schimpfwörter oder aber durch eine Beschädigung der privaten Schutzhülle des Automobilisten ihrer Empörung Ausdruck geben. Diese Artikulation von Konflikt ist dann der Anlass für den Automobilisten, sich in seinem territorialen Machtanspruch verletzt zu sehen und seine Ansprüche zu verteidigen. Dabei ist wiederum charakteristisch, dass in der Regel die physische Gewalt nicht von den Fussgängern, sondern von den Autofahrern ausgeht.

Folgerungen

Obwohl in diesem Kapitel nur ein kleiner und sehr spezifischer Ausschnitt aus dem Gesamtphänomen »städtische Gewalt« betrachtet wurde, können die Befunde einiges zum Verständnis von urbanen Gewaltphänomenen beitragen. So sind die hier untersuchten Episoden charakteristisch für einen Teilbereich von Gewalt, den man als gewalttätige situative Konflikte bezeichnen kann. Die Beteiligten haben einen Streit, beschimpfen sich, werden wütend und greifen schliesslich zu körperlicher Gewalt. Sie verlieren also ihre Selbstkontrolle. Dabei haben wir gesehen, dass auf mehreren Ebenen gesellschaftliche Strukturen in die jeweiligen konkreten Situationen hineinreichen.

Erstens hat sich gezeigt, dass selbst in einem gesellschaftlich derart offenen Bereich wie dem Verkehr sowohl Täter wie auch Opfer sehr spezifische Merkmale aufweisen. Besonders die Täter sind in der Regel männlich, jung und beruflich wenig qualifiziert. Dies ist ein Hinweis darauf, dass die konkreten Konfliktsituationen und ihre Dynamik durch Handlungsdispositionen der Beteiligten mit beeinflusst werden. Um zu verstehen, woher solcher Dispositionen kommen, sind die Sozialisationsprozesse zu untersuchen, die eine latente Bereitschaft zu Aggression zur Folge haben.

Zweitens wurde deutlich, dass wir zum Verständnis der beobachteten Episoden eine Vorstellung davon benötigen, wie in einer Gesellschaft Begegnungen und Interaktionen so reguliert werden, dass Konflikte häufig vermieden werden können. Im obigen Kontext habe ich dies für die städtische Verkehrsordnung ausgeführt und argumentiert, dass wir es hier mit einem differenzierten Feld von Regeln zu tun haben, das den urbanen Raum überzieht. Ähnliche Überlegungen können meiner Meinung nach auch für andere Bereiche von Gewalt fruchtbar angestellt werden. Vor dem Hintergrund dieser Perspektive, die zunächst nach den Mechanismen fragt, welche Konflikte unwahrscheinlich machen, wurde schliesslich sichtbar, dass Beginn und Dynamik der Konflikteskalation einer sozialen Logik folgen, in der Aspekte der Situation und der beteiligten Personen miteinander in Wechselwirkung treten. Das oben skizzierte Modell ist ein Versuch, diese Dynamik über verschiedene Eskalationsstufen hinweg zu verstehen. Doch ist zu betonen, dass diese Ebene der Analyse von Gewalt, in der sozialpsychologische und soziologische Ansätze aufeinander bezogen werden müssten, bisher allzu geringe Beachtung gefunden hat.

Schlusswort

Das zentrale Ziel dieses Buches war zu klären, warum es seit den 60er Jahren zu einem Anstieg von Gewalt in den schweizerischen Städten gekommen ist und welche Ursachen heute für Konzentration von Gewaltdelinquenz in urbanen Kontexten verantwortlich sind. Zur Analyse dieser Frage habe ich im Verlauf der Studie einen breit angelegten theoretischen Rahmen entwickelt und eine Vielzahl von Aspekten empirisch beleuchtet. In den folgenden Schlussbemerkungen resümiere ich die zentralen Überlegungen und verweise kurz auf die jeweiligen empirischen Befunde. Dabei geht es weniger darum, die Vielzahl von Einzelergebnissen nochmals anzusprechen, als vielmehr die Grundlinien der Argumentation hervorzuheben.

Urbanisierung, Urbanität und Gewalt

Nach wie vor besteht in vielen delinquenzsoziologischen Ansätzen die Vorstellung, dass steigende Urbanisierung und höhere Urbanität mit mehr Gewalt einhergehe. Die Logik dieses Arguments basiert auf der Vorstellung, dass mit der Stadtgrösse das Ausmass von Anomie, sozialer Desorganisation, Anonymität und Vereinsamung zunehme und dadurch die Bedingungen für steigende Kriminalität gegeben seien. Das Argument ist intuitiv plausibel. Jedoch macht eine Fülle von empirischen Evidenzen zunehmend deutlich, dass diese Modellvorstellung der Realität nicht gerecht wird. Von besonderer Bedeutung sind hierbei Befunde aus der jüngeren historischen Delinquenzsoziologie (Gatrell, 1980; Gurr et al., 1977; Johnson, 1995; Johnson und Monkkonen, 1996; Lane, 1979; Thome, 1992). Sie haben mit bemerkenswerter Einhelligkeit zu Ergebnissen geführt, die etwa von Johnson für das Deutsche Reich wie folgt zusammengefasst werden: "Neither dynamic forces such as population growth, urban growth, or industrial growth nor static measures of population density or the size of cities had anything to do with explaining the crime trends. Violence was always just as prevalent, and often more so, in the countryside as it was in the city, and big cities were no more violent than smaller ones (Johnson, 1995: 234)." Dieser Einschätzung entsprechen die empirischen Befunde aus der Schweiz, welche zeigen, dass die Homizidraten zwischen den 1880er und den 1960er Jahren rückläufig waren, dass um die Jahrhundertwende Tötungsdelikte in den ländlichen Regionen häufiger waren als in den städtisch-industriell geprägten Regionen und dass noch um 1960 weder hinsichtlich der Homizidraten noch hinsichtlich anderer Indikatoren von Gewaltdelinquenz grössere Stadt-Land-Unterschiede bestanden. Dabei ist anzumerken, dass zwar der säkulare Rückgang von Gewalt bis zur Mitte dieses Jahrhunderts anhand von Homiziddaten am zuverlässigsten nachgewiesen werden kann und entsprechende Evidenzen für relativ viele Länder verfügbar sind (Eisner 1995a). Ähnlich Verlaufsmuster sind jedoch in einzelnen Ländern auch für Körperverletzungen (Gatrell, 1980), Vergewaltigung (Chesnais, 1981: 184), Raub (Archer und Gardner, 1984; Eisner, 1996) sowie für Kriminalität insgesamt (Eisner, 1995a) belegt.

Diese empirischen Befunde reichen meiner Meinung nach aus, um die Vorstellung, Urbanisierung (d.h. Städtewachstum) oder Urbanität (d. h. hohe Bevölkerungsdichte) stehe in einem universellen Kausalzusammenhang mit Gewalt oder Kriminalität, als widerlegt zu betrachten. Will man den Anstieg der Häufigkeit von mehreren Manifestationsformen von Gewalt (vor allem Strassenraub, Tötungsdelikte und Körperverletzungen ausserhalb der Familie, Gewalt innerhalb von Randgruppen) seit der Mitte der 60er Jahre verstehen, so ist zunächst nach den gesamtgesellschaftlichen Prozessen zu fragen, die zu dieser Zunahme beigetragen haben, um dann in einem zweiten Schritt zu ermitteln, wie diese Dynamik mit der historisch spezifischen Entwicklung der Städte interagiert hat.

Der Zivilisationsprozess: soziale Kontrolle, Selbststeuerung und Identität

Die Sichtweise, die ich in diesem Buch vertrete, verdankt wesentliche Überlegungen der Zivilisationstheorie von Norbert Elias (1976). Sie beinhaltet die Vorstellung, dass wir den Rückgang von Gewalt bis über die Mitte dieses Jahrhunderts hinaus als Folge der Verschränkung zweier Phänomene verstehen können: der *Diffusion eines Menschenbildes*, in welchem dem Ideal von instrumenteller, normativer und emotionaler Selbststeuerung ein hoher Stellenwert zukam, sowie der *Entstehung sozialintegrativer Strukturen und gesellschaftlicher Kontrollinstanzen*, die dieses Menschenbild kulturell, institutionell und ökonomisch abgestützt, aber gleichzeitig auch erzwungen haben. Dabei lässt sich als eine wichtige Quelle dieses Menschenbildes der bürgerlich-protestantische Individualismus identifizieren, der zwar das Individuum aus seinen traditionalen

Bindungen freigesetzt hat, es aber über Ideale der Selbstdisziplin, Ordnung, Pflichterfüllung und Rationalität fest in die bürgerliche Zivilgesellschaft einband. Dieses Modell der Lebensführung wurde institutionell verankert durch Entwicklungen wie die Verallgemeinerung der Schulpflicht, die Entstehung einer politisch organisierten Arbeiterklasse, die Ausdehnung demokratischer Partizipationsrechte, die Verbreitung sozial- und wohlfahrtsstaatlicher Arrangements im Rahmen wachsender Volkswirtschaften sowie die Professionalisierung und Intensivierung von Polizei und Justizwesen. Dass sich hierbei Prozesse der sozialen Kontrolle und des Zwangs mit Phänomenen der sozialen Integration verbanden, ist keine historische Ausnahme, sondern ein allgemeines Merkmal jeglicher Institutionenbildung (Berger und Luckmann, 1980).

Soweit der Stadt in dieser Entwicklung eine kausale Rolle zukam, ist sie wohl am ehesten als jener soziale Ort zu interpretieren, wo das Ideal des zivilisierten, autonomen und ein hohes Ausmass an Selbststeuerungsfähigkeiten aufweisenden Individuums seinen Ausgang nahm (Elias, 1976); wo erstmals Begegnungen zwischen Fremden emotional neutralisiert und durch eine ausdifferenzierte Ordnung des öffentlichen Raumes (z.B. im Bereich des Verkehrs, vgl. Kapitel 11) institutionell abgesichert wurden (Radtke, 1991; Ross, 1908); wo – im Rahmen eines durchwegs bürgerlich geprägten Arbeitsbildes – einer der Schwerpunkte der Entstehung von parteipolitisch-gewerkschaftlichen Interessenverbänden lag (König, 1992); wo funktional differenzierte Institutionen des Sozialstaates die fragil gewordenen Sicherungsnetze der traditionalen Gesellschaft ersetzten; und wo am frühesten professionalisierte Instanzen zur Durchsetzung des staatlichen Gewaltmonopols entstanden (Lane, 1980).

Desintegrationsprozesse in der Spätmoderne

Wenn tatsächlich die Verschränkung von Institutionellen Arrangements, die Selbststeuerung unterstützten oder erzwangen, und auf Selbstkontrolle ausgerichteten Leitidealen der Identität die Ursache für sinkende Häufigkeiten von Gewaltdelinquenz gewesen ist, dann stellt sich die Frage, was denn eigentlich seit der Mitte der 60er Jahre zu einem – für verschiedene Deliktgruppen unterschiedlich stark ausgeprägten – Anstieg von Gewalt geführt hat. Soweit ich sehe, gibt es hierauf zwei Typen von Antworten: Ein erster Typus von Antworten interpretiert die steigende Häufigkeit bestimmter Gewaltphänomene als Folge von Ereignissen und Entwicklungen, die im Rahmen der langfristigen Modernisierungsdynamik als externe Effekte, als Zufälligkeiten oder temporäre Abweichungen von einer linear gedachten Zivilisierungsdynamik betrachtet werden können. Hierunter wären etwa die Verbreitung rechtlich verbotener psychoaktiver Substanzen, die Immigration von Bevölkerungsgruppen aus traditionaleren Kontexten oder die Induktionseffekte von kriegerischen Konflikten in anderen Weltregionen zu subsumieren. Ein anderer Typus von Antworten sieht im Anstieg von Gewalt den Ausdruck einer tiefgreifenden kulturellen, gesellschaftlichen und ökonomischen Transformation der westlichen Gesellschaft, die als Folge der Modernisierungsdynamik selbst verstanden werden kann. Die Antwort, die ich in dieser Arbeit zu geben versuche, gehört eher zum zweiten Typus von Antworten, wenn auch historisch kontingenten Konstellationen durchaus auch eine gewisse Bedeutung zukommt.Sie setzt bei der These an, dass wir es beim Anstieg von Gewalt mit der Folgewirkung von zwei fundamentalen Transformationsprozessen zu tun haben, die sich zwar beide in der zweiten Hälfte der 60er Jahre beschleunigt haben, aber dennoch klar voneinander zu trennen sind. Der eine Prozess betrifft *Probleme der Identitätsbildung und Selbststeuerung*. So hat die kultursoziologische Forschung schon seit längerem in den 60er Jahren einen epochalen Bruch im Projekt der Moderne diagnostiziert, der sich in nichts weniger als einer fundamentalen Umcodierung von Identität äussert. Seine zentralen Elemente sind eine massiv gesteigerte Bewertung von Idealen der Selbstentfaltung und Autonomie (Klages, 1993), eine durch den institutionell erzeugten Zwang zur Wahl zwischen Alternativen hervorgebrachte Betonung individueller Gestaltungskompetenz (Keupp, 1992; Rose, 1989) sowie eine Verlagerung von Wert- und Normgeltungen in die reflexiven und diskursiven Kompetenzen des Einzelnen (Heitmeyer, 1994; 1995). Dieses Konzept eines autonomen, seine Lebensführung reflexiv und selbstbewusst entwerfenden Individuums ist keineswegs eine Abkehr vom Projekt der Moderne. Vielmehr ist darin eine anforderungsreiche Steigerung von Individualität zu sehen, die den Niedergang eines autoritär geprägten Modus der Selbststeuerung und den Aufstieg eines reflexiven Modus der Selbststeuerung impliziert (vgl. Buchmann und Eisner, 1997). Die spezifische Problematik dieses Identitätsmodells haben Zoll et al. (1989: 227) wie folgt zusammengefasst:»Ob die verlängerte Phase der Identitätsfindung, das Offenhalten der eigenen Biographie, das Experimentieren mit verschiedenen Lebensentwürfen für das Individuum tatsächlich eine Ausweitung seines Handlungsspielraumes bedeutet und ihm mehr Selbstverwirklichung und Kreativität erlaubt, hängt sowohl von den Zufällen des Arbeitsmarktes wie von den ökonomischen, sozialen und kulturellen Ressourcen des Individuums ab.«

Genau bei diesem Problem der kulturellen, sozialen und ökonomischen Ressourcen für die Entwicklung einer dem spätmodernen Gesellschaftstypus adäquaten Identität erhält nun die zweite Dynamik, nämlich der ebenfalls in der zweiten Hälfte der 60er Jahre einsetzende *Schub des ökonomischen Strukturwandels* seine Bedeutung. Er enthält eine qualitative und eine quantitative Komponente. Qualitativ wird er umrissen durch die Durchsetzung der Mikroelektronik als neuer Basistechnologie sowohl im Industrie- die auch im Dienstleistungssektor, eine Flexibilisierung des Arbeitsmarktes, den Abbau von Arbeitsplätzen im Industriesektor und die Dualisierung des Arbeitsmarktes in Hoch- und Tieflohnsegmente (Bornschier, 1988; Harvey, 1990; Lash und Urry, 1987). Quantitativ entspricht dieser Entwicklung ein seit der Erdölkrise von 1973 deutlich verlangsamtes Wirtschaftswachstum mit wiederkehrenden tiefen Rezessionen, eine sich über die Krisen kumulativ erhöhende Arbeitslosigkeit und die Entstehung verbreiteter Armutsphänomene im Zentrum der modernen Gesellschaften selbst. Solche ökonomischen Krisenphänomene sind zwar kein hinreichender Grund für steigende Gewalt, sie haben aber im Kontext eines anspruchsvoller werdenden Leitbildes individueller Lebensführung wachsenden Segmenten der Bevölkerung jene ökonomischen und sozialen Ressourcen entzogen, die zur Entwicklung reflexiver Modi der Selbststeuerung notwendig wären.

Sowohl Individualisierungsschub wie auch ökonomische Transformation haben institutionelle Strukturen von Grund auf verändert, haben bestehende Sozialstrukturen aufgelöst und neue Strukturen hervorgebracht, haben Gewinner und Verlierer hinterlassen. Sie haben – in Begriffen einer räumlichen Metapher – die Zentren der Gesellschaft umgewälzt und neue, wachsende Ränder entstehen lassen. In diesen Randregionen verbinden sich die negativen Folgewirkungen von Individualisierung und ökonomischer Transformation, finden sich Individuen, die sowohl Individualisierungsverlierer wie auch Modernisierungsverlierer sind. Es ist dies der soziale Ort, wo ich die Bedingungen für die Zunahme von Gewalt vermute. Im Kontext der historischen Entwicklung der modernen Gesellschaft aussergewöhnlich ist nun, dass sich die sozialen Randzonen nicht mehr an der geographischen Peripherie befinden, sondern in den Städten selber lokalisiert sind. Dabei wäre es zwar falsch, bereits heute das Ende der zivilisierten Stadt zu konstatieren, doch deutet manches auf wachsende Brüche in den kulturellen, sozialen und ökonomischen Grundlagen der urbanen Gesellschaft hin.

Schlusswort

Disposition und Situation

Allerdings bliebe eine Analyse von Gewalt unvollständig, würde sie sich ausschliesslich mit der Genese jener gesellschaftlichen Kontextbedingungen beschäftigen, welche die Wahrscheinlichkeit gewalttätiger Dispositionen ansteigen lassen. Sobald man den Blick über die Makroebene hoch aggregierter Daten und allgemeiner theoretischer Modelle hinaus auf die konkreten Manifestationsformen von Gewaltdelinquenz richtet, treten neue Aspekte und Problemfelder ins Blickfeld. Eine zentrale Achse, entlang derer ich im Verlauf dieser Studie städtische Gewaltphänomene betrachtet habe, betrifft die Unterscheidung zwischen den Ursachen für die Entstehung *gewalttätiger Dispositionen* und denjenigen gesellschaftlichen Prozessen, die *situative Bedingungen für Gewalthandlungen* schaffen (Birkbeck, 1993; Miethe, 1994). Dabei vertrete ich die Position, dass in diesen beiden Gruppen von Ansätzen einander ergänzende Ebenen der Gewaltverursachung angesprochen werden und es sich bei der Diskussion zwischen ätiologischen (d. h. auf die Ursachen von gewalttätigen Dispositionen ausgerichteten) und situativen Ansätzen nicht um ein Entweder-Oder handeln kann. Weder sind Gewalttäter eine Zufallsstichprobe aus der Zahl der Gesellschaftsmitglieder noch sind gewalttätige Situationen eine Zufallsstichprobe aus der Gesamtzahl aller Situationen. Vielmehr ist es sinnvoll, sich das Verhältnis zwischen Disposition und Situation als einen Prozess gegenseitiger Selektion vorzustellen: Akteure entwickeln im Verlauf ihrer Sozialisation unterschiedliche Dispositionen, in gegebenen Situationen gewalttätig zu handeln. Situationen und ihre Dynamik enthalten in unterschiedlichem Ausmass soziale Kontrollen, Anreize und Möglichkeiten der Konfliktdynamik, die bei gegebenen Dispositionen die Wahrscheinlichkeit von Gewalthandlungen beeinflussen. Dass eine Betrachtung, die Disposition und Situation gleichermassen in die Analyse einbezieht, zu einem vollständigeren Verständnis von Gewaltphänomenen beiträgt, wurde im Rahmen dieser Studie mehrfach – beispielsweise in den Untersuchungen von Strassenraub, von Beziehungsstrukturen bei Gewalt innerhalb von ethnischen Minderheiten oder von Gewalt im Strassenverkehr – deutlich. Allerdings ist festzuhalten, dass trotz einer vermehrten Berücksichtigung situativer Momente in der jüngeren Delinquenzsoziologie sowohl bezüglich der Identifikation situativer Bedingungsmomente von Gewalthandlungen wie auch bezüglich der Wechselwirkung zwischen Situation und Dispositionen noch theoretische und empirische Lücken bestehen, die in weiteren Forschungen detaillierter auszuleuchten sind.

Hinsichtlich der Fragestellung dieser Arbeit impliziert die Unterscheidung von Disposition und Situation, dass wir die Gewaltproblematik der modernen Stadt mindestens auf zwei Ebenen betrachten müssen. Einmal ist die Stadt als ein sozialer Raum zu untersuchen, in dem Sozialisationsprozesse und deren Kontextbedingungen zur Entstehung von gewalttätigen Dispositionen führen können. Zum anderen ist der urbane Kontext als ein soziales Umfeld zu analysieren, in dem sich im Rhythmus von Alltagsaktivitäten unzählige situative Kontexte bilden, die aufgrund verschiedener Eigenheiten Gewalt verhindern oder begünstigen mögen.

Die moderne Stadt als Milieu für gewalttätige Dispositionen

Zwischen Urbanisierung, Urbanität und Gewalt besteht kein deterministischer Kausalzusammenhang. Hingegen ist es tatsächlich so, dass wir in Gegenwartsgesellschaften einen relativ stetigen Zusammenhang zwischen Stadtgrösse und Gewaltrate beobachten können und dass im Verlauf der vergangenen 30 Jahre Gewalt in städtischen Kontexten stärker zugenommen hat als in ländlichen Kontexten. Ich habe in dieser Arbeit den Vorschlag gemacht, diese historisch aussergewöhnliche Auffälligkeit der Stadt mit sozio-strukturellen Veränderungen in Zusammenhang zu bringen, die ich als *Krise der Stadt* bezeichne. Wie ich anhand einer Reihe von empirischen Indikatoren gezeigt habe, manifestiert sich diese Krise der Stadt in einer ganzen Reihe von Einzelphänomenen: Abwanderung von Mittelschichtfamilien, Entstehung von Randgruppenmilieus, Konzentration von Drogenszenen, steigende Armut und Arbeitslosigkeit, Bildung von ethnischen Enklaven und funktionale Entmischung der Stadtzentren.

Ich interpretiere diese krisenhafte Entwicklung als Folge der Wechselwirkung zwischen den eben erwähnten gesamtgesellschaftlichen Veränderungen (Individualisierungsschub und ökonomische Transformation) und einer historisch spezifischen Dynamik der Stadtentwicklung, deren zentralen Elemente ich als Suburbanisierung, Deindustrialisierung und funktionale Entmischung bezeichnet habe. Sie hat dazu geführt, dass sich die Folgelasten von Individualisierungsschub und ökonomischer Transformation in erster Linie in den Städten manifestiert haben, dass sich die sozialen Ränder der modernen Gesellschaft zunehmend mitten in ihre geographischen Zentren, die Kernstädte, verlagert haben. Dabei spielt eine wichtige Rolle, dass – vermittelt durch den Prozess der Agglomerationsbildung – der Aufenthalt in den Städten zunehmend durch lebensbiographische und schichtspezifische Kriterien geprägt wird. Besonders Mittelschichtfamilien mit Kindern wandern in die Agglomerationen aus, während sowohl die Unterschicht (weil Wohnstandorte in der Agglomeration zu teuer sind) wie auch Oberschicht (weil sie sich grosse Wohnflächen in der Kernstadt leisten können) tendenziell in den Kernstädten bleiben. Man kann sich diesen Prozess als eine räumliche Umlegung gesellschaftlicher Mobilitätsschranken und Filterprozesse vorstellen. Er hat über die vergangenen 30 Jahre zu einer wachsenden Konzentration von Randgruppen, der Entstehung von sozial segregierten und desintegrierten Milieus dauerhafter Marginalität sowie einer erhöhten Polarisierung in der städtischen Gesellschaft beigetragen. Dass diese strukturellen Veränderungen der Gesellschaft der Kernstädte in diachroner Perspektive am Anstieg von innerstädtischer Gewalt beteiligt waren, konnte zwar empirisch nicht lückenlos nachgewiesen werden, da Zeitreihen über die Entwicklung relativer Anteile von verschiedenen Tätergruppen nicht verfügbar sind. Jedoch wurde anhand der Analysen von Gewalttätern im Kanton Basel-Stadt zu Beginn der 90er Jahre deutlich, dass unter ihnen männliche Angehörige von sozial desintegrierten und ökonomisch deprivierten Randgruppen, die in sozial desorganisierten Unterschichtquartieren leben, einen weit überdurchschnittlichen Anteil stellen.

Eine wichtige Frage im Zusammenhang mit städtischer Gewalt betrifft den kausalen Einfluss von sozialen Strukturen auf der *Ebene von Wohnquartieren*. Deren Bedeutung als Quelle von sozialer Kontrolle und sozialer Integration wurde seit jeher innerhalb der ökologisch orientierten Tradition der Delinquenzsoziologie betont (Shaw und McKay, 1969). In dem Masse, in dem mehrere Exponenten der Theorie der sozialen Desorganisation das Quartier und seine soziale Organisation zum beinahe alleinigen Kausalfaktor für das Verständnis von Gewalt erhoben haben, ist dieser Theorie sicherlich eine Verabsolutierung einer einzelnen Ebene gesellschaftlicher Realität vorzuwerfen (Byrne 1986; Sampson, 1989). Hingegen sprechen sowohl theoretische Überlegungen wie auch empirische Befunde für die relativierte These, dass lokal gebundene soziale Netzwerke, Interaktionsmuster und Institutionen *eine* Ebene bilden, auf der Prozesse der Vergesellschaftung in mehr oder weniger integrativer Weise ablaufen. So konnte im Rahmen der Analysen zur räumlichen Verteilung der Täterwohnorte gezeigt werden, dass sich die Wohnorte von Gewalttätern in hohem Ausmass auf sozial desorganisierte, zentrumsnahe Unterschichtquartiere konzentrieren. Zudem zeigte sich in der Betrachtung der Gewaltdelinquenz von Immigrierten, dass deren Täterraten im Wesentlichen der Abfolge im Ausmass von räumlicher Segregation und tiefer struktureller Lage folgen. Diese Befunde legen die Überlegung nahe, dass für ein Verständnis der Häufigkeit von Gewalt in städtischen

Unterschichtquartieren sozialökologische Prozesse wie die Auflösung integrativer Strukturen, der Abbau informeller sozialer Kontrolle und die Abkoppelung vom kulturellen Basiskonsens der Zivilgesellschaft mit zu berücksichtigen sind. Allerdings steht ausser Zweifel, dass für eine bessere Beurteilung der Bedeutung von quartierbezogenen Prozessen spezifische, methodisch anspruchsvolle und aufwendige Mehrebenenmodelle zu entwickeln und zu überprüfen wären.

Die Stadt als situativer Kontext für Gewalt

Das Paradigma städtischen Strukturwandels seit den 60er Jahren hat die Kernstädte nicht nur hinsichtlich der Zusammensetzung ihrer Bevölkerung und ihrer Lebens- und Sozialisationsbedingungen verändert. Gleichzeitig haben gesamtgesellschaftliche Veränderungen von Lebensstilen und Alltagspraktiken in Verbindung mit räumlichen Prozessen der Agglomerationsbildung und funktionalen Entmischung dazu geführt, dass sich die *Struktur von Situationen und Begegnungen im städtischen Kontext* verändert hat. Diese Entwicklung ist zwar empirisch nur unzureichend dokumentiert. Doch ist beispielsweise anzunehmen, dass mit der grossräumigen funktionalen Entmischung der gesamten Agglomerationen, der Entstehung von Citygebieten und der steigenden sozialen Desorganisation von zentrumsnahen Wohnquartieren die Dichte von informeller sozialer Kontrolle über den öffentlichen Raum der Städte abgenommen hat (Jacobs, 1961; Felson 1994) und gleichzeitig die Zahl potentiell konfliktiver Situationen gestiegen ist.

Die Analysen zur situativen Struktur von Gewaltdelikten haben gezeigt, dass Gewaltdelikte in sehr spezifischen situativen Milieus verübt werden und in vielfältiger Weise mit dem Rhythmus des urbanen Alltagslebens verknüpft sind. Allerdings bestehen zwischen verschiedenen Manifestationsformen von Gewalt beträchtliche Unterschiede hinsichtlich der zeitlichen, räumlichen und relationalen Kontexte, in denen sie sich ereignen. Dabei erwies es sich als hilfreich, situative soziale Kontrolle, situative Anreize sowie die potentiell konfliktive Struktur von Interaktionen als Situationsdimensionen zu unterscheiden, die einen Einfluss auf die Wahrscheinlichkeit von Gewalthandlungen haben.

Insgesamt wurde aber deutlich, dass der öffentliche Raum der Stadtzentren in besonderer Weise Schauplatz von Gewalt ist, wobei Körperverletzungen und Tätlichkeiten im Bereich des öffentlichen Vergnügens, Strassenraub und anonyme Vergewaltigungen im Vordergrund stehen. Dieser Typus von Gewalt ereignet sich in der Regel dort, wo eine grosse Zahl potentieller Opfer mit motivierten

Schlusswort

potentiellen Tätern bei geringer sozialer Kontrolle und hohem Konfliktpotential aufeinander trifft. In dem Masse, in dem sich durch Agglomerationsbildung, funktionale Entmischung und Konzentration von Raumnutzungen derartige situative Milieus in den *Stadtzentren* verdichtet haben, hat sich auch der Schwerpunkt von Gewalt im öffentlichen Raum in diese Kontexte verlagert. Dabei haben die Untersuchungen zur geografischen Mobilität deutlich gemacht, das ein bedeutender Teil derjenigen Personen, die im öffentlichen Raum als Gewalttäter auftreten oder aber Opfer von Gewalt werden, ihren Wohnsitz im Agglomerationsgürtel der Städte haben und im situativen Milieu der Stadtzentren aufeinander treffen. Dies bewirkt unter anderem, dass sich die Struktur von Täter-Opfer-Begegnungen bei Gewalt im öffentlichen Raum in mehrerer Hinsicht von Gewalt in der Privatsphäre unterscheidet. Während sich Gewalt in der Privatsphäre in erster Linie zwischen Angehörigen derselben sozialen Lage, innerhalb derselben Altersgruppen und im Rahmen ethnisch geschlossener Interaktionsnetze (aber fast immer von männlichen Tätern gegen weibliche Opfer) ereignet, ist Gewalt im öffentlichen Raum durch eine bedeutend grössere Offenheit hinsichtlich der Begegnung zwischen Täter und Opfer gekennzeichnet.

Eine besondere Bedeutung kommt hierbei Strassenraub und Entreissdiebstahl zu. Wie im Verlauf dieser Studie deutlich wurde, ist dies jene Form von städtischer Gewalt, die im Verlauf der vergangenen 30 Jahre den bei weitem stärksten Anstieg erfahren hat und durch welche Bevölkerungsgruppen viktimisiert werden, welche von anderen Formen öffentlicher Gewalt kaum betroffen sind. Dabei lässt sich die Zunahme von Strassenraub im wesentlichen als Folge der Wechselwirkung zwischen der Entstehung einer Gruppe marginalisierter, schwer abhängiger Drogenkonsumenten, deren Zusammentreffen im Bereich der innerstädtischen Drogenmärkte sowie den »günstigen« situativen Kontextbedingungen für Strassenraub in den Stadtzentren interpretieren, wenn auch in jüngerer Vergangenheit jugendliche Banden vermehrt in Erscheinung treten.

Anhang I
Die verwendeten Datenquellen

Das Hauptgewicht der Analysen in dieser Arbeit liegt bei Auswertungen von Daten, welche entweder auf der Ebene *polizeilich registrierter Gewaltdelikte* oder auf der *Ebene von Strafurteilen* vorliegen. Insgesamt lassen sich vier Gruppen von untersuchten Daten unterscheiden, die für je spezifische Fragestellungen eingesetzt werden.

- Daten der Todesursachenstatistik,
- Strafurteilsstatistiken,
- Statistiken der polizeilich registrierten Gewaltdelikte,
- Erhebung von rund 1 100 Anzeigeprotokollen zu polizeilich registrierten Gewaltdelikten im Kanton Basel-Stadt.

Todesursachenstatistik

Seit 1877 verfügt die Schweiz über eine Todesursachenstatistik, in der Zählungen der Personen, als deren *Todesursache vorsätzliche Tötung, Mord, Totschlag, Tötung auf Verlangen oder Kindstötung* festgestellt wurde, eine gesonderte Kategorie bilden. Unpublizierte Tabellen enthalten für einzelne Zeiträume Unterteilungen der Opfer nach Geschlecht, Alter, Wohnkanton, Wohngemeinde und Nationalität. Seit 1969 sind die Daten elektronisch erfasst und können daher nach beliebigen Merkmalskombinationen abgefragt werden.

Die Daten der Todesursachenstatistik sind die einzige gesamtschweizerische Quelle für historische Veränderungen der regionalen Verteilung, der Altersstruktur, der Nationalität und des Geschlechts von Gewaltopfern. Obwohl sich Tötungsdelikte in verschiedener Hinsicht von anderen Gewaltdelikten unterscheiden, ist diese Statistik hiermit eine wichtige Quelle für die Beurteilung längerfristiger Entwicklungen von Gewaltdelinquenz. Zudem ist sie die einzige Informationsgrundlage für Aussagen über zeitliche Veränderungen von Viktimisierungsrisiken.

Im Allgemeinen wird davon ausgegangen, dass Todesursachenstatistiken ein vergleichsweise valider Indikator für komparative Analysen der Häufigkeit von Tötungsdelikten sowohl im interregionalen oder internationalen sowie im zeitlichen Vergleich sind (Franke, 1994; Gabrielsen et al., 1992; Gartner, 1990; von Hofer, 1991). Die schweizerische Todesursachenstatistik wurde von Jakob (Jakob, 1986) mit besonderem Blick auf die Suizidproblematik auf ihre empirische Qualität hin untersucht. Er kam zum Schluss, dass diese Datenquelle insgesamt als gute Grundlage für historische Trendanalysen betrachtet werden kann.

Strafurteilsstatistiken

Die Einschätzung der Validität von Strafurteilsstatistiken als Kriminalitätsindikatoren hat im Verlauf der vergangenen 40 Jahre einen tiefgreifenden Wandel erfahren. Während sich noch bis in die 1950er Jahre der überwiegende Teil kriminologischer Untersuchungen auf Statistiken der Strafurteile stützte, ist heute die von Sutherland (Sutherland und Cressey, 1974) formulierte Regel allgemein akzeptiert, dass Kriminalitätsdaten umso weniger valide sind, je mehr Selektions- und Bearbeitungsprozesse sie durchlaufen haben. Strafurteilsstatistiken gelten daher als wenig verlässliche Indikatoren für vergleichende Analysen von Kriminalität (Joutsen, 1994). Ihre Verwendung für einzelne Fragestellungen im Rahmen dieser Untersuchung ist einzig darin begründet, dass für die Zeit vor 1982 jegliche gesamtschweizerische Daten zur polizeilich registrierten Delinquenz fehlen.

Ich verwende die Daten zur Zahl der ausgesprochenen Strafurteile in erster Linie, um gesamtschweizerische sowie kantonale Trendentwicklungen seit den frühen 60er Jahren in groben Zügen abschätzen zu können. Dabei ist zu berücksichtigen, dass die in der Strafurteilsstatistik ausgewiesenen Daten nur begrenzt Aussagen über Veränderungen in der Gewaltkriminalität zulassen. Abgesehen davon, dass generell Verurteilungen als letztes Glied einer langen Reihe von Interaktionsprozessen zwischen Rechtsinstanzen und der Bevölkerung von einer Vielzahl intervenierender Einflüsse geprägt sind, wurden im beobachteten Zeitraum Änderungen in der Registrierungspraxis vorgenommen, welche allesamt in Richtung auf eine *Dämpfung* bei der statistischen Erfassung möglicher realer Zunahmen wirken. Insbesondere wurde schrittweise die gesamte *Jugendkriminalität* aus den statistisch ausgewiesenen Daten eliminiert (vgl. Balvig, 1990:

29ff). Ab 1971 waren Strafurteile gegenüber Jugendlichen, welche einen Verweis oder eine Busse beinhalteten, nicht mehr strafregisterpflichtig. Mit der Einführung des Jugendstrafrechtes im Jahre 1974 wurde das Strafmündigkeitsalter von 14 auf 15 Jahre erhöht. Ausserdem wurde die Eintragung ins Zentralstrafregister auf jene Fälle beschränkt, in denen eine Massnahme (Einweisung in ein Erziehungsheim) oder eine Einschliessung ausgesprochen wurde. Seit 1984 schliesslich wurden Straftäter im Alter von unter 18 Jahren überhaupt nicht mehr im Zentralstrafregister eingetragen.

Der statistische Effekt dieser Veränderungen in der Registrierungspraxis kann grob abgeschätzt werden. 1969 und 1970 – also den letzten Jahren vor den erwähnten Neuregelungen – wurden in der Schweiz insgesamt 4 326 Verurteilungen von Minderjährigen gezählt, was einem Anteil von 10,6 % am Total entspricht (vgl. Statistisches Jahrbuch der Schweiz, 1971 und 1972). Allerdings war deren Anteil bei Strafurteilen wegen Raub deutlich höher, bei Strafurteilen wegen Tötungen und schweren Körperverletzungen hingegen tiefer. Der polizeilichen Kriminalstatistik lässt sich entnehmen, dass im Jahre 1982 bei Körperverletzungen rund 12 Prozent und bei Raub rund 41 Prozent der Tatverdächtigen minderjährig waren (Schweizerische Bundesanwaltschaft – Zentralpolizeibüro, 1982ff).

Neben diesem Effekt einer bewusst vorgenommenen Veränderung des statistischen Erfassungsmodus kann man annehmen, dass sich weitere Prozesse dahingehend ausgewirkt haben, dass die Strafurteilsstatistiken die realen Zunahmen unterschätzen. So ist einmal im Bereich der polizeilichen Tätigkeit zu vermuten, dass sich die Schweiz dem Trend *sinkender Aufklärungsraten*, der aus benachbarten Ländern für die Zeit seit 1960 berichtet wird, nicht entziehen konnte (Kaiser, 1989). Im Bereich der Strafverfolgung ist zudem für die 60er und 70er Jahre von einem Trend *sinkender Punitivität* auszugehen, der wohl dazu beigetragen hat, dass Delikte mit Bagatellcharakter eher zu einer Einstellung der Strafverfahren führten und daher nicht mehr in der Verurteilungsstatistik auftauchen (Kaiser, 1989:185; von Hofer und Tham, 1989).

Statistiken der polizeilich registrierten Gewaltdelikte

Die Schweiz hat als einer der letzten westeuropäischen Staaten im Jahre 1982 eine Statistik der polizeilich registrierten Straftaten unter dem Titel »Polizeiliche Kriminalstatistik« eingeführt. Sie wird vom Zentralpolizeibüro der schweizerischen Bundesanwaltschaft herausgegeben und beruht auf einer Zusammenfassung von Zählungen, welche in den einzelnen Kantonen vorgenommen werden. Allerdings bestehen zwischen den Kantonen grosse Unterschiede hinsichtlich des Ausbaustandes der Statistik. Während der Kanton Zürich seit 1980 über eine elektronisch aufbereitete und relativ viele Aspekte erfassende Datengrundlage verfügt, beschränken sich die meisten anderen Kantone auf tabellarische Zählungen derjenigen Daten, die vom Zentralpolizeibüro der Bundesanwaltschaft verlangt werden. Zu diesem Zweck erhalten die kantonalen Polizeikommandos monatliche Erhebungsblätter, in welche die jeweils registrierte Zahl der angezeigten Delikte sowie einige weitere Merkmale eingetragen werden. Über die Kantone und die Monate aufsummiert entstehen so jene Werte, welche jährlich in der Polizeilichen Kriminalstatistik veröffentlicht werden. Gemäss deren Vorwort handelt es sich um Zählungen sämtlicher Polizeianzeigen, die von den kantonalen und kommunalen Polizeikorps erfasst sind. Allerdings bestehen faktisch einige gravierende Mängel und Lücken, die über die übliche Problematik polizeilicher Kriminalstatistiken (vgl. z.B. Boers, 1994; Pfeiffer und Wetzels, 1994) hinausgehen und die in vier Gruppen zusammengefasst werden können.

Erstens ist die polizeiliche Kriminalstatistik im Bereich der Gewaltdelinquenz unvollständig. Insbesondere fehlen unter den Delikten gegen Leib und Leben Zählungen von »Tätlichkeiten« (StGB Art. 126) sowie aller Delikte, die im Schweizerischen Strafgesetzbuch unter dem Kapitel »Gefährdung des Lebens und der Gesundheit« (insbesondere »Zweikampf«, Art. 131, »Beteiligung an einem Raufhandel«, Art. 133 und »Misshandlung und Vernachlässigung eines Kindes«, Art. 134) geführt werden. Im Bereich der gewaltsamen Sexualdelikte werden zudem sexuelle Nötigungen nur unter der summarischen Kategorie »strafbare Handlungen gegen die sexuelle Integrität« subsumiert und können nicht gesondert analysiert werden. *Zweitens* ist unklar, ob es sich bei der polizeilichen Kriminalstatistik um eine Statistik aller angezeigten Delikte (eine »Input-Statistik«) oder um eine Statistik der polizeilich geklärten und an die Justizbehörden weitergeleiteten Delikte (eine »Output-Statistik«) handelt (Killias, 1991a). Es gibt Hinweise darauf, dass dies in verschiedenen Kantonen unterschiedlich gehandhabt wird. *Drittens* zeigt die Arbeit mit den kantonalen Daten, dass sich die Abgrenzungskriterien für einzelne Delikte zwischen den Kantonen unterscheiden und einige Kantone ihre Deliktdefinitionen über die Zeit verändert haben. *Viertens* bestehen begründete Zweifel, ob die Angaben zu einzelnen Merkmalsvariablen (Alter und Nationalität der Täter, Einsatz von Waffen) als verlässlich anzusehen sind. Bauhofer (1993) etwa hat die Daten zum Wohnsitz ausländischer Täter als unzuverlässig kritisiert (vgl. auch: Killias, 1994).

Nach Kantonen unterteilte Daten sind nicht publiziert. Sie wurden mir auf Anfrage hin für die Zeit ab 1986 auf elektronischen Datenträgern zur Verfügung gestellt.

In Ergänzung hierzu konnten mittels einer Umfrage bei den lokalen Polizeibehörden für die fünf grössten Städte der Schweiz (Zürich, Basel, Genf, Bern und Lausanne) einige Daten der polizeilich registrierten Gewaltdelikte seit Beginn der 60er Jahre erhoben werden. In Verbindung mit der Todesursachenstatistik und der Strafurteilsstatistik werden sie primär zu einer Abschätzung von Trendentwicklungen während der vergangenen drei Dekaden verwendet.

Detailauswertung der polizeilich registrierten Gewaltdelikte im Kanton Basel-Stadt

Einen Schwerpunkt der hier vorgelegten Untersuchungen bilden Analysen von rund 1 100 *Anzeigeprotokollen* zu Tötungsdelikten, Körperverletzungen, Raubüberfällen und Entreissdiebstählen sowie sexueller Gewalt im Kanton Basel-Stadt. Die Erhebung erfolgte mit einem methodischen Vorgehen, welches von Wikström (1985) für eine Untersuchung in Stockholm entwickelt wurde und später von McClintock und Wikström (1992) für Edinburgh angewandt wurde. Hierbei wurden die Protokolle der polizeilich erfassten Anzeigen ausgewählt, gelesen und aufgrund eines Erhebungsbogens numerisch kodiert. In jenen Fällen, wo der Täter der Polizei bekannt waren, wurden zusätzliche Daten aufgrund der Täterkartei des Kriminalkommissariats des Kantons Basel-Stadt erhoben.

Die Daten enthalten insgesamt 45 Primärvariablen zu *Opfermerkmalen* und *Tätermerkmalen* (Alter, Geschlecht, Beruf, Wohnort, etc.) sowie *Kontextmerkmalen der Tat* (Zeit, Ort, Anwesenheit Dritter, etc.) und dienen als Grundlage für Analysen nach verschiedenen theoretisch relevanten Gesichtspunkten. Tabelle A.1 gibt einen Überblick über die erhobenen Variablen. Hinsichtlich deren Verwendung in den Analysen sind vier Hinweise wichtig:

Eine Klassifikation der Delikte wurde sowohl durch die Polizei wie auch beim Eingang in die Staatsanwaltschaft vorgenommen. Die Klassifikationen unterscheiden sich nur geringfügig. In den Analysen wurde immer auf diejenige der Staatsanwaltschaft abgestellt.

Die meisten erfassten Variablen basieren auf Informationen, die routinemässig in standardisierter Form auf dem Anzeigeprotokoll notiert werden. Für einige Variablen (z.B. Beziehung Opfer-Täter, genauer Ort des Deliktes etc.) beruhen die Daten jedoch auf einer sorgfältigen Lektüre der Protokolltexte.

Tabelle A.1   *Erhobene Primärvariablen im Überblick*

Angaben zum Delikt

1. Deliktklassifikation der Polizei
2. Deliktklassifikation Staatsanwaltschaft
3. Jahr
4. Monat
5. Wochentag
6. Zeit
7. Zeugen anwesend
8. Durch wen wurde Polizei informiert
9. Ort des Deliktes
10. Beziehung Opfer–Täter
11. Waffen benutzt/angedroht
12. Wert: entwendetes Geld
13. Wert: Entwendetes Gut

Nur bei sexueller Gewalt:

14. Dauer der sexuellen Misshandlung
15. Ort des ersten Kontaktes
16. Dauer: erster Kontakt–sexuelle Gewalt

Angaben zum Opfer

1. Geschlecht
2. Alter
3. Zivilstand
4. Nationalität
5. Arbeitssituation
6. Beruf
7. Opfer in Jugendbande
8. Anzahl Opfer
9. Opfer am Arbeitsplatz
10. Alkoholeinfluss (Opfer und/oder Täter)
11. Drogeneinfluss (Opfer und/oder Täter)
12 Verletzungen

Angaben zum Täter

1. Täter bekannt: Geschlecht
2. Täter unbekannt: vermutetes Geschlecht
3. Täter bekannt: Alter
4. Täter unbekannt: vermutetes Alter
5. Nationalität
6. Zivilstand
7. Arbeitssituation
8. Beruf
9. Opfer am Arbeitsplatz
10. Täter in Jugendbande
11. Anzahl Täter

Sozialökologische Variablen

1. Tatort nach Quartier
2. Tatort nach Hektarraster
3. Wohnort Täter nach Quartier (Gemeinde und Staat, wenn ausserhalb von Kt. Basel- Stadt)
4. Wohnort Täter nach Hektarraster (nur wenn Wohnort Kt. Basel-Stadt)
5. Wohnort Opfer nach Quartier (Gemeinde und Staat, wenn ausserhalb von Kt. Basel- Stadt)
6. Wohnort Opfer nach Hektarraster

Für die überwiegende Zahl der Variablen enthielten die erfassten Anzeigen nahezu vollständig Informationen. Die wichtigste Ausnahme sind die Angaben zu Alkohol- oder Drogeneinfluss, die nicht routinemässig in den Anzeigeprotokollen aufgeführt sind. Da nur explizite Hinweise zu einer Kodierung führten, sind diese Variablen kaum interpretierbar. Für Tatort, Wohnort des Opfers und Wohnort des Täters wurden zunächst die vollständigen Adressangaben erhoben. Diese Daten wurden anschliessend mit einer Adressdatei des Statistischen Amtes des Kantons Basel–Stadt verknüpft, um die numerischen Informationen über Wohnbezirke und Hektarraster zu eruieren. Im Rahmen der Erhebung wurden auch Angaben zu Vorstrafen des Täters und gerichtlicher Beurteilung des Deliktes erfasst. Analysen dieser Daten zeigten jedoch, dass sie infolge beträchtlicher Lücken nicht weiter verwendbar waren. In einem speziellen Forschungsprojekt wird jedoch dieser Bereich gesondert untersucht (Manzoni und Ribeaud, 1995).

Tabelle A.2 Kodierte Delikte: Erhebungszeitraum und Zahl der erfassten Fälle

Primärklassifikation	Deliktgruppe	Erhebungszeitraum	Taten	Opfer	Identifizierte Täter[a]
Mord		1983–1991	26	30	26
Versuchter Mord		1983–1991	26	36	27
Totschlag		1983–1991	1	1	1
	Tötungsdelikte		53	67	54
Körperverletzung		1991	234	258	166
Tätlichkeit		1991	236	249	164
	Körperverletzungen		470	507	330
Raub gegen Person		1991	140	166	43
Übriger Raub		1991	19	21	4
Entreissdiebstahl[b]		1991	143	143	28
	Raubdelikte		421[c]	449[c]	75
Vergewaltigung		1986–1991	86	86	48
Versuchte Vergew.		1986–1991	38	38	9
Nötigung zu einer anderen sex. Handlg.		1986–1991	8	8	4
	Sexuelle Gewalt		132	132	56

[a] Polizeilich identifizierte Täter einschliesslich Mehrfachtäter.
[b] Bei Entreissdiebstählen wurde unter den ungeklärten Delikten eine Stichprobe von 50 Prozent erhoben (= 119 Fälle). Die geklärten Delikte (24 Fälle) wurden vollständig erhoben. Bei allen folgenden Analysen wurden die ungeklärten Fälle doppelt gewichtet.
[c] Fallzahl nach Gewichtung der ungeklärten Entreissdiebstähle.

Die Auswahl der zu analysierenden Protokolle erfolgte mit dem Ziel, auch für seltene Deliktformen eine ausreichend grosse Datenbasis für statistische Analysen zu erhalten. Daher wurden Tötungsdelikte sowie Vergewaltigungen und sexuelle Nötigungen über einen Zeitraum von mehreren Jahren erhoben. Für die übrigen Delikte wurde eine Vollerhebung über das gesamte Jahr 1991 durchgeführt. Eine Ausnahme bilden ungeklärte Entreissdiebstähle, für die nur eine 50prozentige Stichprobe erhoben wurde. Tabelle A.2 gibt einen Überblick über die Erhebungsperioden und die jeweilige Zahl von Beobachtungen auf den Ebenen Taten, Opfer und polizeilich identifizierte Täter.

Anhang II

Vor- und Nachteile von prozessproduzierten Daten

Mit der Verbreitung von Opferbefragungen und Studien zur selbstberichteten Delinquenz, welche von staatlichen Kontrollinstanzen unabhängiges Erfahrungswissen erzeugten, begann anfangs der 70er Jahre eine intensive Diskussion der Frage, bis zu welchem Grad prozessproduzierte Daten einen empirischen Informationsgehalt für das Phänomen »Kriminalität« haben (Henry und Short, 1957; für eine umfassende Darstellung des Forschungsstandes vgl. Kaiser et al., 1991; Killias, 1992; Skogan, 1981; Sparks, 1981). Sie erhielt zusätzliche Nahrung durch die Konjunktur des Etikettierungsansatzes (Becker, 1981; Cohen, 1980; Hester und Eglin, 1992; Lamnek, 1993; Sack, 1973), welche dazu führte, dass während der 70er Jahre einige Forschende polizeilichen oder gerichtlichen Daten jeglichen Informationswert für die Analyse von Kriminalität als Handlungsrealität absprachen (Sack, 1968; 1972; 1973). Inzwischen zeichnet die vergleichende Analyse verschiedener Messebenen ein differenzierteres Bild, wobei besonders Vergleiche zwischen Opferbefragungen und polizeilichen Daten im Mittelpunkt stehen. Sie zeigen, dass in wichtigen Bereichen die Übereinstimmungen grösser sind als zunächst vermutet wurde, dass für eine Reihe von Fragestellungen Opferbefragungen und polizeiliche Daten je spezifische Vor- und Nachteile aufweisen und dass für wiederum andere Aspekte Opferbefragungen wie polizeiliche Daten nur sehr beschränkte Informationen liefern.

- Für schwere Formen von Gewaltdelinquenz wird davon ausgegangen, dass Opferbefragungen und polizeiliche Daten gute Übereinstimmungen hinsichtlich verschiedener Merkmalsdimensionen aufweisen. Allerdings erfordert eine empirische Analyse auf der Basis von Befragungen für schwere Formen von Gewalt ausserordentlich grosse Stichproben, so dass in diesem Bereich polizeiliche Daten nach wie vor die wichtigste Datenquelle bilden (Hindelang et al., 1981). Hingegen besteht kein Zweifel, dass im Bereich von weniger schweren Formen von Gewalt Opferbefragungen ein grösseres Spektrum von Ereignissen erfassen als polizeiliche Daten.

- Opferbefragungen haben gegenüber polizeilichen Daten den grossen Vorteil, dass sie Ereignisse unabhängig von ihrer rechtlichen Definition, vom Anzeigeverhalten der Opfer und von Registrierungspraktiken der polizeilichen Instanzen erfassen. Hingegen mag bereits die generell eher tiefe Rücklaufquote bei Opferbefragungen – im International Crime Survey (van Dijk et al., 1991) betrug der durchschnittliche Rücklauf rund 41 Prozent – Probleme der Interpretation aufwerfen. Gravierender fällt ins Gewicht, dass standardisierte Befragungsinstrumente *marginalisierte Bevölkerungsgruppen* kaum erreichen (vgl. McClintock und Wikström, 1990; 1992). Beispielsweise machten sowohl in der Schweizer Opferbefragung von Killias (1989) sowie in der Zürcher Opferbefragung von Schwarzenegger (1992) Personen ausländischer Nationalität nur jeweils rund 5 Prozent der Antwortenden aus, während sich der tatsächliche Bevölkerungsanteil 1986 auf rund 16 Prozent belief. Noch stärker untervertreten sind Bevölkerungsgruppen wie Drogenabhängige oder Obdachlose, für die man davon ausgehen kann, dass sie als Opfer von Gewalt in polizeilichen Daten angemessener repräsentiert sind als in Opferbefragungen.
- Schliesslich werden zentrale Teilbereiche von Gewalt weder in kriminologischen Opferbefragungen noch in polizeilichen Daten ihrer Bedeutung entsprechend erfasst. Dies betrifft vor allem Gewalt im familiären Nahbereich (Gelles, 1987; Gelles und Strauss, 1988; Godenzi, 1993: 281–318; Straus, 1990; Straus und Gelles, 1990). Während die Unterrepräsentierung von familiärer Gewalt in polizeilichen Daten eine Konsequenz geringer Anzeigebereitschaft ist, wirkt sich bei kriminologischen Opferbefragungen aus, dass Gewalt im Nahraum in Befragungen zu »Kriminalität« teilweise nicht erinnert wird und dass das übliche Befragungsdesign (schriftliche oder telefonische Befragung) in keiner Weise auf die besondere Problematik von Gewalt in der Intimsphäre angepasst ist (Biderman, 1975; Sparks, 1981).

Dunkelfeld, Anzeigebereitschaft und Selektionsprozesse

Es kann heute als bekannt vorausgesetzt werden, dass polizeiliche oder gar gerichtliche Statistiken nur einen Bruchteil des Delinquenzgeschehens in einer Gesellschaft widerspiegeln. Die Selektionsprozesse lassen sich vereinfacht in einem Pfadmodell darstellen, wie es Abbildung A.1 zeigt.

Abbildung A.1   Modell der strafrechtlichen Selektionsprozesse

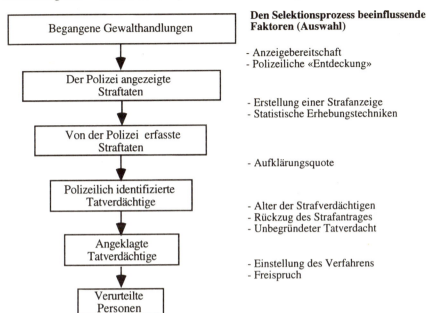

Es macht deutlich, dass zwischen einer strafbaren Gewalthandlung und einer Verurteilung des Täters eine Vielzahl von Selektionsprozessen liegen, die nicht nur einen Einfluss auf den zahlenmässigen Bestand der erfassten Ereignisse haben, sondern – was für eine empirische Analyse weit gravierender ist – auch zu Selektionen nach verschiedenen sozialwissenschaftlich relevanten Kriterien führen (Kaiser, 1989: 183; The President's Commission on Law Enforcement and Administration of Justice, 1967).

Eine Frage, die besonders in Zusammenhang mit Gewaltdelikten diskutiert wird, betrifft Auswirkungen der Beziehung zwischen Täter und Opfer auf das Anzeigeverhalten sowie nachgelagerte Selektionsprozesse. Die Komplexität des Problems besteht darin, dass Selektionen auf verschiedenen Ebenen in unterschiedlichen Richtungen ablaufen können. So ist bekannt, dass Gewaltdelikte zwischen einander bekannten Personen seltener angezeigt werden als solche zwischen einander unbekannten Personen, was zu einer Untervertretung der Ereignisse im sozialen Nahraum führt. Umgekehrt ist aber die Wahrscheinlichkeit, dass ein Täter polizeilich identifiziert wird, im sozialen Nahraum weit grösser (weil das Opfer den Täter zumeist benennen kann) als bei einander unbekannten

Personen. Dies erhöht nun jedoch – im Vergleich zu registrierten Delikten insgesamt – unter den polizeilich aufgeklärten Fällen den Anteil von Ereignissen im sozialen Nahraum. Bei der gerichtlichen Beurteilung des Falles hingegen ist von einer erneuten Umkehrung der Selektionsdynamik auszugehen, da ein Opfer bei diesen Delikten wahrscheinlich geringere Chancen hat, die für eine Verurteilung nötigen juristischen Beweismittel (z.B. Zeugen) vorzulegen als ein Opfer von Gewaltdelikten in der Öffentlichkeit. Um die numerische Grössenordnung dieses Selektionsprozesses zu dokumentieren, sind in Tabelle A.3 für drei Gruppen von Gewaltdelikten Daten auf verschiedenen Messebenen wiedergegeben.

Die Schätzungen der begangenen Delikte beruhen auf Hochrechnungen der jährlichen Prävalenzraten aus den beiden nationalen Opferbefragungen. Während die erste gesamtschweizerische Opferbefragung (Killias, 1989) aus den Jahren 1984 und 1986 rund 6500 befragte Personen umfasste, lag die Stichprobengrösse im Rahmen des 1989 durchgeführten »International Crime Survey« bei rund 1000 Personen (Killias, 1989; 1991b; van Dijk et al., 1991). Im Fall des International Crime Survey ist zu berücksichtigen, dass die Hochrechnungen auf sehr geringen Fallzahlen von Opfern beruhen und daher das Vertrauensintervall für die angegebenen Werte gross ist. Um so mehr ist bemerkenswert, dass die beiden Opferbefragungen zu ähnlichen Gesamthäufigkeiten führen. Auf der Erfassungsebene der *Polizei* enthält die Tabelle die Zahl der polizeilich registrierten Delikte und der Tatverdächtigen im Durchschnitt der Jahre 1986 bis 1990. Beide Angaben entstammen der Polizeilichen Kriminalstatistik der Schweiz. Auf der Ebene der *Strafurteile* beziehen sich die Daten soweit als möglich auf Deliktgruppen, die den Definitionskriterien auf den vorgelagerten Ebenen entsprechen. Zu berücksichtigen ist, dass minderjährige Täter im Zentralstrafregister der Schweizerischen Bundesanwaltschaft nicht erfasst werden und daher auch in der Strafurteilsstatistik nicht ausgewiesen werden.

Bereits ein erster Blick in die Tabelle zeigt, dass zwischen der ersten Messebene (Hochrechnungen aus Opferbefragung) und der letzten Messebene (strafrechtlich verurteilte erwachsene Personen) enorme Diskrepanzen bestehen. Die Zahl der strafrechtlich verurteilten Personen macht bei allen drei Deliktgruppen weniger als zwei Prozent der Zahl jener Delikte aus, welche sich aufgrund der Angaben in den beiden verfügbaren gesamtschweizerischen Opferbefragungen hochrechnen lassen.

Da die Dynamik des hiermit angedeuteten Selektionsprozesses für eine Beurteilung der Qualität der Datenquellen von einiger Bedeutung ist, sollen kurz die wichtigsten empirisch identifizierten Einflussfaktoren vorgestellt werden.

Vor- und Nachteile von prozessproduzierten Daten 293

Tabelle A.3   *Jährliche Häufigkeit von Gewaltdelikten auf verschiedenen Ebenen der statistischen Erfassung*

	Körperverletzungen/ Drohungen		Raub/ Entreissdiebstahl		Vergewaltigung/ sexueller Angriff	
	SCS	ICS	SCS	ICS	SCS	ICS
1. Begangene Delikte nach Opferbefragung	60 000[a]	63 000[a]	24 000[b]	26 000[b]	7 000[c] (1700)[d]	8 300[c]
Anzeigerate	30 %	26 %	70 %	60 %	38 %	≈ 30 %
Angezeigte Delikte	16 800	16 400	16 800	15 600	2 700	2 500
2. Polizeilich registrierte Delikte	5 280[e]		3 130		385[f]	
In % der angezeigten Delikte nach 1.	≈ 33 %		≈ 20 %		≈ 18 %	
Polizeilich identifizierte Täter	3 180		1072		223	
Aufklärungsrate	≈ 60 %		≈ 34 %		≈ 58 %	
3. Verurteilte Personen	1 265[g]		535[h]		132[i]	
In % der polizeilich identifizierten Täter	≈ 38 %		≈ 33 %		≈ 59 %	

Allgemeine Anmerkung: Die Zahlen in 1. sind Hochrechnungen aufgrund der jährlichen Prävalenzraten der Schweizer Opferbefragungen (SCS) von Killias (1989) und der Ergebnisse aus dem International Crime Survey (ICS) von van Dijk et al. (1991). Die Zahlen in 2. sind durchschnittliche Werte (1986–1990) aus der Polizeilichen Kriminalstatistik. Die Zahlen in 3. sind über die Jahre 1986–1990 gemittelte Häufigkeiten der Strafurteile.

a   In beiden Befragungen ist »Drohung« eingeschlossen.
b   Inklusive Versuche.
c   Der SCS erfasste Vergewaltigung, versuchte Vergewaltigung und gewaltsame sexuelle Belästigung. Der ICS erfasste versuchte und vollendete Vergewaltigung. Die Prävalenzrate für ein Jahr war Null, die Hochrechnung basiert auf der Prävalenzrate für fünf Jahre.
d   Nur (vollendete und versuchte) Vergewaltigungen, ohne sexuelle Belästigung.
e   Tötungen, Körperverletzungen, Drohungen, Nötigungen. Tätlichkeiten (StGB Art. 126, altes Strafgesetzbuch) werden in der Polizeilichen Kriminalstatistik nicht ausgewiesen.
f   Nur (vollendete und versuchte) Vergewaltigungen. Sexuelle Nötigung wird in der Polizeilichen Kriminalstatistik nicht gesondert ausgewiesen.
g   Alle Delikte gegen Leib und Leben (ohne fahrlässige Delikte).
h   Nur Strafurteile wegen Raub (StGB Art. 139), ohne Entreissdiebstahl.
i   Strafurteile wegen Vergewaltigung (StGB Art. 187) und Nötigung zu einer anderen sexuellen Handlung (StGB Art. 188).

Die Daten zeigen zunächst, dass zwischen 26 (Körperverletzung und Tätlichkeit, ICS) und 70 Prozent (Raub, ICS) der Opfer von Gewaltdelikten angeben, sie hätten das Delikt der Polizei angezeigt. Untersuchungen machen deutlich, dass im Bereich der Gewaltdelinquenz im Wesentlichen zwei Faktoren für die Anzeigebereitschaft ausschlaggebend sind (Gottfredson, 1986; Schwind et al., 1989; Skogan, 1985; van Dijk et al., 1991). Der wichtigste und kaum kontrovers diskutierte Einflussfaktor ist die *Schwere des Deliktes*. So lassen Opferbefragungen übereinstimmend erkennen, dass im Bereich von Körperverletzungen und Tätlichkeiten jeweils etwa 40 Prozent der Nichtanzeigenden den Bagatellcharakter des Ereignisses als wichtigsten Grund angeben (Killias, 1989; van Dijk et al., 1991). Ein zweiter Faktor ist der *Grad der Bekanntschaft* zwischen Opfer und Täter. Zum einen geben Opfer von Gewalt im sozialen Nahraum häufig an, sich für die Tat mitverantwortlich zu fühlen, was die Motivation für eine Anzeige des Täters mindert (Killias, 1989). Zum anderen spielt eine Rolle, dass die Opfer häufig das Gefühl haben, die Polizei sei entweder die falsche Instanz oder sie könne nichts zur Bewältigung des Problems beitragen (Honig, 1992). Im Gegensatz zu häufig geäusserten Vermutungen zeigen hingegen viele Untersuchungen, dass Persönlichkeitsmerkmale des Täters oder des Opfers (Nationalität, sozialer Status) *keinen* bestimmenden Einfluss auf die Wahrscheinlichkeit einer Anzeigeerstattung haben (Gottfredson und Gottfredson, 1980; Killias, 1988; 1989; Skogan, 1985).

Im Weiteren ist eine deutliche Diskrepanz zwischen der aufgrund von Opferbefragungen hochgerechneten Zahl von angezeigten Gewaltdelikten und den tatsächlich polizeilich ausgewiesenen Straftaten zu erkennen. Zwar sind solche Differenzen auch aus Untersuchungen in anderen westlichen Industriestaaten dokumentiert (Farrington et al., 1994; Farrington und Wikström, 1993; Reiss und Roth, 1993). Doch liegen sie beispielsweise in den USA (Reiss und Roth, 1993: 56), England und Schweden (Farrington et al., 1994) unter denjenigen, welche hier für die Schweiz gezeigt werden. Seitens der Befragungstechniken ist das bereits erwähnte »telescoping« als Verzerrungsursache bekannt, bei dem Befragte zeitlich weiter zurückliegende Ereignisse in den Erfassungszeitraum verlegen (Skogan, 1981). Das grössere Problem scheint hier jedoch auf der Ebene der Erfassung angezeigter Delikte durch die Polizeistellen und dem Erstellen der statistischen Zählungen zu liegen. Über die Tendenz der Polizei, für ihr zur Kenntnis gebrachte Gewaltdelikte kein Anzeigeprotokoll anzufertigen, liegen für die Schweiz keine einschlägigen wissenschaftlichen Untersuchungen vor. Doch zeigte eine Studie im süddeutschen Raum aus den frühen 70er Jahren (Kürzinger, 1978: 245), dass bei leichten Körperverletzungen und Tätlichkeiten bis zu 70 Prozent der berichteten Delikte *nicht* zum Erstellen eines Anzeigeprotokolles führten. Mit diesem Befund stimmt überein, dass die in den USA, in England und Schweden beobachtete Angleichung der Hochrechnungen aus Opferbefragungen und der polizeilichen Kriminalstatistiken auf einen Ausbau der polizeilichen Erfassungsintensität zurückgeführt wird (Farrington et al., 1994). Da die entsprechende *schweizerische* Statistik wenig ausgebaut ist, ist es wahrscheinlich, dass ein Teil der Gewaltdelikte, welche der Polizei zur Kenntnis gebracht werden, nicht zur statistischen Registrierung führen. Hinzu kommt die bereits erwähnte *Unvollständigkeit* der polizeilichen Statistiken im Bereich der Gewaltdelikte.

Ein dritter Selektionsprozess betrifft die *polizeiliche Aufklärung der Tat*. Unter den Faktoren, die zur *Aufklärung einer Gewalttat* beitragen, ist besonders der Grad der Bekanntheit zwischen Opfer und Täter hervorzuheben (Kaiser, 1989). Da die Aufklärung einer Gewalttat fast immer davon abhängt, ob das Opfer den Täter benennen kann, führen Gewaltdelikte durch dem Opfer unbekannte Täter weit seltener zur Aufklärung, als Gewalthandlungen durch dem Opfer bekannte Täter. Dies zeigt sich deutlich bei einer entsprechenden Auswertung der erhobenen Daten im Kanton Basel-Stadt. So ist unter den polizeilich geklärten Fällen der Anteil von Delikten, bei denen das Opfer den Täter bereits zuvor kannte oder welche sich in einer Wohnung ereigneten, deutlich höher als bei polizeilich nicht aufgeklärten Fällen.

Nur ein Teil der polizeilich ermittelten Tatverdächtigen wird schliesslich rechtskräftig verurteilt (für eine ausführliche Diskussion der strafrechtlichen Sanktionierung und die relevante Literatur vgl. Blankenburg et al., 1978; Kaiser, 1989: 516ff). Wenn auch das strafrechtliche Sanktionssystem in dieser Untersuchung nicht weiter untersucht wird, sei doch auf vier Selektionsprozesse wenigstens hingewiesen (Manzoni und Ribeaud, 1995). Zum einen kennt das schweizerische Strafrecht im Gegensatz zu anderen Ländern die Unterscheidung zwischen Antrags- und Offizialdelikten. Hinsichtlich der Einleitung eines Gerichtsverfahrens spielt diese Unterscheidung vor allem bei leichten Körperverletzungen und Tätlichkeiten eine Rolle, bei welchen es nicht selten zu einem *Rückzug des Strafantrages durch das Opfer* kommt. Zum zweiten enthält die Strafurteilsstatistik der Schweiz nur Angaben über *volljährige Täter*. Drittens kann die gerichtliche Instanz aufgrund verschiedener Faktoren (z. B. mangels Beweises des Straftatbestandes) eine *Einstellung des Gerichtsverfahrens* verfügen. Und schliesslich kann es anlässlich der Gerichtsverhandlung selbst infolge verschiedenster Gründe zu einem *Freispruch* kommen.

Anhang III

Opferbefragung und Polizeidaten im Vergleich

Für eine Untersuchung, die sich in erster Linie auf prozess-produzierte Daten stützt, stellt sich die Frage, in welcher Weise Dunkelzifferproblematik und Selektionsprozesse zu derartigen Verzerrungen führen, dass die untersuchten Verteilungsmuster (z. B. nach räumlichen Aggregaten, sozio-demographischen Merkmalen von Tätern und Opfern etc.) nur noch über die Tätigkeit der Sanktionsinstanzen, aber nicht mehr über die zugrundeliegende Realität Auskunft geben. Wenn sich auch die damit aufgeworfene Frage nach der Abbildungsqualität von prozessproduzierten Daten hier nicht abschliessend beantworten lässt, so können doch einige Aspekte einer empirischen Analyse unterzogen werden. Hierzu werden Daten aus der Opferbefragung von Killias (1988) mit polizeilichen Daten daraufhin untersucht, ob sich die Verteilungen wichtiger Merkmale auf verschiedenen Datenebenen entsprechen. Zwar erlaubt eine solche *Parallelvalidierung* keine definitiven Schlüsse über die Qualität der Messungen – da die Handlungsebene der Gewalt selber keiner direkten Beobachtung zugänglich ist und die verschiedenen Messinstrumente dieselben systematischen Verzerrungen aufweisen könnten –, doch ergeben sie immerhin Anhaltspunkte für die Annahme, dass verschiedenen Datenquellen dieselben Quellen von Varianzen zugrunde liegen.

Die Frage der Übereinstimmung zwischen Merkmalsverteilungen in Opferbefragungen und in polizeilichen Daten wurde für die Seite von Merkmalen der Täter hinsichtlich Nationalität, Geschlecht und Alter bereits von Killias (1988) detailliert untersucht. Er kam dabei, ähnlich wie entsprechende Untersuchungen in anderen Ländern (Braithwaite, 1981; Hindelang, 1978) zum Schluss, dass die Angaben aus Opferbefragungen und jene aus polizeilichen Statistiken erstaunlich gut übereinstimmen. Hingegen werde ich im folgenden einen Vergleich von *Merkmalen der Opfer* vornehmen. Dieser Validitätsaspekt wurde bislang selten betrachtet, da entsprechende Informationen in polizeilichen Statistiken fast immer weitgehend fehlen.

Das Alter der Opfer

Tabelle A.4 zeigt die Verteilung der prozentualen Anteile von Gewaltopfern über fünf Altersklassen in der Basler Untersuchung sowie in der Schweizer Opferbefragung. Bei Körperverletzungen und Tätlichkeiten ist die Verteilung über die Altersklassen auf beiden Erfassungsebenen nahezu identisch. Hingegen bestehen bei Raub und Entreissdiebstahl deutliche Unterschiede. Während die Altersverteilung der Opfer von Raub und Entreissdiebstahl im Kanton Basel-Stadt eine ausgeprägt zweigipflige Verteilung mit grossen Anteilen von Jugendlichen einerseits und alten Personen andererseits aufweist (siehe S. 206) sind in der Opferbefragung 21–40jährige Personen deutlich stärker vertreten. Allerdings ist diese Differenz kaum als eine Folge von Verzerrungen durch unterschiedliche Anzeigebereitschaft zu erklären. Vielmehr sind wohl inhaltliche Gründe hierfür verantwortlich. So scheint der grosse Anteil jugendlicher Raubopfer in Basel eine Folge der Aktivität von Jugendbanden (besonders der sogenannten »Homeboys«) zu sein, während der hohe Anteil alter Raubopfer mit der Konzentration von marginalisierten Drogenabhängigen in Stadtzentren und ihren Strategien der Opferselektion in Zusammenhang gebracht werden kann.

Tabelle A.4 *Altersstruktur von Gewaltopfern in Basel (polizeiliche Daten) und der Schweiz (Opferbefragung), in Prozent aller Opfer*

Delikt	Erfassungsebene	Raum	≤20	21–30	31–40	41–65	≥ 65	χ^2
Körper-	Polizei	BS	9 %	35 %	26 %	26 %	4 %	1,74
verletzung	Befragung	CH	12 %	34 %	24 %	27 %	4 %	(n.s.)
Raub und Ent-	Polizei	BS	14 %	14 %	10 %	35 %	27 %	24,1
reissdiebstahl	Befragung	CH	3 %	25 %	20 %	36 %	17 %	($p < 0{,}01$)
Sexuelle	Polizei	BS	15 %	50 %	14 %	20 %	2 %	33,1
Gewalt	Befragung	CH	4 %	30 %	35 %	30 %	3 %	($p<0{,}01$)

Anmerkung: Man beachte die unterschiedlich grossen Alterskohorten.

Der deutlichste systematische Unterschied ist bei der Altersverteilung der Opfer von sexueller Gewalt festzustellen. Opfer im Alter von unter 30 Jahren stellen im

Kanton Basel-Stadt einen deutlich höheren Anteil als aufgrund der Opferbefragung zu erwarten gewesen wäre, während ältere Opfer von sexueller Gewalt in den polizeilichen Daten untervertreten sind. Dieses Ergebnis kann als Bestätigung des bereits von Killias (1989) erwähnten Befundes interpretiert werden, dass junge Frauen sexuelle Gewalt häufiger anzeigen als ältere Frauen.

Das Geschlecht der Opfer

Tabelle A.5 zeigt die Anteile weiblicher Opfer für Körperverletzung und Tätlichkeit, Raub und Entreissdiebstahl sowie sexuelle Gewalt in der Opferbefragung von Killias, in der Polizeilichen Kriminalstatistik der Schweiz sowie in der Untersuchung der Basler Anzeigeprotokolle. Entgegen häufig geäusserten Vermutungen deuten diese Daten nicht darauf hin, dass weibliche Opfer auf der Ebene polizeilicher Daten systematisch unterrepräsentiert wären. Zwar weist die Schweizer Kriminalstatistik für den Bereich der Körperverletzungen einen signifikant ($\chi^2 = 17{,}7$; df = 1) geringeren Anteil weiblicher Opfer auf als die Opferbefragung, doch liegt er in der Basler Untersuchung leicht über demjenigen der Opferbefragung, was der vermuteten Richtung der Verzerrung widerspricht. Bei Raub und Entreissdiebstahl liegt der Anteil weiblicher Opfer auf polizeilicher Ebene leicht über demjenigen in der Opferbefragung, doch sind die Differenzen vernachlässigbar.

Tabelle A.5   *Anteile weiblicher Opfer auf verschiedenen Untersuchungsebenen*

	Opferbefragung Killias 1984/86	Polizeiliche Kriminalstatistik Schweiz 1986	Basler Untersuchung 1991
Körperverletzung	32 %	27 %[a]	36 %
Raub/Entreissdiebstahl	46 %	– [b]	53 %

[a] Nur schwere und leichte Körperverletzung, ohne Tätlichkeit.
[b] Keine Angaben.

Insgesamt sprechen diese Daten gegen die These, dass weibliche Opfer auf der Ebene polizeilich registrierter Delikte weniger stark vertreten sind als in Opferbefragungen.

Der soziale Status der Opfer

Sowohl die Schweizer Opferbefragung von Killias wie auch die Daten aus der Basler Anzeigeuntersuchung enthalten Informationen über den sozialen Status der Opfer. Allerdings sind die Informationen nicht direkt miteinander vergleichbar, da in der Opferbefragung nach Einkommensgruppen gefragt wurde während die Basler Daten auf einer Klassifikation der Berufs- und Beschäftigungsangaben beruhen (vgl. S. 174f). Dennoch kann auf eine bedeutsame Diskrepanz hingewiesen werden. So findet Killias in Einklang mit Ergebnissen aus anderen Opferbefragungen im europäischen Kontext keine Hinweise auf einen Zusammenhang zwischen sozialer Lage und dem Viktimisierungsrisiko bei Gewaltdelikten. Hingegen zeigt sich in den Basler Daten eine starke Übervertretung von Unterschichtangehörigen und Randgruppen (vgl. Kapitel 8). Dieser Befund unterstützt die These von McClintock und Wikström (1992), dass "data from police recorded sources on violent crimes are more sensitive to differences in the violence experienced by socially marginalized people, and that victimization survey data are possibly better picturing differences in the violent victimizations of the "conventional" people."

Die Beziehung zwischen Opfer und Täter

Aufgrund der Befunde zum Einfluss der Beziehung zwischen Täter und Opfer auf die Anzeigebereitschaft ist zu erwarten, dass Gewaltdelikte im sozialen Nahraum bei Opferbefragungen einen grösseren Anteil ausmachen als bei polizeilich registrierten Delikten. Diese Hypothese kann wiederum anhand eines Vergleichs zwischen den Ergebnissen der Opferbefragung von Killias (1989) sowie den im Kanton Basel-Stadt erfassten Delikten überprüft werden. Da bei der Opferbefragung Taten durch Mitbewohner im gleichen Haushalt ausdrücklich nicht erfasst wurden, habe ich bei der Berechnung der Vergleichswerte die entsprechenden Fälle ausgeschlossen. Tabelle A.6 zeigt den Anteil derjenigen Fälle, bei denen das Opfer den Täter bereits vor der Tat kannte.

Überraschenderweise stimmen die jeweiligen Anteile recht gut miteinander überein (vgl. auch McClintock und Wikström, 1992). Bei Körperverletzungen und Tätlichkeiten weisen sogar die Polizeidaten einen höheren Anteil von Gewaltdelikten durch dem Opfer bekannte Täter aus als die Daten der Opferbefragung. Nur bei Raub und Entreissdiebstahl sowie bei Vergewaltigungsversuchen zeigen die Daten in die erwartete Richtung, ohne allerdings im letzteren Fall statistische Signifikanz zu erreichen.

Tabelle A.6   Prozentuale Anteile von Tätern, die dem Opfer bekannt sind, gemäss Opferbefragung sowie aufgrund der Anzeigeprotokolle im Kt. Basel-Stadt

Delikt	Dem Opfer bekannte Täter, in Prozent		χ^2
	Opferbefragung	Angezeigte Delikte	
Körperverletzungen[a]	24 %	36 %	5,0 (p <.05)
Raub	8 %	2 %	4,5 (p <.05)
Vergewaltigung	63 %	66 %	0,1 (n.s.)
Vergewaltigungsversuch	24 %	15 %	1,1 (n.s.)

[a] In beiden Datensätzen nur Fälle, die nicht durch Mitbewohner ausgeübt worden sind.

Angesichts der aus Befragungen bekannten Abhängigkeit der Anzeigebereitschaft in von der Täter-Opfer Beziehung ist dies ein Paradox, über dessen Ursachen nur Vermutungen angestellt werden können. Es ist erstens denkbar, dass das Kriterium für »Bekanntheit« zwischen Opfer und Täter in der Untersuchung der Basler Polizeiprotokolle weiter definiert ist als in der Opferbefragung. Zweitens kann man für den Bereich von Körperverletzungen und Tätlichkeiten darauf hinweisen, dass in Opferbefragungen Bagatellereignisse stärker gewichtet sind als in polizeilichen Daten. Da mit zunehmender Schwere der Körperverletzungen aber der Anteil von Delikten im sozialen Nahraum steigt, könnte dieser Zusammenhang dem Effekt unterschiedlicher Anzeigebereitschaft entgegenwirken. Schliesslich ist nochmals darauf hinzuweisen, dass in konventionellen Opferbefragungen der Anteil von Gewalt im sozialen Nahraum vermutlich massiv unterschätzt wird (Biderman, 1975; Gottfredson, 1986; Sparks, 1981)

Die regionale Verteilung des Viktimisierungsrisikos

Gerade in Zusammenhang mit Fragestellungen, die sich auf räumliche Aspekte von Gewaltdelinquenz beziehen, ist es sinnvoll, verschiedene Datenkörper hinsichtlich räumlicher Unterschiede der Delinquenzraten zu vergleichen. Ich habe daher die polizeilichen Deliktraten mit Daten der Opferbefragung von Killias

(1989) verglichen. Aufgrund der relativ grossen Stichprobengrösse (gesamtschweizerisch rund 6500 Befragte) konnte Killias sowohl für Körperverletzungen und Tätlichkeiten wie auch für sexuelle Gewalt Opferraten für 10 Regionen der Schweiz berechnen, wobei alle erinnerten Opfererfahrungen berücksichtigt wurden, die sich in der Wohngemeinde ereignet hatten. Die Stichprobengrösse der Regionen schwankt zwischen 341 und 968 Befragten. Für die entsprechenden Regionen habe ich durchschnittliche Raten der polizeilich registrierten Delikte im Zeitraum 1984–1988 berechnet.

Trägt man zunächst die beiden Messungen für Körperverletzungen gegeneinander auf, so ergibt sich das in Abbildung A.2 gezeigte Bild.

Abbildung A.2   *Körperverletzungen gemäss Opferbefragung (1984/86) und polizeilicher Statistik (1984–1988), 10 Regionen*

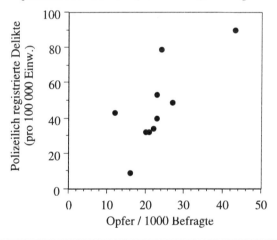

N = 10, r = 0,75; p < 0,01.
Anmerkung: Die Opferraten schliessen die Opfererfahrungen über alle Jahre ein und beziehen sich ausschliesslich auf die Ereignisse am Wohnort.
Quellen: Viktimisierungsraten nach Killias (1989). Polizeiliche Deliktraten: eigene Berechnung aufgrund unpublizierter Daten der Schweizerischen Bundesanwaltschaft.

Zwar ist angesichts der kleinen Zahl von Beobachtungseinheiten bei der Interpretation Vorsicht geboten, doch deutet die Verteilung der Punkte sowie die Korrelation von r= 0,75 immerhin an, dass eine gute tendenzielle Übereinstimmung beider Messungen angenommen werden kann. Dies stimmt mit den

Befunden des International Crime Survey (van Dijk et al., 1991) überein, der im internationalen Vergleich eine recht gute Übereinstimmung (Rang-Korrelation = 0,65) zwischen Prävalenzraten aus Opferbefragungen und polizeilichen Statistiken gefunden hatte.

Ähnlich wie für Körperverletzungen führt Killias auch für sexuelle Gewalt Opferraten für zehn Regionen der Schweiz auf. Ich habe daher auch für diese Deliktkategorie die Raten der polizeilich registrierten Delikte mit den entsprechenden Befragungsdaten verglichen. Trotz der geringen Fallzahl in der Opferbefragung und der angenommenen Problematik polizeilicher Daten besteht eine Korrelation von r = 0,55. Dies kann zusammen mit den bereits diskutierten Befunden als Hinweis darauf verstanden werden, dass trotz aller Mängel Opferbefragungen und polizeiliche Daten selbst in diesem Deliktbereich nicht völlig unterschiedliche Sachverhalte erfassen.

Abbildung A.3   *Sexuelle Gewalt gemäss Opferbefragung (1984/86) und polizeilicher Statistik (1984–1988), 10 Regionen*

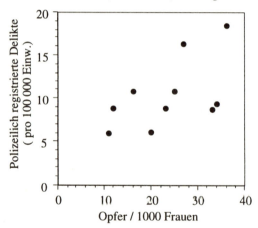

$N = 10$, *Korrelation* $r = 0,55$; $p < 0,1$.

Anmerkung: Die Opferraten schliessen die Opfererfahrungen über alle Jahre ein und beziehen sich ausschliesslich auf die Ereignisse am Wohnort.

Quellen: Viktimisierungsraten nach Killias (1989). Polizeiliche Deliktraten: eigene Berechnung aufgrund unpublizierter Daten der Schweizerischen Bundesanwaltschaft.

Zusammenfassend ist festzustellen, dass polizeiliche Daten sicherlich kein vollständiges und unverzerrtes Bild der Gewaltproblematik liefern. Allerdings gilt dies ebenso für Opferbefragungen oder Studien zu selbstberichteter Gewalt, wenn auch bei diesen Datenquellen andere Verzerrungsursachen wirksam werden. Dabei kann die Reliabilität und Validität von polizeilichen Daten als umso besser eingestuft werden, je schwerer die erfassten Gewaltformen sind, je eher es sich um Gewalt im öffentlichen Raum handelt und je professionalisierter die polizeilichen Daten erhoben wurden. Im Vergleich zu Viktimisierungsstudien enthalten polizeiliche Daten mehr Information über schwere Gewaltdelikte und über Gewalt innerhalb von Randgruppen, während Gewalt im sozialen Nahraum auf der Ebene der Polizei ebenso unterrepräsentiert ist wie auf der Ebene konventioneller Befragungen. Hingegen gilt für Strafurteilsstatistiken, dass sie als Indikatoren für Ausmass und Entwicklung von Gewalt wenig verlässlich sind und insgesamt recht stark durch die Eigenlogik des Systems der Rechtsprechung beeinflusst werden, wobei auch hier deren Einfluss mit der Schwere der Delikte abnimmt.

Anmerkungen

Kapitel 1

1 Dieses gestiegene Interesse für die situative Dimension von Delinquenz in der Kriminalsoziologie entspricht einer vermehrten Beachtung handlungstheoretischer Fragestellungen in allgemeinen soziologischen Theorien, etwa im Rahmen von Anthony Giddens' Theorie der Strukturierung von Gesellschaft durch Alltagshandeln (Giddens, 1988), sowie Bemühungen um eine theoretische Integration von Makroebenen und Mikroebenen gesellschaftlicher Realität (vgl. die Diskussion zwischen Alexander, 1992; Münch, 1993; Touraine, 1993).

2 Allerdings ist der Zusammenhang in Studien zu selbstberichteter Delinquenz regelmässig weniger ausgeprägt als in Analysen der amtlich registrierten Kriminalität. Als Ursache für diese Diskrepanz kommen sowohl denkbare Verzerrungen auf Seiten von Umfragen (geringere Erreichbarkeit von Unterschichtangehörigen, unterschiedliches Antwortverhalten) wie auch Verzerrungen in polizeilichen Statistiken in Frage. Für die US-amerikanische Diskussion aufschlussreich ist die Auseinandersetzung zwischen Tittle et al. (1978; 1990) und Braithwaite (1981) sowie die dort zitierte Literatur. Für die BRD vgl. Geissler (1987) und Albrecht et al. (1991; 1992).

3 Diese Vorstellung geht auf die bekannte Formulierung von Emile Durkheim im *Selbstmord* (Durkheim, 1983: 232) zurück:»Je weiter die Schwächung in der Gruppe fortschreitet, der [das Individuum, M.E.] angehört, um so weniger ist es von ihr abhängig und um so mehr steht es demzufolge bei ihm, ob es noch andere Verhaltensregeln anerkennt als die, die in seinem Privatinteresse liegen«. Neben Durkheim sind Reiss (1951), Nye (1958) und Matza (1964) wichtige frühe Vertreter einer bindungstheoretischen Perspektive in der Kriminalsoziologie.

4 Die von verschiedener Seite vorgebrachte Kritik bezieht sich vor allem auf vier Bereiche: Erstens lassen kontrolltheoretische Ansätze die Frage häufig unbeantwortet, durch welche gesellschaftlichen Prozesse Bindungen aufgebaut werden, bzw. wodurch Bindungslosigkeit zustande kommt. Dies trifft in besonderem Ausmass für die Bindungstheorie Hirschi'scher Prägung zu, die sowohl meso- wie auch makrosoziologische Dimensionen völlig ausblendet. Zweitens wird darauf hingewiesen, dass das Konzept der sozialen Bindung eklektizistisch sei und je nach – theoretischem oder empirischem – Bedarf unterschiedliche Dimensionen einschliesse. Drittens sieht die Bindungstheorie – weil sie von einer einheitlichen normativen Struktur der Gesellschaft ausgeht – keine Möglichkeit für delinquente Subkulturen vor. Dies wird besonders aus lerntheoretischer Perspektive kritisiert, die feststellt, dass Bindungen zu delinquenten Gruppen regelmässig als starker Prädiktor für eigene Delinquenz beobachtet werden können. Viertens stellt sich aufgrund der empirischen Befunde, welche in der Einleitung präsentiert wurden, die Frage, weshalb vormodern-ländliche Gesell-

Anmerkungen

schaften ein relativ hohes Niveau besonders von Gewaltkriminalität kennen, müssten sie doch als Modellfall umfassender Sozialkontrolle betrachtet werden.

5 Den theoretischen Hintergrund dieser Tradition bilden die stadtsoziologischen Arbeiten von Park und Burgess (1967) aus den 20er Jahren. Die wichtigsten Arbeiten zur Delinquenz stammen von Clifford Shaw und Henry McKay (1929; 1969). Für eine kritische Darstellung vgl. Pfohl (1985).

6 Neuere Untersuchungen verknüpfen zudem derartige Prozesse der sozialen Desorganisation mit dem Strukturwandel von Städten. Eine der hierbei untersuchten Hypothesen lautet, dass der Übergang zu postindustriellen Städten mit einem sinkenden Angebot an Arbeitsplätzen im manuellen Bereich zum Zerfall integrativer Strukturen in den Unterschichten, einer Marginalisierung von Jugendlichen mit geringen beruflichen Qualifikationen und entsprechend höheren Gewaltdispositionen führt (Wilson, 1987; Jackson, 1991). Demgegenüber scheinen Städte mit guten Wachstumsperspektiven tendenziell eine geringere Gewalthäufigkeit zu haben (Fishman et al., 1984).

7 Im Sinne dieses Argumentes finden beispielsweise Archer und Gartner (1984), dass die Häufigkeit von Tötungsdelikten während und nach kriegerischen Auseinandersetzungen höher ist, als vor Ausbruch eines Krieges.

8 Zur Kritik an deren Studien vgl. Smith (1986).

Kapitel 2

1 In England beispielsweise sank die Zahl der polizeilich registrierten Körperverletzungen zwischen 1856 und 1914 von rund 400 auf rund 110 Delikte pro 100 000 Einwohner.

2 Es ist auffällig, dass beide Phasen steigender Homizidraten als historische Krisenperioden bekannt und beschrieben sind (Bornschier, 1988; Imhof und Romano, 1989). Inwiefern in historischer Perspektive ein kausaler Zusammenhang zwischen gesellschaftlichen Krisen und Gewaltdelinquenz besteht, soll hier jedoch nicht weiter diskutiert werden. Vgl. aber z.B. Brenner (1986) und Eisner (1995a).

3 Auch dies ist ein Trend, der in mehreren europäischen Staaten ähnlich festgestellt wurde.

4 Es ist anzunehmen, dass dieser Anstieg seit der Mitte der 60er Jahre noch stärker ausgefallen wäre, hätten nicht verbesserte medizinische Möglichkeiten auf eine Dämpfung des Anstieges hin gewirkt. Andererseits mag der Anstieg des Bevölkerungsanteils von Personen im Alter von 20 bis 39 Jahren zwischen 1960 und 1990 (von 29 auf 32,3 Prozent der Gesamtbevölkerung) zu einer leichten Überschätzung des Anstieges der Homizidraten führen (vgl. Cohen und Land, 1987a).

5 Die unpublizierten Tabellen der Todesursachenstatistik erlauben es zudem, das altersspezifische Viktimisierungsrisiko nach Regionen unterschieden zu betrachten. Dabei wird erkennbar, dass seit Beginn der 80er Jahre in den Städten vor allem die mittleren Altersgruppen zwischen 20 und 59 Jahren einem erhöhten Viktimisierungsrisiko ausgesetzt sind.

6 Auffallend sind Unterschiede in den kurzfristigen Konjunkturen der Homizidraten. So stimmen die Maxima der Homizidraten der ausländischen Wohnbevölkerung in den Jahren

1973/74, 1983/84 und 1992 mit den jeweiligen konjunkturellen Einbrüchen überein, während diese Beobachtung in weit geringerem Ausmass für die Viktimisierungsraten der schweizerischen Wohnbevölkerung zutrifft. Dies mag als Hinweis darauf interpretiert werden, dass sich soziale Spannungen und Konflikte in wirtschaftlichen Krisenphasen besonders auf soziale Randgruppen auswirken.

7 Es ist darauf hinzuweisen, dass für diese überdurchschnittliche Zunahme *Verlagerungen der Tatorte* infolge der gestiegenen Zentrumsfunktion der Kernstädte keine Rolle spielen. Dies deshalb, weil die Daten der Todesursachenstatistik – im Gegensatz etwa zu denjenigen der polizeilichen Kriminalstatistik – auf dem *Wohnort des Opfers* beruhen.

8 Doch bestehen für die Vermutung, dass zumindest die Häufigkeit der Vergewaltigungen ausserhalb der Ehe nicht zugenommen hat, Hinweise aus anderen Ländern. Beispielsweise ist in Deutschland (Heiland, 1992) sowie Finnland (Joutsen, 1992) die relative Häufigkeit der polizeilich angezeigten Vergewaltigungen seit der Mitte der 70er Jahre ebenfalls leicht gesunken. Hingegen wurde in anderen Ländern wie Dänemark, Schweden (Dolmén, 1988) und den USA (Reiss und Roth, 1993: 84) ein teilweise starker Anstieg registriert.

Die schwedischen Daten erlauben eine differenzierte Betrachtung nach dem sozialen Kontext, in dem Vergewaltigungen begangen wurden (Dolmén, 1988: 50). Sie zeigen, dass die Rate der angezeigten Vergewaltigungen ausserhalb von Wohnräumen zwischen 1975 und 1988 weitgehend stabil geblieben ist, während ein starker Anstieg der Anzeigen wegen Vergewaltigungen in Wohnräumen beobachtet werden kann. Es ist daher denkbar, dass die Entwicklung in Schweden eine vermehrte Anzeigebereitschaft für sexuelle Gewalt im sozialen Nahraum widerspiegelt, wenn auch ein direkter Nachweis dieser Hypothese nicht möglich ist.

9 Mit Hilfe eines Regressionsmodells wurde zudem überprüft, ob sich die langfristigen Trends der beiden Datenreihen tatsächlich voneinander unterscheiden. Die Ergebnisse zeigen, dass die Trendentwicklung der Strafurteilsraten in den urbanen Kontexten in hoch signifikanter Weise ($p < 0,01$) von derjenigen der übrigen Schweiz abweicht.

10 So erwähnt etwa der erste Jahrgang der Kriminalstatistik des Kantons Zürich (Kriminalpolizei des Kantons Zürich, 1980–1993), dass ein direkter Vergleich der Daten aus der 1980 eingeführten elektronisch verarbeiteten Kriminalstatistik mit Zahlen früherer Jahre nicht möglich sei.

11 Der anhand der polizeilichen Daten gemessene Anstieg ist um ein Vielfaches höher als derjenige, welcher in der gesamtschweizerischen Strafurteilsstatistik für Raub ausgewiesen wird. Jedoch besteht gerade für Raub kein Anlass zur Annahme, dass die Zählungen der lokalen polizeilichen Behörden in krasser Weise durch ein gestiegene Anzeigebereitschaft oder durch eine erhöhte Erfassungsintensität verzerrt seien. Vielmehr ist davon auszugehen, dass der Ausschluss der Jugenddelinquenz sowie die vermutlich auch in der Schweiz rückläufige Aufklärungsquote dazu führen, dass die Daten der Strafurteilsstatistik die Zunahme deutlich unterschätzen.

Anmerkungen 307

Kapitel 3

1 Zu den Begriffen »Handlung« und »Situation« vgl. z.B. Parsons (1986) und Schulze (1993).
2 Für einen Versuch, das entwicklungspsychologische Modell der Moralentwicklung beim Kind von Kohlberg auf gesellschaftliche Dynamiken und damit verknüpfte Stufen der moralischen Selbststeuerung umzulegen vgl. Habermas (1976).
3 Dies ist eine Vorstellung, welche bereits *Emile Durkheim* mit Nachdruck vertreten hatte. Aufgrund des zeitlichen Verlaufs und der räumlichen Verteilung der Homizidhäufigkeiten in Frankreich entwickelte er die Verallgemeinerung, dass erstens »die Zahl der Morde mit dem Fortgang der Zivilisation abnehme« (Durkheim, 1991: 161) und dass zweitens Mord und Gewalt vorwiegend ein Phänomen ländlicher Regionen sei. Er argumentierte, dass der Modernisierungsprozess zwar zu einem Schwinden bindender moralischer Regeln, welche dem Einzelnen Orientierung bieten, führe; doch sei deren primäre Folge ein Verhalten, das sich gegen die überhöhte und haltlos gewordene Individualität richte, als dessen äussere Manifestation er die Zunahme des *Selbstmordes* betrachtete. Er wandte sich daher ausdrücklich gegen die Auffassung, welche Mord und generell Gewalt als Folge von *Anomie* interpretierte. Vielmehr bilde Mord gerade ein Gegenstück zum Selbstmord, insofern als letzterer eine Folge übertriebener Individuation, ersterer hingegen eine Folge einer gering entwickelten Individuation sei. »Wo die Gesellschaft so festgefügt ist, dass es nur zu einer wenig entwickelten Individuation kommen kann, hebt die Intensität der Kollektivzustände den Grad der Leidenschaften im allgemeinen; man kann sogar sagen, dass der Schauplatz nirgendwo günstiger ist für die Entwicklung, speziell der zum Mord führenden Leidenschaften« (Durkheim 1983: 419).

Kapitel 4

1 In Genf und Lausanne kommt es sogar wieder zu einem leichten Bevölkerungsanstieg.
2 Verschiedene Motive spielen dabei zusammen: Zum einen ist es Jugendlichen immer früher möglich, ihren Wunsch nach Auszug aus dem Elternhaus zu erfüllen und entweder gemeinsam mit anderen oder alleine einen eigenen Haushalt zu gründen. Dann spielen die weiter wachsende Dauer der Ausbildungsphase und das in Städten konzentrierte Bildungsangebot eine Rolle. Schliesslich schiebt sich in der Gegenwartsgesellschaft zwischen Ausbildung und Familiengründung eine längere Lebensphase des auch kulturell zunehmend anerkannten »Singledaseins«, dessen Interessen-, Freizeit- und Tätigkeitsprofile am ehesten durch das spezifische Angebot der Kernstädte erfüllt werden.
3 Unter den fürsorgerisch unterstützten Personen sind besonders stark alleinerziehende Elternteile, Personen mit geringer Schulbildung, Personen mit Suchtproblemen oder psychischen Problemen vertreten (vgl. Höpflinger und Wyss, 1994).

Kapitel 5

1. Wobei die Gewichtungsvariable der Quadratwurzel der Bevölkerungszahl entspricht (Hanushek und Jackson, 1977: 152).
2. Es ist ein schwacher Trost in diesem Zusammenhang, dass das Problem heterogener Raumeinheiten auch für eine Vielzahl anderer sozialökologischer Untersuchungen im Bereich der Delinquenzforschung gilt.
3. Nach Zusammenfassen der Halbkantone Appenzell-Ausserrhoden und Appenzell-Innerrhoden, Nid- und Obwalden, sowie ohne den Kanton Jura, der erst 1979 gegründet wurde.
4. Da die Faktoranalyse für ein gepooltes Sample durchgeführt wurde, war zudem zu prüfen, ob die extrahierten Faktoren für beide Teilperioden repliziert werden können. Zu diesem Zweck wurde die Faktoranalyse für jede Teilperiode einzeln durchgeführt und mit den Ergebnissen für das zusammengefasste Sample verglichen. In beiden Teilperioden ergab die Faktoranalyse dieselbe Aufteilung der Variablen. Auch ein Vergleich der Faktorskores aus den Analysen der Teilperioden mit denjenigen des Gesamtsamples ergab eine gute Übereinstimmung, so dass die Ergebnisse der Faktoranalyse über beide Teilperioden akzeptiert werden können.
5. Was sich im bekannten Problem hoher Regressionsparameter bei gleichzeitig hohen Standardabweichungen äussert (vgl. z.B. Dunteman, 1989).
6. Um solche Interaktionseffekte ohne zusätzliche Probleme mit Multikollinearitäten schätzen zu können, wurden alle Variablen von Anfang an Z-transformiert, so dass sie einen Mittelwert von 0 und eine Standardabweichung von 1 aufweisen (vgl. Jaccard et al., 1990: 33f).

Kapitel 6

1. Zu dieser Frage sind immer noch die Untersuchungen von Hartshorne und May (1928) aufschlussreich, die in einer Studie von 10 000 Schulkindern zeigten, dass Verhaltensweisen wie Lügen, Stehlen und Betrügen vor allem zwischen Situationen variieren, aber kaum stabile persönlichkeitsbezogene Muster bestehen.
2. Innerhalb dieser Gruppe bestehen weitere kleinere Unterschiede zwischen verschiedenen Deliktgruppen sowie entlang der relationalen Dimension (Beziehung zwischen Täter und Opfer). Doch ergaben entsprechende Tests, dass diese Unterschiede statistisch nicht bedeutsam sind. Vgl. hingegen Wikström (1985: 97), der mit einer grösseren Datenbasis zusätzliche Unterschiede identifizierte.
3. Bei einer genaueren Betrachtung der Graphik lässt sich zudem für Raub und Entreissdiebstahl ein zweites, kleineres Maximum um Mitternacht feststellen. Die Anzeigeprotokolle machen deutlich, dass hierbei vor allem alkoholisierte Heimkehrer viktimisiert werden, so dass auch für diesen Ausschlag gelegenheitstheoretische Überlegungen eine gute Erklärung bieten.

4 In theoretischer Hinsicht ist zu berücksichtigen, dass das Faktum räumlicher Bewegungen von Individuen kein soziologisch wichtiger Tatbestand »an sich« sind (Albrecht, 1972; Franz, 1984; Werlen, 1988). Die Lokalisation von Handlungen im geographischen Raum sowie damit verbundene räumliche Bewegungen sind soziologisch primär deshalb von Interesse, weil sie immer auch Information auf einer sozialen Dimension mittragen und Rückschlüsse auf die soziale Struktur von Handlungskontexten erlauben. Darüber hinaus ist aber eine Analyse räumlicher Mobilitätsströme von Tätern und Opfern von statistisch-methodologischem Interesse. So hatte die gesamtschweizerische Aggregatsanalyse ja den Nachweis erbracht, dass Kontexte mit hoher Zentrumsfunktion eine höhere Delinquenzrate aufweisen als Kontexte ohne Zentrumsfunktionen. Die Mobilität von Tätern und Opfern in die Zentrumsregionen spielt hierbei eine wichtige Rolle, so dass die höhere Delinquenzrate von Städten teilweise das Ergebnis einer systematischen statistischen Verzerrung ist, da die Raten nur unter Berücksichtigung der städtischen Wohnbevölkerung geschätzt werden.

5 Dieser Hinweis ist deswegen von Bedeutung, weil sich der Charakter einer sozialen Sphäre nicht notwendigerweise mit der Tätigkeit von Täter oder Opfer decken muss. So betrifft beispielsweise bei ein beträchtlicher Teil der Gewaltdelikte in der Vergnügungssphäre Personen, welche im Rahmen ihrer beruflichen Tätigkeit im Gastgewerbe als Täter oder als Opfer in Gewaltdelikte verwickelt werden.

6 Dabei mögen rassistische Motive eine nicht unbedeutende Rolle spielen. So habe ich – ohne Anspruch auf Vollständigkeit zu erheben – bei rund 15 Fällen (d.h. 5 Prozent aller Ereignisse in dieser Teilgruppe) unvermittelte rassistische Äusserungen unmittelbar vor der Tat registriert.

7 Es steht ausser Zweifel, dass wichtige Teilbereiche von Gewalt wie Körperverletzungen und Vergewaltigungen im sozialen Nahraum, Gewalt zwischen Kindern und Jugendlichen oder Gewalt unter marginalisierten Drogenabhängigen in polizeilichen Daten unterrepräsentiert sind. Allerdings führen konventionelle Opferbefragungen in dieser Hinsicht kaum weiter (vgl. Anhang II) und sind für eine Vielzahl von Fragen schon alleine deshalb nicht geeignet, weil eine grössere Zahl schwererer Delikte nur durch riesige Stichproben erhoben werden könnte.

Kapitel 7

1 Hierbei handelt es sich um eine Echttäterzählung, Mehrfachtäter werden also nur einmal berücksichtigt.

2 Dieser Sachverhalt wird auch durch Studien über selbstberichtete Delinquenz bestätigt, bei denen denkbare Effekte der Tätigkeit der Sanktionsinstanzen ausgeschlossen sind (vgl. z.B. Empey, 1978).

3 Für die Schweiz konnte Eisner (1993a: 32) zeigen, dass sich die Delinquenzbelastung seit dem späten 19. Jahrhundert zunehmend in der Altersgruppe der 18–25jährigen konzentriert. Für die jüngere Vergangenheit zeigen die Daten der polizeilichen Kriminalstatistik des Kantons Zürich eine weitgehende Stabilität der Gewaltdelinquenz von Jugendlichen bis Ende der

80er Jahre und einen deutlichen Anstieg in der Periode zwischen 1990 und 1993, während die entsprechenden Raten der Erwachsenen weitgehend stabil geblieben sind (Eisner, 1993c).

4 Im Gegensatz zu soziologischen Theorien stehen soziobiologische Ansätze, die eine historische und gesellschaftliche Invarianz der Altersverteilung von Kriminalität postulieren (vgl. u.a. Hirschi und Gottfredson, 1983).

6 In der Kohortenstudie über polizeilich registrierte Gewalttäter in Stockholm etwa fand Wikström (1990b) die höchste Delinquenzbelastung im Alter von 19 Jahren, während in Basel das Maximum erst im Bereich von 25/26 Jahren erreicht wird. Wie in der Basler Untersuchung waren Gewaltdelikte definiert als Tötungsdelikte, Körperverletzungen, Vergewaltigungen und Raub.

5 In Stockholm (Wikström, 1985: 53) betrug bei ungeklärten Körperverletzungen der Anteil von Tätern unter 20 Jahren 30 Prozent, der Anteil von Tätern zwischen 20 und 40 Jahren 62 Prozent und der Anteil von Tätern über 40 Jahren 8 Prozent. Dies sind fast exakt dieselben Werte wie diejenigen, welche für Basel ermittelt wurden.

7 Allerdings kann nicht völlig ausgeschlossen werden, dass die Schätzungen der Opfer systematisch in Richtung auf jüngere Täter verzerrt sind.

8 Wobei die Daten für die unbekannten Täter auf den Angaben des Opfers über die Zahl der beteiligten Täter beruhen. Vergleicht man die Angaben für bekannte und unbekannte Täter, so ist beachtenswert, wie gut die Angaben der Opfer zu den polizeilich nicht identifizierten Tätern mit den Auszählungen der polizeilich bekannten Täter übereinstimmen. Dies mag als Hinweis darauf gewertet werden, dass die Schätzungen der Opfer dem tatsächlichen Alter der Täter recht nahe kommen.

9 Bei der Erhebung wurde keine Unterscheidung zwischen »geschieden« und »verwitwet« getroffen. Nachträglich muss dies als ein Fehler betrachtet werden.

10 Bornschier und Keller (1994:88) weisen selbst auf den unvollständigen Status von Ausländern hin, ohne diesen Aspekt allerdings theoretisch zu integrieren.

11 Damit ist eine wichtige methodische Voraussetzung für ökologische Analysen erfüllt, vgl. Langbein und Lichtman (1978).

12 Da »Gewaltmilieu« und »Individualisierung« miteinander korreliert sind (r = 0,51), liegt die Vermutung nahe, der fehlende Effekt von »Individualisierung« sei eine Folge von Multikollinearitäten. Dies ist nicht der Fall. Auch ohne Berücksichtigung der Variablen Gewaltmilieu kann kein signifikanter Effekt von Individualisierung festgestellt werden.

Kapitel 8

1 In auffälliger Parallele zu den Homiziddaten ist zwischen etwa 42 und 52 Jahren ein geringer Anstieg des Viktimisierungsrisikos zu beobachten. Ein ähnliches Muster ist auch für Stockholm (Wikström 1991: 105) belegt, doch sind mir keine Erklärungen für diesen Sachverhalt bekannt.

Anmerkungen 311

2 Über die Häfte aller Opfer von Tötungsdelikten mit einem definierten Erwerbsstatus stammen aus unqualifizierten Berufen. Dies ist sogar ein etwas höherer Anteil als derjenige bei Körperverletzungen.

Kapitel 9

1 Beispielsweise machten im Jahre 1991 Personen mit ausländischer Nationalität und Wohnsitz in der Schweiz rund 28 Prozent aller in der Schweiz wohnhaften und zu unbedingten Haftstrafen verurteilten Personen aus (Storz, 1994: 14). Eine sinnvolle Bezugsgrösse für diesen Prozentwert bildet der Bevölkerungsanteil der männlichen, 20–35jährigen Ausländer, da der weit überwiegende Teil der Strafurteile gegen Personen männlichen Geschlechts in dieser Altersgruppe ausgesprochen wird. In dieser demographischen Gruppe betrug 1991 der Ausländeranteil rund 26 Prozent, was recht genau deren Anteil unter den Verurteilten entspricht.
2 Diese Prozentwerte schliessen ausländische Tatverdächtige *ohne* Wohnsitz in der Schweiz ein. Bei einer ausschliesslichen Betrachtung der Tatverdächtigen *mit* Wohnsitz in der Schweiz reduziert sich der Anteil von Personen ausländischer Nationalität um etwa 6 Prozent. Der erwähnte Trend wird hierdurch jedoch nicht tangiert.
3 Eine weitere Gruppe von Ansätzen interpretiert die Übervertretung ausländischer Täter als Artefakt von Selektionsprozessen und fehlerhaften Erfassungsmethoden. Auf der Ebene von Selektionsprozessen, die zur Identifikation von Tätern führen, wird argumentiert, dass ein – bewusst oder unbewusst – diskriminierendes Anzeigeverhalten sowie eine grössere Verfolgungsintensität seitens der Polizei eine Übervertretung ausländischer Strafverdächtiger bewirken (Mansel, 1986; Kunz, 1989; Storz, 1994). Dieser These widersprechen allerdings die Befunde von Killias (1988) aus der Schweizer Opferbefragung, welche keinerlei Hinweise auf ein diskriminierendes Anzeigeverhalten der Opfer erbrachten. Ebensowenig ist gerade im Bereich von Gewaltdelinquenz die These plausibel, dass eine selektive Verfolgungsintensität der Polizei massive Verzerrungen der Tatverdächtigenstatistik nach sich ziehe. So zeigt die Auswertung der Basler Polizeiprotokolle, dass nur rund 4 Prozent aller polizeilich registrierten Delikte aktiv durch die Polizei »entdeckt« wurden und dass die Identifikation des Täters im Wesentlichen davon abhängt, ob das Opfer oder anwesende Dritte den Täter benennen können. Hingegen legen die Auswertungen der Basler Polizeiprotokolle zumindest für Körperverletzungen und sexuelle Gewalt eine andere Verzerrungsursache zuungunsten von ausländischen Straftätern nahe. Da nämlich ausländische Staatsangehörige häufiger als Schweizer Staatsangehörige Gewaltdelikte im sozialen Nahraum begehen und solche Delikte – weil das Opfer den Täter eher benennen kann – häufiger geklärt werden, mag der Anteil ausländischer Straftäter bei den geklärten Delikten höher sein als bei den ungeklärten Delikten.
4 Dabei wurde auf der Basis der Volkszählungsdaten über die 21 Wohnquartiere ein Dissimilaritäts-Index für die Jahre 1960, 70, 80 und 90 berechnet (Duncan und Duncan, 1955; Friedrichs, 1980; Blasius, 1988). Er ist definiert als:

$$D = \frac{1}{2}\sum |a(i) - b(i)|$$

wobei a(i) den Anteil der Minorität in der i-ten Teileinheit an der Gesamtzahl der ersten Gruppe (A) und b(i) den prozentualen Anteil der Majorität an der Gesamtzahl der zweiten Gruppe (B) in der i-ten Teileinheit des betrachteten Gesamtgebietes bezeichnet. Nach Duncan und Duncan kann der Index interpretiert werden als der prozentuale Anteil der Minorität, der umziehen müsste, um eine Gleichverteilung entlang des zur Frage stehenden Kriteriums zu erreichen.

Verwendet man den Dissimiliaritäts-Index für eine Analyse der Veränderungen von Segregation über die Zeit, so ist das Problem von Effekten der Entwicklung des Minderheitenanteils zu berücksichtigen. Ich habe dieses Problem dadurch zu lösen versucht, dass ich die theoretischen Veränderungen des Dissimiliaritäts-Index alleine aufgrund des steigenden Anteils der ausländischen Wohnbevölkerung (bei gleichbleibender relativer Verteilung über die Teileinheiten) modellhaft berechnet und der realen Entwicklung gegenübergestellt habe.

5 Wobei jedoch zu berücksichtigen ist, dass aufgrund des Vorgehens bei der Kodierung der Status der Täter eher über- als unterschätzt wurde (vgl. Kapitel 7, S. 171f).

Kapitel 10

1 Die Autoren schätzen aufgrund einer logistischen Regression, dass die Wahrscheinlichkeit eines Beschaffungsdeliktes mit jeder Zunahme des täglichen Geldbedarfs um sfr. 10.- um 1,2 Prozent zunimmt.
2 Diese Chronologie wurde mit Hilfe der einschlägigen Sammlungen von Zeitungsausschnitten in den Archiven der »Neuen Zürcher Zeitung«, des »Schweizerischen Sozialarchivs« und des »Zürcher Stadtarchivs« zusammengestellt.
3 Dieselben Folgewirkungen konnten in der Stadt Bern beobachtet werden, deren Drogenpolitik weitgehend parallel zu derjenigen Zürichs verlief (vgl. z.B. NZZ, 25.1.91: 23).
4 Die Daten zum Täterwohnort beziehen sich auf den ganzen Kanton. Im Kanton machen in der Stadt Zürich wohnhafte Täter rund 25 Prozent aller Täter aus. Da 82 Prozent aller im Kanton registrierten Raubdelikte und Entreissdiebstähle in der Stadt Zürich begangen wurden, beläuft sich der maximale Anteil städtischer Täter bei in der Stadt begangenen Delikten auf 0,25 * 0,82 = 0,30. Einschränkend ist anzumerken, dass dies nur unter der (allerdings plausiblen) Bedingung gilt, dass Täter mit unterschiedlichem Wohnsitz in etwa ähnliche Chancen der polizeilichen Identifizierung haben.
5 Dieser Sachverhalt wird auch statistisch bei einer Spektralanalyse bestätigt.
6 Dieser Befund wird auch durch den Log-likelihood-Test für eine bessere Modellanpassung durch Einschluss der Interventionsvariablen bestätigt, der mit einem Wert von 19,2 (berechnet als $-2*(-13,23 - (-3,63))$, df = 1) hoch signifikant ist (Hosmer und Lemeshow, 1989).

Anmerkungen 313

7 Für die Zeit um 1980 sind Preise im Bereich von rund sfr. 500.- belegt (Sonderegger, 1994). Für 1981 und Anfang 1982 werden Preise um 600.- genannt (Sonderegger, 1994; »Tell«, 8.8.1982). Während der offenen Drogenszene »Riviera« sank der Preis auf etwa sfr. 500.- (»Tell«, 8.8.1982). Unklar ist, ob es 1985/86 zu einem erneuten Anstieg der Preise auf einen Bereich von sfr. 600.- gekommen ist. Für den Beginn der Periode des »Platzspitz« 1987/88 schätzt Grob (1992) ein Preisband von sfr. 400–600. Polizeiliche Stellen geben für die Jahre 1988/89 ein Preisband von sfr. 300–500 an (Bundesamt für Gesundheitswesen, 1989). Für die letzte Periode des »Platzspitz« nennt Grob (Grob, 1992) Preise im Bereich von sfr. 80–300, andere Quellen erwähnen Preise im Bereich von sfr. 400.- (Sonderegger, 1994). Nach der Platzspitzschliessung kommt es zu einem raschen Preiszerfall bis auf kurzfristig sfr. 50.- (NZZ, 5.2.1993; Sonderegger 1994; Grob 1992) und einer Stabilisierung im Bereich von sfr. 100–200 («Blick», 26.11.1993; NZZ, 5.2.1993; Sonderegger 1992). (Im August 1994 – also nach unserer Beobachtungsperiode – führt ein neuer Preissturz zu Preisen von rund sfr. 40.-).

Kapitel 11

1 Zu Indifferenz als spezifischem Merkmal des städtischen öffentlichen Raumes und seiner Bedeutung vgl. Radtke (1991), Sennett (1991), Hamm (1982).
2 Dabei kann neben anderen Einflussfaktoren die Politisierung der Verkehrsthematik bedeutsam sein. Sie trägt dazu bei, dass bestimmte Konfliktsituationen – etwa zwischen Autofahrern und Fahrradfahrern – über das spezifische Ereignis hinaus eine situationsübergreifende, weltanschaulich-politische Dimension erhalten können, was zu einer Erhöhung des Eskalationspotentials beiträgt (zur Politisierung der Verkehrsthematik vgl. Zwicky, 1993).
3 Um den allgemeinen Anforderungen des Daten- und Persönlichkeitsschutzes sowie des Amtsgeheimnisses Rechnung zu tragen, werden im Folgenden alle Informationen, die Hinweise auf Person und Ort geben könnten, aus den Texten eliminiert. Um zusätzlich Gewähr für die völlige Anonymisierung der Textpassagen zu bieten, werden in einzelnen Fällen kleinere Modifikationen der Schilderungen vorgenommen.
4 Allerdings ist der c2-Wert mit 3,3 (df = 2) statistisch nicht signifikant.
5 Das Ausmass an Aggression, das mit einem Überholmanöver einhergehen kann, illustriert ein Fall in der Stadt Zürich. Dabei kam es im Gefolge eines solchen Manövers zunächst zu einer Schlägerei, worauf kurz darauf der überholte Fahrzeuglenker mit einer Pistole auf den Lenker des anderen Fahrzeugs schoss und diesen beträchtlich verletzte (vgl. NZZ, 12. Januar 1993).
6 Das Ordnungsprinzip ist daher eine Version des von Goffman (1982: 63) als »Reihenposition« bezeichneten Territoriums.

Literatur

Agnew, R. (1992). »Foundation for a General Strain Theory of Crime and Delinquency«, *Criminology*, 30, 1, 47–87.
Albrecht, G. (1972). *Soziologie der räumlichen Mobilität*, Stuttgart: Ferdinand Enke.
Albrecht, G. und C.-W. Howe (1992). »Soziale Schicht und Delinquenz; Verwischte Spuren oder falsche Fährte?«, *Kölner Zeitschrift für Soziologie und Sozialpsychologie*, 44, 4, 696–730.
Albrecht, G., C. W. Howe und J. Wolterhoff (1991). »Familienstruktur und Delinquenz«, *Soziale Probleme*, 2, 2, 107–156.
Albrecht, P.-A. und C. Pfeiffer (1979). *Die Kriminalisierung junger Ausländer; Befunde und Reaktionen sozialer Kontrollinstanzen*, München: Juventa.
Alexander, J. C. (1992). »Recent Sociological Theory between Agency and Social Structure«, *Schweizerische Zeitschrift für Soziologie*, 18, 1, 7–11.
Ammann, D. (1995). *Mehreinnahmen für Drogendealer*, Sonntags-Zeitung, Zürich, 8, 12. Februar 1995.
Archer, D. und R. Gardner (1984). *Violence and Crime in Cross-National Perspective*, New Haven: University Press.
Arend, M. (1982). »Sozialökologische Analyse der kleinräumigen Ausländerverteilung in Zürich«, in: Hoffmann-Nowotny, H.-J. und K. O. Hondrich (Hrsg.), *Ausländer in der Bundesrepublik und in der Schweiz*, Frankfurt am Main: Campus.
Arendt, H. (1985). *Macht und Gewalt*, München: Piper.
Ariès, P. (1960). *L'enfant et la vie familiale dans l'Ancien Régime*, Paris: Plon.
Averill, J. R. (1982). *Anger and Aggression: An Essay on Emotion*, New York: Springer.

Baldwin, J. und A. E. Bottoms (1976). *The Urban Criminal*, London: Tavistock.
Balvig, F. (1990). *Weiss wie Schnee; Die verborgene Wirklichkeit der Kriminalität in der Schweiz*, Bielefeld: AJZ.
Baron, R. A. und D. R. Richardson (1994). *Human Aggression*, New York: Plenum.
Bassand, M., D. Joye und M. Schuler (1988). »L'urbanisation de la Suisse: Faits et perspectives«, in: Bassand, M., D. Joye und M. Schuler (Hrsg.), *Les enjeux de l'urbanisation: Agglomerationsprobleme in der Schweiz*, Bern: Peter Lang.
Bauer, T. und S. Spycher (1994). *Verteilung und Besteuerung des Reichtums im Kanton Zürich* (Im Auftrag der SP des Kantons Zürich).
Bauhofer, S. (1993). »Kriminalität von Ausländern in der Schweiz: Ein kriminalstatistischer Überblick«, in: Bauhofer, S. und N. Queloz (Hrsg.), *Etrangers, criminalité et système pénal*, Chur: Rüegger.

Beanninger, R. (1991). »Violence, Aggression, and Targets: An Overview«, in: Beanninger, R. (Hrsg.), *Targets of Violence and Aggression*, Amsterdam: Elsevier.
Beattie, J. M. (1974). »The Pattern of Crime in England 1660–1800«, *Past and Present*, 62, 47–95.
Beck, U. (1986). *Risikogesellschaft; auf dem Weg in eine andere Moderne*, Frankfurt am Main: Suhrkamp.
Beck, U. (1993). *Die Erfindung des Politischen; Zu einer Theorie reflexiver Modernisierung*, Frankfurt am Main: Suhrkamp.
Beck, U. und E. Beck-Gernsheim (1994). »Individualisierung in modernen Gesellschaften – Perspektiven und Kontroversen einer subjektorientierten Soziologie«, in: Beck, U. und E. Beck-Gernsheim (Hrsg.), *Riskante Freiheiten; Individualisierung in modernen Gesellschaften*, Frankfurt am Main: Suhrkamp.
Becker, H. S. (1981). *Aussenseiter; Zur Soziologie abweichenden Verhaltens*, Frankfurt am Main: Fischer.
Becker, M. (1976). »Changing Pattern of Violence and Justice in Fourteenth Century Florence«, *Comparative Studies in Society and History*, 18, 281–296.
Bell, D. (1973). *The Coming of Post-Industrial Society: A Venture in Social Forecasting*, New York: Basic Books.
Bennett, R. B. (1991). »Development and Crime: A Cross-National, Time-Series Analysis of Competing Models«, *The Sociological Quarterly*, 32, 3, 343–364.
Bensing, R. C. und B. Schroeder (1960). *Homicide in an Urban Community*, Springfield Il: Charles C. Thomas.
Berger, P. A. (1986). *Entstrukturierte Klassengesellschaft?*, Opladen: Westdeutscher Verlag.
Berger, P. L. und T. Luckmann (1980). *Die gesellschaftliche Konstruktion der Wirklichkeit; Eine Theorie der Wissenssoziologie*, Framkfurt am Main: Fischer.
Berkowitz, L. (1988). »Frustrations, Appraisals, and Aversively Stimulated Aggression«, *Aggressive Behavior*, 14, 1, 3–11.
Berkowitz, L. (1989). »Frustration-Aggression Hypothesis: Examination and Reformulation«, *Psychological Bulletin*, 106, 1, 59–73.
Bernstein, B. (1960). »Language and Social Class«, *British Journal of Sociology*, 11, 271–276.
Berry, W. und S. Feldman (1985). *Multiple Regression in Practice*, Newbury Park: Sage.
Biderman, A. D. (1975). »Victimology and Victimization Surveys«, in: Drapkin, I. und E. Viano (Hrsg.), *Victimology: A New Focus. Vol III: Crimes, Victims, and Justice*, Lexington, MA: Lexington Books.
Biedermann, H. J. (1993). *Polizei: Strassenraub ging um 15 Prozent zurück*, Frankfurter Rundschau, Frankfurt, 8, 13. August 1993.
Birkbeck, C. und G. LaFree (1993). »The Situational Analysis of Crime and Deviance«, *Annual Review of Sociology*, 19, 113–137.
Bischof, N. (1985). *Das Rätsel Ödipus*, München:
Black, D. J. (1970). »The Production of Crime Rates«, *American Sociological Review*, 35, 17–32.
Blankenburg, E., K. Sessar und W. Steffen (1978). *Die Staatsanwaltschaft im Prozess strafrechtlicher Sozialkontrolle*, Berlin: Duncker&Humblot.

Blasius, J. (1988). »Indizes der Segregation«, in: Friedrichs, J. (Hrsg.), *Soziologische Stadtforschung,* Sonderheft 29 der Kölner Zeitschrift für Soziologie und Sozialpsychologie, Opladen: Westdeutscher Verlag.

Blass, W. (1980). *Zeitbudget-Forschung,* Frankfurt am Main: Campus.

Blau, J. R. und P. M. Blau (1982). »The Cost of Inequality: Metropolitan Structure and Violent Crime«, *American Sociological Review,* 47, 1, 114–129.

Blumstein, A. (1995). »Prisons«, in: Wilson, J. Q. und J. Petersilia (Hrsg.), *Crime,* San Francisco: ICS-Press.

Boers, K. (1991). *Kriminalitätsfurcht. Über den Entstehungszusammenhang und die Folgen eines sozialen Problems,* Pfaffenweiler: Centaurus.

Boers, K. (1994). »Kriminalität und Kriminalitätsfurcht im sozialen Umbruch; Über offizielle Kriminalitätsdaten, Kriminalitätsfurcht – und wie beides kriminalpolitisch benutzt wird«, *Neue Kriminalpolitik; Forum für Praxis, Politik und Wissenschaft,* 6, 2, 27–31.

Bonger, W. A. (1905). *Criminality and Economic Conditions,* Chicago: Little and Brown.

Bornschier, V. (1988). *Westliche Gesellschaft im Wandel,* Frankfurt am Main: Campus.

Bornschier, V. und P. Heintz (1977). »Statusinkonsistenz und Schichtung: Eine Erweiterung der Statusinkonsistenztheorie«, *Zeitschrift für Soziologie,* 6, 1, 29–48.

Bornschier, V. und F. Keller (1994). »Statusgruppenschichtung und Devianz«, *Schweizerische Zeitschrift für Soziologie,* 20, 1, 83–112.

Bottoms, A. E. (1993). »Recent Criminological and Social Theory; The Problem of Integrating Knowledge about Individual Criminal Acts and Careers and Areal Dimensions of Crime«, in: Farrington, D. P., R. J. Sampson und P.-O. H. Wikström (Hrsg.), *Integrating Individual and Ecological Aspects of Crime,* Stockholm: National Council of Crime Prevention.

Bottoms, A. E. (1994). »Environmental Criminology«, in: Maguire, M., R. Morgan und R. Reiner (Hrsg.), *The Oxford Handbook of Criminology,* Oxford: Clarendon Press.

Bottoms, A. E. und P. Wiles (1992). »Explanations of Crime and Place«, in: Evans, D. J., N. R. Fyfe und D. T. Herbert (Hrsg.), *Crime, Policing and Place: Essays in Environmental Criminology,* London: Routledge.

Boudon, R. (1980). *Die Logik des gesellschaftlichen Handelns; Eine Einführung in die soziologische Denk- und Arbeitsweise,* Darmstadt: Luchterhand.

Bourdieu, P. (1985). *Sozialer Raum und »Klasse«. La Leçon sur la Leçon. Zwei Vorlesungen,* Frankfurt am Main: Suhrkamp.

Bourdieu, P. (1988). *Die feinen Unterschiede; Kritik der gesellschaftlichen Urteilskraft,* Frankfurt am Main: Suhrkamp.

Bovenkerk, F. (1994). »A Delinquent Second Generation? Explanations for the Extent, Nature and Causes of Juvenile Crime in Various Immigrant Minorities«, *Research notes from the Netherlands,* 2, 2–10.

Bowlby, J. (1958). »The Nature of the Child's Tie to its Mother«, *International Journal of Psychoanalysis,* 39.

Box, G. E. P. und G. M. Jenkins (1976). *Time Series Analysis: Forecasting and Control,* San Francisco: Holden-Day.

Box, G. E. P. und G. C. Tiao (1975). »Intervention Analysis with Applications to Economic and Environmental Problems«, *Journal of the American Statistical Association,* 70, 3, 70–79.

Braithwaite, J. (1979). *Inequality, Crime, and Public Policy,* London: Routledge&Kegan Paul.

Braithwaite, J. (1981).»The 'Myth of Social Class and Criminality' reconsidered«, *American Sociological Review,* 46, 1, 36–57.

Branger, K., M. Eisner und F. Liechti (1994). *Delinquenz, Gewalt und Opfererfahrungen von Jugendlichen in der Stadt Zürich; Erste Ergebnisse einer Befragung von 594 SchülerInnen der 9. Klassen in der Stadt Zürich* (Broschüre zuhanden der teilnehmenden Schulen).

Brantingham, P. J. und P. L. Brantingham (1981a).»Crime, Space and Criminological Theory«, in: Brantingham, P. J. und P. L. Brantingham (Hrsg.), *Environmental Criminology,* Beverly Hills: Sage.

Brantingham, P. J. und P. L. Brantingham (Hrsg.) (1981b). *Environmental Criminology,* Prospect Heights, Ill.: Waveland.

Brantingham, P. J. und P. L. Brantingham (1984). *Patterns in Crime,* New York: Macmillan Publishing Company.

Brauen, B. und C. Baldenweg (1992). *Gewalt gegen Frauen im öffentlichen Raum; Eine Anregung zu einer frauenfreundlicheren Raumplanung in der Stadt Bern* (Seminararbeit am geographischen Institut der Stadt Bern).

Braun, N. und A. Diekmann (1993).»Drogenschwarzmarkt und KonsumentInnensituation: Einige Ergebnisse der Berner Szenebefragung«, *Drogalkohol,* 17, 3, 5–26.

Brenner, H. M. (1986).»Homicide and Economic Change: Recent Analyses of the Joint Economic Committee Report of 1984«, *Journal of Quantitative Criminology,* 2, 1, 81–103.

Buchmann, M. (1983). *Konformität und Abweichung im Jugendalter. Eine empirische Untersuchung zur Biographie- und Identitätsentwicklung und abweichendem Verhalten Jugendlicher,* Diessenhofen: Rüegger.

Buchmann, M. (1989). *The Script of Life in Modern Societies: Entry into Adulthood in a Changing World,* Chicago: University of Chicago Press.

Buchmann, M. und M. Eisner (1995). *Developing Indicators of Long-Term Cultural Change: Images of Partnership and Divorce* (Paper Presented at the Congress of the American Sociological Association, Washington DC, 19.–23. August).

Buchmann, M. und M. Eisner (1997).»*The Transition from the Utilitarian to the Expressive Self,* 1900–1992«, Poetics, 25, 1, (im Druck).

Buchmann, M., M. König, J. H. Li und S. Sacchi (1996). *Berufliche Aufstiegschancen und Abstiegsrisiken im Wandel,* Bern: Bundesamt für Statistik (in Vorbereitung).

Buchmann, M. und S. Sacchi (1995).»Zur Entwicklung der Einkommensungleichheit in der Schweiz seit den siebziger Jahren«, *Schweizerische Zeitschrift für Soziologie,* 21, 1, 177–185.

Bundesamt für Gesundheitswesen (Hrsg.) (1989). *Aspekte der Drogensituation und Drogenpolitik in der Schweiz (Bericht der Subkommission »Drogenfragen« der Eidgenössischen Betäubungsmittelkommission),* Bern: Bundesamt für Gesundheitswesen.

Bundesamt für Gesundheitswesen (Hrsg.) (1991). *Bericht der Kantone über die präventiven und therapeutischen Massnahmen im Drogenbereich,* Bern: Bundesamt für Gesundheitswesen.

Bundesamt für Statistik (1993). *Eidgenössische Volkszählung; Erwerbsleben, geographische Tabellen,* Bern: Bundesamt für Statistik.

Bundeskriminalamt (Hrsg.) (1979). *Städtebau und Kriminalität,* Wiesbaden: Bundeskriminalamt.

Bundeskriminalamt (Hrsg.) (1979). *Städtebau und Kriminalität,* Wiesbaden: Bundeskriminalamt.
Bundeskriminalamt (1992). *Polizeiliche Kriminalstatistik Bundesrepublik Deutschland,* Wiesbaden: Bundeskriminalamt.
Bursik, R. J. und H. G. Grasmick (1993). *Neighborhoods and Crime; The Dimensions of Effective Community Control,* New York: Lexington.
Bynum, T. S. S., M. Purri (1982). *Crime and Architectural Style: An Examination of the Environmental Design Hypothesis,* North Central Sociological Association (NCSA).
Byrne, J. M. (1986).»Cities, Citizens, and Crime; The Ecological/Nonecological Debate Reconsidered«, in: Byrne, J. M. und R. J. Sampson (Hrsg.), *The Social Ecology of Crime,* New York: Springer.

Caspi, A., T. E. Moffitt, P. A. Silva, M. S. Loeber, R. F. Krueger und P. S. Schmutte (1994).»Are Some People Crime-Prone? Replications of the Personality-Crime Relationship across Countries, Genders, Races, and Methods«, *Criminology,* 32, 2, 163–196.
Cernkovich, S. A. (1978).»Value Orientations and Delinquency Involvement«, *Criminology,* 15, 443–458.
Chesnais, J.-C. (1981). *Histoire de la Violence en Occident de 1800 à nos jours,* Paris: Robert Laffont.
Chesnais, J.-C. (1992).»The History of Violence and Suicide through the Ages«, *International Social Science Journal,* 44, 2, 217–234.
Clarke, R. V. G. und P. Mayhew (Hrsg.) (1980). *Designing out crime,* London: HMSO, Home Office Research Unit.
Clinard, M. B. (1964).»The Relation of Urbanization and Urbanism to Criminal Behavior«, in: Burgess, E. W. und D. J. Bogue (Hrsg.), *Contributions to Urban Sociology,* Chicago: University of Chicago Press.
Clinard, M. B. (1974). *Sociology of Deviant Behavior,* New York: Hol, Reinhart & Winston.
Clinard, M. B. (1978). *Cities with little Crime: The Case of Switzerland,* Cambridge: Cambridge University Press.
Cloward, R. A. und L. E. Ohlin (1960). *Delinquency and opportunity: A theory of delinquent gangs,* New York: Free Press.
Cohen, A. K. (1965). *Delinquent Boys; The Culture of the Gang,* New York: Free Press
Cohen, L. E. (1981).»Modeling Crime Trends: A Criminal Opportunity Perspective«, *Journal of Research in Crime and Delinquency,* 18, 138–164.
Cohen, L. E. und M. Felson (1979).»Social Change and Crime Rate Trends: A Routine Activity Approach«, *American Sociological Review,* 44, August, 588–608.
Cohen, L. E. und K. C. Land (1987a).»Age Structure and Crime«, *American Sociological Review,* 52, 2, 170–183.
Cohen, L. E. und K. C. Land (1987b).»Age Structure and Crime: Symmetry versus Asymmetry and the Projection of Crime Rates through the 1990s«, *American Sociological Review,* 52, April, 170–183.
Cohen, S. (1980). *Folk Devils and Moral Panics: The Creation of the Mods and Rockers,* Oxford: Blackwell.

Coleman, J. S. (1986). »Social Theory, Social Research and a Theory of Action«, *American Journal of Sociology*, 91, 1309–1335.
Cook, P. J. und M. H. Moore (1995). »Gun Control«, in: Wilson, J. Q. und J. Petersilia (Hrsg.), *Crime*, San Francisco: ICS Press.
Cooley, C. H. (1922). *Human Nature and the Social Order*, New York: Scribners.
Cornish, D. B. und R. V. Clarke (1987). »Understanding Crime Displacement: An Application of Rational Choice Theory«, *Criminology*, 25, 933–947.
Cornish, D. B. und R. V. G. Clarke (Hrsg.) (1986). *The Reasoning Criminal: Rational Choice Perspectives on Offending*, New York: Springer.
Coser, L. A. (1956). *The Functions of Social Conflict*, London: Routlegde&Kegan Paul.
Coser, L. A. (1968). »Conflict: Social Aspects«, in: Shills, D. L. (Hrsg.), *International Encyclopedia of the Social Sciences*, Volume 3, New York: Macmillan.
Curtis, L. (1975). *Violence, Race, and Culture*, Lexington (Mass.): Heath.

Daly, M. und M. Wilson (1988). *Homicide*, New York: Aldine Gruyter.
Dangschat, J. S. (1988). »Gentrification: Der Wandel innenstadtnaher Wohnviertel«, in: Friedrichs, J. (Hrsg.), *Soziologische Stadtforschung*, Sonderheft 29 der Kölner Zeitschrift für Soziologie und Sozialpsychologie, Opladen: Westdeutscher Verlag.
Davidson, N. und T. Locke (1992). »Local Area Profiles of Crime; Neighbourhood Crime Patterns in Context«, in: Evans, D. J., N. R. Fyre und D. T. Herbert (Hrsg.), *Crime, Policing and Place; Essays in Environmental Criminology*, London: Routledge.
Davidson, R. N. (1989). »Micro-Environments of Violence«, in: Evans, D. J. und D. T. Herbert (Hrsg.), *The Geography of Crime*, London: Routledge.
Degen-Zimmermann, D., J. Hollenweger und M. Hüttenmoser (1992). *Zwei Welten; Zwischenbericht zum Projekt "Das Kind in der Stadt", durchgeführt im Rahmen des Nationalen Forschungsprogrammes 25 "Stadt und Verkehr"*, Zürich: NFP 25.
Dolmén, L. (Hrsg.) (1988). *Crime Trends in Sweden, 1988*, Stockholm: National Council for Crime Prevention.
Doob, A. und A. E. Gross (1968). »Status of Frustrator as an Inhibitor of Horn-honking Responses«, *Journal of Social Psychology*, 76, 213–218.
Dörner, K. (1990). »Staatlicher Gewaltverzicht mindert Bürger-Gewalt; Am Beispiel der Psychiatrie-Abrüstung«, in: Albrecht, P.-A. und O. Backes (Hrsg.), *Verdeckte Gewalt; Plädoyers für eine »innere Abrüstung«*, Frankfurt am Main: Suhrkamp.
Dubet, F. und D. Lapeyronnie (1994). *Im Aus der Vorstädte; der Zerfall der demokratischen Gesellschaft*, Stuttgart: Klett-Cotta.
Dubin, R. (1959). »Deviant Behavior and Social Structure«, *American Sociological Review*, 24, 147–164.
Duncan, O. D. und B. Duncan (1955). »A Methodological Analysis of Segregation Indexes«, *American Sociological Review*, 20, 2, 210–217.
Dunteman, G. H. (1989). *Principal Components Analysis*, Newbury Park: Sage.
Durkheim, E. (1963). *L' Education morale*, Paris: Presses Universitaires de France.
Durkheim, E. (1983). *Der Selbstmord*, Frankfurt am Main: Suhrkamp.
Durkheim, E. (1988). *Über soziale Arbeitsteilung; Studie über die Organisation höherer Gesellschaften (franz. Erstausgabe 1893)*, Frankfurt am Main: Suhrkamp.

Durkheim, E. (1991). *Physik der Sitten und des Rechts; Vorlesungen zur Soziologie der Moral*, Frankfurt am Main: Suhrkamp.

Dürrenberger, G., H. Ernste, F. Furger, C. Jaeger, D. Steiner und B. Truffer (1992). *Das Dilemma der modernen Stadt*, Berlin: Springer Verlag.

Eckberg, D. L. (1995). »Estimates of Early Twentieth-Century U.S. Homicide Rates: An Econometric Forecasting Approach«, *Demography*, 32, 1, 1–16.

Eidgenössische Betäubungsmittelkommission – Subkommission »Drogenfragen« (Hrsg.) (1983). *Drogenbericht*, Bern: Bundesamt für Gesundheitswesen.

Eisenberg, G. und R. Gronemeyer (1993). *Jugend und Gewalt; Der neue Generationenkonflikt oder: Der Zerfall der zivilen Gesellschaft*, Reinbek: Rowohlt.

Eisner, M. (1984). *Wirtschaftliche Wachstumsschwankungen, Spannungen im Sozialsystem und abweichendes Verhalten im Kanton Zürich von 1855 bis 1979*. (Lizentiatsarbeit eingereicht am Soziologischen Institut der Universität Zürich).

Eisner, M. (1991). »Drogenpolitik als politischer Konfliktprozess«, in: Böker, W. und J. Nelles (Hrsg.), *Drogenpolitik wohin? Sachverhalte, Entwicklungen, Handlungsvorschläge*, Bern: Haupt.

Eisner, M. (1992a). »Long-Term Fluctuations of Economic Growth and Social Destabilization«, *Historical Social Research – Historische Sozialforschung*, 17, 4, 70–99.

Eisner, M. (1992b). »Policies towards Open Drug Scenes and Street Crime; the Case of the City of Zürich«, *European Journal of Criminal Policy and Research*, 1, 2, 61–75.

Eisner, M. (1993a). *Alltägliche Gewalt in Schweizer Städten*, Zürich: Nationales Forschungsprogramm Stadt und Verkehr.

Eisner, M. (1993b). »Immigration, Integration und Assimilation; Strukturen der Gewaltkriminalität von Immigrierten und Schweizern«, in: Bauhofer, S. und N. Queloz (Hrsg.), *Ausländer, Kriminalität und Strafrechtspflege*, Chur: Rüegger.

Eisner, M. (1993c). »Zu- oder Abnahme der Gewaltkriminalität Jugendlicher – Anmerkungen zum Beitrag von Rolf Räber«, *Kriminologisches Bulletin – Bulletin de Criminologie*, 19, 2, 91–98.

Eisner, M. (1994a). »Gewaltkriminalität und Stadtentwicklung in der Schweiz: ein empirischer Überblick«, *Schweizerische Zeitschrift für Soziologie*, 20, 1, 179–204.

Eisner, M. (1994b). »Städtische Drogenmärkte, Beschaffungsdelikte und die Folgen in den betroffenen Stadtquartieren«, in: Eisner, M. (Hrsg.), *Illegale Drogen und Kriminalität in der Schweiz*, Lausanne: ISPA Press.

Eisner, M. (1995a). »The Effects of Economic Structures and Phases of Development on Crime«, in: Council of Europe (Hrsg.), *Crime and Economy (Criminological Research, Vol. 32)*, Strasbourg: Council of Europe.

Eisner, M. (1995b). »Männlichkeit und Gewalt – Ergebnisse einer Befragung von Jugendlichen in Zürich«, in: Bauhofer, S. (Hrsg.), *Innere Sicherheit – Innere Unsicherheit? Kriminologische Aspekte*, Zürich: Rüegger.

Eisner, M. (1996). »Die langfristige Entwicklung von Gewaltdelinquenz im Kanton Zürich, 1830–1990«, (Manuskript, in Bearbeitung).

Eisner, M. und P. Güller (1992). »Mobilität und Lebensqualität«, in: Hugger, P. (Hrsg.), *Handbuch der Schweizerischen Volkskultur*, Zürich: Offizin Verlag.

Eisner, M. und P.-O. Wikström (1996). »Ecology of Violence in Stockholm, Edinburgh and Basel«, in: Brantingham, P. J., P. L. Brantingham und P.-O. Wikström (Hrsg.), *Cities and Crime; The North-American and European Experience*, (in Vorbereitung).

Elias, N. (1976). *Über den Prozess der Zivilisation; Soziogenetische und psychogenetische Untersuchungen,* Frankfurt am Main: Suhrkamp.

Elias, N. (1987). *Die Gesellschaft der Individuen,* Frankfurt am Main: Suhrkamp.

Elias, N. (1992). »Stichwort 'Zivilisation'«, in: Schäfers, B. (Hrsg.), *Grundbegriffe der Soziologie,* Opladen: Leske&Budrich.

Engels, F. (1909). *Die Lage der arbeitenden Klasse in England,* Stuttgart.

Esser, H. (1985). »Ausländische Bevölkerung und grossstädtische Entwicklungen«, in: Friedrichs, J. (Hrsg.), *Die Städte in den 80er Jahren,* Opladen: Westdeutscher Verlag.

Esser, H. (1988). »Sozialökologische Stadtforschung und Mehr-Ebenen-Analyse«, in: Friedrichs, J. (Hrsg.), *Soziologische Stadtforschung,* Opladen: Westdeutscher Verlag.

Esser, H. (1990). »Interethnische Freundschaften«, in: Esser, H. und J. Friedrichs (Hrsg.), *Generation und Identität; Theoretische und empirische Beiträge zur Migrationssoziologie,* Opladen: Westdeutscher Verlag.

Esser, H. (1993). *Soziologie; Allgemeine Grundlagen,* Frankfurt am Main: Campus.

Evans, D. J. und D. T. Herbert (Hrsg.) (1989). *The Geography of Crime,* London: Routledge.

Faber, K. G., K.-H. Ilting und C. Meier (1982). »Stichwort 'Macht, Gewalt'«, in: Brunner, O., W. Conze und R. Koselleck (Hrsg.), *Geschichtliche Grundbegriffe; Historisches Lexikon zur politisch-sozialen Sprache in Deutschland,* Band 3, Stuttgart: Klett-Cotta.

Fahrenkrug, H., J. Rehm, R. Müller, H. Klingemann und R. Linder (1995). *Illegale Drogen in der Schweiz, 1990–1993,* Zürich: Seismo.

Farrington, D. (1979). »Longitudinal Research on Crime and Delinquency«, in: Morris, N. und M. Tonry (Hrsg.), *Crime and Justice: An Annual Review of Research,* Chicago: Chicago University Press.

Farrington, D. P. (1986). »Age and Crime«, in: Tonry, M. und N. Morris (Hrsg.), *Crime and Justice, Vol. 7,* Chicago: Chicago University Press.

Farrington, D. P. (1994). »Human Development and Criminal Careers«, in: Maguire, M., R. Morgan und R. Reiner (Hrsg.), *The Oxford Handbook of Criminology,* Oxford: Clarendon Press.

Farrington, D. P., P. A. Langan und P.-O. H. Wikström (1994). »Changes in Crime and Punishment in America, England and Sweden between the 1980s and the 1990s«, *Studies on Crime and Crime Prevention,* 3, 104–131.

Farrington, D. P., R. J. Sampson und P. O. H. Wikström (Hrsg.) (1993). *Integrating Individual and Ecological Aspects of Crime,* Stockholm: National Council of Crime Prevention.

Farrington, D. P. und P.-O. H. Wikström (1993). »Changes in Crime and Punishment in England and Sweden in the 1980s«, *Studies on Crime and Crime Prevention,* 2, 142–170.

Felson, M. (1987). »Routine Activities and Crime in the Developing Metropolis«, *Criminology,* 25, 911–931.

Felson, M. (1994). *Crime and Everyday Life; Insight and Implications for Society,* Thousand Oaks: Pine Forge Press.

Felson, M. und L. E. Cohen (1980). »Human Ecology and Crime: A Routine Activity Approach«, *Human Ecology*, 8, 4, 389–406.
Ferdinand, T. N. (1967). »The Criminal Patterns of Boston since 1849«, *American Journal of Sociology*, 73, July, 84–99.
Fischer, C. (1984). *The Urban Experience*, New York: Harcourt Brace Jovanovich.
Fishman, G., A. Rattner und V. Kraus (1984). »Urban Community Characteristics and Rates of Violence in Israel«, *Israel Social Science Research*, 2, 2, 33–40.
Flückiger, F. und C. Muggli (1985). *Structure de l'urbanisation; Causes et effets du développement régional*, Lausanne: Presses Polytechniques Romandes.
Foray, D. und C. Freeman (Hrsg.) (1993). *Technology and the Wealth of Nations; The Dynamics of Constructed Advantage*, London: Pinter.
Foucault, M. (1992 [1975]). *Überwachen und Strafen; Die Geburt des Gefängnisses*, Frankfurt am Main: Suhrkamp.
Franck, K. A. und L. Paxson (1989). »Women and Urban Public Space: Research, Design, and Policy Issues«, in: Altman, I. und E. H. Zube (Hrsg.), *Public Places and Spaces*, New York: Plenum Press.
Franke, H. (1994). »Violent Crime in the Netherlands. A Historical-sociological Analysis«, *Crime, Law, and Social Change*, 20, 1, 73–100.
Franz, P. (1984). *Soziologie der räumlichen Mobilität; Eine Einführung*, Frankfurt am Main: Campus.
Frauenlobby Städtebau (1993). *Frau–Stadt–Angst–Raum; Wie frei bewegen sich Zürichs Frauen in ihrer Stadt*, Zürich: Frauenlobby Städtebau.
Frehsee, D. (1978). *Strukturbedingungen urbaner Kriminalität. Eine Kriminalgeographie der Stadt Kiel unter besonderer Berücksichtigung der Jugendkriminalität*, Göttingen: Otto Schwartz.
Frey, R. L. (1990). *Städtewachstum – Städtewandel; Eine ökonomische Analyse der schweizerischen Agglomerationen*, Basel: Helbling und Lichtenhahn.
Friedrichs, J. (1980). *Stadtanalyse; Soziale und räumliche Organisation der Gesellschaft*, Opladen: Westdeutscher Verlag.
Friedrichs, J. (Hrsg.) (1985a). *Die Städte in den 80er Jahren; Demographische, ökonomische und technologische Entwicklungen*, Opladen: Frankfurt am Main.
Friedrichs, J. (1985b). »Ökonomischer Strukturwandel und Disparitäten von Qualifikationen der Arbeitskräfte«, in: Friedrichs, J. (Hrsg.), *Die Städte in den 80er Jahren, Demographische, ökonomische und technologische Entwicklungen*, Opladen: Westdeutscher Verlag.
Friedrichs, J. (1995). *Stadtsoziologie*, Opladen: Leske&Budrich.
Fux, B. (1994). *Der familienpolitische Diskurs: eine theoretische und empirische Untersuchung über das Zusammenwirken und den Wandel von Familienpolitik, Fertilität und Familie*, Berlin: Dunker&Humblot.

Gabor, T. (1986). *The Prediction of Criminal Behavior: Statistical Approaches*, Toronto: University of Toronto Press.
Gabrielsen, G., P. Gottlieb und P. Kramp (1992). »Criminal Homicide Trends in Copenhagen«, *Studies on Crime and Crime Prevention*, 1, 1, 106–114.

Galtung, J. (1975). *Strukturelle Gewalt; Beiträge zur Friedens- und Konfliktforschung*, Reinbek: Rowohlt.
Gartner, R. (1990). »The Victims of Homicide: A Temporal and Cross-National Comparison«, *American Sociological Review*, 55, 92–106.
Gatrell, V. A. C. (1980). »The Decline of Theft and Violence in Victorian and Edwardian England«, in: Gatrell, V. A. C., B. Lenman und G. Parker (Hrsg.), *Crime and the Law; The Social History of Crime in Western Europe since 1500*, London: Europa Publications.
Geen, R. G. (1990). *Human Aggression*, Milton Keynes: Open University Press.
Geissler, R. (1987). »Soziale Schichtung und Kriminalität«, in: Geissler, R. (Hrsg.), *Soziale Schichtung und Lebenschancen in der Bundesrepublik Deutschland*, Stuttgart:
Gelles, R. J. (1987). *Family Violence*, Beverly Hills: Sage.
Gelles, R. J. und M. A. Strauss (1988). *Intimate Violence; The Causes and Consequences of Abuse in the American Family*, New York: Simon and Schuster.
Gerdes, K. und C. v. Wolffersdorff-Ehlert (1974). *Drogenscene: Suche nach Gegenwart; Ergebnisse teilnehmender Beobachtung in der jugendlichen Drogensubkultur*, Stuttgart: Fischer.
Giddens, A. (1988). *Die Konstitution der Gesellschaft; Grundzüge einer Theorie der Strukturierung*, Frankfurt am Main: Campus.
Giddens, A. (1991). *Modernity and Self Identity*, Cambridge: Polity Press.
Gillioz, E. (1967). »La criminalité des étrangers en Suisse«, *Revue pénale suisse*, 83, 2, 178–191.
Gilomen, H. (1993). »Die Situation der ausländischen Wohnbevölkerung in der Schweiz«, in: Bauhofer, S. und N. Queloz (Hrsg.), *Ausländer, Kriminalität und Strafrechtspflege*, Chur: Rüegger.
Glass, J. J. (1993). *Shattered Selves. Multiple Personality in a Postmodern World*, Ithaca: Cornell University.
Glueck, S. und E. T. Glueck (1950). *Unravelling Juvenile Delinquency*, Cambridge: Harvard University Press.
Godenzi, A. (1989). *Bieder, brutal. Frauen und Männer sprechen über sexuelle Gewalt*, Zürich: Unionsverlag.
Godenzi, A. (1993). *Gewalt im sozialen Nahraum*, Basel: Helbing&Lichtenhahn.
Goffman, E. (1959). *The Presentation of Self in Everyday Life*, New York: Doubleday&Company.
Goffman, E. (1982). *Das Individuum im öffentlichen Austausch; Mikrostudien im öffentlichen Austausch*, Frankfurt am Main: Suhrkamp.
Goldsmith, W. W. und E. J. Blakely (1992). *Separate Societies; Poverty and Inequality in U.S. Cities*, Philadelphia: Temple University Press.
Goldstein, A. P. (1994). *The Ecology of Aggression*, New York: Plenum Press.
Goldstein, J. (1988). *Long Cycles: Prosperity and War in the Modern Age*, New Haven: Yale University Press.
Goldstein, P. J. (1985). »Drugs and Violent behavior«, *Journal of Drug Issues*, 15, 493–506.
Goldstein, P. J. (1989). »Drugs and Violent Crime«, in: Weiner, N. A. und M. E. Wolfgang (Hrsg.), *Pathways to Criminal Violence*, Newbury Park: Sage.

Gottfredson, M. R. (1986). »Substantive Contributions of Victimization Surveys«, in: Tonry, M. und N. Morris (Hrsg.), *Crime and Justice. An Annual Review of Research, Vol. 7*, Chicago: Chicago University Press.
Gottfredson, M. R. und D. M. Gottfredson (1980). *Decisionmaking in Criminal Justice*, Cambridge (Mass.): Ballinger.
Gottfredson, M. T. und T. Hirschi (1990). *A General Theory of Crime*, Stanford: Stanford University Press.
Granger, C. W. J. (1969). »Investigating Causal Relations by Econometric Models and Cross-Spectral Methods«, *Econometrica*, 37, 424–438.
Grapendaal, M., E. Leuw und H. Nelen (1995). *A World of Opportunities. Life-Style and Economic Behavior of Heroin Addicts in Amsterdam*, Albany: SUNY Press.
Greenberg, D. F. (1977). »Delinquency and the Age Structure of Society«, *Contemporary Crises*, 1, 189–224.
Greenberg, D. F. (1979). »Delinquency and the Age Structure of Society«, in: Messinger, S. L. und E. Bittner (Hrsg.), *Criminology Review Yearbook*, Beverly Hills: Sage.
Greenberg, D. F. (1985). »Age, Crime, and Social Explanation«, *American Journal of Sociology*, 91, 1, 1–20.
Greenberg, D. F. (1992). »The Gendering of Crime in Marxist Theory«, in: Greenberg, D. F. (Hrsg.), *Crime and Capitalism*, New York: Temple University Press.
Grob, P. J. (1992). »The Needle Park in Zürich; The Story and the Lessons to be Learned«, *European Journal on Criminal Policy and Research*, 1, 2, 48–61.
Grüter, S. (1994). *Wellen der Kriminalitätsthematisierung als »Moral Panics«*
Güller, P., T. Busset, M. Eisner, P. Regli und H. R. Schäfer (1990). *Löst der Verkehr die Stadt auf? Zusammenhänge zwischen der Verkehrs- und Siedlungsentwickluing in der Agglomeration Luzern* (Bericht zuhanden des Kantonalen Raumplanungsamtes Luzern).
Gurr, T. R. (1970). *Why Men Rebel*, Princeton: Princeton University Press.
Gurr, T. R. (1981). »Historical Trends in Violent Crime: A Critical Review of the Evidence«, *Crime and Justice. An Annual Review of Research*, 3, 295–350.
Gurr, T. R. (1989). »Historical Trends in Violent Crime: Europe and the United States«, in: Gurr, T. R. (Hrsg.), *Violence in America, Vol. 1: The History of Crime*, Newbury Park: Sage.
Gurr, T. R., P. N. Grabosky und R. C. Hula (1977). *The Politics of Crime and Conflict; A Comparative History of Four Cities*, Beverly Hills: Sage.
Gysin, S. und I. Reynoldo (1991). *Zeiträume, Freiräume und Angsträume von Frauen in Kleinbasel* (Praktikumsbericht am Geographischen Institut der Universität Basel).

Habermas, J. (1976). »Moralentwicklung und Ich-Identität«, in: Habermas, J. (Hrsg.), *Zur Rekonstruktion des Historischen Materialismus*, Frankfurt am Main: Suhrkamp.
Habermas, J. (1985). *Theorie des kommunikativen Handelns*, Frankfurt am Main: Suhrkamp.
Haesler, W. T. (Hrsg.) (1982). *Weibliche und männliche Kriminalität*, Diessenhofen: Rüegger.
Haferkamp, H. (1987). »Effekte des Wertewandels auf Kriminalität und Strafsanktionen«, *Zeitschrift für Soziologie*, 16, 6, 419–433.
Hagan, J. (1994a). *Crime and Disrepute*, Thousand Oaks: Pine Forge Press.

Hagan, J. (1994b). »The New Sociology of Crime and Inequality in America«, *Studies on Crime and Crime Prevention*, 3, 7–24.

Hagan, J., J. H. Simpson und A. R. Gillis (1987). »Class in the Household: A Power-Control Theory of Gender and Delinquency«, *American Journal of Sociology*, 39, 301–336.

Hagan, J., J. H. Simpson und u. A. R. Gillis (1979). »The Sexual Stratification of Social Control: A Gender-Based Perspective on Crime and Delinquency«, *British Journal of Sociology*, 82, 788–816.

Hamm, B. (1977). *Die Organisation der städtischen Umwelt; Ein Beitrag zur sozialökologischen Theorie der Stadt*, Frauenfeld: Huber.

Hamm, B. (1982). *Einführung in die Siedlungssoziologie*, München: Beck.

Hammer, C. I., jr. (1978). »Patterns of Homicide in a Medieval University Town: Fourteenth-Century Oxford«, *Past and Present*, 78, 3–23.

Hammond, J. L. (1973). »Two Sources of Error in Ecological Correlations«, *American Sociological Review*, 38, 4, 764–777.

Hanawalt, B. A. (1976). »Violent Death in Fourteenth- and Early Fifteenth Century England«, *Comparative Studies in Society and History*, 18, 297–320.

Hanushek, E. A. und J. E. Jackson (1977). *Statistical Methods for Social Scientists*, Orlando: Academic Press.

Härry, D. (1994). *Libanesische Bürgerkrieger am Letten*, Tages-Anzeiger, Zürich, 17, 10. August 1994.

Hartshorne, H. und M. A. May (1928). *Studies in the Nature of Character, Vol 1: Studies in Deceit*, New York: Macmillan.

Hartung, J., B. Elpelt und K.-H. Klösener (1991). *Statistik; Lehr- und Handbuch der angewandten Statistik*, München: Oldenbourg.

Harvey, A. (1950). *Human Ecology: A Theory of Community Structure*, New York: Ronald.

Harvey, A. (1971). *Urban Society: An Ecological Approach*, New York: Ronald.

Harvey, D. (1990). *The Condition of Postmodernity, An Enquiry into the Origins of Cultural Change*, Cambridge (MA): Blackwell.

Hauber, A. R. (1980). »The Social Psychology of Driving Behaviour and the Traffic Environment«, *International Review of Applied Psychology*, 29, 461–474.

Häussermann, H. und W. Siebel (1978). »Krise der Stadt – Krise der Stadt?«, *Leviathan*, 6, 471–483.

Häussermann, H. und W. Siebel (1994). »Gemeinde- und Stadtsoziologie«, in: Kerber, H. und A. Schmieder (Hrsg.), *Spezielle Soziologien; Problemfelder, Forschungsbereiche, Anwendungsorientierungen*, Reinbek bei Hamburg: Rowohlt.

Heiland, H.-G. (1992). »Modern Patterns of Crime and Control in the Federal Republic of Germany«, in: Heiland, H.-G., L. I. Shelley und H. Katoh (Hrsg.), *Crime and Control in Comparative Perspectives*, Berlin: Walter de Gruyter.

Heintz, P. (1956). »Einige theoretische Ansätze zu einer Soziologie der kriminellen Angriffe gegen die Person«, *Monatsschrift für Kriminologie und Strafrechtsreform*, 39, Sonderheft, 3–20.

Heintz, P. (1968). *Einführung in die soziologische Theorie*, Stuttgart: Klett.

Heinz, W. und R. Storz (1992). *Diversion im Jugendstrafverfahren der Bundesrepublik Deutschland*, Bonn: Forum Verlag.

Heitmeyer, W. (1994). »Entsicherungen; Desintegrationsprozesse und Gewalt«, in: Beck, U. und E. Beck-Gernsheim (Hrsg.), *Riskante Freiheiten*, Frankfurt am Main: Suhrkamp.

Heitmeyer, W. (1995). *Gewalt: Schattenseiten der Individualisierung bei Jugendlichen aus unterschiedlichen Milieus*, Weinheim: Juventa.

Heitmeyer, W. und U. Sander (1992). »Individualisierung und Verunsicherung«, in: Mansel, J. (Hrsg.), *Reaktionen Jugendlicher auf gesellschaftliche Bedrohung*, Weinheim: Juventa.

Henry, A. und J. Short (1957). »Reported Behavior as a Criterion of Deviant Behavior«, *Social Forces*, 5, 207–213.

Henry, A. und J. Short (1964). *Suicide and Homicide; Some Economic, Sociological and Psychological Aspects of Aggression*, New York: Free Press.

Henry, P. (1984). *Crime, Justice et Société dans la principauté de Neuchâtel au 17ème siècle (1707-1806)*, Neuchâtel: Editions de la Baconnière.

Herz, R. (1980). *Empirische Befunde zum Rhythmus der Zeitnutzung; Arbeitsbericht zum DFG-Projekt "Zeitbudget-Allokation und Infrastrukturbelastung"*, Karlsruhe: Institut für Städtebau und Landesplanung.

Hester, S. und P. Eglin (1992). *A Sociology of Crime*, London: Routledge.

Hettlage, R. (1992). *Familienreport; Eine Lebensform im Umbruch*, München: Beck.

Hindelang, M., T. Hirschi und J. Weis (1981). *Measuring Delinquency*, Beverly Hills: Sage.

Hindelang, M. J. (1978). »Race and the Involvement in Common Law Personal Crimes«, *American Sociological Review*, 43, 1, 93–109.

Hindelang, M. J., M. R. Gottfredson und J. Garofalo (1978). *Victims of Personal Crime: An Empirical Foundation for a Theory of Personal Victimization*, Cambridge (Mass.): Ballinger.

Hirsch, J. und R. Roth (1986). *Das neue Gesicht des Kapitalismus*, Hamburg: VSA.

Hirschfeld, G. (1995). »Zur Delinquenz Drogenabhängiger. Die Kriminalitätsbelastung der Konsumenten harter Drogen«, *Kriminalistik*, 49, 7, 479–480.

Hirschi, T. (1969). *Causes of Delinquency*, Berkeley: University of California Press.

Hirschi, T. (1983). »Age and the Explanation of Crime«, *American Journal of Sociology*, 89, 3, 552–570.

Hoffmann-Nowotny, H.-J. (1973). *Soziologie des Fremdarbeiterproblems; Eine theoretische und empirische Analyse am Beispiel der Schweiz*, Stuttgart: Ferdinand Enke.

Hoffmann-Nowotny, H.-J. (1992). »Die neue Völkerwanderung: Ursachen und Konsequenzen«, *Pro Juventute Thema*, 73, 3, 12–15.

Honig, M.-S. (1992). *Verhäuslichte Gewalt; Sozialer Konflikt, wissenschaftliche Konstruktion, Alltagswissen, Handlungssituationen – Eine Explorativstudie über Gewalthandeln von Familien*, Frankfurt am Main: Suhkamp.

Höpflinger, F. (1986). *Bevölkerungswandel in der Schweiz*, Grüsch: Rüegger.

Höpflinger, F. und K. Wyss (1994). *Am Rande des Sozialstaates; Formen und Funktionen öffentlicher Sozialhilfe im Vergleich*, Bern: Haupt.

Horney, J., D. W. Osgood und I. H. Marshall (1995). »Criminal Creers in the Short Term: Intra-Individual Variability in Crime and its Relation to Local Life Circumstances«, *American Sociological Review*, 60, 5, 655–673.

Horowitz, R. und G. Schwartz (1974). »Honor, Normative Ambiguity, and Gang Violence«, *American Sociological Review*, 39, 238–251.

Hosmer, D. W. und S. Lemeshow (1989). *Applied Logistic Regression,* New York: Wiley&Sons.
Huesmann, L. R. (1988).»An Information Processing Model for the Development of Aggression«, *Aggressive Behavior,* 14, 1, 13–24.
Huesmann, L. R. und L. D. Eron (1989).»Individual Differences and the Trait of Aggression«, *European Journal of Personality,* 3, 95–106.
Hug, T. (1993). *Zürich – Drogen und Gewalt; Standortbestimmung aus polizeilicher Sicht* (Schriftlicher Vortrag im Rahmen der Veranstaltungsreihe »Zürich wohin? – Eine Grossstadt auf dem Weg in die Zukunft«).
Hwang, S.-S. und S. H. Murdock (1985).»Population Size and Residential Segregation: An Empirical Evaluation of Two Perspectives«, *Social Science Quarterly,* 69, 4, 818–834.

Imhof, K. und G. Romano (1989). *Theorie des sozialen Wandels. Dissertation an der Philosophischen Fakultät I der Universität Zürich,*
Inciardi, J. A., D. C. McBride, C. McCoy, H. L. Surratt und C. A. Saum (1995).»Violence, Street Crime and the Drug Legalization Debate: A Perspective and Commentary on the U.S. Experience«, *Studies on Crime and Crime Prevention,* 4, 1, 105–118.
Inciardi, J. A., D. C. McBride, H. V. McCoy und D. D. Chitwood (1994).»Recent Research in the Crack/Cocaine/Crime Connection«, *Studies on Crime and Crime Prevention,* 3, 2, 63–82.

Jaccard, J., R. Turrisi und C. K. Wan (1990). *Interaction Effects in Multiple Regression,* Newbury Park: Sage.
Jackson, P. I. (1991).»Crime, Youth Gangs, and Urban Transition: The Social Dislocations of Postindustrial Economic Development«, *Justice Quarterly,* 8, 3, 379–397.
Jacobs, J. (1961). *Death and Life of Great American Cities,* New York: Random House.
Jakob, O. (1986).»Die Zuverlässigkeitsproblematik der Todesursachenstatistik, insbesondere der Rubrik 'Selbstmord', deren Veränderung in der Vergangenheit und die Auswirkungen auf die Praxis«, in: Haesler, W. T. und J. Schuh (Hrsg.), *Der Selbstmord,* Grüsch: Rüegger.
Janson, C.-G. (1980).»Factorial Social Ecology: An Attempt at Summary and Evaluation«, *Annual Review of Sociology,* 6, 433–356.
Jeffery, C. R. (1971). *Crime Prevention through Environmental Design,* Beverly Hills: Sage.
Jenkins, P. (1992). *Intimate Enemies: Moral Panics in Contemporary Britain,* New York: de Gruyter.
Johnson, E. A. (1990).»Urban-Rural Differences in late Nineteenth- and early Twentieth-Century German Criminality«, *Social Science History,* ,
Johnson, E. A. (1995). *Urbanization and Crime; Germany 1871–1914,* Cambridge: Cambridge University Press.
Johnson, E. A. und E. H. Monkkonen (Hrsg.) (1996). *Violent Crime in Town and Country since the Middle Ages,* Illinois: University of Illinois Press (forthcoming).
Joutsen, M. (1992).»Crime and Control in Comparative Perspectives«, in: Heiland, H.-G., L. I. Shelley und H. Katoh (Hrsg.), *Crime and Control in Comparative Perspectives,* Berlin: Walter de Gruyter.

Joutsen, M. (1994). *Crime Trends and Criminal Justice in Europe: Tentative Results of the Fourth United Nations Survey of Crime Trends and Operations of Criminal Justice Systems (1986–1990)* (Paper presented to the Colloquium on Crime and Criminal Policy in Europe held in Romainmôtier).

Joye, D. (1995). *Sozialstruktur der Schweiz – Sozio-professionelle Kategorien*, Bern: Bundesamt für Statistik.

Junger, M., R. West und D. Nagin (1995). *The Generality of Deviance: The Case of Accidents and Crime – Some Recent Findings* (Paper Presented to the 47th Annual Meeting of the American Sociological Association, November 15–18, Boston).

Junger-Tas, J. (1991).»Nature and Evolution of the Criminality of Young Adults«, in: Council of Europe (Hrsg.), *Tenth Criminological Colloquium on Young Adult Offerders and Crime Policy*, Strasbourg: Council of Europe.

Junger-Tas, J., G. J. Terlouw und M. W. Klein (1994). *Delinquenz Behavior Among Young People in the Western World. First Results of the International Self-Report Delinquency Study*, Amsterdam: Kugler.

Kaiser, G. (1989). *Kriminologie; Eine Einführung in die Grundlagen*, Heidelberg: UTB.

Kaiser, G. (1990).»Die gefährliche Stadt?«, in: Zeller, P. (Hrsg.), *Stadt der Zukunft*, Zürich: Verlag der Fachvereine.

Kaiser, G., H.-J. Kerner und H. Schöch (1992). *Strafvollzug. Ein Lehrbuch*, Heidelberg:

Kaiser, G., H. Kury und H.-J. Albrecht (Hrsg.) (1991). *Victims and Criminal Justice (Bände 1–3)*, Freiburg i. Br.: Max-Planck Institut für ausländisches und internationales Strafrecht.

Kennedy, L. W. und S. W. Baron (1993).»Routine Activities and A Subculture of Violence: A Study of Violence on the Street«, *Journal of Research in Crime and Delinquency*, 30, 1, 88–112.

Kenrick, D. T. und D. C. Funder (1988).»Profiting from Controversy: Lessons from the Person–Situation Debate«, *American Journal of Psychology*, 43, 1, 23–34.

Kerschke-Risch, P. (1993). *Gelegenheit macht Diebe – doch Frauen klauen auch; Massenkriminalität bei Frauen und Männern*, Opladen: Westdeutscher Verlag.

Kersten, J. (1993a).»Crime and Masculinities in Australia, Germany and Japan«, *International Sociology*, 8, 4, 461–478.

Kersten, J. (1993b).»Der Männlichkeitskult – Über die Hintergründe der Jugendgewalt«, *Psychologie Heute*, 20, 9, 50–57.

Kersten, J. (1995).»Junge Männer und Gewalt«, *Kriminalpolitik, Forum für Praxis, Politik und Wissenschaft*, 8, 1, 22–27.

Keupp, H. (Hrsg.) (1992). *Identitätsverlust oder neue Identitätsentwürfe?*, Opladen: Westdeutscher Verlag.

Killias, M. (1988a).»Diskriminierendes Anzeigeverhalten von Opfern gegenüber Ausländern? Neue Aspekte der Ausländerkriminalität aufgrund von Daten der schweizerischen Opferbefragung«, *Monatsschrift für Kriminologie und Strafrechtsreform*, 71, 3, 223–284.

Killias, M. (1988b). »La délinquance juvénile des migrants de la deuxième generation. Essai de bilan des recherches euopéennes«, in: Schuh, J. (Hrsg.), *Jugend und Delinquenz – Jeunesse et Délinquance*, Grüsch: Rüegger.

Killias, M. (1989). *Les Suisses face au crime*, Grüsch: Rüegger.

Killias, M. (1991a). *Précis de Criminologie*, Berne: Stämpfli.

Killias, M. (1991b). »Swiss Victimology Research in the 1980s – An Overview«, in: Kaiser, G., H. Kury und H.-J. Albrecht (Hrsg.), *Victims and Criminal Justice (Vol. 1)*, Freiburg i.Br.: Max-Planck-Institut für ausländisches und internationales Strafrecht.

Killias, M. (1992). »Les répercussions des enquêtes de victimisation«, in: Institut de sciences pénales et de criminologie (Hrsg.), *La prévention de la criminalité urbaine*, Marseille: Presses universitaires d'Aix-Marseille.

Killias, M. (1994). *Immigrants, Crime, and the Criminal Justice System: The Swiss Experience* (Paper presented at the Race, Ethicity, and Criminal Justice Conference).

Killias, M., J. Rabasa und P. Villetaz (1994). »Drogenkonsum und abweichendes Verhalten; Vorläufige Ergebnisse einer international-vergleichenden Untersuchung bei 970 Schweizer Jugendlichen«, in: Eisner, M. (Hrsg.), *Illegale Drogen und Kriminalität in der Schweiz*, Lausanne: ISPA-Press.

Kim, J.-O. und C. W. Mueller (1978). *Introduction to Factor Analysis; What it is and How to do it*, Newbury Park: Sage.

Klages, H. (1993). *Traditionsbruch als Herausforderung; Perspektiven der Wertewandelsgesellschaft*, Frankfurt am Main: Campus.

Klein, M. (1995). *The American Street Gang; Its Nature, Prevalence, and Control*, New York: Oxford University Press.

Koch, M. (1992). *Städtebau in der Schweiz; Entwicklungslinien, Einflüsse und Stationen*, Zürich: Verlag der Fachvereine.

König, H. (1992). *Zivilisation und Leidenschaften; Die Masse im bürgerlichen Zeitalter*, Reinbek: Rowohlt.

Kornhauser, R. R. (1978). *Social Sources of Delinquency; An Appraisal of Analytic Models*, Chicago: University of Chicago Press.

Krahé, B. (1990). *Situation Cognition and Coherence in Personality: An Individual-Centered Approach*, Cambridge: Cambridge University Press.

Krämer, K. (1992). *Delinquenz, Suchtmittelumgang und andere Formen abweichenden Verhaltens; ein Geschlechtervergleich*, Freiburg im Breisgau: Lambertus.

Krätke, S. (1991). *Strukturwandel der Städte; Städtesystem und Grundstücksmarkt in der »postfordistischen« Ära*, Frankfurt am Main: Campus.

Kreuzer, A. (1975). *Drogen und Delinquenz; Eine jugendkriminologisch-empirische Untersuchung der Erscheinungsformen und Zusammenhänge*, Wiesbaden: Akademische Verlagsgesellschaft.

Kreuzer, A. (1987). *Jugend – Drogen – Kriminalität*, Neuwied: Luchterhand.

Kreuzer, A. (1992). »Mythen in der gegenwärtigen drogenpolitischen Diskussion«, in: Böker, W. und J. Nelles (Hrsg.), *Drogenpolitik wohin? Sachverhalte, Entwicklungen, Handlungsvorschläge*, Bern: Haupt.

Kriesi, H., R. Levy, G. Ganguillet und H. Zwicky (1981). *Politische Aktivierung in der Schweiz 1945–78*, Diessenhofen: Rüegger.

Kriminalpolizei des Kantons Zürich (Hrsg.) (1980–1993). *KRISTA; Kriminalstatistik des Kantons Zürich*, Zürich: Kantonspolizei Zürich.

Krohn, M. D. und J. L. Massey (1980). »Social Control and Delinquent Behavior«, *Sociological Quarterly*, 21, 529–543.

Kuhn, A. (1993). *Punitivité, politique criminelle et surpeuplement carcéral – ou comment réduire la population carcérale*, Bern: Haupt.

Kunz, K.-L. (1989). »Ausländerkriminalität in der Schweiz – Umfang, Struktur und Erklärungsversuch«, *Revue pénale Suisse*, 106, 4, 373–392.

Kürzinger, J. (1978). *Private Strafanzeige und polizeiliche Reaktion*, Berlin:

Lagrange, H. (1993). »La pacification des moeurs à l'épreuve: L'insécurité et les atteintes prédratrices«, *Déviance et Société*, 17, 3, 279–289.

Lamnek, S. (1993). *Theorien abweichenden Verhaltens*, München: Wilhelm Fink.

Landis, J. R. und F. R. Scarpitti (1965). »Perceptions Regarding Value Orientation and Legitimate Opportunity: Delinquents and Non-Delinquents«, *Social Forces*, 44, 83–91.

Lane, R. (1968). »Urbanization and Civil Violence in the 19th Century: Massachusetts as a Test Case«, *Journal of Social History*, , 2,

Lane, R. (1979). *Violent Death in the City: Suicide, Accident and Murder in Nineteenth Century Philadelphia*, Cambridge: Cambridge University Press.

Lane, R. (1980). »Urban Police and Crime in Nineteenth-Century America«, in: Morris, N. und M. Tonrey (Hrsg.), *Crime and Justice: An Annual Review of Research*, Vol. 2, Chicago: Chicago University Press.

Langbein, L. I. und A. J. Lichtman (1978). *Ecological Inference*, Newbury Park: Sage.

Lasch, C. (1978). *The Culture of Narcissism*, New York: Norton.

Lash, J. und S. Urry (1987). *The End of Organised Capitalism*, Oxford: Polity Press.

Lazarus, R. S. und S. Folkman (1984). *Stress, Appraisal and Coping*, New York:

Lettieri, D. und R. Weltz (1983). *Drogenabhängigkeit: Ursachen und Verlaufsformen*, Basel: Helbing&Lichtenhahn.

Levi, M. (1994). »Violent Crime«, in: Maguire, M., R. Morgan und R. Reiner (Hrsg.), *The Oxford Handbook of Criminology*, Oxford: Clarendon Press.

Lewin, K. (1935). *A Dynamic Theory of Personality*, New York: McGraw-Hill.

Lewin, K. (1936). *Principles of Topological Psychology*, New York: McGraw-Hill.

Lösel, F. und T. Bliesener (1994). »Some High-risk Adolescents do not Develop Conduct Problems: A Study of Protective Factors«, *International Journal of Behavioral Development*, 17, 4, 753–777.

Luhmann, N. (1984). *Soziale Systeme*, Frankfurt am Main: Suhrkamp.

Lurigio, A. J., W. G. Skogan und R. C. Davis (Hrsg.) (1990). *Victims of Crime: Problems Policies, and Programs*, Newbury Park: Sage.

Macmillan, J. (1975). *Deviant Drivers*, Westmead: Saxon House.

Maddison, A. (1982). *Phases of Capitalist Development*, New York: Oxford University Press.

Mandel, E. (1973). *Der Spätkapitalismus*, Frankfurt am Main: Suhrkamp.

Mansel, J. (1986). »Die unterschiedliche Selektion von jungen Deutschen, Türken und Italienern«, *Monatsschrift für Kriminologie und Strafrechtsreform*, 69, 6, 309–325.

Mansel, J. und K. Hurrelmann (1992). »Belastungen Jugendlicher bei Statusübergängen; Eine Längsschnittstudie zu psychosomatischen Folgen beruflicher Veränderungen«, *Zeitschrift für Soziologie*, 21, 5, 366–384.

Mansel, J. und K. Hurrelmann (1994). »Aussen- und innengerichtete Formen der Problemverarbeitung Jugendlicher«, *Soziale Welt*, 45, 2, 147–179.

Mantell, D. M. (1978). *Familie und Aggression; Zur Einübung von Gewalt und Gewaltlosigkeit – eine empirische Untersuchung*, Frankfurt am Main: Fischer.

Manzoni, P. und D. Ribeaud (1995). *Die Beurteilung von Gewaltkriminalität durch die Justizinstanzen am Beispiel Basel-Stadt* (Forschungsarbeit eingereicht am Soziologischen Institut der Universität Zürich).

Martens, P. L. (1993). »An Ecological Model of Socialisation in Explaining Offending«, in: Farrington, D. P., R. J. Sampson und P.-O. H. Wikström (Hrsg.), *Integrating Individual and Ecological Aspects of Crime*, Stockholm: National Council for Crime Prevention.

Matz, U. (1986). »Stichwort »Gewalt««, in: Görres-Gesellschaft (Hrsg.), *Staatslexikon; Recht, Wirtschaft, Gesellschaft*, 2, Freiburg: Herder.

Matza, D. (1964). *Delinquency and Drift*, New York: Wiley.

Maxfield, M. G. (1987). »Lifestyle and Routine Activity Theories of Crime: Empirical Studies of Victimization, Delinquency, and Offender Decision-Making«, *Journal of Quantitative Criminology*, 3, 301–320.

McCleary, R. und R. A. Hay (1980). *Applied Time Series Analysis for the Social Sciences*, Beverly Hills: Sage.

McClintock, F. H. (1963). *Crimes of Violence*, London: Macmillan.

McClintock, F. H. und P.-O. H. Wikström (1990). »Violent Crime in Scotland and Sweden«, *British Journal of Criminology*, 30, 2, 207–227.

McClintock, F. H. und P. O. Wikström (1992). »The Comparative Study of Urban Violence; Criminal Violence in Edinburgh and Stockholm«, *British Journal of Criminology*, 32, 4, 505–520.

McCord, W., J. McCord und I. K. Zola (1959). *Origins of Crime*, New York: Columbia University Press.

Mead, G. H. (1934). *Mind, Self and Society*, Chicago: University of Chicago Press.

Meier, R. F. (1982). »Perspectives on the Concept of Social Control«, *Annual Review of Sociology*, 8, 35–55.

Menard, S., D. S. Elliott und S. Wofford (1993). »Social Control Theories in Developmental Perspective«, *Studies on Crime and Crime Prevention*, 2, 69–88.

Merry, S. E. (1981). »Defensible Space Undefended: Social Factors in Crime Control through Environmental Design«, *Urban Affairs Quarterly*, 16, 4, 397–422.

Merton, R. K. (1938). »Social Structure and Anomie«, *American Sociological Review*, 43, 3, 672–682.

Merton, R. K. (1968). »Sozialstruktur und Anomie«, in: Sack, F. und R. König (Hrsg.), *Kriminalsoziologie*, Frankfurt: AVG.

Messner, S. F. (1982). »Poverty, Inequality and the Urban Homicide Rate«, *Criminology*, 20, 103–114.

Messner, S. F. (1983). »Regional and Racial Effects of the Urban Homicide Rate: The Subculture of Violence Revisited«, *American Journal of Sociology*, 88, 5, 997–1007.

Messner, S. F. und K. Tardiff (1986). »Economic Inequality and levels of homicide: An analysis of urban neighborhoods«, *Criminology*, 24, 297–318.

Meyer, A. (1895). *Die Verbrechen in ihrem Zusammenhang mit den wirtschaftlichen und sozialen Verhältnissen im Kanton Zürich,* Jena: Gustav Fischer.

Michalowski, R. J. (1975).»Violence on the Road: The Crime of Vehicular Homicide«, *Journal of Research in Crime and Delinquency,* 12, 1, 30–43.

Miethe, T. D. und R. F. Meier (1994). *Crime and its Social Context; Toward an Integrated Theory of Offenders, Victims, and Situations,* Albany: State University of New York Press.

Milgram, S. (1974). *Obedience to Authority,* New York: Harper&Row.

Miller, W. B. (1958).»Lower Class Culture as a Generating Milieu of Gang Delinquency«, *Journal of Social Issues,* 19, 5–19.

Mitscherlich, A. (1976). *Die Unwirtlichkeit unserer Städte,* Frankfurt am Main: Suhrkamp.

Morris, T. P. (1957). *The Criminal Area; A Study in Social Ecology,* London: Routledge&Kegan Paul.

Münch, R. (1993).»Kreativität und Gesellschaft: Über die pragmatistische Erneuerung der Handlungstheorie in gesellschaftstheoretischer Absicht«, *Schweizerische Zeitschrift für Soziologie,* 19, 2, 289–306.

Musil, J. (1988).»Der Status der Sozialökologie«, in: Friedrichs, J. (Hrsg.), *Soziologische Stadtforschung,* Opladen: Westdeutscher Verlag.

Naeshagen, F. L. (1995). *The Drastic Decline of Norwegian Homicide Rates between 1550 and 1800* (Paper presented to 47th Annual Meeting of the American Society of Criminology, Boston, November 15–18).

Nagin, D. S. und R. Paternoster (1994).»Personal Capital and Social Control: The Deterrence Implications of a Theory of Individual Differences in Criminal Offending«, *Criminology,* 32, 4, 581–606.

Naroska, H.-J. (1988).»Urban Underclass und 'neue' soziale Randgruppen im städtischen Raum«, in: Friedrichs, H.-J. (Hrsg.), *Soziologische Stadtforschung,* Sonderheft 29 der Kölner Zeitschrift für Soziologie und Sozialpsychologie, Opladen: Westdeutscher Verlag.

Neidhardt, F. (1986).»Gewalt. Soziale Bedeutungen und sozialwissenschaftliche Bestimmungen des Begriffs«, in: Bundeskriminalamt (Hrsg.), *Was ist Gewalt? Auseinandersetzungen mit einem Begriff (Sonderband der BKA Forschungsreihe, Band 1),* Wiesbaden: Bundeskriminalamt Wiesbaden.

Neumann, J. (1963). *Die Kriminalität der italienischen Arbeitskräfte im Kanton Zürich,* Zürich:

Newman, O. (1972). *Defensible Space: Crime Prevention through Urban Design,* New York: MacMillan.

Newman, O. und K. A. Franck (1981). *The Effects of Building Size on Personal Crime and Fear of Crime,* Washington, D.C.: American Sociological Association (ASA).

Niggli, M. (1993).»Kriminalität von Ausländern; Kriminologische Erklärungsansätze und ihre Aussagekraft«, in: Bauhofer, S. und N. Queloz (Hrsg.), *Ausländer, Kriminalität und Strafrechtspflege,* Chur: Rüegger.

Niggli, M. (1994).»Rational Choice Theory and Crime Prevention«, *Studies on Crime and Crime Prevention,* 3, 83–103.

Nollert, M. (1992). *Interessenvermittlung und sozialer Konflikt; über Bedingungen und Folgen neokorporatistischer Konfliktregelung,* Pfaffenweiler: Centaurus.

Novaco, R. W. (1991). »Aggression on Roadways«, in: Beanninger, R. (Hrsg.), *Targets of Violence and Aggression*, Amsterdam: Elsevier Science.

Nye, F. I. (1958). *Family Relationships and Delinquent Behavior*, New York: Wiley.

Ohlemacher, T. (1995). »Eine ökologische Regressionsanalyse von Kriminalitätsziffern und Armutsraten«, *Kölner Zeitschrift für Soziologie und Sozialpsychologie*, 47, 4, 706–726.

Opp, K.-D. (1974). *Abweichendes Verhalten und Gesellschaftsstruktur*, Darmstadt: Neuwied.

Österberg, E. und D. Lindström (1988). *Crime and Social Control in Medieval and Early Modern Swedish Towns*, Upsala: Almquivst & Wiksell.

Österreichisches Ökologie–Institut für angewandte Umweltforschung (Hrsg.) (1992). *Draussen einfach sicher; Mehr Bewegungsraum für Frauen in der Stadt*, Wien: Österreichisches Ökologie-Institut.

Oswald, H. (1966). *Die überschätzte Stadt*, Olten.

Pahl, R. E. (1968). »The Rural-Urban Continuum«, in: Pahl, R. E. (Hrsg.), *Readings in Urban Sociology*, 1968:

Painter, K. (1992). »Different Worlds; The Spatial, Temporal and Social Dimensions of Female Victimization«, in: Evans, D. J., N. R. Fyfe und D. T. Herbert (Hrsg.), *Crime, Policing and Place; Essays in Environmental Criminology*, London: Routledge.

Park, R. E., E. W. Burgess und R. D. McKenzie (1967). *The City*, Chicago: University of Chicago Press.

Parry, M. H. (1968). *Aggression on the Road*, London: Tavistock.

Parsons, T. (1986). *Aktor, Situation und normative Muster; Ein Essay zur Theorie sozialen Handelns*, Frankfurt am Main: Suhrkamp.

Pearlin, L. J. (1989). »The Sociological Study of Stress«, *Journal of Health and Social Behavior*, 30, 241–256.

Peyrefitte, A. (1977). *Reponses a la violence*, Paris: Presses Pocket.

Pfeiffer, C. und P. Wetzels (1994). »'Die Explosion des Verbrechens?' Zu Missbrauch und Fehlinterpretation der polizeilichen Kriminalstatistik«, *Neue Kriminalpolitik; Forum für Praxis, Politik und Wissenschaft*, 6, 2, 32–38.

Pfohl, E. (1985). *Images of Deviance and Control; A Sociological History*, New York: McGraw-Hill.

Phillips, P. D. (1980). »Characteristics and Typology of the Journey to Crime«, in: Georges-Abeyie, D. E. und K. D. Harries (Hrsg.), *Crime: A Spatial Perspective*, New York: Columbia University Press.

Piehler, T. (1991). *Der unterschiedliche Umfang der registrierten Kriminalität der Arbeitsmigranten; Eine kriminologische Interpretation der statistischen Diskrepanzen im Nationalitätenvergleich*, Pfaffenweiler: Centaurus.

Pradervand, P. und L. Cardia (1966). »Quelques aspects de la délinquance Italienne à Genève; Une enquête sociologique«, *Revue internationale de criminologie et de police technique*, 20, 1, 43–58.

Pratt, M. (1980). *Mugging as a Social Problem*, London: Routledge&Kegan Paul.

Queloz, N. (1993). »Etrangers et Criminalité: Entre craintes, préjugés et réalités«, in: Bauhofer, S. und N. Queloz (Hrsg.), *Ausländer, Kriminalität und Strafrechtspflege*, Chur: Rüegger.

Quetelet, A. (1835). *Sur l'homme et le développement de ses facultés ou essai de physique sociale*, Paris: Bachelier.

Radtke, F. O. (1991). »Lob der Gleich-Gültigkeit. Zur Konstruktion des Fremden im Diskurs des Multikulturalismus«, in: Bielefeld, U. (Hrsg.), *Das Eigene und das Fremde. Neuer Rassismus in der Alten Welt.*, Hamburg:

Reiss, A. J. (1951). »Delinquency as the Failure of Personal and Social Controls«, *American Sociological Review*, 16, 196–207.

Reiss, A. J. und J. A. Roth (Hrsg.) (1993). *Understanding and Preventing Violence*, Washington: National Academy Press.

Renggli, R. und J. Tanner (1994). *Das Drogenproblem; Geschichte, Erfahrungen, Therapiekonzepte*, Berlin: Springer.

Reuband, K.-H. (1992). *Drogenkonsum und Drogenpolitik. Deutschland und die Niederlande im Vergleich*, Opladen: Leske&Budrich.

Riesman, D. (1950). *The Lonely Crowd: A Study of Changing American Character*, New Haven: Yale University Press.

Ritsert, J. (1980). »Die gesellschaftliche Basis des Selbst«, *Soziale Welt*, 31, 3, 288–310.

Robinson, W. S. (1950). »Ecological Correlations and the Behavior of Individuals«, *American Sociological Review*, 15, 2, 351–357.

Rolinski, K. (1980). *Wohnhausarchitektur und Kriminalität*, Wiesbaden: Bundeskriminalamt.

Rose, N. (1989). *Governing the Soul. The Shaping of the Private Self*, London: Routledge.

Rosenberg, M. (1965). *Society and the Adolescent Self-Image*, Princeton: Princeton University Press.

Rosenberg, M. und L. I. Pearlin (1978). »Social Class and Self-Esteem among Children and Adults«, *American Journal of Sociology*, 84, 53–77.

Ross, E. A. (1908). *Social Control*, New York: MacMillan.

Rossi, A. A. (1979). *Sviluppo urbano e politica urbana in Svizzera*, Porza-Lugano: Edizioni Trelingue.

Röttgers, K. (1974). »Stichwort 'Gewalt'«, in: Ritter, J. (Hrsg.), *Historisches Wörterbuch der Philosophie, Bd. 3*, Darmstadt: Wissenschaftliche Buchgesellschaft.

Rousseaux, X. (1993). »Civilisation des moeurs et/ou déplacement de l'insécurité? la violence à l'épreuve du temps«, *Déviance et Société*, 17, 3, 291–297.

Sack, F. (1968). »Neue Perspektiven in der Kriminologie«, in: Sack, F. und R. König (Hrsg.), *Kriminalsoziologie*, Frankfurt am Main: Akademische Verlagsgesellschaft.

Sack, F. (1972). »Definition von Kriminalität als politisches Handeln«, *Kriminologisches Journal*, 1, 1–31.

Sack, F. (1973). »Zu einem Forschungsprogramm für die Kriminologie«, *Kriminologisches Journal*, 4, 251–254.

Sampson, R. J. (1986). »Crime in Cities: The Effects of Formal and Informal Social Control«, in: Reiss, A. J. und M. Tonry (Hrsg.), *Crime and Justice: A Review of Research, Vol. 8*, Chicago: Chicago University Press.

Sampson, R. J. und W. B. Groves (1989).»Community Structure and Crime: Testing Social-Disorganisation Theory«, *American Journal of Sociology*, 94, 4, 774–802.

Sampson, R. J. und J. H. Laub (1993). *Crime in the Making: Pathways and Turning Points through Life*, Cambridge: Harvard University Press.

Sampson, R. J. und W. J. Wilson (1995).»Toward a Theory of Race, Crime, and Urban Inequality«, in: Hagan, J. und R. D. Peterson (Hrsg.), *Crime and Inequality*, Stanford: Stanford University Press.

Sassen, S. (1994). *Cities in a World Economy*, Thousand Oaks: Pine Forge Press.

Sayrs (1988). *Pooled Time Series Analysis*, Newbury Park: Sage.

Schneider, H. J. (1993). *Einführung in die Kriminologie*, Berlin: de Gruyter.

Schnell, R. (1990).»Dimensionen ethnischer Identität«, in: Esser, H. und J. Friedrichs (Hrsg.), *Generation und Identität; theoretische und empirische Beiträge zur Migrationssoziologie*, Opladen: Westdeutscher Verlag.

Schubert, D. (1981). *Krise der Stadt; Fallstudien zur Verschlechterung von Lebensbedingungen in Hamburg, Frankfurt, München*, Berlin: Elefanten Press.

Schulze, G. (1993). *Die Erlebnisgesellschaft; Kultursoziologie der Gegenwart*, Frankfurt am Main: Campus.

Schwarzenegger, C. (1991).»Opfermerkmale, Kriminalitätsbelastung und Anzeigeverhalten im Kanton Zürich«, *Zeitschrift für die gesamte Strafrechtswissenschaft*, 108, 63ff.

Schwarzenegger, C. (1992). *Die Einstellungen der Bevölkerung zur Kriminalität und Verbrechenskontrolle; Ergebnisse einer repräsentativen Befragung der Zürcher Kantonsbevölkerung im internationalen Vergleich*, Freiburg i. Br.: Max-Planck-Institut für ausländisches und internationales Strafrecht.

Schweizerische Bundesanwaltschaft – Zentralpolizeibüro (Hrsg.) (1982ff). *Polizeiliche Kriminalstatistik*, Bern: Schweizerische Bundesanwaltschaft.

Schwind, H.-D., W. Ahlborn und R. Weiss (1978). *Empirische Kriminalgeographie. Bestandesaufnahme und Weiterführung am Beispiel von Bochum (Kriminalitätsatlas Bochum)*, Wiesbaden: Bundeskriminalamt.

Schwind, H.-D., W. Ahlborn und R. Weiss (1989). *Dunkelfeldforschung in Bochum 1986/87. Eine Replikationsstudie*, Wiesbaden: Bundeskriminalamt.

Schwind, H.-D., J. Baumann, F. Lösel, H. Remschmidt und R. Eckert (Hrsg.) (1990). *Ursachen, Prävention und Kontrolle von Gewalt; Analysen und Vorschläge der Unabhängigen Regierungskommission zur Verhinderung und Bekämpfung von Gewalt, vier Bände*, Berlin: Duncker&Humblot.

Sears, R. R., E. E. Maccoby und H. Levin (1957). *Patterns of Child Rearing*, Evanston (Ill.): Row, Peterson.

Segrave, J. O. und D. N. Hastad (1985).»Evaluating Three Models of Delinquency Causation for Males and Females: Strain Theory, Subculture Theory, and Control Theory«, *Sociological Focus*, 18, 1–17.

Seidenberg, A. (1995).»Verringert sich Delinquenz nach kontrollierter Opiatabgabe? Vorläufige polizeiliche Feststellungen bei 55 Patient/innen mit betäubungsmittelgestützten Behandlungen im Zürcher Opiat-Konsum-Lokal (ZokL2)«, *Kriminologisches Bulletin*, 21, 2, 51–59.

Selg, H., U. Mees und D. Berg (1988). *Psychologie der Aggressivität*, Göttingen: Verlag für Psychologie.

Sellin, T. (1938). *Culture Conflict and Crime,* New York: Social Science Research Council.
Sennett, R. (1991). *Civitas; Die Grossstadt und die Kultur des Unterschieds,* Frankfurt am Main: S. Fischer.
Shaw, C. R. (1966). *The Jack-Roller; A Delinquent Boy's own Story,* Chicago: University of Chicago Press.
Shaw, C. R. und H. D. McKay (1929). *Delinquency Areas,* Chicago: University of Chicago Press.
Shaw, C. R. und H. D. McKay (1969). *Juvenile Delinquency and Urban Areas,* Chicago: University of Chicago Press.
Shelley, L. I. (1981). *Crime and Modernization – The Impact of Urbanization and Industrialization on Crime,* Carbondale/Edwardsville: Southern Illinois University Press.
Shelley, L. I. (1986). »Crime and Modernization reexamined«, *Annales internationales de Criminologie,* 24, 7–21.
Sherman, L. W., P. R. Gartin und M. E. Buerger (1989). »Hot Spots of Predatory Crime: Routine Activities and the Criminology of Place«, *Criminology,* 27, 27–55.
Shoemaker, D. J. (1990). *Theories of Delinquency,* New York: Oxford University Press.
Sieber, M. (1988). *Zwölf Jahre Drogen,* Bern: Huber.
Sieber, M. und J. Angst (1981). *Drogen-, Alkohol- und Tabakkonsum. Ein Beitrag zur Epidemiologie und Aetiologie bei jungen Erwachsenen,* Bern: Huber.
Siegenthaler, H. (1978). »Kapitalbildung und sozialer Wandel in der Schweiz 1850 bis 1914«, *Jahrbücher für Nationalökonomie und Statistik,* 193, 1,
Siegenthaler, H. (1981). »Ansätze zu einer generalisierenden Interpretation langwelliger Wachstumsschwankungen und ihrer sozialer Implikationen im frühen 19. und 20. Jahrhundert«, in: Kellenbenz, H. (Hrsg.), *Wachstumsschwankungen, wirtschaftliche und soziale Auswirkungen,* Stuttgart: Klett.
Siemonsen, K. und G. Zauke (1991). *Sicherheit im öffentlichen Raum. Städtebauliche und planerische Massnahmen zur Verminderung von Gewalt,* Dortmund: efef Verlag.
Silverman, L. P. und N. L. Spurill (1977). »Urban Crime and the Price of Heroin«, *Journal of Urban Economics,* 4, 80–103.
Simmel, G. (1903). »Die Grossstädte und das Geistesleben«, in: Petermann, T. (Hrsg.), *Die Grossstadt,* Dresden:
Simmel, G. (1972 [1907]). »Der Streit«, in: Bühl, W. (Hrsg.), *Konflikt und Konfliktstrategie; Ansätze zu einer soziologischen Konflikttheorie,* München:
Simpson, M. E. (1985). »Violent Crime, Income Inequality, and Regional Culture: Another Look«, *Sociological Focus,* 18, 3, 199–207.
Skogan, W. G. (1981). *Issues in the Measurement of Victimization,* Washington DC: GPO.
Skogan, W. G. (1985). »Reporting Crimes to the Police: The Status of World Research«, *Journal of Research in Crime and Delinquency,* 21, 1, 113–138.
Skogan, W. G. (1990). *Disorder and Decline; Crime and the Spiral of Decay in American Neighborhoods,* New York: Free Press.
Smith, S. J. (1986). *Crime, Space and Society,* Cambridge: Cambridge University Press.
Sombart, W. (1907). »Der Begriff der Stadt und das Wesen der Städtebildung«, *Archiv für Sozialwissenschaften und Sozialpolitik,* 25,

Sonderegger, A. (1994). *Suchtware Heroin: Profitabler geht es kaum,* Tages-Anzeiger, Zürich, 33, 24. August 1994.

Sparks, R. F. (1981). »Surveys of Victimization – An Optimistic Assessment«, in: Tonry, M. und N. Morris (Hrsg.), *Crime and Justice. An Annual Review of Research, Vol. 3,* Chicago: University of Chicago Press.

Spierenburg, P. (1985). »Evaluation of the Conditions and main Problems relating to the Contribution of Historical Research on the Understanding of Crime and Criminal Justice«, in: Council of Europe (Hrsg.), *Historical Research on Crime and Criminal Justice,* Strasbourg: Council of Europe.

Spierenburg, P. (1996). »Long-Term Trends in Homicide: Theoretical Reflections and Dutch Evidence, 15th–20th Century«, in: Johnson, E. A. und E. H. Monkkonen (Hrsg.), *Violent Crime in Town and Country since the Middle Ages,* (im Druck): University of Illinois Press.

Steffensmeier, D. und C. Streifel (1991). »Age, Gender, and Crime Across Three Historical Periods«, *Social Forces,* 69, 3, 869–894.

Steffensmeier, D. J., E. A. Allan, M. D. Harer und C. Streifel (1989). »Age and The Distribution of Crime«, *American Journal of Sociology,* 94, 4, 803–831.

Stone, L. (1977). *The Family, Sex and Marriage in England, 1500–1800,* London: Weidenfeld and Nicolson.

Stone, L. (1983). »Interpersonal Violence in English Society, 1300–1980«, *Past and Present,* 101, 22–33.

Storz, R. (1991). »Gewaltkriminalität in der Schweiz«, *Bewährungshilfe; Fachzeitschrift für Bewährungs-, Gerichts- und Straffälligenhilfe,* 38, 1, 22–36.

Storz, R. (1994). »Zur Staatsangehörigkeit von Strafgefangenen; ein gesamtschweizerischer Überblick«, in: Bundesamt für Statistik (Hrsg.), *Statistik der Schweiz, Fachbereich Rechtspflege,* Bern: Bundesamt für Statistik.

Stratenwerth, G. und A. Bernoulli (1983). *Der Schweizerische Strafvollzug. Ergebnisse einer empirischen Untersuchung,* Aarau:

Straus, M. A. (1980). »Stress and Child Abuse«, in: Kempe, C. H. und R. E. Helfer (Hrsg.), *The Battered Child,* Chicago: University of Chicago Press.

Straus, M. A. (1990a). »Injury and Frequency of Assault and the "representative Sample Fallacy" in measuring Wife Beating and Child Abuse«, in: Straus, M. A. und R. J. Gelles (Hrsg.), *Physical Violence in American Families,* New Brunswick: Transaction Publishers.

Straus, M. A. (1990b). »Measuring Intrafamily Conflict and Violence: The Conflict Tactics Scales«, in: Straus, M. A. und R. J. Gelles (Hrsg.), *Physical Violence in American Families,* New Brunswick: Transaction Publishers.

Straus, M. A. und R. J. Gelles (1990). »How Violent are American Families? Estimates from the National Family Violence Resurvey and other Studies«, in: Straus, M. A. und R. J. Gelles (Hrsg.), *Physical Violence in American Families,* New Brunswick: Transaction Publishers.

Sutherland, E. H. (1947). *Principles of Criminology,* Philadelphia: J.B. Lippincott.

Sutherland, E. H. und D. R. Cressey (1974). *Criminology,* Philadelphia: Lippincott.

Sutter, W. A. (1970). *Die Kriminalität im Kanton Basel-Stadt; Querschnittsuntersuchung zur Soziologie der Delinquenz,* Basel: Statistisches Amt des Kantons Basel-Stadt.

Szabo, D. (1960). *Crimes et villes,* Paris:
Szabo, D. (1968). »Urbanisierung und Kriminalität«, in: Sack, F. und R. König (Hrsg.), *Kriminalsoziologie,* Frankfurt a. M.: AVG.

Taylor, C. (1992). *The Ethics of Authenticity,* Cambridge: Harvard University Press.
Taylor, R. und J. Covington (1988). »Neighborhood Changes in Ecology and Violence«, *Criminology,* 26, 553–589.
The President's Commission on Law Enforcement and Administration of Justice (1967). *The Challenge of Crime in a Free Society,* Washington D.C.: GPO.
Thome, H. (1992). »Gesellschaftliche Modernisierung und Kriminalität; Zum Stand der sozialhistorischen Kriminalitätsforschung«, *Zeitschrift für Soziologie,* 21, 3, 212–228.
Thornberry, T. P. und M. Farnworth (1982). »Social Correlates of Criminal Involvement: Further Evidence on the Relationship between Social Status and Criminal Behavior«, *American Sociological Review,* 47, 505–518.
Tittle, C. R. und R. F. Meier (1990). »Specifying the SES/Delinquency Relationship«, *Criminology,* 28, 271–299.
Tittle, C. R., W. J. Villimez und D. A. Smith (1978). »The Myth of Social Class and Criminality: An Empirical Assessment of the Empirical Evidence«, *American Sociological Review,* 43, 5, 643–656.
Toch, H. (1969). *Violent Men,* Chicago: Aldine.
Touraine, A. (1972). *Die postindustrielle Gesellschaft,* Frankfurt am Main: Suhrkamp.
Touraine, A. (1993). »La théorie Sociologique entre l'actéur et les structures«, *Schweizerische Zeitschrift für Soziologie,* 18, 3, 533–535.
Tournier, P. und P. Robert (1989). *Les étrangers dans les statistiques pénales,* Paris: CES-DIP.
Turner, C. W., J. F. Layton und L. S. Simons (1975). »Naturalistic Studies of Aggressive Behavior: Aggressive Stimuli, Victim Visibility, and Horn Honking«, *Journal of Personality and Social Psychology,* 31, 1098–1107.

Uchtenhagen, A. (1988). »Zum Delinquenzverlauf bei Heroinabhängigen«, in: Schuh, J. (Hrsg.), *Jugend und Delinquenz – Jeunesse et Délinquance,* Grüsch: Rüegger.
Uchtenhagen, A. und D. Zimmer-Höfler (1985). *Heroinabhängige und ihre »normalen« Altersgenossen,* Bern: Haupt.

van Dijk, J. J. M. (1992). *Criminal Victimization in the Industrialized World; Key Findings of the 1989 and 1992 International Crime Surveys,* The Hague: Directorate for Crime Prevention.
van Dijk, J. J. M. (1995). »On the Macro-Economics of Crime; A Test of the Rational-Interactionist Model«, in: Council of Europe (Hrsg.), *Crime and Economy (Criminological Research, Vol. 32),* Strassburg: Council of Europe.
van Dijk, J. J. M., P. Mayhew und M. Killias (Hrsg.) (1991). *Experiences of Crime across the World; Key Findings of the 1989 International Crime Survey,* Deventer: Kluwer.
Vogel, G. (1992). *Hit and Run: Mugging in Amsterdam* (Paper presented at the second Conference of the European Association of Social Anthropologists).

Vogt, L. und A. Zingerle (Hrsg.) (1994). *Ehre; Archaische Momente in der Moderne*, Frankfurt am Main: Suhrkamp.
Vold, G. B. und T. J. Bernard (1986). *Theoretical Criminology*, New York: Oxford University Press.
von Hofer, H. (1991). »Homicide in Swedish Statistics 1750–1988«, in: Snare, A. (Hrsg.), *Criminal Violence in Scandinavia: Selected Topics*, Oslo: Norwegian University Press.
von Hofer, H. und H. Tham (1989). »General Deterrence in a Longitudinal Perspective. A Swedish Case: Theft, 1841–1985«, *European Sociological Review*, 5, 1,

Wacquant, L. und W. J. Wilson (1989). »The Cost of Racial and Class Exclusion in the Inner City«, *Annals of the American Academy of Political and Social Science*, , 501, 8–25.
Wahl, K. (1989). *Die Modernisierungsfalle; Gesellschaft, Selbstbewusstsein und Gewalt*, Frankfurt am Main: Suhrkamp.
Wahl, K. (1990). *Studien über Gewalt in Familien; Gesellschaftliche Erfahrung, Selbstbewusstsein, Gewalttätigkeit*, München: Deutsches Jugendinstitut.
Warr, M. (1984). »Fear of Victimization: Why are Women and the Elderly more afraid?«, *Social Science Quarterly*, 65, 681–702.
Warr, M. (1990). »Dangerous Situations: Social Context and Fear of Victimization«, *Social Forces*, 68, 3, 891–907.
Weber, M. (1920). »Die protestantische Ethik und der 'Geist' des Kapitalismus«, in: Weber, M. (Hrsg.), *Gesammelte Aufsätze zur Religionssoziologie, Bd. 1*, Tübingen:
Weber, M. (1972). *Wirtschaft und Gesellschaft; Grundriss der verstehenden Soziologie*, Tübingen: Mohr.
Wehrli-Schindler, B. (1995). *Lebenswelt Stadt; Berichte zur Lebenssituation in Schweizer Städten*, Zürich: Verlag der Fachvereine.
Werbik, H. (1982). »Zur terminologischen Bestimmung von Aggression und Gewalt«, in: Hilke, R. und W. Kempf (Hrsg.), *Aggression; Naturwissenschaftliche und kulturwissenschaftliche Perspektiven der Aggressionsforschung*, Bern: Huber.
Werlen, B. (1988). *Gesellschaft, Handlung und Raum. Grundlagen handlungstheoretischer Sozialgeographie*, Stuttgart: Ferdinand Enke.
Wikström, P.-O. (1990a). »Delinquency and the Urban Structure«, in: Wikström, P.-O. (Hrsg.), *Crime and Measures against Crime in the City*, Stockholm: National Council for Crime Prevention.
Wikström, P.-O. (1992). »Context-specific Trends for Criminal Homicide in Stockholm 1951–1987«, *Studies on Crime and Crime Prevention*, 1, 88–105.
Wikström, P.-O. H. (1985). *Everyday Violence in Contemporary Sweden; Situational and Ecological Aspects*, Stockhom: National Council for Crime Prevention.
Wikström, P.-O. H. (1990b). »Age and Crime in a Stockholm Cohort«, *Journal of Quantitative Criminology*, 6, 6, 61–85.
Wikström, P.-O. H. (1991). *Urban Crime, Criminals, and Victims; The Swedish Experience in an Anglo-American Comparative Perspective*, New York: Springer.
Williams, K. R. und R. L. Flewelling (1988). »The Social Production of Criminal Homicide: A Comparative Study of Disaggregated Rates in American Cities«, *American Sociological Review*, 53, June, 421–431.

Wilson, W. J. (1987). *The truly Disadvantaged: The Inner City, the Underclass, and Public Policy,* Chicago: University of Chicago Press.
Wirth, L. (1938). »Urbanism as a Way of Life«, *American Journal of Sociology,* 44, 3, 1–30.
Wolfgang, M., R. Figlio und T. Sellin (1972). *Delinquency in a Birth Cohort,* Chicago: University of Chicago Press.
Wolfgang, M. E. und F. Ferracuti (1967a). »Subculture of Violence – A Socio-Psychological Theory«, in: Wolfgang, M. (Hrsg.), *Studies in Homicide,* New York: Harper&Row.
Wolfgang, M. E. und F. Ferracuti (1967b). *The Subculture of Violence. Toward an Integrated Theory in Criminology,* London: Tavistock.

Zehr, H. (1976). *Crime and the Development of Modern Society; Patterns of Criminality in 19th Century Germany and France,* Totowa: Rowman&Littlefield.
Zerbe, S., A. Stratmann und R. Hänni (1993). *Mehr Sicherheit im öffentlichen Raum*
Zillmann, D. (1979). *Hostility and Aggression,* Hillsdale: Erlbaum.
Zillmann, D. (1988). »Cognitive-Excitation Interdependencies in Aggressive Behavior«, *Aggressive Behavior,* 14, 1, 51–64.
Zoll, R. und et al. (1989). *Nicht so wie unsere Eltern. Ein neues kulturelles Modell?,* Opladen: Westdeutscher Verlag.
Zwicky, H. (1982). »Einkommensverteilung und Kriminalität in den Schweizer Kantonen«, *Schweizerische Zeitschrift für Soziologie,* 8, 541–565.
Zwicky, H. (1993). *Umwelt als Aktivierungsgrund: politische Aktivierungsereignisse zu Umwelt-, Verkehrs-, und Wohnfragen in der Schweiz, 1945–1989,* Zürich: NFP 25.

Sachregister

Aggression 21, 28, 40, 43, 51, 129f.,. 153, 166f., 191f., 234, 255ff., 262ff., 269
Alkohol 114ff., 121, 134f., 153f., 286,
Anonymität 11, 36, 44, 50, 107, 135, 157, 243, 252f.
Anzeigeverhalten 153f., 199, 224, 290f.
Arbeitslosigkeit 28, 86, 89, 98ff., 105, 170ff., 181ff., 199, 213, 221, 275, 277
Aufklärungsquote 62, 159, 161, 283, 293,

Beschaffungsdelinquenz 73, 233ff., 251ff.

Desintegration 20, 79, 85ff., 91ff., 101ff. 108, 116f., 123, 173f., 178f., 189, 205, 215, 217, 237, 252, 273,
Drogen und Gewalt 20, 31, 70, 73, 83ff., 106, 114ff., 154, 163, 174, 197, 208, 231ff., 277, 280
Drogenpolitik 232ff.
Dunkelfeld 17, 169, 290

Frustration 28, 39, 42, 258, 263, 315

Gewalt
  im internationalen Vergleich 31, 50ff., 62, 71ff. 80, 188, 211, 232, 251, 283
  im öffentlichen Raum 20, 44, 107, 123, 137, 141ff., 148f., 153ff., 159, 164, 181, 188, 201ff., 227, 231, 236, 249, 252ff., 266, 279, 280
  in der Privatsphäre 141ff., 148ff., 159, 164, 193f., 197, 200ff., 218, 227f., 264, 280, 290ff.
  Konzentration in den Städten 13ff., 19f., 31, 62, 75, 91, 96f., 106, 107, 114, 122, 124, 128, 137, 141, 157f.
  170, 179, 180, 189, 208, 215, 229, 236, 241, 271, 277, 279
  Rückgang 19, 35, 49ff., 64, 80, 94, 194, 253, 272
  Tageszeit 133ff., 206, 231, 253
  Tatort 121, 127, 135ff., 157, 231, 243, 286
  und Modernisierung 19ff. , 49ff., 75ff., 81ff., 160, 273ff.
  und Stadtentwicklung 11ff., 17ff., 29, 34, 49ff., 75f., 214, 269ff.
  und Ungleichheit 28ff., 45, 49, 88f., 98, 101, 114ff., 121, 126, 170, 214, 220, 229, 278
  Zunahme 13f., 19, 23, 30, 31, 41f., 49, 53, 56ff., 75f., 81, 85f., 89, 93, 104, 108, 117ff., 144, 206, 211, 244, 253, 272, 275, 280ff.

Identität 86ff., 93, 101, 123, 158, 160f., 166f., 176, 213, 252, 272ff.
Immigration, Ausländer 59f. 74, 89, 98, 103f., 114, 122, 170ff., 181ff., 208ff., 261, 274, 284, 290
Individualisierung 19, 23, 74, 79, 81ff., 93, 108f., 112ff., 158, 160, 168, 185ff., 204f., 212, 275, 277
Integration 11, 15, 36f., 50, 60, 85, 88, 101, 123, 129, 161, 168, 177, 187, 209, 212, 217ff., 273, 278
Jugendbanden 44, 163, 166f., 191, 297

Konfliktdynamik, -eskalation 20, 131, 153, 254ff., 276
Kontrolle, soziale 32, 35ff., 41, 44, 50, 109, 129ff., 156, 229, 249ff., 272, 276ff.
Körperverletzung 13, 16, 42, 63, 64ff., 107, 110, 119ff., 126ff., 130ff., 141,

145, 149ff., 163ff., 193ff., 206, 211, 223, 228, 235, 252, 256, 259ff., 272, 279, 283, 285, 287, 293ff.

Männlichkeit 166, 262, 320, 328
Marginalisierung 20, 29, 31, 73, 84f., 91ff., 98, 106, 123, 163, 169ff., 176f., 187ff., 197f., 205, 212, 215, 220, 234ff., 250f., 278, 280
Mobilität, räumliche 30, 34, 90, 107, 118, 142ff., 157, 218, 229, 237, 241f., 252, 277f.
Nutzenkalkül 32f., 40, 42, 107, 130, 135, 156, 197, 253

Opfer
  Allgemein 20f., 26f., 39ff., 49ff., 67, 73, 107, 125, 127ff., 141ff., 164ff., 170f., 173, 186, 188, 191ff., 218, 222ff., 243, 251f., 259ff., 266ff., 279, 281, 285ff.
  Alter 48, 53f., 58f., 79f., 102f., 194, 197f., 297
  Beziehung zum Täter 31f., 36, 48, 58, 101, 109, 150ff., 164, 168f., 193, 194, 200f., 217, 224, 227f., 290, 299
  Geschlecht 57f., 152, 193f., 197, 206, 228, 280, 298
  Nationalität 59, 60, 210, 216, 223ff.
  soziale Lage 171, 198ff., 206, 299
  Wohnort 201, 202, 203, 204, 205
Opferbefragung 191, 289, 290ff

Raub 13, 16, 63ff., 107, 110, 119ff., 131ff., 141, 145, 148ff., 159, 163f., 193f., 201, 206, 211, 223, 227, 231ff., 272, 283, 285, 287, 293ff.
Ressourcen, soziale 24, 30, 32, 79, 81, 88, 90, 93, 101, 122f., 158, 166f., 176, 212f., 217, 236f., 274f.

Segregation, räumliche 26f., 30, 38ff., 93, 98ff., 177f., 187, 190, 214f., 218f., 226, 229, 278
Selbstbewusstsein 77, 88, 158, 166, 176, 232
Selbststeuerung, -kontrolle 32, 34, 37, 60, 75ff., 88, 90, 93, 122f., 158, 160, 166, 252, 256, 269, 272ff.

Situation 12, 15, 18ff., 24ff., 37ff., 70, 75ff., 93, 106, 125, 128ff., 145, 149, 151ff., 173, 178, 188ff., 204, 206, 210, 216f., 224, 228ff., 231, 254ff., 275f.
Stadt
  funktionale Entmischung 16, 93ff., 103f., 107f., 115ff., 144, 157, 249, 253, 277, 279
  Innenstadt, Stadtzentrum 34, 93ff., 106f., 137, 141ff., 154, 157, 178, 202, 204, 243, 250, 252, 265, 277, 279f.
  ökonomische Krise 17, 28, 30, 88ff., 106, 109, 112ff., 118ff., 123, 170, 275f.
  Randgruppen 84, 88, 98, 104ff., 114, 123, 126, 158, 170, 174f., 178f., 189f., 198, 208, 238ff., 272, 277f.
  Sozialökologie 20, 26f., 34, 45, 51, 108, 177, 183, 185, 189f., 202
  Suburbanisierung 41, 93ff., 123, 277
  Wohnquartiere 26f., 29, 32, 35f., 45, 48, 100, 104, 107, 125, 132, 137, 141, 146, 177ff., 201f., 214f., 243, 253, 278
Strassenverkehr 48, 141, 153, 208, 254ff.

Täter
  Allgemein 15, 20f., 24f., 29f., 34, 39f., 45, 62, 67, 75, 93, 107, 125ff., 141ff., 158ff., 191ff., 211, 216ff., 236f., 242, 252, 255, 259ff., 278, 279
  Alter 29, 33, 36f., 43f., 48, 88, 135, 160ff., 184, 189f., 197, 224, 229, 283
  Disposition 15, 18, 20f., 25ff., 34f., 39ff., 47, 76f., 101, 106, 128f., 177, 188ff., 232, 255, 258, 262, 265, 269, 275ff.
  Geschlecht 166ff.
  Nationalität 174ff., 216ff.
  soziale Lage 95, 171ff., 220
  Wohnort 177ff., 189, 242
Tatort 147ff., 165
Theorien
  Anomietheorie 27ff., 50, 81, 271
  Desorganisationstheorie 25, 33ff., 50, 76, 79, 93, 180, 185, 187ff., 202f., 271, 278f.

Gelegenheitstheorie 39ff., 125, 128ff., 142f., 188, 255
Kontroll- und Bindungstheorie 24, 32ff., 49, 76, 87, 93, 167, 209, 212, 255
Spannungstheorie 24, 27ff., 176, 212
Subkulturtheorie 5, 24, 36ff., 49, 208, 212
Tötungsdelikte 13, 16, 50ff., 81ff., 108ff., 131ff., 137, 145, 148ff., 159, 163ff., 193ff., 206, 210f., 223, 228, 234f., 252, 272, 281ff.

Urbanisierung 14, 17, 19, 34, 53, 76, 95, 272

Vergewaltigung 16, 63ff., 110, 121f., 126ff., 141, 149, 154f., 163ff., 196ff., 211, 223f., 234f., 259, 272, 279, 287f.

Wohnungsmarkt 29, 30, 177, 190

Zivilisationsprozess 33, 76ff., 272,